河北省高等学校人文社会科学重点研究基地资助

本书是国家社会科学重大课题
“明清华北地区府县历史文化研究与专题数据库建设”的有机组成部分

华北府县历史文化研究丛书

戴建兵 主编

大名密码

邓子涛 刘峰 著

天津出版传媒集团

天津古籍出版社

图书在版编目(CIP)数据

大名密码 / 邓子涛，刘峰著. -- 天津 : 天津古籍出版社，2019.10
（华北府县历史文化研究丛书 / 戴建兵主编）
ISBN 978-7-5528-0844-5

Ⅰ. ①大… Ⅱ. ①邓… ②刘… Ⅲ. ①大名县—地方史 Ⅳ. ①K292.24

中国版本图书馆CIP数据核字(2019)第195913号

大名密码
DAMING MIMA

邓子涛　刘峰/著

出版人/张玮

天津古籍出版社出版
（天津市西康路35号　邮编300051）
http://www.tjabc.net

唐山鼎瑞印刷有限公司印刷

全国新华书店发行

开本 787 毫米×1092 毫米 1/16　印张 22　字数 359 千字

2019 年 10 月 第 1 版　2019 年 10 月 第 1 次印刷

ISBN 978-7-5528-0844-5　　定价：58.00元

序　言

以往的历史研究往往陷于三个逻辑体系之中，一是人民群众创造历史的宏大述事，二是皇帝英雄才子佳人式的传统史学模式，三是目前史学研究的个人兴趣及碎片化。我们尝试在中观史学理论的视域下，开展以府县为基本叙事单元的历史文化研究，深入挖掘和系统阐释府县历史文化的内涵和外延，并充分利用日新月异的数字与信息技术手段，积极探索文化脉动及遗产保护的新思路和新方法。易而言之，试图以国家与社会互动理论为指导，从府县这一中间层次切入整体历史，以“小地方大历史、小人物大事件”为研究路径，以当代数字与信息技术为研究手段，以基层民众生活和文化事项为研究内容，努力挖掘府县层面丰富而宝贵的历史文化资源，从府县看朝廷、政府，从府县看乡里百姓，通过系列的创新性研究成果，深刻揭示绵延不绝的中华文化的内在规律，阐明中华民族精神的渊源与特质，从而重新建构和解释宏观层面上的历史文化。

府县级政权是历史上变动最小的基层政权，它与下层百姓的联系甚为紧密。其政令运作、官民互动、社会结构、文教状况、宗教信仰、民风民俗以及境内的音乐、美术和古代建筑等，无一不与民众的日常生活和精神世界息息相关。所以，府县承载了中华历史文化的具体事项，保留了基层民众的生活场景，积淀了各具特色的大众智慧，传承了因地而异的民风与民俗，能够具体而生动地呈现郡县制确立以来丰富多彩的中华文明。

府县历史文化包含政治运行、经济活动、社会生活、文学艺术、价值观念和民俗信仰等诸多方面的丰富内涵，作为中观层面的文化形态，在中国文化的链条中承上启下，无以替代。通过研究视角和研究手段的创新，深入而系统地开展府县层面的历史文化研究，或可对当今的研究范式、文化传承和文化建设具有一定的示范和启示意义。

一、以府县为叙事单元的中观史学理论考量

在很长的一段时期内，史学研究一定程度上存有游移于宏观的宏大叙事和微观的细碎饾饤之间的偏颇。前者机械地呼应和诠释意识形态，选题流于空泛，论证失之疏阔，往往以玄想空谈代替切实印证；后者虽有视角向下和关注民间社会的正确指向，但因其较少有整体与全局之观照，每每纠缠于细枝末节，乃至同样疏离于历史的真相和常态。我们认为，新的史学观念和史学理论的引入，或可有助于这种偏弊的矫治。20世纪中期，美国社会学家罗伯特·默顿在社会学研究领域提出了"中层理论"(Middle Range Theory)概念。历史学者杨念群在把这一理论引入历史研究方面进行了筚路蓝缕的探索。他认为，"通过庙宇、宗族、一个具体的村庄来解剖中国历史上的所有变迁，这是很重要的转折，也为中层理论进入提供更多的可能性。概括地讲，一是对叙事的空间化过程，二是对某个传统空间的挖掘，这是我采用空间理论的着落点"①。其《中层理论——东西方思想会通下的中国史研究》和《儒学地域化的近代形态——三大知识群体互动的比较研究》等，就是这种可贵探索的见证。受其启发，我们尝试开展中观史

① 杨念群：《当代中国历史学何以引入中层理论》，《社会观察》2004年第7期。

学理论视域下的府县历史文化研究，这种尝试主要出于如下几个方面的考量。

（一）从方法论的视角而言，是试图在国家与社会之间寻找一个中间层面的切入点。视角向上的国家层面的历史文化研究，在理论上经常陷于机械诠释和简单对应意识形态之窠臼，在对象上过于关注重大事项而抽掉了一些不该忽略的具体问题，在操作上因问题过于宏大而难免顾此失彼。而视角向下的社会层面的历史文化研究，又往往缺乏对历史文化的整体把握和宏观统筹，每每忽略具体问题之间及具体问题与重大问题之间的内在关联。选取府县这样一个适中层面进行历史文化研究，一定程度上有助于上述问题的解决。

（二）从社会运行机制的视角而言，是把致思之焦聚于中间行政机构和行政力量作用于文化活动的具体方式。府县是介于国家和社会之间的中间行政机构和行政力量，它在国家主流文化和主导价值的生成及其作用方式方面起着十分重要的整合与引导作用。通过考察府县行政力量对民间文化的干预和作用方式，可以深入了解主流文化在民间发生作用的机制，从而更为准确地把握中华文化的特质及其发展变化规律。

（三）从文化纵向构成和互动路径而言，是把府县文化视为国家主流文化、社会民间文化和边缘支系文化的中间环节和调适力量。在文化构成的纵向链条上，府县层级的文化上承国家主流文化，下启下层大众文化，在上下两个层级的文化之间起着融通和调适作用。所以，通过府县文化研究来认识和把握中华整体文化，是一条值得探索的研究路径。

（四）从地域文化覆盖的特定空间范围而言，是把不同府县辖区内的文化，视为相对独立的、中等规模的、更易操作的研究样本。以往的区域文化研究，一般沿用传统的区域文化概念，如燕赵文化、齐鲁文化、湖湘文化和岭南文化等，以这一层级规模的空间范围来界定具有一定共同特征的区域文化，并将其作为相对独立的研究样本，其意义是不言而喻的。然而，它也存在着可以进一步完善的空间：一是这些较为广袤的区域内部的文化差异难以呈现；二是在对这些区域文化进行具体的研究时，尚需从具有典型意义的较小区域文化单元切入。因此，开展府县层级规模的文化研究，有望找到一系列更能充分呈现文化特征和意义的空间范围和叙事单元，使今后的区域文化研究具有更强的可操作性，从而更易于趋向深化，并取得更为实质性的进展。

二、府县视角下国家治理透视

所谓中观史观视角下的明清国家治理研究，概而言之就是试图在府县层级的低层视角下，具象观察当时中央和地方互动层面的行政运作实态，从而呈现和构架更为立体、更为活化、更为真实，乃至全息综合的历史进程。

习近平总书记在此番教育实践活动中谈到，“县一级治理在国家治理中居于重要地位。郡县治，天下安。我国自秦汉确立郡县制后，无论行政区划怎么调整，县一级都是最稳定的，历朝历代都高度重视县级官员选拔任用。清代，县令由吏部直接任命，是古代的‘中管干部’，而且赴任前必须到朝廷报到，皇帝亲自看，如发现有不合适或出格之人立即更换”。应该说，这一观察是建立在深入了解中国历史文化演进实际的基础之上的：

一是深刻理解历史上的国家治理。国家治理是指一个政权通过多种途径和形式，对一个国家的政治、经济、文化和社会等事务所实施的实际管理。国家治理所构架的治理体系，首先包括一整套紧密相连、相互协调的国家制度。一个国家的治理能力，或曰制度执行力，正是通过这个体系体现出来的。国家治理体系和治理能力是一个相辅相成的有机整体。一般而言，中国前近代时期国家治理的实现，主要依赖于君权神授、精神控制、官僚体系、宗法体系、乡约礼俗等。而从中观史观的视角观之，府县历史文化研究则恰恰是具体而深入地把握和理解当时国家治理链条的重要环节。

二是理清中央与地方之间的互动关系，重构当时的国家治理观念、设置和运作过程。在中观史观和区域研究视域下，明清时期的府县既是国家治理的对象，也是整个国家治理体系中的有机构成。国家治理体系和治理能力是国家制度及其执行能力的集中体现。从这一体系的纵向结构看，中央通过地方官员的任命、稽核以及舆情监测、事件显露等一系列的手段，实现对府县层级地方政权的有效掌控；而从横向的府县层级的治理实态看，各地基层政权通过司法、教谕、乡贤、礼俗等国家意志或社会文化的有形与无形设施，实施对社会基层“软硬兼施”的治理。在国家治理的垂直链条中，府县无疑承载着无可替代的承上启下功能，既上承政令，又下驭黎庶。其思维与运作方式，既不可能完全上同于中央政权，又不可能完全下化于民间社会。以高度意识形态化的儒学为例，它在本质上应该属于适应农业社会生产和生活的理论观念或官方意识形态。从某种意义上讲，其功能或许有类于宗教，而它所塑造的“朝廷的选民”，在通过科场进入官场之后，以合于其学说理论的社会行为治理某一行政区域。中国传统的“知行合一”，在很大程度上应该缘此而言。从思想层面看，一定意义上也可以说，正是因为有了基于正统儒学的“诚意、正心、修身、齐家、治国、平天下”的“内圣外王”期许，才使因应于此的对个人、家庭和国家等不同主体的制度强制和道德约束逐步完善。对于升斗小民而言，如果这种思想构架显得过于阳春白雪或曲高和寡，那么府县为因应于此而普遍设立的城隍土地，则无疑显得更为平易或更接地气。从行政运作层面看，诸如皇帝春日躬耕之类的象征性行为，以及各县沿袭的所谓打“土牛”、促春耕等民俗，若能加以系统研究，亦能体味出个中深意。

三是试图在国家治理与社会维系之间寻找中间层面的切入点。传统的视角向上的国家层面的历史研究，存在着一些不容忽略的问题，如在理论和方法上，有时难免陷于机械诠释和简单对应意识形态之窠臼。由于过分关注重大事项的演进，就有意无意地抽掉了中间层次的节点。而视角向下的社会史语境下的历史文化研究又往往缺乏对历史文化的整体把握和宏观统筹，每每忽略具体问题之间及具体问题与重大问题之间最为关键的中间节点及其对应于此的内在关联。而中观史观下的府县视角，一定程度上有助于上述问题的解决。

四是通过研究对应于国家治理的社会运行机制，探索中层行政机构作用于文化、社会活动的具体方式。府县是介于国家和社会之间的中间行政机构和行政力量，从国家治理的角度而言，其在国家主流文化和主导价值的生成及其作用方式方面起着十分重要的整合与引导作用。通过考察府县行政力量对民间文化的干预和作用方式，可以深入了解主流文化在民间发生作用的机制，从而更为准确地把握中华文化的特质及其发展变化规律。

五是探索不同层级社会历史文化的纵向构成和互动路径。府县文化介于中华文化纵向结构的中间层次，对国家主流文化、社会民间文化和边缘支系文化起着至关重要的调适作用。府县文化本身及其运行机制，就是国家治理的重要组成部分。总之，在文化构成的纵向链条上，府县层级的文化上承国家主流文化，下启下层大众文化，发挥着上下融通、居间调适的重要作用。

六是从经济运行的视角而言，在中国前近代经济进程以及近代经济转轨，乃至今天的社会主义市场经济运行中，县域经济都在宏观经济发展中占有十分重要的地位。在前近代社会，小区域经济是最能反映其社会形态经济属性的研究领域。然而，关于近代经济转轨历程中的区域差别及其对整个社会的多元影响，始终未能引起学人的足够关注。毋庸置疑，小区域内的经济发展对社会生活和环境变迁的影响是复杂而多面的，而在中观史观的视域内，这种影响可以更为充分地显现出来。由此可见，明清府县经济相对良性的运行，正是前近代国家经济稳定和社会有序的物质基础，彰显了前近代经济所独有的国家经济管理理念和管理模式。

七是通过对知府和县官历史的深入考察，勾勒出较为完整的中央与地方治理的历史轨迹。习近平总书记曾言："历史上许多名人志士为官从政也是从县一级起步的。我一直讲'宰相必起于州部，猛将必发于卒伍'。"他还引经据典并列举实例指出，举凡北宋政治家王安石、明代文学家冯梦龙、清代画家和文学家郑板桥，以及陶渊明、狄仁杰、包拯、海瑞等诸多历史名人，都曾充任过为官一任、造福一方的知县。

综上所述，中观史观视角下基于府县层级的明清国家治理研究，或可在历史研究理论、方法、范式的探索，历史研究的广度拓展和深度掘进，以及传统文化传承和现代文化建设等方面，展现出一派令人心仪的利好前景。

三、府县历史文化研究的愿景

以中观层级规模的府县行政区域作为叙事单元来开展历史文化研究，可以充分借鉴区域社会史与历史人类学领域的理论、方法和经验，既符合史学理论、方法演进的内在逻辑，又可以为历

史文化的实证研究提供一系列的具体研究样本,其可预期的学术价值主要表现在以下几个方面:

(一)促进不同学科专业学术群体间的深度合作

杨念群在论及其提出中层理论的初衷时说:"我在史学界提出中层理论,就是为了呼唤在国内应不断出现一些这样的概念,这些概念是对某种集团性或者地区性事物的描述。而且这种可操作性概念具有一种'一般性'。在不同的现象、维度里面,其解释的范围既可能是经济史现象,也可能是社会史现象,或者是文化史现象。它可能是一个地区的,一个社团的,也可能是一个人群的。总之是某种集束类型的现象。"[①]所谓"对某种集团性或者地区性事物的描述",所谓解释一定空间范围内的"集束类型的现象",如果在学科交叉融合的平台上来实现,无疑会大大提高研究工作的效率,解决分科治学背景下许多难以解决的问题,取得事半功倍的功效。中观历史理论视域下的府县历史文化研究,在府县这样一个空间范围内,把不同时期的历史文化作为一个整体来研究,广泛涉及历史学、考古学、经济学、政治学、建筑学、数学、计算机、艺术、宗教学、民俗学等诸多学科。所以,具有不同学科专业知识背景的研究人员的协同攻关,是顺利开展课题研究的必要条件。这种探索,可以激发不同学科专业学术群体间深度合作的自觉,一定程度上消除分科治学所造成的弊端,有可能将历史文化的特质和演进规律更为准确地呈现出来。

(二)带动新材料和新问题的发现

陈寅恪先生曾如此论述学术趋向:"一时代之学术,必有其新材料与新问题。取用此材料,以研求问题,则为此时代学术之新潮

---

① 杨念群:《中层理论与新社会史观的兴起》,《开放时代》2002年第2期。

流。治学之士，得预于此潮流者，谓之预流(借用佛教初果之名)。其未得预者，谓之未入流。此古今学术史之通义，非彼闭门造车之徒，所能同喻者也。”[①]我们虽不敢妄言该项探索即可收到“预流”之效，但我们期望在这一探索过程中发现一些新材料和新问题。由于学界对府县层面的历史文化研究的学术与社会价值未予足够的重视，致使很多相关资料被视为难登大雅之堂的无用或辅助材料，未被纳入搜集、整理和使用的范围。在进行中观史学理论视域下的府县历史文化研究过程中，随着研究视角的转换，以往那些视而不见或鲜为人知的历史文化资料将会日益引起研究人员的高度关注和全新阐释。与之相应，一些历史文化现象之间的关联性就可以被建立起来，传统视域和方法之下的一些悬而未决的问题就可能迎刃而解，而随着新材料的使用，新的问题意识就可能不断涌现，新的研究领域就可能被相继开拓。

(三)益于比较研究法的充分使用

历史比较研究法是历史文化研究过程中常用且行之有效的研究方法，晚近以来，它得到了愈益广泛的运用。中观史学视域下的府县历史文化研究，可以为历史比较研究方法的运用提供更为广阔的空间：从时间角度看，历时与共时之间可以进行比较；从空间角度而言，不同府县之间可以进行比较。而府县这一层级规模的设定，可以为历史文化现象的比较研究提供一系列理想的比较对象。将不同区域内的不同府县的历史文化事项进行比较研究，必将有益于准确阐释一定区域内历史文化的本质特征。

(四)直接助力地方社会文化、经济发展

目前我国经济社会发展的重要问题之一在于经济发展与社

① 《陈垣敦煌劫余录序》，见《金明馆丛稿二编》，上海古籍出版社1980年，第236页。

会发展不平衡，而真正的社会进步既要有经济发展的支持，更需要社会文化的全面进步。中观视角下的府县文化研究对于目前社会对文化发展的需求恰是对症良药。首先，中观的视角摆脱了过去文化研究大而空、无抓手、远离实际的弊端。其次，中观层面的府县文化其数量本身就是文化创新的基础。再次，府县文化研究对于地方经济文化发展可有直接的助力，如非物质文化遗产的保护，地方文化旅游资源的深度挖掘，当地文化产品的设计与开发等等。

总之，中观史学理论视域下的府县历史文化研究，或可在一定程度上矫治历史文化研究领域存在的偏失，为充满变革张力的人文社会科学研究领域开辟出新的学术境界。

为此河北师范大学成立了县域历史文化中心，进行学术研究。

戴建兵　武吉庆

序

前段时间，收到家乡河北省大名县文化工作者送来的书稿，嘱我作序。缘于多方面的考虑，我没有遽然应答，只说先看看书稿。等我粗略地翻看之后，发现书稿的作者对家乡历史文化研究的那份执着，对家乡发展文化旅游产业的那份渴望，着实令人感动，同时也打开了我对家乡记忆的阀门，于是情不自禁，草就了这段文字。

“百代都行秦政法”，自秦朝实行郡县制以来，“县”作为一级行政区划一直保留到今天。历经2200多年的社会发展，各地地域上形成了一定的文化积淀，可以概括地称为地方文化。具有鲜明地域特色的地方文化构成了该地域的形象和灵魂。

大名县位于河北省的东南端，冀鲁豫三省交界处，是全国少有的鸡鸣三县、犬吠三省、一脚踏三区之地，同时地处东部经济发达地带和中部经济欠发达地带结合部，地理位置十分独特。

作为省级历史文化名城的大名县，历史悠久，人文荟萃。县志记载，大名“环漳水而襟卫河，面太行而抵沙麓”，素有“东郡股肱今右辅，北门锁钥古天雄”“界连鲁豫，隐然有绾毂三省之势”“昔谓帝不得不帝，王不得不王，猾贼据之天下不安”等说法，可见其具有“固形势以控扼天下之枢”的重要性。特别是隋朝大运河（河北段称为永济渠）的开凿，使大名逐步成为河朔地区政治、经济、文化中心。据专家考证，大名具有7000年的文明史，3000年建城史，2000年置县史，1700年中心城市史，120年陪都史，4年都城史。大名源于春秋，建县于汉，置府于唐，兴盛于宋，城湮于明，复兴于清，衰于近代，为郡、县、州、府、道、路等治所，二次为都，七为陪都，节度使、天雄军、总管府、大都督府、安抚使、都转运使、三省巡抚等重要机构都先后驻扎于此。大名做过直隶行省行政中心，建过大名市，有8次相当于省级、10次相当于市级的行政机构设立于此，管辖过包括今京津冀及河南、山东两省部分地区，繁荣昌盛千年之久。毛泽东同志在1949年1月14日撰写的《关于时局的声明》中曾提及大名，说大名是与延安、张家口、烟台、承德、长春等城市齐名的“解放区的中心城市”(《毛泽东选集》第四卷，1991年6月第2版，第1386页)。在这块古老的土地上还涌现了一帝一相一元勋三阁老(新朝皇帝王莽，唐朝宰相郭震，宋朝开国元勋潘美，明朝内阁首辅黄立极、明朝内阁首辅成基命、清朝内阁学士成克巩)，一妃四后一太后三驸马(明世宗高安妃，汉平帝孝平王皇后、宋太宗淑德尹皇后、宋真宗章怀潘皇后、明世宗孝洁陈皇后，汉朝太皇太后王政君，后梁太祖女儿安阳公主的丈夫罗廷规、宋朝太宗女儿鲁国长公主的丈夫柴宗庆、宋朝神宗女儿徐国长公主的丈夫潘意)，一哲二状元四诗人五文学家(东汉唯物主义哲学家王充，宋朝状元李釜、金朝状元纳兰胡鲁剌，唐朝诗人公乘亿、宋朝诗人潘阆、宋朝诗人刘筠、清朝诗人成静兰，晋朝文学家束皙、宋朝散文家柳开、宋朝文学家刘筠、宋朝文学家宋白、元朝散曲家王鼎)，此外还有誉为“殿上虎”的宋朝谏议大夫刘安世，有史称“铁面御史”明朝御史大夫郭增光。近代的有中国共产党早期女革命家郭隆真。当代的有风靡华人世界的歌后邓丽君、美术界大师级人物周抡园。大名是孙庞斗智的地方，是水浒故事的发生地，是红线盗盒、路不拾遗、乞食五鹿、铸成大错等成语典故的起源地。四大名著中，有两部提到大名，《水浒传》自不必说，《西游记》第七十九难“途经地灵县 两别铜台府”的原型地是大名，此外，《聊斋志异》中有两篇小说涉及大名。曾在大名为官的有唐代名相狄仁杰，宋代贤相寇准、韩琦、文彦博、欧阳修及名臣包拯、苏辙、黄庭坚和元代郭守敬等人。游历大名并留下诗篇的有唐朝的李白、高适和明朝的王世贞等人。曾到过大名的老一辈无产阶级革命家有周恩来、邓小平等。1966年周恩来视察大名时说：“大名一定要翻身。”鼓舞和激励大名人民不断夺取新胜利。

今天，大名县境内存有法国建筑风格宠爱之母大教堂、美国建筑风格十角大楼、韩国建筑风格佛寺、直隶省立第五女子师范学校、中华人民共和国成立前的中国银行、清末的状元府邸等历史建筑，还有隋唐大运河、北宋陪都北京大名府城墙、明清大名府城门、千年古槐、百年皂角、御制五礼记碑、朱熹写经碑、狄仁杰祠堂碑等古迹，中华老字号二五八小吃、清真牛羊系列美食等闻名一方，擢杆、火神祭奠等民俗异彩纷呈。总之，大名县是人杰地灵之域，大名地方文化在河北乃至中华文明发展史上，占有重要的一席之地。

历史是根，文化是魂。大名县在发展过程中积淀的历史文化资源是一笔宝贵的无形资产，也是中国文化的特色所在，具有较高的研究、开发和利用价值。随着县域经济的发展，挖掘、开发和利用地方文化资源发展文化旅游产业，对推进文化强县、促进经济和社会发展显得越来越重要，将在文化兴县、文化兴市、文化兴省中发挥积极的作用。

该书稿作者以宏观的视野，微观的视角，纵横捭阖，站在区区一隅，面向全国，放眼世界，来定位大名历史文化，既气势恢宏又细致入微，为后来者研究历史文化，做到古为今用，开辟了一种新的治学范例，为发展地方文化、拓展旅游经济，提供了一个不错的蓝本。该书稿从大名地方名人、客籍名人、古迹觅踪、地名探源、史料拾遗以及文化旅游发展思考等方面入手，旁征博引，记述大名的一些历史史实、民风民俗、神话传说、民间故事，并从文化史的角度探寻了涉及历史学、地名学、社会学、民俗学、考古学等学科的常识性知识，比较详细地再现了发生在大名的某一事件、某一人物、某一村落的历史风貌，可以说熔史实性、知识性、可读性于一炉，是一部难得的乡土教材。该书稿内容广博，内涵丰富，语言素朴，通俗易懂，文字凝炼，言简意赅，文笔似行云流水，娓娓道来，是一部不可多得的文化普及读物。同时，作者在深入挖掘文献、事物资料的基础上，以历史为基点，但又不局限于历史，不仅寻根溯源，还对历史文化的古为今用进行了思考，在某种程度上，可以说又是一部文化旅游产业的发展指南。所有这些，对宣传大名地方文化、提高大名的知名度和影响力，以及未来文化旅游产业的打造，必将起到积极作用；对历史文化名城的创建，对特色小镇品质的提升，必将起到推动作用；对发展县域经济，实施乡村振兴战略，必将起到促进作用。

是为序。

邓子平

2018年2月于石家庄

目录

高适的大名情缘

唐代诗人高适有一篇睹物抒怀、明理言志的重要诗作《三君咏》，序中写道："开元中，适游于魏郡，北有故太师郑公旧馆，里中有故尚书郭公遗业，邑外又有故太守狄公生祠。睹物兴怀，遂为三君咏。"其说的"魏郡"即是唐代的魏州（今河北大名）。那么，高适何时因何来到大名呢？他所歌咏的"三君"是谁呢？他又为何歌咏"三君"呢？这需从高适的身世说起。

高适出生在一个世代簪缨之家，先祖高洪在东汉时期任渤海太守而举家迁居蓨县（今河北景县），之后五百多年间，世代都靠军功跻身上层集团。特别是高洪的16世孙高洋还建立了北齐王朝，使蓨县高氏家族一跃成为北方的皇族。高适的曾祖高佑在隋朝时任散骑常侍，入唐后任宕州别驾；他的祖父高侃勇猛善战，曾生擒突厥车鼻可汗，以军功官至陇右道持节大总管、安东都护；他的父亲高从文任韶州（今广东曲江）长史，英年早逝，家道突然中落。体验到世态炎凉和生活艰辛的高适更加刻苦攻读，习文练武，渴望"学成文武艺，货与帝王家"，有朝一日也像祖辈那样建功报国，重振家业。

唐开元十一年（713年）夏天，书剑学成的高适怀着美好的憧憬，携着诗作只身来到京都长安，拜谒在京城做官的父辈故交，希望他们予以引荐。然事与愿违，初出茅庐便受挫。觉得无颜面对江东父老的高适，怀着无限惆怅离开长安，弃家不归，一路东行来到宋州（今河南商丘）。靠亲友的资助，定居宋州城东郊，开始了一种半耕半读的隐居生活，韬光养晦，耐心地等待机会的垂青。

穷困潦倒的生活、建功立业的渴望、朋友们的显达，促使高适迫切需要改变现状。而当时读书人要获得入仕的台阶，除了科举考试以外，就是边关立功。祖辈高昂"男儿当横行天下，自取富贵，安能端坐作老博士"的话音，常常响彻在高适的耳旁。于是，他决定投奔在北方抗击契丹的信安王李祎，等待建功机会。

唐开元二十一年（723年），30岁的高适从宋州出发，一边北行出塞，一边访古拜友，一边写下诗篇，抒发胸襟。不久来到魏州，他看到了“故太师郑公旧馆”“故尚书郭公遗业”和“故太守狄公生祠”，思古想今，顿生感慨，挥笔写下《三君咏》：

（一）

郑公经纶日，隋氏风尘昏。济代取高位，逢时敢直言。
道光先帝业，义激旧君恩。寂寞卧龙处，英灵千载魂。

（二）

代公实英迈，津涯浩难识。权兵抗矫征，杖节归有德。
纵横负才智，顾盼安社稷。流落忽重陈，怀哉为凄恻。

（三）

梁公乃贞固，勋烈垂竹帛。昌言太后朝，潜运储皇策。
待贤开相府，共里登方伯。至今青云人，犹是门下客。

太师郑公、尚书郭公和太守狄公这三人或是大名人，或在大名为官，都为唐朝大业做出了突出贡献。

太师郑公就是唐朝名相魏徵。据《新唐书》记载，他是“魏州曲城人，少孤，通贯书术，素怀大志”。唐大业十三年(617年)，因给武阳郡(今河北大名)丞元宝藏起草举兵响应瓦岗军李密的檄文，又代元宝藏作谢李密书，为李密看中，召为文学参军、掌书记。唐武德元年(618年)，随李密投奔李渊，遂为唐臣。之后劝降了据守魏州的元宝藏，为唐朝立下大功。这是大名存有“故太师郑公旧馆”的缘由。晚年晋爵郑国公，为太子太师，故高适称之为“太师郑公”。

尚书郭公就是文武双全的郭震。《新唐书》记载，郭震是唐代魏州贵乡人(今河北大名)。“长七尺，美须髯，少有大志”，“十八举进士，为通泉尉”，文章《宝剑篇》深得武则天赞赏。任凉州都督期间，“拓境伍百里，自是州无虏忧……治凉五岁，善抚御，夷夏畏慕，令行禁止，道不举遗。河西诸郡置生祠，揭碑颂德”。先后任安西大都护、朔方军大总官、吏部尚书、兵部尚书、宰相等要职，封馆陶县男，晋爵代国公，故称尚书郭公为代公。

太守狄公就是赫赫有名的狄仁杰。狄仁杰为唐朝并州太原人。经历了唐高宗与武则天两个时代，历任宁州、豫州刺史和地官侍郎等职，直至宰相，晋爵梁国公，故称“梁公”。《唐书》记载，武则天万岁通天时期，契丹攻下冀州，魏州危急，

“擢狄仁杰为魏州刺史”。狄仁杰到任后,一改前刺史让人们“弃田守城”做法,说:“贼在远,何自疲民,万一虏来,吾自办之,何预若辈,悉纵就田。”契丹听说狄仁杰镇守魏州就没敢发兵南侵,使得大名人民免受兵燹。于是,人们在府城外南城墙根下为狄仁杰建立生祠,并置绿波亭。《大名县志》记载:“祠下瞰绿波亭,澄泓如在镜中,奇观也。”

正在建设中的狄仁杰祠堂

《旧唐书》说高适“负气敢言,为权幸所惮”,这与“三君”的气质相类似,因此“三君”成了高适的楷模。置身“郑公旧馆”“郭公遗业”和“狄公生祠”中,面对“逢时敢直言”的魏徵,“顾盼安社稷”的郭震和“潜运储皇策”的狄仁杰,高适心潮澎湃,思绪万千。想到自己的志向抱负、性格秉性与“三君”相通,他们都已建功立业,彪炳史册,而自己建功无径报国无门,才华横溢建功心切的高适怀着英雄无用武之地的慷慨,愤然写下这首借古抒怀的组诗,以表明心迹。时隔千余年后,这组诗作成为大名一笔宝贵的文化遗产,至今读起来仍激励后人奋发有为。

此次大名之行中,大名的富庶繁华为高适留下深刻印象,以致多年后仍历历在目。这在他的《送虞城刘明府谒魏郡苗太守》中有所表述:“魏郡十万家,歌钟喧里闾。”《大名县志》记载,北周大象二年(580年)“于县置魏州”以来,特别是隋朝永济渠的开凿,到唐中期它已是南北陆路交通大道的结点,为黄河以北地区水路交通枢纽。社会名流、文人墨客、官府政要、富商大贾都到此游历,或放歌抒怀,或怀古凭吊，或商贸转运。据有关资料显示，魏州经过“贞观之治”“开元盛世”，到唐中期天宝年间（742—756年）已增至110万人，闾阎繁富，库藏充足，成为黄河以北地区政治、经济、文化中心，成为为全国闻名的大都市。这也就难怪高适对大名的富庶念念不忘了。

（2008年11月8日发表于《邯郸日报》）

李白的大名之旅

在唐朝诗人李白众多脍炙人口的诗篇中，有两首关于游历大名的五言古体诗，且都是赠别诗。这两首诗中的部分诗句直接或间接地描绘了当时大名的富庶繁华，百业兴旺。那么，李白是怎样来大名的呢？李白眼中的大名又是怎样的景象呢？

李白在长安任供奉翰林三年，被谗而“赐金放还”以后，便开始他的游历生涯。清朝王琦《李太白年谱》载：“自是浮游四方，北抵赵、魏、燕、晋，西涉邠岐历商於，至洛阳，南游淮、泗，再入会稽，而家寓鲁中，故往来齐鲁间，前后十年中唯游梁宋最久。”在此期间的唐天宝十年(751年)冬，51岁的李白开始北游，即幽州之行。据严耕望在《唐代交通图考》篇四八《河北平原南北交通两道》说，李白北游的线路是汴—滑—魏—洺—邢—赵—恒—定—易—涿—幽，整个行程最长约1250公里。其中“魏”即魏州，今天的大名。据有关资料考证，李白北游一方面是其豪放的性格使然，踏遍山山水水，一方面是为了寻找新的生存出路，所以李白来大名并没有什么特殊的原因，大名只是他游历生涯中的一站而已。

离开朝廷后的李白，用小说家的话说，已没有了林甫研墨力士脱靴的风光，没有了贵妃调羹的殊遇，没有了龙袍拭涎的皇恩，但是盛名犹在，无论走到哪里都受到高规格的招待。

唐天宝十一年(752年)春夏之交，李白在白马渡口(今河南滑县)过黄河来到魏州，成为县令苏因的座上宾。在苏因陪同下游览魏州，泛舟永济渠(淇水下游)，特别是看到了西渠(今废，魏州城西门外一连接大运河的渠道)舟楫穿梭，两岸店铺林立，一派商贸繁荣景象。在辞别苏因启程北游之际，为感谢苏县令的盛情款待写下《魏郡别苏明府因北游》。诗中描绘了“魏都”的繁盛景象：

魏都接燕赵，美女夸芙蓉。淇水流碧玉，舟车日奔冲。
青楼夹两岸，万室喧歌钟。天下称豪贵，游此每相逢。
洛阳苏季子，剑戟森词锋。六印虽未佩，轩车若飞龙。
黄金数百镒，白璧有几双。散尽空掉臂，高歌赋还邛。
落魄乃如此，何人不相从。远别隔两河，云山杳千重。
何时更杯酒，再得论心胸。

细细品来，此诗就像一幅水墨画卷慢慢地展现在面前。位于淇水（隋唐时期永济渠、御水、淇水互称）下游的魏州地接燕赵，富庶繁华，钟灵毓秀，是个大都会。淇水景色壮丽，魏州女子娇美。水清如碧的淇水绕城而走，波光粼粼，千船竞发。河北平原上的南北交通大道傍城而过，宽路坦途，万车争道。两岸楼宇峙立，弦乐悠扬，歌声绕梁。游人如潮，生意兴隆。常常看到富贵之人不期而遇，在这里"更杯酒"，"论心胸"。

但詹锳在其1996年出版的《李白全集校注汇释集评》一书中，把该诗题目定为《魏郡别苏少府因》，在题下有"北游"之注。詹锳解释说："王琦本把'北游'二字衍入题中，且把'少府'作'明府'，题作《魏郡别苏明府因北游》。本书依据此诗作年，考知其时县令别为他人，而非苏因，故而以'少府'为是。"唐朝时县令习称明府，县尉习称少府，尉为令的佐官。不管苏因是县令还是县尉，李白在大名写下此诗辞别苏因是确切无疑的。

公元753年初，李白从幽州南返，"春归魏郡"（郭沫若《李白杜甫年表》），"驱马过贵乡"。"贵乡"即魏州州治所在地的贵乡县，而此时贵乡县的县令是李白的老朋友韦良宰。想当年李白离京时，韦良宰"送余骠骑亭"，"慷慨泪沾缨"，不料想今日又在贵乡邂逅。他乡遇故知是件大喜事，李白受到韦良宰的盛情款待。这一盛宴之景象，在六年后李白的《经乱离后天恩流夜郎忆旧游书怀赠韦太守良宰》诗中得到描述：

蹉跎不得意，驱马还贵乡。逢君听弦歌，肃穆坐华堂。
百里独太古，陶然卧羲皇。征乐昌乐馆，开筵列壶觞。
贤豪间青娥，对烛俨成行。醉舞纷绮席，清歌绕飞梁。

吟诵诗句，酒宴盛况仿佛就在眼前。先是在肃穆的华堂之上，聆听动人的弦音和醉人的歌声，舒畅快乐，怡然自得。然后大摆筵席，壶觞交错，开怀畅饮。昌乐馆的丝竹悠扬，歌声可人。酒至酣处，醉眼蒙眬，在华丽的锦席上挥剑醉娱，边舞边唱，青歌绕梁。弦歌雅享的待客方式，歌舞伴餐的宴会形制，以及诗中“弦歌”“华堂”“绮席”等字眼，都反映了当时魏州的繁华富庶。

《大名县志》记载，北周大象二年(580 年)“于县置魏州”以来，经过隋唐两朝的大规模建设，到唐中期，它已是南北陆路交通大道的结点，又濒临大运河，为黄河以北地区水路交通枢纽。所以，社会名流、文人墨客、官府政要、富商大贾都到此游历，或放歌抒怀，或怀古凭吊，或商贸转运。据有关资料显示，魏州经过贞观之治、开元盛世，到唐中期天宝年间(742—756 年)已增至 110 万人，“魏州十万户，歌钟喧闾里”(高适《送虞城刘明府谒魏郡苗太守》)，闾阎繁富，库藏充足，成为黄河以北地区政治、经济、文化中心，取代其西部的邯郸和邺城(今河北临漳)区域中心城市的地位，发展为全国闻名的大都市。

(2009年3月28日发表于《邯郸日报》)

生子当如李亚子

1964年12月29日，毛泽东主席专门写信给田家英说:“近读五代史唐庄宗传三垂岗战役,记起了年轻时曾读过一首咏史诗,忘记了是何代何人所作。请你一查,告我为盼！”为了便于查对,还凭记忆书写了《三垂岗》诗,并注明:“诗歌颂李克用父子。”手书的这首诗除有两处笔误外,其他各字准确无误。毛泽东主席读过几十年后仍还记得,可见这首诗中的人物——李克用、李存勖父子,给他留下很深刻的印象。不仅如此,毛泽东尤其对后唐庄宗李存勖极为赏识。他先后阅读过《旧五代史》《新五代史》《通鉴纪事本末》等史籍,且有批注。特别是在读《通鉴记事本末》中《后唐灭梁》篇章时,做了不少圈画。书中记载,李存勖即皇帝位后仍亲自驰骋沙场,身先士卒,在攻打后梁的都城大梁前夕,他把夫人、儿子都送到大名的皇宫中,说:“事之成败在此一举,若其不济,当聚吾像于魏宫而焚之。”毛泽东对这段记述逐字加了旁圈,并在天头批注“生子当如李亚子”。一代伟人毛泽东认为“秦皇汉武略输文采,唐宗宋祖稍逊风骚,成吉思汗只识弯弓射大雕”,唯独特别欣赏李存勖,足以证明李存勖文治武功的魅力。

毛泽东主席念念不忘的“李亚子”,就是后唐政权的开创者李存勖。唐朝以后,中国历史进入政权更迭频繁的五代时期。其中李存勖是在大名(当时称魏州)建都称帝的。

李存勖又名李亚子,其祖上是沙陀族人,本姓朱邪氏,因其祖父朱邪赤心帮助唐王朝镇压庞勋起义军有功而赐姓名李国昌,擢为振武节度使,此后朱邪氏世代改姓李。其父李克用也因镇压黄巢起义的功劳,被唐王朝任命为河东(今山西一带)节度使,加封晋王。作为长子的李存勖自幼喜欢骑马射箭,胆略过人,为其父李克用所宠爱。5岁时就随父出征沙场,11岁时与父亲到长安向唐廷报功,因体貌出众长相出奇,得到唐昭宗赏赐,并称赞说:“此子可亚其父,必成大器,莫负大唐。”遂有李亚子之名字。

成年的李存勖“状貌雄伟，稍习《春秋》，略通文义”，不仅作战勇猛，而且多智善谋。当时北方藩镇中当数宣武节度使朱温势力最大。李存勖见父亲常常因受朱温牵制围困而忧心忡忡，就劝父说，朱恃其武力，吞灭四邻，欲篡帝位，此为自取灭亡之举，吾辈需积蓄力量伺机而动。其父李克用见事业后继有人，信心大增，誓与朱温对抗到底。

朱温冒天下之大不韪废掉唐哀帝在洛阳称帝建立梁朝（史称后梁）后，对大唐忠心耿耿的李克用不接受这一事实，把朱温视为死敌，继续沿用唐朝“天佑”年号，立志恢复唐朝。然天不遂愿，次年正月李克用带着遗恨病亡，弥留之际交给儿子李存勖三支箭，意味要消灭三个敌人，一是讨伐出尔反尔的燕王刘仁恭，免除后顾之忧；二是征讨食言毁约的契丹首领耶律阿保机，解除北方威胁；三是诛灭篡唐自立的宿敌朱温，恢复唐室。李存勖将这三支箭供奉在家庙里，每次出征都举行隆重祭拜仪式，恭敬取出，装入丝套，携带上阵，以激励自己和全军将士。

当时，朱温为巩固政权频频用兵，特别是对心存大志拒不归附后梁、刚刚袭晋王位的李存勖，更是耿耿于怀。为此，他利用李存勖忙于在太原料理李克用丧事的机会，派重兵攻打晋军的藩屏之地——潞州。面对严峻形势，李存勖鼓励诸将说：“汴人闻我有丧，必谓不能兴师；又以我少年嗣位，未习戎事，必有骄怠之心。若简练兵甲，倍道兼行，出其不意，以吾愤激之众，击彼骄惰之师，拉朽摧枯，未云其易，解围定霸，在此一役。”

果不出李存勖所料，当他率军乘大雾出奇兵，到达潞州城外的三垂岗时，梁军仍没有丝毫觉察。此时李存勖想起了他5岁时随父李克用出征，在三垂岗庆祝胜利的情景。当《百年歌》演奏到末尾时曲调低沉忧伤，李克用无限感慨，抚摸着李存勖说，父老矣，二十年后，汝替父带兵打仗于此。想不到竟愿望成真。李存勖一马当先冲锋陷阵，把还在睡梦中的梁军打得落花流水。朱温也不得不惊叹道：“生子当如是，李氏不亡矣！至如吾儿，豚犬耳！”（《资治通鉴》）三垂岗战役是李存勖在父亲李克用死后独立指挥的第一个漂亮战役。从此，李存勖威震河东，周围州府相继归附，并结成联盟，共同抗击后梁。

公元910年，李存勖力排众议，接受赵王王镕（唐昭宗所封）的求援，在柏乡（今河北柏乡）一带与梁军对垒，于次年正月大败装备精良的梁军。正在李存勖准备南进之际，意外地得到朱温被其子弑杀篡位的消息，他异常惊喜。虽然朱温死于内讧，但也算是父亲的第三道遗命完成过半，李存勖遂赴家庙告慰先父，更加坚定了消灭后梁的信心。

公元915年，后梁所辖的魏博兵变，李存勖乘势占领魏州，亲自兼领魏博节度使。接着又攻取德州（今山东陵县）、澶州（今河南清丰）。之后又攻取了卫州（今河南汲县）、磁州（今河北磁县）、洺州（今河北永年）、邢州（今河北邢台）。李存勖身为晋王，常常自引轻骑入敌阵，屡陷险境。有人劝诫，他说："定天下者非百战何由得之，安可深居帷房以自肥乎？"梁军闻亚子来皆不寒而栗，闻晋军到皆丧胆魂飞。后梁军队把守的相州（今河南安阳）、沧州（今河北沧州）和贝州（今河北清河）均不战而降。这样，黄河以北除黎阳（今河南浚县）一地外，尽为晋军所占，李存勖初步取得了河北控制权。宋朝散文大家欧阳修曾评价他说："方其盛也，举天下之豪杰，莫能与之争。"

正当李存勖继续南攻之时，幽州（今北京一带）的刘仁恭乘机谋取镇（今河北正定）、定（今河北定州）二州。李存勖吸取当年吴王夫差争黄池之会和楚项羽贪伐齐之利的教训，回师先安定后方。两年后占领幽州俘杀刘仁恭，完成父亲的第一道遗命。紧接着于公元920年大破契丹，将耶律阿保机赶回北方，完成父亲的第二道遗命。

经过十多年的南征北战，李存勖灭刘仁恭，退契丹，败梁军，扫平北方，基本上完成了父亲三桩遗命。他见恢复唐室无望，便于公元923年4月，在魏州牙城之南筑坛祭告皇天，登位称帝，自认为是继唐而由唐叔虞的封地起家取得天下的，遂定国号为"唐"（史称后唐），年号"同光"，建都魏州，都名"东京"。为了唐的兴盛，李存勖建立"兴唐府"，以府为宫，取名"兴圣宫"。把所属的元城县改为"兴唐县"，贵乡县改为"广晋县"。把拥有牙城、罗城、大城三重城墙的魏州17个城门都重新命名，牙城4门改名为乾明门、元德门、万春门、千秋门，罗城5门改名为广运门、金明门、清景门、永芳门、景凤门，大城8门改名为照明门、广义门、静安门、应福门、迎春门、兴仁门、延清门、通运门。同时以太原为"西京"，以镇州为真定府，建"北都"。

登上帝位的李存勖，为巩固政权继续与后梁军队作战。公元923年10月占领洛阳，后梁灭亡。12月迁都洛阳，降东京魏州为副都，改太原为"北京"。两年后，又改东京魏州为邺都。

（2009年2月6日发表于《邯郸日报》）

开国功勋潘美

20世纪80年代，评书《杨家将》在各广播电台热播，使得忠良报国的杨继业和卑劣奸臣潘仁美家喻户晓，孺妇皆知。至今在河南开封市内有两个湖泊，一清一浊。西面的叫杨家湖，湖水清澈碧绿；东面的称潘家湖，湖水混浊污臭。据说此两地当年分别是杨府、潘府的旧址。甚至有的地方民间有杨姓、潘姓不结亲的说法。可见杨继业的忠、潘仁美的奸在人们心目中留下了多么深刻的印象。然而，大多数人不知道二人的原型是历史上的杨业、潘美，而潘美则是大名人。那么，历史上的潘美是评书中的形象吗？历史上的潘美又是怎样的一个人呢？潘美又如何成为潘仁美了呢？

据史书记载，在大宋宗祠内，宋太宗像旁边配享一员大将，他就是北宋开国功臣潘美。《大名县志》记载："潘美字仲询，大名人。"因与后周禁军将领赵匡胤交情颇厚，参与公元960年的陈桥驿兵变，并接受赵匡胤委派，到京城说服后周皇帝让出帝位。潘美不辱使命，在朝会上宣布赵匡胤的诏令，向后周恭帝（时年仅有8岁）及文武百官讲明天下大势，晓之以理，动之以情，得到文武百官的理解和支持。从而使赵匡胤兵不血刃，平稳在京师登上帝位。潘美也就成了宣布建立宋朝的第一人，成为开国元勋。《宋史》评论这件事为"市不易肆"。

此后，潘美凭借自己的英武胆识，善谋智勇，为巩固大宋政权统一国家，南征北战，东挡西抚。他孤身单骑入陕，明理说服袁彦入朝；平定淮南叛军，镇守扬州，三年得治。攻取两湖，镇抚长河八年；灭除南汉，三年民心安抚；讨伐南唐，平定江南；攻取北汉，扫平天下……为北宋的统一政权立下汗马功劳，创下赫赫战功，被升任为宣徽南院使。公元983年改任忠武军节度，进封韩国公。《宋史新编》（明朝柯维琪著）中这样评价潘美："仁恕清慎，宋代良将，曹彬第一，潘美其次焉。"

据县志记载，宋雍熙三年（986年）"诏美及曹彬、崔彦进等北伐，美独拔寰、朔、云、应等州，诏内徙其民。会辽兵奄至，战于陈家谷口"。当时宋军分三路伐辽，潘美为西路军统帅，杨业为副，王侁为监军。因其他两路军受挫，潘美受诏撤军，掩护寰、云等州人民内迁。在撤军过程中，遭遇辽军追杀。监军王侁邀功心切，不采纳杨业避其锋芒、声东击西的正确建议，强词激杨业出战，却又不履行接应约定，致使杨业被擒，绝食身亡。身为主帅的潘美也“削秩三等”。

那么作为统帅的潘美为什么不制止王侁的错误命令呢？原因有二，一是监军王侁的特殊身份。赵匡胤当皇帝后，为提防手下大将模仿自己发动兵变，便加强中央集权。在成功完成杯酒释兵权之后，在官制和兵制上采取收权措施。全国州府皆设通判（即监州），军队设监军，由中央直派，行使监督职能，权力甚至在州官、统帅之上。特别是监军，往往由皇帝指派宦官担任，对在外将军进行监督，负责将士的功过赏罚，并且规定监军有权处死有不轨之举的将帅。后来发展到监军不仅有权参与政策处理军机，而且能使将帅服从命令。这样就造成精通军事的将帅无权、不懂用兵的宦官发令的混乱局面。王侁恰恰是一个刚愎自用但又深得皇帝信赖的监军，因而潘美面对王侁的瞎指挥却无可奈何。二是副将杨业的特殊身份。杨业原为北汉大将，深得北汉主刘崇信任，赐名“刘继业”，归宋后恢复原名，威震辽邦，人称“杨无敌”。北汉政权在宋朝军队大兵围城内无粮草外无援兵的情况下，北汉主刘继元举城降宋。而杨业此时还在城外与宋军苦战。当宋军招降杨业并告知刘继元已降时，“业乃北面再拜恸哭，释甲来见”。作为降将，作为副将，杨业在建议无效的情况下，只能服从王侁。在这一事件中，潘美毕竟不负主要责任，第二年便“复检校太师，知真定府。末几，改都部署，判并州，加同平章事。数月卒，年六十七，赠中书令，谥武惠，咸平二年配享太宗庙庭。”（《大名县志》）

宋人王铚的《默记》中，还记载潘美救下柴世宗二子的事情。赵匡胤看见太监带来柴世宗的两个儿子，便命左右拉出去斩之。当时潘美手掐殿柱，低头不语。赵匡胤看出其心事，便问：“汝以为非也？”潘美回答说：“臣岂敢，但于理未安。”赵匡胤即放还两子，并把其中的一个赐给潘美，即养子潘维正，此后赵匡胤再没有过问此事。据县志记载，潘美、赵匡胤都是后周臣民，周世宗柴荣在做开封尹时，“美以中涓事世宗，及即位，补供奉官。商平之战，美以功迁西上阖门副使，出监陕州军，改引进使”。因此，潘美与柴荣关系非同一般，此刻见新皇帝要斩杀柴荣两子，一边是原君臣，一边是新君臣；一边是老上司，一边是旧故交。潘美左右为难，只能掐柱不语。好歹赵匡胤开明豁达，能体察臣心，念及潘美稳定朝局的大功，顺水推舟，做了一个大人情，随了潘美心愿。可见潘美的仁爱之心，忠厚品格。

就是这样一位开国元勋、大宋忠臣为什么在人的心目中成了奸臣了呢？潘美为何成了潘仁美了呢？据流传在大名的说法是其老师所为。潘美的老师是个酸秀才，得知潘美当上了大官，便找上门想谋个一官半职。潘美觉得老师从政不是其长项，弄不好反害了老师，便劝其开馆授徒，一定大有作为。谁知老师解不开这个理儿，一气之下写文章来诋毁潘美。当然此传说不足为信，而实际是由于《杨家将》的广泛流传造成的。小说系明朝无名氏撰写，所反映事件又是大宋开国历史上的一段真实史实，处于塑造典型人物的需要，杨继业（杨业）成了正面典型，与之相对应的潘仁美（潘美）也就成了反面典型人物。从此潘美背上了奸臣的黑锅。

类似这样的情况很多，最具代表性的就是曹操。《三国演义》中的曹操和历史上的曹操是截然不同的。文学形象和历史人物不能混为一谈，因此也不能把《杨家将》中的潘仁美与历史上的潘美画等号。比如小说中的潘仁美之女为娘娘，而历史上潘美之孙女为宋真宗的娘娘，追封章怀皇后；小说中的潘仁美是国丈太师，而历史上潘美曾任检校太师。非常有意思的是，潘美的曾孙潘必正（养子潘惟正之孙）也成了文学人物，但与潘美的文学形象截然相反，是戏剧舞台上人所皆知的正面人物形象。《玉堂春》和《玉簪记》就是以潘必正真人真事写成的戏剧，直到清朝以后，舞台上还经常上演《琴桃》与《秋记》，至今不衰。

（2008年1月19日发表于《邯郸日报》）

包拯在大名的150个日日夜夜

在现大名城内有一条街道叫作南顺城街。据住在该街道上的老人说，在中华人民共和国成立之初这里有一座坐北朝南的大型泰山行宫娘娘庙，庙院内有一座造型奇特、威严壮观的包公祠，坐南朝北（据说是取包公倒坐南衙之意）。内塑有包公坐像，黑纱山眉，乌龙官袍，紫面长髯，相貌威严庄重。两边分立张龙、赵虎、王朝、马汉四名校尉，一身戎装，形象雄壮威猛，气宇轩昂。侧面墙壁上题写着包拯的家训："后世子孙仕宦，有犯赃滥者，不得放归本家，亡殁之后不得葬于大茔之中，不从吾志非吾子孙。"

包拯与泰山女神碧霞元君，一为现实中的人物，一为传说中的神仙；一为黑脸瘢面阳刚男性，一为慈眉善目柔美女性，却在"男女授受不亲"的历史大环境中，同处一院，耐人寻味。人们本来就对大名城内有包公祠感到意外，对泰山行宫娘娘庙院内套建包公祠就更加啧啧称奇。那么，为何会出现如此奇观呢？

包公祠遗迹

据《续资治通鉴》记载，北宋皇祐四年（1052年）三月，"以知谏院包拯为龙图阁学士、河北都转运使"，而河北都转运使的官衙就设在当时的大名府。包拯曾在大名为官这一事实可道出个中缘由。

众所周知，包拯是中国古代颇有名望的官吏，在老百姓心目中他是清官的代表，被称为“包青天”，民间广泛流传“关节不到，有阎罗包老”的谚语，甚至神化为“日断阳，夜断阴”，能惊天地泣鬼神的神奇人物。他铁面无私，执法严明；为民请命，关心民苦；锐意改革，兴利除弊；严惩贪污，廉洁清正。他担任御史中丞时，与宰相富弼、翰林学士欧阳修、经筵侍讲胡瑗，被称为“四真”，即真中丞、真宰相、真翰林学士、真先生。有关包拯的故事和传说，自宋元以后就在民间广泛流传开来。发展到今天，形成了丰富多彩的包公艺术形象，深受广大劳动人民的敬仰和爱戴。戏曲、小说里的包公大多从小受父母遗弃，由其“嫂娘”抚养成人，而历史上的包拯从小深受父母宠爱，受到良好教育。由于天资聪慧勤奋好学，29岁的包拯就考中进士，历任知县、知府、监察御史、转运使、天章阁待制、龙图阁直学士知开封府、御史中丞、三司使、枢密副使等职。曾经代表宋廷出使契丹，面对契丹的百般刁难和蓄意挑衅，包拯大义凛然的气度、不亢不卑的态度、理直气壮的雄辩，显示了过人的胆识和卓越的外交才能，也维护了宋朝的尊严，提高了国威。为此，在包拯病重临终前，仁宗皇帝亲自到家中看望，死后追认他为礼部尚书，赐谥“孝肃”。

那么，包拯在大名府所任的河北都转运使，是何官职呢？宋朝初年全国有数百个州府，难以由中央直接统管，但皇帝出于中央集权的考虑，又不想在府州以上再增设一级行政机构。在这种矛盾的心态下，宋王朝创立了一种由中央直接控制的监司机构——路，执掌边防、盗贼、刑讼、金谷、按廉五种事务。当时，按天下土地形势，全国共分为15路，其中河北路治大名府，管辖范围是：西以太行山脉为界，东达渤海之滨；北与辽国接壤，界线大致为天津到河北涿州一线；南界大致为山东、河南二省黄河一线。“边防、盗贼、刑讼、金谷、按廉之任，皆委于转运使”（后来转运使只管财赋转输和民政），这样，转运使就成为北宋中央政府派遣到各路掌管一方军政事务的要职。此后一百多年中，路制多次变化，比如宋熙宁六年（1073年）宋王朝又把河北路分为东、西二路，其中河北东路治大名府。到北宋中后期形成较稳定的23路制区划，路名与范围与今天我国的省区名称和界限相近。

所谓都转运使一般是指兼管数路的长官。由此看来，包拯当时除管辖河北路外，还兼管他路。在任河北都转运使期间，包拯走遍辖区内的大大小小州、府、县，看到了人民的疾苦，听到了人民的呼声，体察到了人民的艰难。

为官一任，造福一方。强烈的社会责任感使包拯下定振兴河北的决心。经过广泛的调查研究，包拯明确提出了河北地区必须实行休养生息的治本之策。他主要做了六件事情：

一是免除“折变”。折变是宋朝政府将原征财物按值折合改征其他财物的措施。《宋史》记载，原来田赋“其入有常物，而一时所输则变而取之，使其轻重相当，谓之‘折变’”。由于物价由官府核定，折变往往成为一些官吏增加官府收入、榨取人民血汗的手段。面对河北州府户口锐减、灾害严重、百姓生活困难的现实，他上疏朝廷免除民众的“折变”。“因籍一路吏民积岁所负公钱十万余，悉除之。”(《续资治通鉴》)人们欢愉，拍手称快。

二是调粮济贫。包拯在河北遇到的最大难题是军民缺粮，“河北军粮支用浩瀚，每月约支五十万石，一年约支七百万石。”(《包拯集·请支拨汴河粮纲往河北》)而当时不少州郡的粮草只能维持一两个月。“民已困矣，敌何御焉?”因此，他奏请朝廷将供应开封的粮船直接发往河北，在充实军储的同时，救济饥民，稳定军心民心。

三是开展自救。外地调粮支援毕竟是权宜之计，要从根本上解决问题，必须自力更生，丰衣足食。包拯鼓励农民垦荒造田，号召人们进行生产自救，并亲自指导农民种植水稻，提高了产量，受到河北民众的赞誉和拥戴。

四是整饬吏风。“治乱之原，在求贤取士得其人而已。”(《包拯集·论取士》)当时河北存在诸多弊政，即使灾害频发，老百姓仍受到盘剥，致使“凋敝益甚”。包拯主张选择通晓民事的廉直官吏充任州县长官，奏请朝廷，撤掉那些“委实年老及谬懦不晓民政”的官员，奏举“资序合入之人充替”，使河北“疲困之民得其存恤”。

五是取消“回易”。回易本指边境贸易中的利钱收益，后来凡盈利性经营活动均称回易。隋唐时官府往往从事回易活动。宋朝为补充军需不足，也允许军队从事回易，主要涉及茶叶贩卖、酒业经营、房屋出租、店铺开设等，而且还制定了免税的优惠政策。然而军队将领则对下制订强制性盈利指标，致使一些官兵趁机营私，大发横财，“名为赡军回易，而实役人以自利”，甚至私放军债。有的官吏还借机诛剥百姓，造成公私受害。包拯上疏朝廷：“诸路尤被其苦，而河北之害尤甚”(《包拯集·请罢天下公用回易等》)，力主革除此弊，利国利民。

六是巩固边防。包拯就巩固邦本加强国防问题提出了许多积极可行的防御措施。自宋太宗以后，北宋实行的是以保卫开封为核心的防御政策，因而边备松弛，但当时河北却是国防重地。当时河北驻军牧马，在漳河(黄河以北流经大名府的一条重要河流)西岸占用良田1.5万顷，而“马只有五六千匹，不及往时一监之数”，一匹马竟占有牧马地115亩，“漳河沃壤，人不得耕”（《包拯集·请将邢洛州牧马地给与人户依旧耕佃一》）。包拯建议将牧马监的土地佃给农民耕种，只收赋税。为了减轻河北人民的负担，他向朝廷写了《请挪移河北兵马事二章》的奏章，建议罢河北屯兵，“分屯于河南兖、郓、齐、濮、曹、济等诸州”，“遇有警急，即时起发，不旬日可到”，不会误事。他还上疏说，“议者若以戍兵不可全减，即有往年义勇强壮十八万余人以充其数”，“三时务农，一时教战”。这样，“就粮兵一月之费，可充乡兵一岁之用，计其费则甚寡，校其利则至博”。这种民兵一体的主张被朝廷采纳，成为王安石变法的重要内容之一。

皇祐四年（1052年）七月，包拯调离大名。《续资治通鉴》记载：“居数月，徙为高阳路安抚使。”虽然在大名时间仅5个月，包拯不仅为朝廷提出了许多切实可行的建议，而且使包括大名在内的河北百姓得到了实实在在的恩惠。为了彰显其业绩，河北民众自发为之建祠塑像，以永享祭祀。直到中华人民共和国成立初期，在大名城里仍有包拯祠，而且是在泰山行宫娘娘庙院内套建，成为大名一大奇观。究其缘由，概因包拯具有与泰山女神碧霞元君一样的扶危济困、消灾解难、仁慈佑民之功德，大名人民把他奉为自己的庇护神，打破庸俗的“男女授受不亲”的清规，把包拯祠建在泰山行宫娘娘庙院内，共同护佑人民。

（2008年3月15日发表于《邯郸日报》）

苏辙初仕大名府

唐宋八大家之一的苏辙以文章著称于世，但其在大名为官的事情却鲜为人知,而且这是他人生中第一次出仕,在大名供职仅一年。

宋治平二年(1065年)三月,苏辙出任大名府留守司推官,不到一个月,升任大名府路安抚都总管司管勾机宜文字。不论是推官还是管勾机宜文字,都属于幕职州县官,职位最低。在宋代,文官官阶主要分为幕职州县官、京官和朝官三个等次。幕职州县官最初由吏部流内铨铨选,常被称为选人。这个层面分为四等七阶,一般需要逐阶升迁,称为“选调”或“选海”。选人改任京官后才能在仕途上有真正发展。苏洵曾经评价说:“凡人作官,稍可以纾意快志者,至京朝官始有其仿佛耳。自此以下者,皆劳筋苦骨,摧折精神,为人所役使,去仆隶无几也。”(《上韩丞相书》)虽然是低级官职,但对于的年仅26岁的苏辙来说,仍然是少年得志。

大名府是宋朝北方军事重镇,为都城的“北门重地”,也是北宋“四京”之一,为京城的陪都,与其他州府相比分量重。这里的官员一般由朝中重臣出判并兼知留守司事,而其佐襄政务的推官也多选才干兼著之人充任。苏辙第一次出仕就到这样一个重要地方,能够出任此职,说明朝廷对他的赏识和信任。

在此之前,苏辙曾经历了一场科考授官风波。7年前就已稍有名气的“三苏”之苏辙、苏轼兄弟因同时考取进士而轰动一时,闻名朝野,当时苏辙年仅19岁。常言道,天有不测风云。在殿试前夕,踌躇满志的苏辙却得了一场大病,长卧不起。然吉人天相,与苏家关系密切的韩琦(时任宰相)、欧阳修(时任枢密副使)、赵抃(时任右司谏)等人,为了让重病中的苏辙不错过殿试,积极想办法出主意。于公来说,让贤才脱颖而出,于私来说,让后生有用武之地。最终韩琦上书皇帝说:“今岁召制科之士,唯苏轼、苏辙最有声望。今闻苏辙偶病未可试,如此人兄弟中一人不得就试,甚非众望,欲展限以俟。”皇帝也爱惜人才呀,就这样,严肃的国家考试竟然因苏辙推迟了一个月。

在这年由宋仁宗亲自主持的殿试中,初生牛犊的苏辙不畏天颜,在文章中竟批评仁宗皇帝贪色倦政。但仁宗皇帝并没有因此天颜大怒,相反,对苏辙的耿直性格倒有几分喜欢。当苏辙的文章被宣布为第三等(第一、二等为虚设)之后,胡宿等人对苏辙极论朝政之失、宫掖之秘的狂傲不恭提出异议,力主黜之。相反,直秘阁学士司马光认为苏辙的文章最切直,不宜黜!而且还直接向皇帝上了一份《论制策等第状》,认为如果罢黜苏辙,就于圣德有亏!

面对截然相反的两种态度,仁宗皇帝终于开口说:“吾以直言求士,士以直言告,今而黜之,天下其谓我何?”(苏辙《遗老斋记》)但苏辙还是被降了一等,以“第四等下”为试秘书省校书郎,充商州军事推官。即便如此,知制诰王安石仍认为苏辙专攻人主,拒绝草诏。韩琦又站出来为苏辙极力辩护,最终由另一位知制诰沈遘制敕,且特意在诏命中写了仁宗皇帝一段语重心长的话:“(苏辙)指陈其微,甚直不阿。虽文采未极,条实未究,亦可谓知爱君矣。朕亲览见,独嘉焉。其以辙为州从事,以试厥功。克慎尔术,思永修誉。”

至此,这场轩然大波才尘埃落定,但苏辙对官衔前有“试”字仍表现出不满意,因为在北宋初期非正式命官称为“试官”“试秩”“试衔”,属于预备官,多为州县幕职官的加官,被称为“白衣选人”,地位低下。苏辙便以父亲在京无人侍奉为由,奏乞留京养亲,没有赴任,但殿试授官的曲折艰难使苏辙开始对自己高傲狂放的性格有所反思。

大名府留守司推官的职责是判定刑狱、推行法令,大多由朝廷选拔精明干练的贤才担任。因此,苏辙对这次授官比较满意,公干十分卖力,对在此次授官中起重要作用的韩琦充满感激。于是一上任,他就专门给韩琦写了一封感谢信——《北京谢韩丞相启》:

> 右某启:顷违轩闼,寻至北门,自领簿书,复将期月。魏都雄盛,号称河朔之上游;职官卑微,最为府中之末吏。事既甚夥,议皆得参。顾惟浅庸,何以堪处。况旱气方退,流民未还,盗贼纵横,犴狱填委。是健吏厉精竭力而不足之日,非庸人偷安自便而能办之时。伏惟相公,伟量绝人,盛业盖世,乐育贤俊,误知鄙凡。窃观佐幕之司,似若无责之地。因循而去,则身实甚闲。敢无自强,少答知遇。

人逢喜事精神爽。苏辙心中充满了“勉强以处,则事皆可兴”的信心,工作兢兢业业,一心奉公。不久,朝廷来旨,苏辙改任大名府路安抚都总管司管勾机宜文字。大名府安抚使司的来头更大，掌管抚边安民、察治盗贼等事，由于主管一路兵马，又称为“帅司”。虽然管勾机宜文字的职责只是掌管本司文书草拟、收发等公事，但因此类职务多由宗室、外戚、地方簪缨豪门子弟之贤者担任，往往成为达官显贵人的发展之地。苏辙喜出望外，激动不已。没几天就从“府中之末吏”的推官，升职为“都总管司管勾机宜文字”，这是苏辙万万没有想到的，于是再次致信韩琦表示谢意，表明心迹：

> 右某近准中书札子，就差管句大名府路安抚总管司机宜文字者。顷尘制科，已授商幕，寻辄乞告，以便养亲。贫窭无资，还复求仕。既来魏府，幸迩家庭。曾未逾时，就改此职。边鄙无事，最为闲官，俸给稍优，尤便私计。自非昭文相公，陶冶庶类，顺养众情，曲矜鄙庸，常见存念。则岂有进退之际，皆从私心，功效未闻，旋移新局。顾恩造之甚厚，思力报以未田。区区之诚，书不能既。

在“顾恩造”“思力报”的想法支配下，苏辙恪尽职守，勤政敬业，关心人民疾苦。以是否有利于国家、有利于人民作为判定是非的标准。比如在勘问刑狱时，不随便以刑加人。苏辙在大名任职期间，正是王安石推行新法之时，作为推官的苏辙责无旁贷。这些法令在大名府强制推行后，苏辙看到新法不仅没有给人们生活带来好处，反而伤害了百姓。面对新法执行过程中出现的种种问题，苏辙一方面不得不推行新法，一方面开始上书反对新法，甚至一生都在为坚决废除新法而努力。

苏辙十分注重边地防务。他深知，大名府是陪都北京，是首都开封的北方门户，所以非常关注契丹的动静。这在其诗中可以看出。如：“河转金堤近，天高魏阙新。千夫奉儒将，百兽伏麒麟。校猎沙场暮，谈兵玉帐春。关南知不远，谁试问番邻。”(《次韵王君贶北都偶成三首》)

此外，苏辙与各方面的关系处理得比较好。与时任知大名府兼北京留守、大名府路安抚使王拱辰关系融洽。王拱辰早就知晓“三苏”名气，苏辙也十分会来事。比如王拱辰过生日，他有精彩诗篇做贺；王拱辰写诗文，他能锦上添花唱和；王拱辰操检军马，他也经常陪练。他在《王君贶宣徽挽词》中说：“从军在河上，仗钺喜公来。幕府方闲暇，歌钟得纵陪。”同时与幕中同僚也相处很好，特别是跟安焘(后官至枢密使)、强至(后官至三司户部判官)的关系甚密。政暇之余，他也笔耕不辍，留下不少诗文，吟出许多佳句。强至在诗作《和推官压沙寺惠诗》里这样评价苏辙的诗：“多才幕府论荣遇，诗句飘飘动客裾。”

幕府单调繁重的文书工作与苏辙的狂傲性格是不符的，距离实现他的理想抱负有很大差距。苏辙在大名写的《次韵沈立少卿白鹿》诗就表达出了这一点。“白鹿何年养，惊猜未可驯。轩除非本性，饮食强依人。……独游应已倦，忽见乍凝神。……何缘解砳縶，奔放任天真！”诗中形象地描绘了白鹿被圈养的痛苦神情，以鹿喻己，借鹿寓慨。踏入仕途，特别是幕府工作，就不能由着自己的性子想做什么就做什么，好像成了圈养的白鹿，表达自己对“奔放任天真”的向往，希望能摆脱簿书之累。

宋治平三年（1066年）四月，苏辙离职回京奔丧（苏洵病逝），与兄长苏轼扶柩回蜀。宋熙宁二年（1069年）三月，免丧回东京的苏辙写下洋洋洒洒近万字的《上皇帝书》，指出朝政三大弊端（冗吏、冗兵、冗费），力主改革弊政，铲除“三冗”。宋仁宗御览后，即日召对延和殿，当面问策。次日，苏辙被任命为制置三司条例司检详文字，结束了他的大名仕官生涯。

（2008年5月17日发表于《邯郸日报》）

黄庭坚在大名的学官生涯

有著名诗人、书法家、江西诗派始祖等誉称的黄庭坚，曾经在大名国子监做教授长达8年。他是因人生不幸寻找转机而来大名，却又因命运坎坷带着遗憾而离开，值得欣慰的是，“黄庭坚为教授，文行足为学者规范，当时甚推重焉”（《大名府志》）。

公元1067年，23岁的黄庭坚以第30名的资格考取进士后，出任汝州叶县（今河南叶县）县尉，开始了他的从政生涯。当他壮志满怀赴任时，却因途中夫人患病、汝水暴涨误了报到限期，受到拘禁月余的处罚，从政伊始即遭当头一棒，况且县尉是负责地方治安的低级官吏，要应付繁杂公务，周旋官场倾轧，与他向往的陶潜式生活格格不入。然而为了“食贫自以官为业”，他仍克己奉公，施仁政，抚黎民，建功业。后来，黄庭坚的夫人孙氏病逝，他心情异常沉闷。政治不得意，家庭不幸，叶县成为他的伤心之地。为了摆脱低沉情绪，他参加四京学官选拔考试，因文章优等，被授为“北京国子监教授”。

这里的“北京国子监”在今天的河北省大名县，北宋时候大名是陪都北京大名府。国子监是中国始设于隋代的一种大学，宋朝时成为最高学府，后来成为掌管全国学校的总机构，凡太学、国子学、武学、律学等训导学生、荐送学生应举、修建校舍、皇帝视察学校，皆属其主持筹办。陪都西京、南京、北京亦陆续置国子监，设分司官，由朝廷直接选派官员担任此职。教授在宋代官为正七品，除宗学、律学、医学、武学等置教授传授学业外，各路的州、县学均置教授，掌学校课试等事宜。

宋熙宁五年（1072年）正月，黄庭坚来到大名上任，开始他新的生活。他一边教书，一边研究经学，作诗习书，致力于诗歌创作，诗艺得到了进一步提高。具有戏剧性的是，他因诗而再得妻。据《王直方诗话》记载，谢师厚（宋代诗人）读罢黄庭坚的诗后，不禁惊叹说：“吾得婿如是足矣。”丧妻的黄庭坚闻知后，亲自登门求姻，果然得到谢师厚应允。

新婚后的黄庭坚意气风发，迸发出极高的创作热情，在诗文书法方面长足发展，迎来创作上的旺盛期。平时不仅与同僚探究学问，诗酒酬和，也与国子监诸生唱和，特别是同王世弼、谢子高、崔常甫等国子监学生，打破师生界限，像朋友一样探究学问，研究诗文，后来竟发展成一个小型的诗社，黄庭坚理所当然地处于主导地位。之后，黄庭坚与澶州司户参军晁补之、滑州司户参军廖正一成为诗友，三人诗笺往来，赠答诗作颇多。你来我往，逞才使气，次韵相高，恰似两军对阵；你唱我和，此起彼伏，云影山光，堪为诗坛盛事。

4年任期满后，时任大名府留守的文彦博非常器重黄庭坚的才华，留其再任。国子监教授虽然是清闲的学官，但比较受人尊重，这个职务对不热衷于功名的黄庭坚来说非常适合，黄庭坚欣然应允。教授之暇，潜心作文习书，深刻领会儒家养心治性的要旨，研读庄子"退听返闻"之论，写下了《论语断篇》《孟子断篇》《庄子内篇论》等多篇教学讲义。同时，他深入钻研《易经》，在诗文创作中也常常用易卦、爻辞说理抒怀。据《宋史》载，王安石读到黄庭坚的诗后，也不禁击节称叹："黄某清才，非奔走俗吏。"

在大名期间，黄庭坚最幸运的是结识了苏轼。宋元丰元年（1078年）二月，黄庭坚出于对苏轼的仰慕，寄《古风二首上苏子赡》给任职徐州的苏轼，并附书说"今日窃食于魏，会阁下开幕府于彭门，传音相闻"（《山谷集》）。而实际上据《苏轼文集》记载，苏轼已于6年前在好友孙觉（宋代文学家，黄庭坚前岳父）处看到黄庭坚诗文，凭借他敏锐的见识认为黄庭坚就像精金美玉，人品才华无人堪比，然而由其文看其人，一定是兀傲离俗，难为世用（"此人如精金美玉，不即人而人即之，将逃名而不可得，何以我称扬为！然观其文以求其为人，必轻外物而自重者，今之君子莫能用也"）。苏轼在好友李常（宋代诗人兼藏书家，黄庭坚舅舅）处看到黄庭坚诗文，评价说，庭坚的诗文超凡脱俗，非同一般，"意其超逸绝尘，独立万物之表，驭风骑气，以与造物者游，非独今世之君子所不能用，虽如轼之放浪自弃，与世阔疏者，亦莫得而友也"。

正是苏轼对黄庭坚的诗文早有阅读，初步了解黄庭坚的诗品人品，所以在未谋面的情况下，黄庭坚的寄书对苏轼来说不仅不唐突，反倒一见如故。苏轼在答书中说，"轼始见足下诗文于孙莘老之坐上，耸然异之，以为非今世之人也"。从此黄庭坚成为苏轼门人，两人以诗唱和，以文交心，切磋诗文。如苏轼在和诗中针对自己的遭遇向黄庭坚发出了坦率的感慨，讥讽了“今之小人胜君子，为稂莠之夺嘉谷。言君子小人进退有时，如夏月蚊虻纵横，至秋自息……”

正在黄庭坚家庭、事业顺畅之际，变故又起。公元1079年2月年仅26岁的夫人谢氏又病逝，黄庭坚再度陷入家庭不幸中。屋漏偏遇连夜雨，苏轼“乌台诗案”事发，他因“收受有讥讽文字而不申缴”受到牵连，被罚铜20斤。面对这一连串的缠身歹运，加上位卑俸薄，生活清苦，弟婚妹嫁（6个兄弟4个妹妹）又需资助，又使他陷入苦闷中。面对生活困境，以及美好夙愿又无法实现的现实，他常常处于无奈和困惑之中，只得寄情于诗文书法创作。

宋元丰二年（1079年）春，国子监教授任期将满，36岁的黄庭坚赴吏部改官。当时朝廷拟定他为卫尉寺丞兼著作佐郎，由于受苏轼诗案影响，被改派知吉州太和县（今江西泰和），结束了他的大名学官生涯。

黄庭坚在北京大名府任国子监教授8年，虽然安贫乐道，但在“六年国子无寸功”的诗句中，还是表达了自己难以施展抱负的无奈心情。失之东隅，收之桑榆。贴近民生疾苦和逼近军事战场，黄庭坚拥有了丰富的创作素材和阅历。轻松的教授之职又使他有充足的时间博览群书，累积知识，并以诗会友，与谢师厚、苏轼、晁补之等人砥砺唱和，创作诗歌180余题近300首，为他后来成就“山谷体”诗风，成为江西诗派“一祖三宗”的“三宗”之首，获得“苏黄”并称以及书法上的“宋四家”美誉奠定基础，以至于文坛大家苏轼后来发出这样的慷慨：“瑰玮之文妙绝当世，孝友之行追配古人。”

（2011年11月19日发表于《邯郸日报》）

韩琦的大名故事

据《大名县志》记载，在大名旧府城熙宁禅院中有韩魏公生祠，而且是司马光亲自为该祠撰写祠堂碑记。还有与韩魏公有关的晚香亭、雪香亭、望春亭三个著名的凉亭。这里说的韩魏公即是宋朝宰相韩琦（晚年封魏国公）。

宋神宗熙宁元年（1068年）七月，河北地震致使黄河决口，震灾水灾严重，灾民流离失所。无论是官府、寺庙，还是民居房屋，倒塌者大半，人们吃无食、穿无衣、居无所。神宗“诏以淮南节度使、司空兼侍中韩魏公为河北安抚使判大名兼北京留守”（《宋韩魏公祠记》），并准许便宜从事。

河北安抚使是什么官职呢？宋朝在全国形成路制，其长官称为转运使，掌控全路地方行政事务。后来考虑转运使事权过重，就设置另外两个司职来分权。一为提点刑狱使，总揽一路司法，俗称“宪司”；一为安抚使，主持一路军政，也兼管民政、司法和财政，常由本路最重要的州府长官兼任，俗称“帅司”。而转运使俗称“漕司”，这样一路就有三位长官，帅、漕、宪三司总称“监司”，又号“外台”（与中央的御史台并称），具有监察职能，权位颇重。虽然它们权位不同，但往往兼及他务而互相制约。

所谓北京留守是指中国古代皇帝或君主出巡时，常以大臣辅佐太子留守京师，或称留守、留台、居守，是临时驻守京师之职。隋朝开始设置留守、副留守官职，是军事镇守，赋予临时的行政权责。公元1042年北宋升大名府为陪都，设置北京留守，也称使相。宋朝时候亲王、枢密使、留守、节度使兼侍中、中书令、同平章事等都称为使相。

受命于危难的韩琦到大名后，采取了一系列的救灾安民措施。开仓分粮，帮助灾民恢复生产、发展生产，重建家园，使灾民逐步渡过难关。“爱民如子，治民如治家，去其疾，忘己之疾；闵其劳，忘己之劳”（《宋韩魏公祠记》），不久，就把大名治理得民心归附，有条不紊。“居者以安，流者以还，饥者以充，乏者以足，群心以和，岁则屡丰”，深得人们敬仰，也在大名留下许多令人称颂的故事。

犯颜直谏。韩琦在大名为官期间，正值王安石变法，而大名恰恰又是青苗法改良条例试行地点。面对青苗法在运行过程中暴露出的种种弊端，韩琦于公元1070年2月上疏皇帝反对青苗法，认为此法不论贫富，一律按户等配借青苗钱，上三等户及坊郭大户本是兼并之家，也可贷给青苗钱，这种做法根本不能“抑兼并、济困乏”。神宗看了韩琦的奏疏，一度动摇了变法决心。他对大臣说：“琦真忠臣！虽在外，不忘王室。朕始谓可以利民，今乃害民如此！”

国事为重。早年宋太宗曾经在大名府郊外狩猎，题诗数十篇，留守贾昌朝将这些诗刻在石碑上。韩琦来大名府后发现碑刻散于野外，就将这些碑刻搜集起来存放在班瑞殿(宫城内一大殿)的夹壁中。有人劝韩琦拓下摹本进献于朝廷，韩琦说：“将它修葺好就可以了，怎能用来作为进献之礼?”众不得其解。后来韩绛任大名留守，拓下碑刻进献给哲宗皇帝。韩琦听到此事后，感叹道：“过去我不知道进奉吗?看到仁宗皇帝正在锐意守边，考虑国家大事，不应当将他的心思引到一边去啊！”

威震契丹。契丹年年都要来北宋朝廷，使者每次走到临清(今山东临清，当时隶属大名府管辖)时，都告诫手下人说：“此是韩侍中境内，慎勿乱须索。”在移换文书上特别写明“以韩公在此故也”，而且“每使至于国，必问侍中安否”。契丹如此尊畏韩琦，足见他对契丹的威慑力，所以司马光这样评价韩琦，不仅“德及一方，功施一时”，而且“德及海内，功施后世”。

压沙雪香。当时北京大名府城内有座闻名的压沙寺，寺中种植了许多树种不凡的梨树，“有梨千树甘美，异于凡种”(《大名县志》)。每到春季，梨花竞放，雪白似海，香气袭人，蝶飞蜂舞，煞是喜人，引得官员平民都来寺中游赏，成为一方盛事。韩琦也在政暇之际，到该寺欣赏梨花，留下“压沙寺古花残雪，过马高桥水饮虹”(《壬子三月十八日游御河》)的诗句，还让寺僧在梨园中建造凉亭。寺中方丈请韩琦为该亭题名时，韩琦看着眼前雪花般一望无际的梨花，闻着扑鼻馨香，想起唐诗“梨花白雪香”之句，遂脱口而出：“雪香亭”。

望春亭暖。为了便于倾听民声，了解民意，韩琦在治所南面建了一凉亭，取名望春亭，寄寓希望老百姓安居乐业的美好愿望。一有空暇就在此亭会见平民百姓，了解他们所愿所盼。一年春日，韩公在望春亭看到田野一片生机，人们各事其业，御河舟船竞流，商贾云集，诗兴大发，留下“此日倾城乐御河”的诗句。

黄花晚香。这年九九重阳节，韩琦在府邸后院的凉亭宴会下属，酒酣处感叹人生，动情地说：“保初节易，保晚节难。”继之诗兴大发，随口吟出一首《重阳》，其中一联：“不羞老圃秋容淡，且看黄花晚节香。”众人赏罢，皆佩服韩琦的人品人格，从此把此亭命名为晚香亭，“黄花晚香”也成为一个经典典故。

旧县志照片

德量博大。有一天漕运使来访，韩琦取出他心爱的玉杯给客人用。觥筹交错之时，一个官员不小心碰坏了。客人及在场官员都十分愕然，那个官员更是吓得伏在地上等待处置。可是，韩琦神色未变，笑着对众人说：“凡世间物品，成毁有时数。”然后他对那名官员说：“非故意而为，何罪之有？”大家对韩琦的德量佩服不已。

韩琦在大名任安抚使5年，调任后人们感其恩德，敬其人品，在熙宁禅院内立生祠，塑像供奉。两年后韩琦卒于相州，大名人民闻知噩耗后，自发来到韩琦祠堂凭吊祭奠，痛哭失声，接连数日。自此每年韩琦诞辰及忌日，人们都在祠堂举行盛大纪念活动，请佛家弟子诵经致哀，盛况空前。卒后9年，史学家司马光为韩琦祠堂作碑记，“魏人以状抵京，俾光为记，将刻于石”（《宋韩魏公祠记》）。

后来大名人民又把韩琦奉入大名五贤祠，与唐代的狄仁杰，宋代的寇准、文彦博、欧阳修同列。

（2011年12月10日发表于《邯郸日报》）

寇准在大名御辽

在北京八达岭长城居庸关城门上方有一块条石，上面镌刻着“北门锁钥”四个刚劲大字（繁体）。其用意在于说明居庸关作为北方门户的重要，殊不知这四个字与大名有关，与宋朝名相寇准有关。

《资治通鉴》载，宋景德三年（1006年）寇准“知天雄军镇守大名府”。天雄军的治所设在大名。

何谓“军”“府”呢？他们又是如何划分的呢？北宋建国以后，鉴于唐后期藩镇权力过大形成割据的教训，地方行政制度实行州、县二级制，使各州直属中央。由朝廷委派京官管理州事，称“知某州军州事”，即全权管理本州军政、民政，直接向朝廷奏事。以后为牵制其权，又设“通判某州军州事”同领州事，行文与知州联署，其主要裁处兵民、钱谷、户口、赋役、狱讼等事，但是兼有刺举监察权。与州等级相当的还有府、军、监。府与州相等，但“设府者体制较尊”，京师、陪都所在地，称“京府”。北宋时候全国有四京，即首都东京开封府，陪都西京河南府（今河南洛阳）、南京应天府（今河南商丘）、陪都北京大名府（今河北大名）。军多设在沿边地区，统辖县、城、镇、寨、堡，内地所设，均兼领县政，形同州级，成为地方一级行政区划。宋朝将唐代内地军的名号符之名实，所以天雄军的管辖权力很大。由于幽云地区（今北京、天津及河北、山西北部一带）在五代时期就被辽国占领，此时的大名实际已是边境地区。这样说来，大名既是府又是军，还是陪都，足见其位置的重要性。

朝廷为什么派寇准来大名呢？《宋史》记载，在寇准镇守大名前两年，即景德元年（1004年）十一月，辽国萧太后、辽圣宗统领20万军队南下。宋真宗召来时任宰相的寇准说：“今虏骑驰突，而天雄军实为重镇，万一陷没，则河朔皆虏境也，孰可为守？”寇准为了让主和派的大臣们认识到讲和之路不可取，就向真宋推荐副宰相王钦若，并对皇帝说：“宜速召面谕，授敕俾行。”王钦若来后，未等真宗开口,寇准首先说:“主上亲征,非臣子辞难之日,参政为国柄臣,当体此意。”王钦若惊惧,不敢推辞。等他来到大名,辽兵也已临境。王钦若无退兵之策,只好在大名府城内闭门修斋诵经待援。因大名府城池坚固,辽军久攻不下,便一方面继续围困大名府城,一方面继续南下,一直打到黄河岸边的澶州(今河南濮阳)城下,直接威胁国都开封。在寇准舌战西迁派、南逃派、投降派和力劝皇帝下,宋真宗勉强御驾亲征来到澶州,使得士气大振。寇准任前线军事总指挥,设计并成功射杀辽军大将萧达览头额,扭转被动局面,双方进入相持阶段。萧太后主动请和,寇准不许,并要辽归还燕云十六州,并向宋称臣,否则兵锋相见。无奈真宗厌兵,加上听信王钦若诬陷寇准拥兵自重的谗言,答应辽国提出每年送给辽银10万两、绢20万匹的讲和条件(即澶渊之盟)。

此次教训,让真宗皇帝更加认识到大名府地理位置的重要战略意义。县志记载,大名“环漳水而襟卫河,面太行而抵沙麓”,有“枢毂中原,襟带齐鲁”之势,世称“控扼河朔”之域,被誉为“畿辅八府之首”,甚至有“昔谓帝不得,不帝;王不得,不王;猾贼据之,令天下不安”的说法,足见其地理位置具有“固形势以控扼天下之枢”的重要性,是兵家必争之地。特别是在北宋时期,成为名副其实的“河朔重镇”。为守住国都的北大门——大名府,宋真宗派一贯主战的寇准(时任户部尚书)知天雄军镇守此战略要地,防御辽兵南下。

寇准来到大名后,除发展农业生产、休养生息、安抚人民外,积极备战,做着防御辽国南犯的各项准备。

据河南省南乐县仓颉陵庙景区的资料介绍说,寇准到南乐县(隶属大名府管辖)巡查时,在知县陪同下拜谒仓颉陵庙。当得知字圣仓颉就是大名府人,且死后归葬桑梓南乐县的情况后,寇准感慨地说:“生于斯,葬于斯,乃邑人之光。”又说大名府为秀杰之域,人文荟萃,贤哲递兴,然被虏屡犯,致使农桑凋敝,田畴荒芜,吾辈重任在肩,须尽心尽力。在仓颉庙大殿,望着仓夫子全金塑像,心潮澎湃,挥毫写下一联“盘古斯文地,开天圣人家”,并在上联顶端书一“日”字,下联顶端书一“月”字,以表明自己不畏强辽、矢志报国的决心日月可鉴。这副“日月联”不仅激励着寇准御辽报国的决心,也鼓舞了大名人民抗辽的士气。后来,南乐知县命工匠精工镌刻,制成木质对联,挂在仓颉神龛两侧,直到今天。

寇准来大名前已被罢相,由陕州(今河南陕县)知州改任知天雄军。这一年,辽国使节经过大名府,因久慕寇准大名便来拜见。辽使情知北宋朝廷忠奸不辨,有意挑动地问寇准说:“相公望重,何故不在中书? ”(《大名县志》)寇准机智巧妙,凛然回答说:“主上以朝廷无事,北门锁钥非准不可耳。”此后还特意撰写一联,悬挂于军衙中,其联曰:“东郡股肱今右辅,北门锁钥古天雄。”辽国闻知此事,不敢轻举妄动,宋辽之间维持了较长久的和平关系。

寇准的日月联

从此,“北门锁钥”便成为了大名的代名词,后来意义扩大,泛指北方战略重地。八达岭长城上的居庸关是明朝首都北京的北方门户,明朝皇帝在修建此关城时,借用宋朝名相寇准御辽故事,镌刻了这块碑石,放置在关门上,威震北方,寄寓边关无事、和平息战的美好愿望。为彰显寇准守边卫国、安定大名的功绩,人们把他奉入大名五贤祠,与韩琦、文彦博、欧阳修及唐代的狄仁杰同列,永享奉供。

(2008年12月6日发表于《邯郸日报》)

文彦博两度为官大名府

在大名县北宋陪都北京大名府城遗址上，有两处建筑遗迹，一是众乐堂，二是九思亭。“众乐堂，在旧府治西园，宋文彦博为留守时建，每春日许郡人游赏，故名”(《清一统志》)，“九思亭在旧府城内，宋文彦博建，与众乐堂相对峙，每春日许游人玩赏，公不之禁”(《大名县志》)。文彦博为何在大名留下一堂一亭呢？

文彦博是北宋著名的政治家，历事仁宗、英宗、神宗、哲宗四朝，史称：“公忠直亮，临事果断，皆有大臣之风，至和以来，共定大计，功成退居，朝野倚重。”这样一位朝廷重臣曾经两度在大名仕官。

第一次是在公元1048年。当时河北地区发生军变——王则兵变，久不得平定。时任参知政事(副宰相)的文彦博主动请命前去平叛。正在为此事挠头的仁宗皇帝喜出望外，立即加授文彦博为河北宣抚使，命他速到大名府赴任，以稳定河北局势。

河北宣抚使即河北路宣抚使。北宋初年为集中财权设置“路”这一行政区划，其中河北路治大名府，管辖相当于今太行山以东直至渤海，京津以南直至黄河的大片区域。宋朝宣抚使的职责是巡视地方、存问官吏百姓，由执政大臣担任。文彦博任河北宣抚使则是专为镇压王则而设的军事统帅，此后宣抚使的职责演变为一路或数路的军事统帅。

王则原是涿州(今河北涿州)人，因饥荒流落贝州(今河北清河)，投奔驻扎当地的宣毅军，并当上了小头目。宋代为了消除人民的反抗因素，把“犷暴之民收隶尺籍”，让他们参军吃粮，把民间桀骜危险的人物纳入军队的管束。在宋太祖看来，凶年饥岁，有叛民而无叛兵，这种募兵制是当时消弭民众叛乱的最佳方案。但这只是把祸乱根苗暂时转移到军队掩藏起来，一旦有诱导因素，就会以兵变形式爆发出来。

当时贝州地区民间争相传习《五龙经》等图谶，王则便借助“释迦佛衰谢，弥勒佛当持世”这些传言，利用其母于其背刺的“福”字大做文章，在河北、山东一带广收信徒。他与信徒约定于公元1048年元旦在河北同时起事，因鼓动北京大名府留守贾昌朝的人被抓致使事情泄露，提前在公元1047年冬至那天起事，杀通判、囚知州，占领贝州城。王则自称东平王，设置百官，册封皇后，国号安阳，年号得胜，以十二月为正月。旗帜、号令都称以佛号，起事者脸上都刺着“义军破赵得胜”的字样。

文彦博上任后，认真分析战况，细致观察地形，制定出“北城佯攻、南城挖洞”的作战方案，出奇兵潜入城内，占领贝州。王则从东门突围被俘，兵变遂平定。元末明初小说家罗贯中以文彦博平定王则的故事为背景，创作了二十回本的长篇小说《平妖传》，后来冯梦龙又改为四十回本。

第二次是在公元1067年。《宋史》记载：“熙宁九年，自河阳徙判大名。”这是文彦博第二次结束丞相生涯后，做地方官。所云“判大名”，实际职务是知大名府事。因为文彦博做过丞相，所以称为“判”，不称“知”。称“判”的官品较称“知”官品的知府事高一品或二品，这是宋代的一种制度。来到大名后，文彦博尽职履责，丝毫不敢懈怠。

为民请命。这年大名水灾，人民处于饥寒交迫之中。文彦博上书朝廷：“河溢坏民田，多者六十村，户至万七千，少者九村，户至四千六百，愿蠲租税。”（《宋史》）从而租税得到全免。

节省开支。把资金用到解决人民疾苦的急需事情上。史书记载，新任转运判官（相当于副转运使）汪辅之到大名上任，依照旧例，“监司至之三日府必作会”，即按照当时的宴会制度应当在三日内举行欢迎招待宴会。文彦博为了减少开支，没有宴会迎接汪辅之。汪辅之对此大为不满，认为贬职之人仍不识时务，于是上书皇帝称文彦博“不事事”。“帝批其奏，以付彦博曰：‘以侍中旧德，故烦卧护北门，细物不必劳心。辅之小臣，敢尔无礼，朕将别有处置。’未几，罢去。”可见文彦博虽然遭贬仍得皇帝器重。

爱惜人才。《宋史》记载，时任大名府司户参军的郑仅“檄往他郡”。留守文彦博以为材，曰：“如郑参军讵可令数出？”奏改司法，迁冠氏令（隶属大名府）。文彦博十分器重当时任陪都北京国子监教授黄庭坚的才学，在他任满之后，又留他再任，为大名、为国家培养了大批人才。

与民同乐。在大名为官期间，文彦博建设了遥相呼应的九思亭、众乐堂。九思亭的名字源于《论语》,孔子曰:“君子有九思:视思明、听思聪、色思温、貌思恭、言思忠、事思敬、疑思问、忿思难、见得思义。”九思亭体现了文彦博严于律己的态度。众乐堂顾名思义就是与民同乐,体现了他以民为本的思想。

为友释怀。宋熙宁八年(1075年),调任密州的苏轼“明立购赏,随获随给,人用竞劝,盗亦敛迹”(《上文侍中论强盗赏钱书》),取得了很好的效果。但是朝廷下旨灾年赏钱降一等,苏轼以为不妥。写给时任河东节度使守司徒兼侍中判大名府的文彦博《上文侍中论榷盐书》《上文侍中论强盗赏钱书》两封信,意在听取文彦博的意见,希望得到他的支持。文彦博随即作《寄题密州超然台》劝他好好安心在密州做太守,“勿作西州意,姑为东武吟。名教有静乐,纷华无动心。”这是一个长者对晚辈的最真挚的关怀。读罢此诗,郁闷的苏轼豁然开朗,解除了思想包袱,“清风出谈笑,万窍为号吟。吟成超然诗,洗我蓬之心”(《和潞公超然台次韵》)。

佛缘趣事。政暇之际,文彦博常常去城外的大安寺与住持华严禅师谈禅论道,因而两人交往甚笃。一天,华严禅师突然到府衙造访,文彦博深感意外,但仍旧心平气和论悟谈禅,十分投机。正在兴头上,华严禅师突然话锋一转,说:“我要圆寂了,特意来看看老朋友。”言毕即辞。望着高僧远去的背影,文彦博怅然若失。突然,他取出一个琉璃瓶子放置案上,自言自语道:“若佛法有灵,将舍利填入吾瓶。”话音刚落,只听瓶内叮当有声,舍利尽入瓶中。

正是由于文彦博的勤政爱民、心为民系,大名人民把他奉入五贤祠,与寇准、韩琦、欧阳修及唐代的狄仁杰同享祭祀。至今在大名还广泛流传着文彦博少年时代的两个聪慧故事。一则是树洞取球。儿时的文彦博一次与小朋友玩耍,皮球滚入树洞,怎么也取不出来。机智的文彦博以水灌入,皮球就浮了上来。中国邮政于2010年6月1日发行《文彦博灌水浮球》特种邮票。二则是彦博数豆。相传年幼时的文彦博为了修身,就放了两个罐子,做了好事就在其中一个罐子中放红豆,做了坏事就在另一个罐子中放一粒黑豆。日积月累,红豆越来越多黑豆越来越少。长大后的文彦博成为一代名相。

(写于2009年9月)

欧阳修在大名整饬河北

据《大名县志》记载，大名府城内建有五贤祠，供奉着五位曾在大名为官并且有惠政的唐宋名宦，其中就有欧阳修。众所周知，欧阳修不仅是唐宋八大家之一，而且还是北宋政治家、史学家，是古文运动的领袖，但他在大名府担任河北都转运使整饬河北地区，以及经历宦海沉浮、家庭变故的事情却鲜为人知。

史书记载，宋庆历四年（1044年）九月，皇帝诏欧阳修为龙图阁直学士、河北都转运使，特许过问保州（今河北保定）军事。欧阳修到大名任职，主要是因为契丹大军集结边境，保州驻军发生兵乱。为稳定河北地区局势，宰相晏殊向仁宗皇帝推荐了欧阳修。此时的庆历新政正处在生死攸关的关键时刻，时任知制诰的欧阳修恰恰是新政派的代言人和辩护士，是中坚力量，所以谏官们极力阻止此事，纷纷上书皇帝另选他人，但终究圣命难收。

这里简要叙述一下欧阳修此次来大名被授予的官职。龙图阁直学士是加官（官员在本职之外加领的另外官衔），名义上是皇帝出入侍从，并备作顾问，实际上只增加荣显，厚重身份，表示皇帝给予恩宠。龙图阁是北宋初年开封宫城中所建的一座馆阁，存放皇帝御书御画、皇家重要文献及宝瑞等物，配置学士、直学士、待制、直阁等人员。河北都转运使即河北路都转运使。北宋初年为集中财权，开始设置"路"这一行政区划，其中河北路管辖太行山以东黄河以北的广袤区域。"路"的最高长官称作转运使或都转运使，掌管一路或数路财赋，并监察地方官吏，其后职权扩大，兼理边防、治安、钱粮、巡察等事，成为府、州以上的行政长官。《宋代官制辞典》对"都转运使"解释为："两省五品官以上任转运使者带'都'字。烦剧之路置都转使，如河北、陕西、河东三路，各以两制以上重臣为都转运使。或数路转运使之上，置都转运使，以便协调统御。"

上任途中，离开朝廷的欧阳修远离了政治旋涡中心，想到自己的惨淡家境、坎坷经历，顿生许多感慨。欧阳氏本是一个显赫的大家族，但到欧阳修的祖父时家道衰落。欧阳修父亲欧阳观是四川绵阳一个八品的军事推官，为官清正廉洁，所以欧阳修的童年家境并不富裕。偏偏4岁那年父亲又病故于任所，使本来就勉强度日的家境雪上加霜。母亲郑氏无奈之下，只好带着还不懂事的小欧阳修投奔在湖北随州任推官且也不富裕的欧阳修的叔父欧阳晔。郑氏出身名门望族，虽生活艰难，但教子甚严。因没有钱买纸和笔，她让欧阳修到住地不远的小河边用荻草作笔，在沙土上练书习字。这就是后来著名的“荻草学书”。勤奋好学使得23岁的欧阳修就考中进士，从此开始走上仕途。在由一个穷读书郎成为封疆大吏，特别是临危受命于国家危难之际，欧阳修暗立誓言，决心不负圣恩以身报国。

上任伊始，欧阳修首先妥善处理了保州兵变的善后事宜，特别是严厉地解决了强占叛妻事件。兵变平定后，平乱大将李昭亮（定州路马步军都总管）在遣送保州叛卒的女眷时，私纳女眷，养为家奴，“使臣、通判官等递相仿效，亦各私取归家。军民传闻，道路喧沸”（《奏李昭亮私取叛兵子女札子》）。欧阳修得知后，首先将定州通判冯博文逮捕入狱，革职治罪，并上奏朝廷弹劾李昭亮。《宋史》记载：“捕博文系狱，昭亮惧，立出所纳妇。”其他官吏也都赶紧放走了叛军家眷。

此后，欧阳修拯救了两千多个士兵的性命。保州兵乱时，为分化叛军，曾下“凡归顺者免死”诏令，分散遣往河北诸州。当时富弼为河北安抚使，“恐后生变，将使同日诛之”。恰逢欧阳修来到内黄（今河南内黄）巡视，认为：“祸莫大于杀，已降，况胁从乎！既非朝命，脱一郡不从，为变不细。”（《宋史》）但富弼坚持己见，两人争论不休。最终在欧阳修的极力劝诫下，两千兵卒幸免于死。

欧阳修一边处理保州兵变善后事宜，一边按照新政要求整饬河北。他着眼长治久安，深入调查研究，围绕御河北漕运、弓弩都作院建设、保举人才巩固边防、减轻老百姓税赋等，进呈了一系列奏疏。据不完全统计，他在河北不到一年间，撰写各种奏疏达43篇，基本上是七八天一篇。这些奏疏见识卓远，条分缕析，表现出了他的经世致用之才，为促进河北地区的农耕生产、恢复安定、加强边防做出了贡献。同时，他惩贪治恶，荐举贤能。庆历五年（1045年）一月，欧阳修巡查至邢州（今河北邢台），“采问得邢州之民，自闻朝廷差下郭承佑，其上等人户各诉免行户，及欲逃移他郡”（《再奏郭承佑札子》），他两次上书朝廷奏呈乞罢郭承佑知邢州，最终让皇帝收回诏命，使“庸劣贪秽，奴厮之材”的郭承佑得以罢免。

正当欧阳修为实现政治抱负而不遗余力，为实践新政全力以赴，为捍卫新政摇旗呐喊之时，随着新政主持者范仲淹、杜衍等人相继罢政，庆历新政宣告失败。

欧阳修一听到此消息，就急切上奏《论杜衍范仲淹等罢政事状》，驳斥守旧派诬奏的“朋党论”“专权论”，矛头所指不仅是构陷忠良的守旧派，而且也包括惑于流言的宋仁宗。结果引火上身，欧阳修陷入守旧派罗织的“张甥案”中，即被诬告与外甥女张氏（妹夫前妻之女）关系暧昧。

面对这些，身正不怕影斜的欧阳修并没有太在意，仍旧恪尽职守，为民请命。庆历五年（1045年）春夏之交，河北大旱，欧阳修作《北岳庙赛雨祭文》祈求北岳（在今河北曲阳）山神赐雨，救民困苦。“修之职，既非一邦之守，凡河北千里，上给下足，皆责于厥躬。故修之祷，非一州而止，自河以北，冀厥惠之咸蒙。”

真应了那句话，屋漏偏遇连夜雨。一心为民的欧阳修还没有脱离政治上的泥潭，却又遇到家庭变故。七月，当年仅8岁的长女欧阳师不幸夭折的噩耗传来，欧阳修悲痛欲绝，写下了魂销肠断的《哭女师》。“八年几日兮百岁难期，于汝有顷刻之爱兮，使我有终身之悲。”言辞凄切，令人悲怆。

经由朝廷再三查证，守旧派的诬陷没有得逞，但宋仁宗仍以别的名目于当年八月二十一日免除其龙图阁直学士，罢河北都转运使，以知制诰之职贬其为知滁州（今安徽滁县）。

在河北都转运使任上，欧阳修依照新政要求，脚踏实地兴利除弊。对保州军变的善后处理，表现了他的政治才能；条陈奏疏，展示了他的治世理念；巩固边防，缓解了宋辽边境危机；想挽回新政败局，却人微言轻陷入诬告之中；政治失意，却祸不单行爱女夭亡。事业、家庭的双重变故，使欧阳修从意气风发的顶点降至心力交瘁的冰点，虽然在大名为官不足一年时间，却经历了宦海的大起大落、人生的世事沧桑。如此历练，使其更加能够笑对人生，进退自如，豁达大度，对他后来的人生观、世界观以及自号醉翁、六一居士产生深远影响。

有位诗人如是说：“有的人死了，他还活着。”大名人民不忘欧阳修的惠政，为他塑像立位，奉入大名五贤祠，与曾经做过宰相的狄仁杰、寇准、韩琦、文彦博同列，永享奉供。

（写于2008年2月）

郭守敬的首个漏壶在大名铸就

《大名县志》记载:“守敬年十五六,先得莲花漏图,尽晓其理,随忠宣奉使大名,因大为鼓铸。”这里说的“守敬”是指元朝天文学家、数学家、水利专家和仪器制造家郭守敬。他“大为鼓铸”的东西是什么呢?为何在大名铸造呢?其实,郭守敬“大为鼓铸”的东西叫漏壶,它是我国古代一种计时仪器,而且这是他制造的众多天文仪器中的第一个。之所以在大名成功铸造,是因为他在大名做幕僚期间,这里具备了铸造的物质条件和人力资源。

郭守敬于金正大八年(1231年)出生在顺德府(今河北邢台)。该地原本属宋朝,宋高宗建炎二年(1128年)被金朝夺去(实则黄河以北地区尽属金朝),到金宣宗兴定四年(1220年)又为后来建立元朝的蒙古贵族占领。因其父早逝,郭守敬是在祖父郭荣抚育下长大。据《元史》记载,郭守敬幼年生有异操,不为嬉戏事。郭荣“通五经,精于算术水利”。郭荣把自幼才思过人、勤于动手的郭守敬送到紫金山书院(位于今河北邢台与山西交界处),并让他拜师于学识渊博的好友刘秉忠(与张文谦、王恂、张易、郭守敬被后人誉为“邢州五杰”)。良好的家庭熏陶,名师的谆谆教导,加上自己的聪明好学,使郭守敬在天文、数学、水利诸多方面获得长足发展。17岁时,一个偶然的机会,郭守敬得到一幅石本莲花漏图,如获珍宝,精心揣摩,潜力研究。

莲花漏是我国古代一种比较精确的滴水漏壶,用来计量时间。漏壶的许多构件呈莲花、莲蓬和莲叶形状,因此取名莲花漏。北宋仁宗天圣年间,一个叫燕肃的人在前代漏壶的基础上加以改进,使得莲花漏更加精准,故又称天圣莲花漏。莲花漏是一种构造复杂的仪器,由一整套的水箱、水壶、吸水管、带有刻度的箭,以及其他一些部件组成。宋金时代莲花漏使用相当广泛,很多地方城墙的谯楼上都有放置,为居民计时之用,甚至将莲花漏的图样刻在石碑上以便推广。但金朝时期北方连年战争,人民流离失所,城池遭到破坏,到金末元初年莲花漏已经看不到了。郭守敬得到的石本莲花漏图就是从石碑上拓印而来。单凭简单的几张图纸,郭守敬居然很快就弄懂了莲花漏的原理,摸清了制作方法,但他却没有力量仿制出来。

元世祖中统元年(1260年),时任左丞的张文谦(郭守敬的师友)被任命为大名路与彰德路(今河北大名、河南安阳一带)宣抚司的宣抚使,30岁的郭守敬成为他在大名路的幕僚和助手。当时大名、彰德一带人民虽然逐渐恢复定居,但赋税繁重,又逢天气干旱,生活极端困苦。来到此地的张文谦认识到水利是恢复农业的关键,于是将治水的任务交给了郭守敬。初受重任的郭守敬不敢懈怠,带领人员到各地勘测地形,了解河渠分布情况,筹划治水方案,开始酝酿一套整治水利的规划。

公务之余,郭守敬念念不忘他所感兴趣的石本莲花漏图。他在宣抚司官署担当重要事务,顶头上司又精通天文历法,这为复原莲花漏提供了机会。在张文谦支持下,他调动人力、物力、财力,精选大名辖区内能工巧匠,购置优质铜材,带领工匠开炉熔铜,按图铸造,并对不合理部分进行了改进。莲花漏主要组成部件是上匮、下匮、上渴乌、下渴乌、受水壶、退水壶、减水盎和漏箭等。郭守敬采用一套箱壶,主壶里的水保持常满,流速保持稳定,让水均匀地漏到箭壶里,使插在壶中的箭杆稳步上升。查看箭杆上的刻度读数,即可知道是什么时刻了。古代的计时把一天分成一百刻。莲花漏的四尺长箭杆上,一刻又分成60分,每分约合现代的14.4秒。为提高准确性,根据四季气温变化、昼夜时刻长短不同,莲花漏壶中使用上漆的桐木箭杆,全套共有 48 支。白天和黑夜分别依其时间长度各用一支,又随24个节气变化而更换使用。

中统三年(1262年)春,漏壶铸就在即之际,郭守敬接到皇帝召见的诏令。原来忽必烈为巩固后方,正在采取一些整治水利、鼓励农桑和发展经济的政策措施,急需水利、天文这方面的人才。华北地区作为重要的粮食供应基地之一,是忽必烈实行务农桑、兴学校、恢复经济、发展文化政策的主要区域。已回到朝廷的张文谦不失时机地向忽必烈推荐了郭守敬。郭守敬只得将剩下的工序详细地安排给手下的工匠们,极不情愿地进京面圣。

在新建的京城上都(今内蒙古多伦),首次晋见忽必烈的郭守敬,根据自己勘察的结果,针对当时农业生产的具体情况和经济上的需要,有条不紊地奏明河北地区(黄河以北)的河渠灌溉情况和急需兴修的水利工程,并提出了六项治理建议,详细地阐述了每一项建议中的工程方案及其效用。这些意见除了有关解决燕京漕运问题外,都与华北平原如何增加农业生产和安定民生有关。忽必烈听后非常满意,当即任命郭守敬担任提举诸路河渠的职务,让他经办全国河道水利事宜。

此时,郭守敬在大名铸造的漏壶已经全部完成,这是他作为仪器制造家制造出来的第一个天文仪器。因是在紫金山书院求学时得到漏图,遂起名"宝山漏",献给元政府。因为宝山漏外观精美,构造精巧,水速均匀,计时准确,深得忽必烈赞赏,并将它放置在司天台(即国家天文台),作为国家的计时工具。

此后,郭守敬先后制造了七宝灯漏、简仪、高表、候极仪、浑天象、玲珑仪、仰仪、立运仪、证理仪、景符、窥几、日月食仪以及星晷定时仪等多种仪器。到了晚年,他仍然孜孜不倦地研究漏壶,先后制造成了柜香漏、屏风香漏、行漏、灵台水运浑天漏等计时仪器。今天保存在中国历史博物馆的一套漏壶是在元延祐三年(1316年)制成的,恰恰就在这一年,已86岁高龄的郭守敬离开了人世。

另外需要提及的一件事是,担任都水监的郭守敬于元至元八年(1271年)受命考察今河北、山东、江苏等地区的水道交通情况,以水路交通路线设立水路驿站。郭守敬规划出河北及其周边地区与御河及大运河连接成水道交通网,确定中原地区五条河渠干线,其中一条是自陵州(今山东德州)至大名,这一规划得到元世祖赞同,并得以实施,便利了元朝的军粮运输和指挥联系,加快了元朝向南进攻的步伐。元朝统一全国后,由于政治中心转移到北方,而此前的大运河是以洛阳为中心修建的,为了缩短运输航程,郭守敬受命大运河的"裁弯取直"工程,"自陵州至大名,又自济州至沛县",经过详细考察后,"乃得济州、大名、东平、泗、汶与御河相通形势"(元代苏天爵《元朝名臣事略》),并获得元世祖的批准。该工程完工后,江南三省的物资由徐州直接北上,在临清进入御河(即永济渠),再一路北上直通京都,大大缩短了运河航程,史称京杭大运河。

(2010年3月6日发表于《邯郸日报》)

国画大家周抡园

他与徐悲鸿、齐白石、黄宾虹等是北平大学艺术学院的同事。

他受教于萧谦中、萧俊贤、齐白石等名师，与王雪涛、赵望云、刘开渠、李苦禅、雷圭元、李有行等人为同窗。

他是20世纪丹青易沛中为数寥寥的传统守护者，他是中国山水画“千秋家法”的正宗传人，他是新山水画的先驱、开拓者和时代高峰、分水岭，他是以写生创造现代山水画新风格的大师，他是中国画承上启下的里程碑，他是存亡绝续的国画教育家，他是中国画艺术追求者的百代标程……（东夫《周抡园小传》）

穷年碌碌忙底事，尽瘁丹青人笑痴；
不知鹤发残年叟，自奋秃笔图新诗。
——周抡园

2014年9月26日，周抡园艺术馆在大名县开馆，馆内展出周抡园先生的山水画作20幅及个人绘画作品集，实现周抡园先生落叶归根的夙愿。这些画作由周抡园的子女周克钊、周克强捐献。

这则新闻的主角周抡园是大名县人。在艺术上，他原本是与成安人大画家王雪涛齐名的人，应该与李可染、刘开渠甚至徐悲鸿、齐白石等大家齐名，却因特殊的历史环境，特殊的家庭变故，特殊的人格秉性，不为世人所熟悉。真金是埋没不了的。随着周抡园的作品被世界同行认可，被收藏界看好，周抡园这个名字逐渐进入世人的视野，成为世人关注的焦点。笔者参观周抡园艺术馆后，了解了他的艺术人生，发现了一个特别的现象，就是他的一生与“三”结下了不解之缘。笔者就沿着这条线索，为读者展现周抡园的艺术一生。

幼年创造三大传奇

1899年6月8日周抡园生于河北大名县前现城村的一个世代书香之家。祖父为清代举人，父亲是当地有名的秀才，门墙桃李，称慕乡里。父亲对最小的儿子抡园寄予博取功名、光宗耀祖的厚望，取名抡元（后自己改为抡园），寓意科举高中状元。

大名神童。作为耕读人家的孩子，周抡园从7岁便开始参加劳动与学习。让父亲惊喜的是，周抡园从小就显露出过人之处。一次作文，他写冬日雪后之景，有“天地一色，若行人与飞鸟同渡天际”句子，被教书先生大吃一惊地批上“妙谛”二字。有一次作诗，写家乡景色，有“檐前有树知春早，窗外无山日落迟”句，让老父暗中称快。周抡园的文采博得了大名府人的喝彩和称赞，常常受请于人。当时大名府一位参与过戊戌变法的大名鼎鼎人物赵累曾去世后，周抡园受托为其撰写碑文，其中写道：“登泰山而号曙光，众方沉酣于暗陬，其笑之狂也何嗟疑”，被人视为神童佳句争相传颂。

画猫驱鼠。比起其他孩子，周抡园具有独特的学习条件，因为家中存有许多名家书画，被他视如珍宝，临摹了一遍又一遍。功夫不负有心人，加上他的灵性，周抡园很小就掌握了绘画的技法，画什么像什么，惟妙惟肖，以至于画的猫能吓跑老鼠。不少亲邻向他讨要猫画，贴于家中耗子出没之处，用于驱鼠，一时传为美谈。

帮父教书。15岁就读于县立高小的周抡园，已经俨然是乡里的才子，村里凡是舞文弄墨的事总少不了他。过年家家户户都请他写春联，他有求必应，乐此不疲。更令父亲高兴的是，他还成了父亲办学的好帮手，可以帮父亲教比他的年纪还大的学生。10年之后周抡园被大名县聘为县立高中校长，那一年他25岁，成为全县最年轻的校长。

艺术创作三个高峰

纵观周抡园的艺术人生，有三个创作高峰期。

第一个是二三十年代传统绘画时期。1927年，周抡园就读的国立北平艺术专科学校与其他8所高等学校合并为国立北平大学，成为北平大学艺术学院。翌年，周抡园以优异成绩毕业，并应校长蔡元培之邀留校任教，与徐悲鸿、齐白石、黄宾虹等人为同事。这一时期，他多次举办个人画展，大量清新高雅的作品不断见诸报刊。艺术风格尽现传统文人画之精妙，以坡坂汀渚、小山丛竹、江湖水鸟为题，赋色淡雅、构图空灵，景致简约而意境深远，充满人文情怀。出版了由“二萧”（蜚声北平画坛的萧谦中、萧俊贤）作序和题写封面的个人画集《周抡园画辑》，萧俊贤还赠诗一首：“新知早识西来意，旧学争传吾道难。造化在心师在手，香光禅解我同参。画史千秋家法在，几人后起越前贤。良工九折头陀行，始觉拈花一粲然。”而立之年的周抡园一举成名，以“岫生”题名的画作畅销市场，誉满北平画坛。

第二个是五六十年代新国画创作时期。中华人民共和国成立后的十几年间，周抡园在工作环境并不理想的情况下，迎来了他的第二个艺术高峰。这一时期，他不仅为人民大会堂、国家礼品创作，而且开始为国际交流、国际贸易作画，许多作品被国外博物馆和私家收藏。成渝铁路、宝成铁路的迅速建成激起了他的创作热情。他深入工地写生，反复积累素材、草稿，创作了多件作品。为表达内心的激情，作画尚觉不够，还要题诗题跋，如《四十年来的愿望》（1957年）、《火车进入秦岭山区》（1957年）、《秦岭飞渡》（1960年）、《今日蜀道》（1962年）等。这些作品在艺术上都作了多方探索，以传统山水的章法、笔墨来表现新事物、新意境。

就读于国立北平艺术专科学校的周抡园

第三个是20世纪80年代改革开放时期。《周抡园阎松父汤荣新画展》于1980年3月在四川省展览馆成功举行，加上改革开放的大好形势，更加激发了他的创作热情，一大批优秀作品随之产生。一些经典之作更是备受赞誉，如《四川日报》评论他的《峨眉金顶晨光》称：该画“采用没骨青绿和金碧山水的画法，强烈的色彩对比，工稳与奔放在矛盾中求着同一，画面是那么丰满，那么精神。不看作者的姓名，很难想象竟出自八十多岁的周老之手。”画作随着各种画展走向全国各地，被各地博物馆、私家收藏。在国外，他的画作本就为海外人士所熟悉，又通过中国展览公司、国际书店艺术品出口部的推动，频繁出现于我国港澳台地区和美、英、法、德、日等国，当地媒体多次刊登他的画作及介绍文章，并被多个国家的博物馆收藏。

代表作品《峨眉金顶晨光》

周抡园的艺术成就无论是生前还是身后，都得到了同行的认可，而且获得了极高评价。中国美术评论家孙克先生评价说："周抡园先生是属于20世纪的大家，虽然离世已有二十余年，但他的艺术却离人们越来越近。雾霾散去，周抡园的艺术以其不凡的风格及价值彰显于世的时候已经到来。"中国写意画一代宗师李苦禅先生评价说："岫生的山水画就是好，很难有人达到这样高的境界。个性强烈，表现力非凡。"中国美协北京分会副主席王雪涛先生评价说："二十年代岫生与我在一起求学时，情同手足。岫生为山水画之首，我为花鸟画之首。从那时起，我就非常喜欢他的画，意境深远，修养很高雅。"世界大画家张大千先生评价说："岫生你和我是老庚儿，你的山水画画得精彩，恐怕我的山水画不赢你哟。"张大千的弟子、女婿、著名画家萧建初回忆说："抡园先生的山水画在四川乃至全国，都是非常好的。我的泰山大人张大千先生曾经与他为友，多有往来，也曾多次评说到他的画，境界高深构图极妙，且气势逼人，观后使人忘情。"

创造三个"四川第一"

定居成都的周抡园心无旁骛地研究山水画技法，博采众长，凝练升华，创造了三个“四川第一”，遥遥领跑于四川美术界。

1951年1月，周抡园入选中国美术家协会首批会员，签证人是华君武。周抡园是四川省第一位进入全国美协的国画家。

1953年9月，中华人民共和国第一届国画展在京举行，全国23个省市200余位作者的245件作品参展，周抡园的《都江堰》作为四川唯一一幅参展作品入选。

1959年，为纪念建国十周年，人民美术出版社开始制作《中国画选编》巨型画册，浓缩了中华人民共和国第一个十年国画精品。周抡园的《鹧鸪山》入选，与齐白石、徐悲鸿等71位画家同列，是四川山水画唯一的入选者。

作品三次至高展示

在周抡园的艺术生涯中，有三次至高展示，奠定了他在美术界的地位，然而他甘为孺子牛的艺术境界和低调的做人品质，使得外界没有过多地关注他。周抡园虽然工作在基层，但他的山水画水平却处在全国的巅峰。

代表作品《秦岭飞渡》

第一次是为人民大会堂绘制作品。1959年底，周抡园被选派到重庆绘制人民大会堂四川厅的巨幅作品，工作了整整三个月，期间他创作了一批以“红岩”为主题的作品。主要作品有《嘉陵江岸石油城》《鹧鸪山牦牛队》《红岩》《剑门古柏》等。

第二次是为国家领导人创作国礼。1960年9月奉命为刘少奇、周恩来、陈毅等人的外访创作礼品，在四川省政府第三招待所历时三月方完成。主要作品有《剑门今昔》《秦岭飞渡》《杨家坪公园一瞥》《川西林区收漂放排》等。1965年第一届中日青年友好大联欢时，中方将其作品《有朋自远方来》作为礼品赠与日本青年。

第三次是“三人画展”。1980年3月，由中国美术家协会四川分会主办的“周抡园阎松父汤荣新画展”在四川省展览馆举行，引起美术界的惊叹和极大而广泛的好评。这是“文革”十年后周抡园画作最集中的一次亮相，有44幅作品参展，其中不少是首次亮相的传统题材绘画，让曾经以为熟悉周抡园的美术界人士大开眼界。他们吃惊地发现80岁的周老还有如此旺盛的创作力。不知道他的人同样吃惊地发现，四川原来有如此高水平的大画家！

一生错失三大机遇

中华人民共和国成立以后，应该回到北京而享誉我国高层画坛，但他留在四川只是在中学教书，教美术基础知识。周抡园曾经有三次极好的足以改变被埋没命运的机遇，然而上苍也许为了保护他的艺术生命，故意让他在基层不断地锤炼打磨，不让他显露于中国的高层画坛。大环境小环境，国事家事，种种因素阴差阳错，使周抡园每次都与机缘失之交臂，渐渐远离了人们的视线。

1959年，西南美术专科学校升级为四川美术学院，成立了国画系，需要有相应水平的山水画教授，校方认定非周抡园莫属。教务长频繁往返成渝两地，多次与周抡园任教的中学和教育局协商，终因校长和教育局不同意放人，致使周抡园未能登上专业性大学的讲台。

1965年，人民美术出版社决定编辑出版《周抡园画集》。这是该社1949年后计划出版的第一部四川国画家的个人画集，它将成为周抡园艺术人生的一座里程碑。出版社专程到成都选画，带到北京编辑制作，即将付印之际因“文革”开始而取消。如果这部画集得以出版，很有可能让周抡园的盛名飞越四川。

周抡园（前排右二）在授课

1977年底，“文革”一结束，文化部就从各地选调一批老国画家，集中在北京颐和园藻鉴堂创作，随即以此为基础成立“中国画创作组”（即今中国国家画院前身）。周抡园也收到文化部的邀请，然而就在赴京的节骨眼上，他被一场突如其来的急性阻塞性胆道炎击倒，住进医院，未能前往参加创作和工作，又一次失去在全国性的平台与同行切磋的机会。

然而，是金子就会发光，正如国家博物馆吕章申馆长所说："周伦园先生的大名和艺术成就并未因时光流逝而暗淡，今天，随着这批捐赠作品入藏国家博物馆，像周抡园先生这样为中国画做出卓越贡献的大家，其艺术的崇高价值定会为历史所肯定。"

书画业界三大贡献

虽然周伦园的社会名气不大，但在美术界评价颇高，甚至在中国美术史上做出了三个方面的贡献。

第一大贡献就是对千秋家法的坚守。1924年，25岁的周抡园以第一名的成绩考进国立北平艺术专科学校。当时，西方绘画艺术和理论传入，整个美术界以西画为荣，排斥国画的言论占据上风，学西画的学生数倍于学中国画的，国画大有被西画取代之势，中国画正面临着一场前所未有的强大冲击。周抡园在直隶省第四师范学校也接受过西式教育，讲授过西方美术的基础知识，但他对传统中国绘画有着深厚的感情。他毅然师从身为京派画家中坚的"二萧"，心无旁骛地精研古法。萧谦中习惯于早晨四五点起床，到案前即挥毫落墨，而且行笔迅速，两三幅画一气呵成，之后再睡回笼觉。而在老师起床之前，周抡园已经给老师磨好墨、铺好纸，做好了一切准备。老师作画时，他恭立一旁，目不转睛地学习，听从老师的教诲和使唤。老师去睡回笼觉，他抓紧时间将老师的新画临摹一遍，然后匆匆赶往学校上课。为了捍卫中国传统的绘画艺术，周抡园甚至不惜"得罪"校长林风眠。周伦园对传统绘画的守护立场和精研古法的实践，为20世纪中国美术发展起到存亡继绝的作用。

第二大贡献是与时俱进的创新。周抡园对传统绘画艺术的坚守，并不意味着一味复古，而是结合时代的发展开拓创新，率先表现现实主义题材，歌颂新时代。他把中国传统的山水画，尤其是把京派山水画大家"二萧"的绘画风格和表现才能，通过现实的写生引入到四川，而且成功地将运用传统技法表现与歌颂祖国建设的新成就结合起来。国画如何表现新时代，这是以李可染为代表的一批中国画家在20世纪50年代进行艰苦探寻的课题。而周抡园早在1951年就开始进行这方面的实践，他深入四川林区和铁路工地写生，早于李可染、傅抱石等大师们的著名写生之旅。其作品在20世纪50年代初期就呈现了国画发展的新面貌。中国美术家协会副主席李可染先生曾经这样评价:“周抡园先生把传统的绘画与现代生活有机的结合得很恰当,实在不容易!”中国美术馆馆长刘开渠评价:“周抡园的艺术历程,为中国画承上启下的探索提供了可资借鉴的经验。”

第三大贡献是献身艺术的高尚艺德。周抡园把整个生命都献给了中国的山水画艺术,无论何时何地,处境多么艰难始终没有放弃艺术的念头。“文革”中,周抡园也毫不例外地受到冲击,但他默默承受,而且很坚强地承受着一切,不放弃自己的艺术追求,到1973年环境稍微好一些,就去外地写生、创作。他的好友刘既明、吴一峰被错划成右派时,周抡园冒着极大的政治风险去友人家中看望,安慰开导。他既不与他们划清界限,也绝不做落井下石之举。妻子替他捏一把汗,时常提醒他要小心。周抡园说:“我怕什么,刘既明就是冤枉的,我再不去看望他,他可怎么放宽心嘛,而我岂不成了小人。我不但不落井下石,我还要从井救人!”1959年,被错划为右派的同乡好友王雪涛去四川,周抡园同平常一样,热情地与他相聚,畅谈二十余年的分别和思念,就像什么也没发生过。王雪涛没带御寒的衣物,周抡园把妻子刚为自己做好的新棉背心送给王雪涛。四川的许多山水画家是周抡园的学生,不管谁要他作示范画,那都是有求必应。有作品拿来请教,他都是全力付出,共同研究,指出缺点,帮助修改,没有一点儿架子。周抡园把自己对山水画研究的心得体会毫无保留地授予他们,鼓励他们要成为艺术家,而不要成艺术匠人。周抡园在艺术上是精益求精,而行为风格是低调的。遇有记者采访,他就早早退开,让与别人。需照集体相时尽量往后走或是干脆不上镜头,在跑不掉的情况下总是喜欢居边上。他常说:“一个画家艺术家,其艺术成就不是靠吹嘘拍马而来的,而是要有真正的绘画本领,高深的艺术造诣,纯朴善良的品德,有大家公认的艺术水平,并得到社会的承认,那才是对你的艺术的最好宣传和肯定。我们不能只看眼前,要由历史来得出结论,作品要有传世的佳作,才是真正的艺术家。”难怪中国现代著名国画家、书法家何海霞先生这样评价周抡园:“每观周先生的画,必使人肃然起敬,这不仅仅是画,而是先生炽热的心,凝聚了人格与修养,对艺术的忠贞。先生的品格高致,尤其对中国山水画所做出的不朽贡献,定当载入史册矣。”

百年身后三大画展

周抡园生前的画展大多是与其他画家一起集体亮相的，反倒是在他身后，由国家美术界的权威组织成就了他的三大个人画展。冥冥之中正应了周抡园生前说的话："一个画家艺术家要由历史来得出结论，作品要有传世的佳作，才是真正的艺术家。"

第一次北京个人画展。1988年8月，由中国美术家协会、中国美术馆、四川美协、四川省诗书画院、成都画院主办的《周抡园山水画展》在北京中国美术馆举行，中国美术家协会副主席李可染题"周抡园山水画展"，中国美术馆馆长刘开渠先生撰写展览前言。这是周抡园离开北京50年后的第一次个展，令众人没想到的是竟成了遗作展。开幕式由刘开渠先生主持，出席开幕式并参观展览的有人大常委会副委员长雷洁琼、中顾委委员方毅、政协副主席赵朴初及在京的美术界名流和各国驻华大使馆的文化参赞等人。中央电视台《新闻联播》播出了画展的情况，新华社发了画展的新闻通稿。《人民日报》《人民日报·海外版》《光明日报》《中国美术报》《中国书画报》《人民政协报》等数十家媒体发表了画展的介绍文章、画作。

第二次台湾个人画展。1996年9月，《周抡园山水画展》在台湾省台中市立文化中心举行，历时十天。台湾省新闻界和电视台均做了很多的相关报道及专题访问报道。

第三次四川个人画展。2009年6月，由中国美术家协会、四川美术家协会、四川美术馆举办的《纪念山水画大师、美术教育家周抡园先生诞辰110周年暨周抡园山水画展》在四川美术馆举行，共展出各个时期的代表作117幅，四川省委领导以及美术界名流上千人出席，同时举行了周抡园山水画学术研讨会、周抡园生平图片展，开通周抡园纪念网站、周抡园官方主页。四川省美术家协会主席阿鸽在致开幕词中如此评价：

> 周抡园先生是我国著名的山水画大师，美术教育家，他是新中国成立后率先以绘画作品反映社会主义建设成就，歌颂祖国和人民新面貌，是新山水画的先驱和开拓者。他一生热爱国家和人民，从此次展出的作品中，可以看到他各个时期的代表作。尤其在抗战时期入川后定居川中的50余年

中，更创作出大量赞美四川的精品。他桃李满天下，以精湛的艺术教学，为中国画的发展事业培养了一批画界精英。尤其在山水绘画的色彩、构图与笔墨的发展中，贡献突出，使之达到了极致。他的一生都奉献给了中国的美术教育事业和山水画发展事业。他是中国绘画史上的集大成者，他的作品在中国美术史上影响重大。他一生淡于名利，忠于艺术，以纯朴善良的美德随艺术而终……

坎坷坚贞三次婚恋

周抡园在艺术上获得了很高的成就，但他的婚姻坎坷，却始终忠于婚姻。前两次婚姻都是因日寇入侵而痛失爱人，这成为他终生的痛。

第一次婚恋，未婚妻亡于战火。周抡园北京大学毕业后，留校任教，年纪轻轻就崭露头角，开画展、登画刊、出画辑，无疑成为众多女学生的偶像。被公认为校花的关丽华，就偏偏爱上了忠厚木讷的周抡园。正在他们积极筹办婚事时，九一八事变爆发。出生富商之家但父母已去世的关丽华要回黑龙江的老家处理她名下的财产。命运好像专门捉弄周抡园，半月后他等到的却是“关丽华被日本飞机炸死”的噩耗。不相信的周抡园化装成商人，冒着生命危险亲自去黑龙江寻找。当他站在关丽华的坟前时，周抡园感到天旋地转，一头倒在了地上。这一次的生离死别，成为他一生的痛。直到晚年周抡园还一再以这段泣血的初恋为题作画，其中一幅的题跋这样写道：“松花江头涌白雪，大荒漠漠夕阳血。千里寻伊伊不见，声和泪咽。”

第二次婚恋，结发妻子因战乱离世。回到北平的周抡园一病不起，家人将他接回大名家中养病。父母依据“冲喜”的传统，给他娶了一位家乡的媳妇唐氏。七七事变后，周抡园以绝不当亡国奴的决心，与大批爱国知识分子一样离开北平。他先回故乡大名，奈何华北很快沦陷，他只好携妻挈子随着逃难的人群开始向南流亡。历经艰难，辗转到了四川成都。一路上，好像日机专门跟踪他一家似的，频遭日机轰炸，有好几次险些丧命。此时的周抡园除了身上的单衣一无所有，衣物、书籍、画作等全部家当在战火中不是付之一炬，就是丢失，一家四口人全靠周抡园卖画维持生命。一年后，他成为新成立的成都南虹艺术专科学校美术教员，收入虽少，但终于做上了自己喜爱的工作，一家人的生活也有了着落。然而生在农村长在农村的妻子却因承受不了颠沛流离的生活、飞机轰炸的惊吓而精神失常，不久去世。

周抡园与刘德芬结婚照

第三次婚恋，伟大而非凡的爱情。妻子去世后，周抡园带着两个年幼的孩子租住在一个大户人家的院子里。房东祖上是富甲一方的官宦人家，掌管家务的是年纪刚30岁的单身女子刘德芬。她见这位大个子的中年男子又当爹又当妈，每天上课回来就忙着给孩子洗衣做饭，又见他为人谦和举止正派，刘德芬有了恻隐之心，就主动帮他照顾孩子。日子长了，原计划皈依佛门的刘德芬居然对周抡园有了好感，以致后来还与周抡园定了终身。身为县同乡会会长的刘父得知后，送给刘德芬一包毒药，留下一句话，要么出家皈依佛门，要么把毒药吃了。刘德芬选择了自己设计的另一条路——与家庭决裂。当得知她只身一人逃到了德阳后，周抡园骑自行车颠簸了100多里山路找到她，发下"一定要明媒正娶"的誓言。从此他拼命画画卖画攒钱。1943年，44岁的周抡元和32岁的刘德芬艰难地走到了一起，婚礼在成都当时最高级的沙利文饭店举行，主婚人是省参议会会长。自从有了这位有文化、有品位的妻子，周抡园也有了更多的精力投入绘画创作，开辟出自己的艺术新天地。

人生拥有三大情结

周抡园并不是一个"两耳不闻窗外事，一心只读圣贤书"的书呆子，他也是情感丰富的男人，也有一腔热血，只是不善于言表的他把自己的情感深深地埋在心底而已。这集中表现在他的三大情结中。

山水情结。周抡园就出生在有山有水的地方，据《大名县志》记载，大名"环漳水而襟卫河，面太行而抵沙麓。背倚沙麓，足踏博望（今山东博平）”，年幼的周抡园时常在沙麓山遗迹上沉思留恋。1916年，17岁的周抡园考入直隶第四师范学校（今邢台学院），他把名字由抡元改作抡园，以示与科举断绝，回归山水田园。学习之余就去城西的太行山游山看水，常常乐而忘返。由于美术独领风骚，毕业后留校，被聘为学校美术教员。他认为山水画是中国画最具特色的代表，其艺术水平和文化内涵远在其他画种之上，于是开始专研山水画，并且给自己取字“岫生”。岫者山峦也，足见其对山川的挚爱之情。定居成都期间，他西进高原，北登秦岭，东出三峡，南渡金沙，遍历蜀水巴山。面对艰苦条件，他的立场是能去就行——无论是挤班车还是走路，饭没孬好——只要能填肚子就行，晚上能睡——能躺下就可以。他带上自己做的小板凳，背上妻子缝的口袋，装上画板和笔墨纸张，带几件换洗衣物，一去就是一个多月。他沿新建的成阿公路写生，而面对车祸不断的极差路况和沿途多有匪徒出没的现实，他毫不惧怕。在米亚罗林区，他住的是一个刚刚住过伤寒病人的房间，补丁叠补丁的被子上爬着一串串的虱子。周抡园非但不觉得苦，反而认为他是幸运的。以幽、秀、险、雄，气象万千闻名于世的蜀中山水，历来是画家心向往之并大开眼界的游历之地。周抡园穿越高山深谷，行进于潺潺溪流、茫茫林海之间，翻越海拔五千米的鹧鸪山进入阿坝高原，阅尽雪域美景，遍览汉藏风情。周抡园自豪地认为，自己是第一位有如此经历的国画家。他在日记中写道：“由成都向西出发，一过灌县，山势越来越美，真是应接不暇，有的山近处像是折带皴法，远处又像是没骨法；有的山低处像是斧劈皴，高处又像是云头皴法；一座山具备了各种皴法，衬以云烟，非常协调和美丽；在高峻浓郁的青山背后，露出了一两个黑白蓝三色镶成的雪峰，映着晴空，偷偷地窥人，煞是好看；走上鹧鸪山，四下一望，在晴空中映出的无数水晶山头，在身旁簇拥围绕，远近参差错落，此美丽是我生平所仅见！”64岁的周抡园前往三峡写生，在大小三峡徒步一个多月，常常只身来往于纤夫行走的峭壁石栈之上，踏遍了每个乡村小镇和每个风景名胜点，其勤奋和勇敢让同行的年轻人和学生都自叹不如。为了从不同的角度观察一个景点，他时常翻山越岭上百里，到人迹罕至险要之处，年轻人都跟不上。曾目睹过他写生活动的峨眉山大和尚普超法师如此描述：“崎岖陡峭的山路上，他身背画板手提小凳，佝着背踽踽独行于山中。有时在一处地方一坐就是一天，饿了啃个锅盔，渴了喝口山泉。为了观察到精彩的日出，一连数日凌晨爬到寒冷的山顶等候。峨眉山多雨，他偏要雨中行，湿滑险要地方手脚并用，搞得浑身泥巴。稍有不测,不是掉进湍急的河流就是跌下万丈悬崖之中,真是不要命了!”

报国情结。周抡园在北平大学艺术学院学习期间,虽然五四运动已过去,但北平大学的学生们仍然受着革命新思想的影响。他上课的校舍就是五四运动的发祥地。他如饥似渴地阅读《新青年》《每周评论》等革命进步书刊,很快就融入到革命运动的行列中。他不惧白色恐怖的危险,积极参加李大钊组织的新燕社(此为中共地下党的外围组织)的活动,书写革命文章,参与革命活动,传递革命信息。定居成都后,积极参与入川的爱国志士的赈灾和支援抗战的义展、捐款等活动。“文革”中,无论受多么大的苦难,或遇到有所牵连的事,年近古稀的周抡园也是自己扛着。他在笔记里这样写道:“我从年轻时到现在,一生清清白白,从不反党,热爱国家人民。对我所定的罪行,我宁死也不会承认。我相信党绝不会冤枉我这样一个爱党爱国爱人民的好人。”

周抡园与女儿周克强在北京

家乡情结。抗战胜利后,避难而来的各界人士纷纷打道回府,周抡园的许多往来甚洽的老同学好朋友,尤其是给他帮助多多的河北同乡大部分离去。周抡元也顿生去意,写下许多思乡诗,比如:“成都做客几多春,客中思亲泪沾巾;故乡无亲成异乡,同乡同城倍觉亲。”还有些题画,比如:“寇入日深,国土日蹙,深感亡国无日之痛,离乡背井来蜀已逾十载,还家心切,形诸梦寐,时有工部‘即从巫峡穿巴峡,便下襄阳向洛阳’之思。”但妻子不愿到人地生疏的北方生活,感恩知报的周抡园最终选择了留下。一家六口全靠他维持,生活之艰辛始终让他无喘息之时,回到北方的念头只得深藏心底。

周抡园人生三大情结中,唯有家乡情结在有生之年没有实现,这也成为其子女们一直想替父亲实现的一个心愿。2014年9月，周抡园的家乡大名县设立周抡园艺术馆，其子女捐献出父亲的山水画作，了却了周抡园一生都在纠结、遗憾的家乡情结，实现周抡园先生叶落归根的夙愿。

（写于2014年10月，周克强女士提供资料照片并斧正）

一代歌后邓丽君

引　子

2005年5月8日是邓丽君辞世10周年的日子。上海举办“思君十年——邓丽君金曲演唱会”。成都、兰州等地举行了数千人参加的邓丽君歌曲比赛演唱会。北京、天津、杭州、济南等地文化单位也都举办了纪念邓丽君辞世10周年的“邓丽君经典歌曲演唱会”。上海东方电视台音乐频道“怀旧金曲”节目自4月20日开始播出邓丽君演唱会画面，同时播出著名艺人追忆邓丽君的访谈。上海的《新闻午报》《新闻晨报》《新闻晚报》等媒体都以整版或数个整版篇幅，纷纷刊发文章、图片，纪念邓丽君辞世10周年。《北京三联生活周刊》《京华时报》《参考消息》《瞭望周刊》《武汉晚报》《兰州晚报》《西部商报》《扬子晚报》《舟山晚报》《四川华西都市报》《燕赵都市报》等报刊，中央人民广播电台及部分省市电视台、电台，都给予了大量的集中报道。搜狐、新浪、雅虎等主要网站都在娱乐版开辟纪念专栏。全国范围内媒体如此大规模报道纪念邓丽君活动还是首次，由此也再一次掀起了广大民众怀念邓丽君的热潮。那么，邓丽君者何许人也？逝后十年为何仍有这么大的影响力？她又是怎样的一个人呢？

邓丽君其人

特写之一，《北京青年报》首家采访邓丽君。“把中国建设好，这是海外侨胞和海峡这边、海峡那边中国人共同的意愿。……希望有一天我能有机会去大陆，为青年朋友现场演唱。向家乡的老姑问好，向家乡亲人及广大歌迷问好。”这是邓丽君首次接受大陆媒体《北京青年报》采访时说的话。1985年1月30日，《北京青年报》记者电话采访了正在新加坡的邓丽君，通话时间长达53分钟。中国新闻社于次日率先向海外发了电稿，港澳地区有13家媒体以醒目标题报道了这一消息，东南亚诸国及日本、美国、加拿大等近百家电台、报纸竞相转载，一时间引起强烈反响，台湾省方面却否定此事。霎时间，海外讯息纷纷扬扬，引起来一连串风波。为澄清真伪平息风波，身处新加坡的邓丽君专门找来权威的《联合早报》和《联合晚报》记者，证实这件事的真实性，此时《北京青年报》才长出了一口气。

特写之二，新华社牛钊等人与邓丽君的秘密交往。“天涯流落，江湖笑傲，难得才情高格调。长留清辉在人间，寂寞空冢凭谁吊。海着碧衣，山披翠袄，凄凄此处埋青草。北魂南魄领风骚，文债情债均未了。”这是原中共港澳工委常委、新华社香港分社副秘书长牛钊写的《踏莎行·访萧红墓》。在他的《邓丽君与新华社的秘密交往》一文中，有感于邓丽君的命运，又把这首词送给邓丽君。此文详细回忆了作者与同事韩力、彭燕燕受组织委派与邓丽君的秘密交往过程，以及邓丽君给作者留下的深刻印象，披露了安排邓丽君北京开唱、大陆旅游、苏州买房等未成行的内情。该文发表在2001年11月9日南京出版的《周末》上。

特写之三，邓丽君在央视媒体。“说《何日君再来》是黄色歌曲，是臆断，不了解实情。它起初是1936年刘雪庵(创作过无数抗战歌曲的作曲家)为上海三星牙膏厂的广告歌舞片《三星伴月》作的曲子。1939年编导黄嘉谟填词后，成为以抗战为题材的影片《孤岛天堂》插曲，由黎莉莉(影星，有‘龙潭三杰’之称的钱壮飞的女儿)演唱。该电影描写青年男子参军与女友依依不舍情景。《何日君再来》后经周璇演唱出名。”这是2004年2月中央电视台十套《一百年的歌声》栏目播出的对知情人上海电影制片厂编剧沈寂的采访，并播放了邓丽君的几个演出片段。三套的《文化视点》栏目也播出了业内人士对其在歌唱事业上的贡献的中肯评价。

特写之四，作家出版社出版《邓丽君画传》。“邓丽君作为曾经在全球华人记忆中留下深刻印记的世纪巨星，她在大陆引发的经久不息的热潮与其许多未解之谜，使她一直成为华人心中的一个谜与一个重大的历史文化现象。”这是2004年1月30日《人民日报·海外版》在介绍《邓丽君画传》一书时，对邓丽君的评价。2003年12月，作家出版社出版了由《凤凰周刊》副主编师永刚编著、邓长禧(邓丽君的弟弟)作序的《邓丽君画传》一书，该书以图文并茂的形式披露了邓丽君生前身后许多鲜为人知的事情，解读了其勤奋拼搏精神及坎坷情感历程。近百张家藏私房照片与随书赠送的记录其生平以及其葬礼现场的光盘，讲述了其绚丽的一生。

大名县邓丽君筠馆

身份证登记为“本籍河北省大名县”的邓丽君，1953年1月29日生于台湾省云林县。1963年，年仅11岁的邓丽君在台湾黄梅调歌曲比赛中，居然打败了当时年纪、名气都比她大得多的杨燕、金陵等歌手，以一曲《访英台》一鸣惊人，获得冠军，展示出其无人可比的歌唱天赋。1966年参加金马奖唱片公司歌唱比赛，以《采红菱》夺得冠军，崭露头角。1967年加盟宇宙唱片公司，推出第一张唱片《凤阳花鼓》，正式以歌唱为职业。从此邓丽君的歌唱事业蒸蒸日上，一发不可收，先后获得“娃娃歌后”“天才女歌手”“歌坛巨星”“华人歌后”等称号。可谓大奖无数、荣誉无数，走红大半个亚洲，风靡华人圈，震动世界歌坛。

作者在台湾筠园

自1969年应新加坡总统夫人邀请，首度离开台湾省做慈善义演开始，邓丽君一生中做义演献爱心无数。1982年为泰国北部山区回莫村捐建供水系统，解决村民吃水问题。此后，在泰北地区累计资助47所中小学的中文教育(辞世后由邓丽君文教基金会继续资助)。在日本每次公开演唱时，一定要唱一首中文歌，且穿中国旗袍登台，这是她与渡边公司签约的条件，自己也坚持不取日本艺名。缘于此，海外公认她是中国女歌手的形象。她心仪上海，常常央求从上海来的朋友讲上海的见闻，也常常出神地看着上海外滩的照片自言自语："能去外滩江边散步，多好啊！"在其所演唱的歌曲中，有相当一部分是上海20世纪三四十年代的老歌。

1987年以后，她基本处于隐退状态，拒绝商业演出，但一定参加慈善义演。1991年身在国外的邓丽君主动联系赴香港参加香港文艺界为华东水灾举办的"爱心献华东"赈灾筹款义演，并捐了不愿透露数字的款项。1993年，在香港亚洲电视台做表演嘉宾时，曾说过："我没想过政治，只希望每一个中国人都生活得好。"在旅居法国期间，经常光顾位于巴黎北郊的古董市场，期待有机会能把当年被英法联军掠走的宝物找回来。

作者在台湾邓丽君纪念公园

1995年5月8日，邓丽君因气喘病急发猝逝泰国清迈，享年42岁，5月28日长眠于台湾金宝山"筠园"。

身后影响

特写之五，央视"岩松看台湾"节目组祭扫邓丽君墓地。2005年7月12日的《成都商报》，以《听歌扫墓抱憾"君"不再来》为题，报道了央视"岩松看台湾"节目组在台湾著名新闻主播卢秀芳陪同下祭扫邓丽君墓地的情况。白岩松在墓前说："在全世界的华人中，如果有一个声音能让人们安静下来，那就是邓丽君的歌声。"

特写之六，《河北日报》刊发《邓丽君的半世纪，掌声十亿》。2005年5月13日的《河北日报》刊发了《邓丽君的半世纪，掌声十亿》一文，并作了点评。该文援引《南方都市报》说："回顾她的一生，在中国流行音乐史上毋庸置疑的是承前启后、开宗立派的一代大师，她的歌曲已成为世界文化遗产的一部分，她以妙不可言的'邓式唱腔'和完美的演唱技巧，带领人们走进真、善、美的艺术境界里。"

特写之七，邓丽君纪念馆、雕像、衣冠冢在上海落成。2003年4月2日，邓丽君衣冠冢和雕像在她生前向往的上海落成，邓丽君纪念馆揭牌及其生平文物巡回展第一站也同时开幕。上海福寿园邓丽君衣冠冢前的墓志铭是这样写的:“在华人世界里,邓丽君的歌声是家喻户晓。邓丽君祖籍河北省大名县,1953年生于台湾省,自幼展露歌唱天赋,14岁步入歌坛,优美歌声遍及东南亚、日本、美国与华人世界,演艺事业成就辉煌荣誉无数。勤奋上进,精通英、日、法、粤语,才华横溢,于美国、日本均创下华人歌唱傲人记录,赢得口碑。1995年5月8日因哮喘病逝泰国清迈,得年42岁。”上海福寿园即上海文化陵园,是全国首家颇具规模的人文纪念公园,已先后为章士钊、曹聚仁、潘汉年、乔冠华、上官云珠、阮玲玉、谢希德等数百位名人精英“树碑立传”。

特写之八,邓丽君蜡像在香港展出。2002年4月,邓丽君蜡像在英国杜莎夫人蜡像馆香港分馆“乐坛至尊”展览厅展出,展品还包括邓丽君生前最喜爱的服装、珠宝及个人用品。这是英国杜莎夫人蜡像馆为纪念邓丽君耗资35万港币参照邓丽君29岁模样而制作的邓丽君第一个蜡像。有“邓丽君翻版”之称的艺人曹众不计酬劳担任模特,英国总馆的总监Ms.JudyCraig亲自量身制作服装。英国杜莎夫人蜡像馆是世界上最著名的蜡像馆之一,汇集了无数世界名人。香港分馆是其在世界上设立的第三个分馆,是在亚洲设立的第一个分馆。

特写之九,香港凤凰卫视连续播出邓丽君节目。2003年3月,香港凤凰卫视“鲁豫有约”栏目连续播出了采访邓丽君文教基金会执行长邓长禧的两期节目。在节目中邓长禧先生披露了邓丽君的成长历程、感情世界等鲜为人知的幕后故事。

邓丽君在世界很多人心目中是中国有史以来的最成功的女歌手，也许她还会永远拥有这一地位。她生于20世纪50年代前期,于七八十年代红极一时,她的无尽魅力就蕴藏在那甜蜜的嗓音和极富感染力的演唱中。邓丽君之所以倾倒众多观众,赢得广大歌迷,是因为她有自己的特色,就是她懂得如何制造气氛。接触过她的人都说,她见了人总是甜甜的,远远地便跟人打招呼,和记者见面从不迟到。她的观众缘也很好,登台演唱很乖巧。每次出场,总是向观众先行个见面礼,声声亲爱的叔叔、伯伯、婶婶、哥哥、姐姐,你们大家好！听起来熟络亲切,惹人好感。为人平易,又有礼貌。既不高傲,又不逞强,表现得不卑不亢,深得人们喜爱。不仅做人如此,邓丽君唱歌时,也爱讲笑话娱乐观众。当问及成功的秘诀时,她坦言道:“我没有什么特别的方法，不过我是觉得不管做什么事情都要做好……我今天虽然是个歌星，但是我唱歌的时候把我所有的感情，所有的Feeling（感受），都用我的歌声表达出来。内心的感受，不管是欢乐也好，寂寞也好，痛苦也好，我只是用歌声来表达的。”

作为一个红遍华人社会的歌星，邓丽君的地位本来就十分超然，加上她死于华年，后半生几乎处于半退休状态。因此，她在歌迷中留下的印象都是在她鼎盛状态时的形象。这样一个光彩照人的人物，在最灿烂的时候消失了，留给人们的也是一个最美丽的背影。许多亲眼见过邓丽君的人都说邓丽君性格温婉，举止典雅，一生淡泊名利，最讲究干净。无论是周遭的生活环境和自己的内心都要绝对的洁净。另外，她的敬业态度也是现在许多娱乐圈中人士无法想象的。只要她出现在公共场合，外表的美丽永远不让人失望，对待歌迷的态度也从来没有一丝的厌烦。

作者在台湾邓丽君文物馆

邓丽君的过世，引起华人世界极大震动。传媒大量报道相关消息，台湾电台则持续广播她的歌曲，邓丽君唱片更是成为抢手货。马来西亚歌迷感叹邓丽君的英年早逝，有人甚至痛哭失声。连在被形容为华人文化沙漠的印尼，邓丽君的歌也很风行，故而引起自发悼念活动。至于日本，在闻听她的死讯后，更是大感震荡与痛惜。日本专门代理邓丽君的唱片公司把她当成亲人般服丧，规定全体职员戴孝一周。邓丽君去世后第三天，即5月10日，中央电视台在《新闻联播》中发布邓病逝的消息，播放了她在演唱会和生活中的十多个场景。

邓丽君演唱的歌曲在华人世界的广泛流行，在客观上对展现汉语言魅力、推广普通话起到了一定的积极作用。

父亲及家世

特写之十，《家在黄河古道边》在《北京青年报》上刊发。《北京青年报》记者于1985年1月30日首次电话采访了邓丽君后，又到大名县邓台村、东周庄采访其亲人邓枢业、邓社姑、邓香姑。这次采访以《家在黄河古道边》为题目刊登在1985

年4月份的《北京青年报》上，并配发了邓枢业清明节上坟祭祖和邓社姑、邓香姑的照片。

特写之十一，大名县电视台播出《华人歌后邓丽君》节目。2000年5月，在邓丽君辞世五周年之际，大名县电视台"相约八点"栏目制作并播出了《华人歌后邓丽君》节目，介绍了邓丽君辉煌而短暂的传奇一生。

特写之十二，《邓丽君小姐和她的家世》文章发表。1987年1月，《大名县文史资料》(第一辑)收录了署名朱连玉等人的文章《邓丽君小姐和她的家世》，此后多家新闻报刊转载。该文也在《邯郸晚报》"斋游录"栏目内发表，记述了邓丽君在美国洛杉矶邂逅大陆运动员、与大陆同胞合唱、心系故土、接受《北京青年报》采访等片断，并介绍了其演艺生涯及家世。

特写之十三，《大名县志》收录邓丽君。1992年8月出版的《大名县志》，在第五编第一章第四节"华侨及在港澳名人"中收录了"歌星邓丽君"。

参天大树，必有其根；怀山之水，必有其源。邓丽君的曾祖父是"土"字辈人，叫邓垓。祖父是"鸿"字辈人，叫邓鸿慈。父亲是邓枢，乳名新玉，1915年出生在大名县邓台村，少年时父母早丧，只得与祖母及两个姑姑(邓社姑、邓香姑)相依为命，长大成人。"枢"字辈人所处的年代是个兵匪四起，民不聊生的岁月，加上邓台村地处漳河、卫河下游，年年水灾泛滥，遍野水红花，处处是芦苇，村无炊烟，人断口粮。当时的邓台人出路只有两条：一是背井离乡逃荒要饭，一是当兵谋生混碗饭吃。所以，离乡不返乡是常事，或饥寒交迫客死他乡，或谋得生计飘泊在外。

"枢"字辈男子一共四人，即邓枢山、邓枢、邓枢玉、邓枢业。邓枢山为了生计，先一步外出谋生，经过"闯关东"的人生磨难后流落东北。邓枢和邓枢玉兄弟二人先投奔邓枢山，后邓枢玉返乡，而邓枢则当了兵，从此与家乡失去联系，音信全无。直到1979年，因邓丽君的声名鹊起，经各级有关部门的寻访，才知道邓枢几经漂泊到了台湾。邓枢业孑然一身，未离家乡，于1987年当选县政协委员，1993年病逝。现在，邓枢山有四男三女，邓枢有四男一女，邓枢玉有四男二女。从"枢"字辈的后代名字来看，发现一个非常有趣的现象。不知是"枢"字辈三兄弟的不谋而合，还是事先有约，虽然一个在中国东北，一个在中国台湾，一个在家乡邓台，他们后代的男子都是"长"字辈，且都有四男。

邓枢参军后，1938年参加了著名的台儿庄战役，是黄埔军校西安分校学员，获少校军衔。1943年与赵素桂(山东省东平县人)结婚,1949年辗转到了台湾。到台湾初期,常随部队迁徙,居无定所,过着清苦的日子,直到1959年退役后才由乡下搬到台北。邓枢深谙皮黄京曲,很喜欢唱京戏,这对女儿影响很大。邓枢非常思念故土,很想回家乡谒祖归根,看看亲人,由于历史原因未能成行。每当提到家乡邓台就热泪潸潸。到了晚年,这份情感更加强烈。他也只能让女儿托香港朋友给邓台的亲人邓枢业和嫁到东周庄的两个姑姑邓社姑、邓香姑捎去现金和药品,以慰心灵。1990年5月8日,邓枢带着心愿未了的遗憾病逝于台北。

作者(左)与邓长安在台北

邓枢有四子一女,长子邓长安退休在家(曾供职新闻界),次子邓长顺从事商贸流通,三子邓长富在军队服役,四子邓长禧现任邓丽君文教基金会执行长。从“安、顺、富、禧”四字看,邓枢在给孩子取名时,沿用了家乡的传统习惯。邓丽君是其唯一的女儿,在兄妹中排行第四。生下邓丽君后,邓枢体会到了“有女万事足”的滋味,享受到了有女的天伦之乐,把她视为掌上明珠。邓枢在为女儿取名字上可谓费尽心思,下了一番功夫。最后接受好友建议,仿效《再生缘》中奇女子“丽君”,决定为女儿取名“丽筠”。后来因为大多数人将“筠”误读为“君”,所以为了念读顺口,邓丽筠在踏入歌坛后干脆以“邓丽君”为艺名。

后 记

2005年,香港凤凰卫视中文台从5月2日至6日,播出了一部长达150分钟的《邓丽君十周年祭》纪录片。香港亚视在播演的《倾城怀念邓丽君》特辑中,发表邓丽君在1985年翻唱徐小凤的经典名曲《无奈》的国语版。台湾邓丽君墓地——筠园迎来世界各地的歌友拜祭。邓丽君文教基金会在桂林规划一个邓丽君纪念专区,包括一座音乐花园、仿邓丽君香港故居的纪念馆,如今正在积极动工,预计2006年5月就能向民众开放。作家出版社于2005年4月份又出版了《邓丽君私家相册》一书。相关部门正在筹拍电视剧《华人歌后邓丽君》,再一次掀起了新一轮的邓丽君热潮。

（2005年8月9日连载于《邯郸晚报》）

探寻马陵道古战场

在冀、鲁、豫三省交界碑西面的河北省大名县境内，分布着六个马陵村。位置靠北的是东马陵村、西马陵村，位置靠南的是郭马陵村、刘马陵村、李马陵村、江马陵村。这南北二组马陵村相距10公里，由一条东北—西南走向的西埝公路（西付集—埝头）连接。以西埝公路为中心线，东南一侧由北向南依次有后北峰村、前北峰村、冢北村、束馆镇、山岳村，西北一侧由北向南依次是前营村、后营村、封固村（6个）、大寨村、小寨村。再向西便是沙麓山遗址。根据史志辞书记载，这里便是两千多年前著名的齐魏马陵之战的古战场。至今在这一带广泛流传着有关孙膑、庞涓的许多传说故事，周边遗址、村落名称的来历及风俗也都与这二人及马陵之战有关。要考察探寻马陵道古战场，就不能不从两千年前那场闻名于世的经典战争说起——

孙庞斗智马陵道

孙膑是兵圣孙武的后代，出生于齐国（有一说是大名束馆镇）。他曾拜兵学家鬼谷子为师，与魏国大将庞涓是同窗好友。战国中期，七雄并立，战争频繁。庞涓做了魏国大将后，十分嫉妒孙膑的才能，将他骗到魏国施以膑刑（去膝盖骨），欲使其永远不能领兵打仗。后孙膑用鬼谷子锦囊妙计逃回齐国，并被齐威王重用。在公元前354年桂陵之战中，孙膑使用避亢捣虚、围魏救赵的战法挫败魏国，使其元气大伤。

公元前341年，魏国联合赵国攻打韩国，大将庞涓率领大军包围了韩国都城新郑（今河南新郑），无助的韩国向齐国求救。在早救与晚救的问题上，孙膑说："夫韩魏之兵未弊而救之，是吾代韩受魏之兵，顾反听命于韩也。且魏有破国之志，韩见亡必东面而诉于齐矣。吾因深结韩之亲而晚承魏之弊，则可重利而得尊名也。”(《史记·田敬仲完世家》)在战术上孙膑采用围魏救赵之法,率军直扑魏国都城大梁(今河南开封)。在具体战法上,孙膑说:“善战者因其势而利导之。兵法:百里而趣利者蹶上将,五十里而趣利者军半至。”于是,齐军进入魏国境内后第一天建造十万个灶,第二天建造五万个灶,第三天建造三万个灶。庞涓得知这一情况后非常高兴:“我固知齐军怯,入吾地三日,士卒亡者过半矣。”(《史记·孙子吴起传》)就抛开步兵,率领轻锐骑兵猛追。日暮追至马陵,见道路狭小,阻碍重重,正疑惑间,忽见一剐了皮的大树上有字,便取来火把照之,见上写“庞涓死于此树之下”。还未读完,齐军万弩俱发,魏军大乱。庞涓在“遂成竖子之名”的愤愧中自刎。

马陵之战后,魏国一蹶不振,齐国则声威鹊起,称霸中原,孙膑亦名扬天下。孙膑围魏救赵和示假隐真的战法,成为中国军事史上的经典之作,为后世兵家广泛推崇。根据1972年在银雀山汉墓出土的竹简整理而成的《孙膑兵法》集中体现了孙膑的军事思想。两千多年的时间,使得马陵这个地方显得更加扑朔迷离,于是产生了一种不常见的文化现象——

千年马陵争不休

由于《史记》《战国策》等史书记载,《孙膑兵法》出土及杂剧、影视剧等文艺作品的上演,加上这次战争本身使齐国威名远扬而魏国一蹶不振,从而使马陵之战为兵家所推崇,马陵道这个地名也深入人心。但马陵道究竟在哪里呢?

《竹书纪年》《战国策》《左传》《史记》等史书对马陵之战均有记载,特别是《史记》中有多处记载,对马陵之战的起因、经过、结果记录详细,遗憾的是对马陵这个地方未做诠释。晋代杜预在《春秋左氏传集解》中记载:“马陵,卫地,阳平元城县(即大名,编者注)东南有地名马陵。”晋代徐广的《史记音义》对马陵的注解也是“在元城县”。而晋代虞喜的《志林》则注解为马陵在“濮州鄄城东北六十里”。从此拉开了千年马陵之争的序幕,至今已形成了大名说(即元城说)、范县说、鄄城说、长葛说、道口说,近年来又出现了莘县说。1979年上海辞书出版社出版的《辞海》《山东通志》《大名府志》《大名志》都注释为“大名县东南”,中华人民共和国成立后一些大学教材、古典文学读本大多注解为“河北大名东南”,现行中学课本也注释为“河北大名东南”。20世纪五六十年代,这一带仍有大坑、长沟、土丘存在。

笔者查看地图后,发现一个有趣的现象:这几种说法的地理范围都在冀、鲁、豫三省交界处方圆两千平方公里的范围内。于是，笔者忽然有了一个大胆的推测:这几种说法实际上说的是一个地方,只是持说人的参照物不同罢了。这一点可以从《大名县志》(1994年出版)“历代在大名设县以上行政机构及管辖范围”一表中得到证实。表中明确记载莘县、濮阳、鄄城区域甚至更大范围,均在大名设县以上行政机构及管辖范围之内。在当今打文化牌发展经济的时代,各地都在挖掘地方文化内涵。人们认识到,再延续马陵之争已无现实意义,因为多说并存是当今常见的文化现象。于是,莘县、濮阳、鄄城等地已经在“千年马陵之争”中,默无声息地做起马陵道文化产业文章,有的成立相关研究会,有的建设纪念馆,有的设立标志性建筑。大名县也应充分利用马陵道文化资源,加大宣传力度,加快马陵道遗址开发进程,发挥马陵道这个文化品牌优势,为当地经济发展服务。那么“大名说”在今天能否在大名县找到依据呢?大名马陵道文化资源又是什么呢?踏着西埝公路这条马陵古道,笔者试图翻开厚厚的黄土,探访历史的遗迹,找寻文化的渊源——

廿一村落是见证

束馆镇。西埝公路中心线北端东 4 公里处,有一个叫作束馆镇的村庄。据村中老人讲,该村原名叫安贤镇,与孙膑的父亲孙操有关。相传战国时期,燕国被齐国打败后,燕召王为了东山再起,以重金招贤纳士。孙操因文武双全被燕王看中,并招为驸马,之后受命镇守南疆(今大名县一带)。这一地区不仅是燕国的南大门,而且地处燕、齐、魏、赵四国交界,沟壑纵横,地势险要,三河汇流,为水陆交通要道,有“枢毂中原”之说,因此是兵家必争之地。燕召王派孙操在此镇守,以图大业,把驻地定名为安贤镇。

六个马陵村。六个马陵村分别位于西埝公路中心线两端。相传在战国时期,六个马陵村一带是一条连接齐国与魏国的交通要道。它东倚马陵山(土山名),西靠沙麓山。这里沟壑纵横,地形复杂,路叉多变,是典型的葫芦沟,最适合打伏击战。公元前342年齐魏在这里大战后,战场周边形成了东马陵村、西马陵村、郭马陵村、刘马陵村、李马陵村、江马陵村六个马陵村。据《大名县志》记载,隋朝时曾在这里设置马陵县,建马陵城。经过两千多年的风雨沧桑,马陵城、土山和葫芦沟已不复存在。从目前这两组相距10公里的马陵村址分析,应该是当年马陵之战的战场范围。

六个封固村。在西埝公路中间点(即两组马陵村中间)以西一带分布着冯封固、郭封固、马封固、王封固、白封固、于封固六个村,分别相距一至两公里。奇怪的是这些村子中却没有封姓固姓。究其原因,据说村名的来历与庞涓有关。相传,当年庞涓在马陵道兵败自刎后,齐军非常痛恨庞涓泯灭人性,恩将仇报,残害朋友。为防备他再托生害人,就将其五马分尸,裂为六块,分别在六个地方挖坑深埋,严封永固,土堆高大,上植荆棘,于是后来就形成了冯、郭、马、王、白、于这六个封固村。

大小寨和前后营。在西埝公路南端,四个马陵村西 2 公里处有两个相距不远的村落——大寨村和小寨村;在西埝公路北端,两个马陵村西北 8 公里又有前营村和后营村。这四个村庄的形成也与马陵之战有关。据说大小寨是当年马陵之战齐国大将田婴大军安营扎寨的地方,在此封住马陵道口可从背后截杀魏军,前后营则是孙膑与元帅田忌中军大帐驻扎的地方,以便在马陵道尾迎头痛击魏军,这样就把以庞涓为统帅的魏军全部包围在长 10 公里的马陵道沟中。

山岳村和前后北峰村。在西埝公路中段,东 2 公里处有一个叫山岳的村子,而村中却没有岳姓。据说这一带是马陵(土山名)的最高峰,因而有了村名"山岳"。在山岳村东北 10 公里处便是前北峰村、后北峰村。据传这里是马陵的次主峰,因在主峰的北面而称作北峰,于是便形成了前北峰村、后北峰村。

冢北村。在西埝公路北端,东北9公里处,有一个叫冢北的村庄。传说,该村原名双河,在村南有一块墓地,当地人称"太子冢",是魏国太子申的坟墓(另一说是卫国太子伋的墓)。魏国大军兵败马陵,庞涓自杀,魏太子申成了俘虏,被齐国士兵杀死。百姓念其是魏国太子,就收其衣冠葬之。因为太子冢封土高大,像座土山,地标明显,而双河村位于该墓冢北面,"冢北"逐渐代替了"双河"。

村落名称是活化石,反映着历史,见证着历史。在探访这21个村庄名称的来由时,村中的人们纷纷向笔者讲述了在当地广为流传的有关孙膑、庞涓的故事——

薪火相传话孙庞

孙膑、庞涓是束馆人。当时的束馆叫安贤镇,是燕国南部的重镇,同时它处在齐国、魏国的边境地带,因此燕王派驸马孙操(孙膑的父亲)亲自镇守。

孙操有三个儿子,孙膑最小。为了教育孩子,孙操武请教头,文请先生,让三个儿子习文练武。家里贫穷、连饭都吃不饱的邻村的庞涓,常常跑来眼巴巴地看着同年龄的孙膑读书练武,羡慕不已。孙操见这个孩子穷得可怜,但长得机灵,而且也想为小儿子孙膑找个玩伴,便让他一块与孙膑学习。从此孙膑和庞涓形影不离,不分你我,结下很深友谊。在孙膑长到14岁时,孙操打算把孙膑送到当时有名的兵学大师鬼谷子门下学习兵法。庞涓鬼心眼特别多,就悄悄在路上跪拦孙膑,抹着眼泪说:“这几年,你待我亲如兄弟,情同手足,我终生难报。今天想与你结拜为兄弟。”孙膑想都没想:“这有何难,你我虽不是兄弟,却胜似兄弟,何必说这些见外的话。”于是孙膑也跪倒在地,两人双双对天盟誓。盟誓后庞涓还是长跪不起。孙膑满脸疑惑:“缘何不起?”“哥哥需答应我一件事。”“我们已结金兰之好,还有什么事不好说的。”“求哥哥带我一同上山学艺。”孙膑看着庞涓那可怜样儿,也就满口答应。于是两人一起上云蒙山拜鬼谷子学艺去了。

这一年,为庆祝母亲六十大寿,孙膑回到家乡安贤镇。母子相见,热泪潸潸。大嫂说:“分别这么多年,高兴才是,今天是母亲大寿,也是全家团圆,不必再掉泪了。”二嫂心直口快:“小叔在外学习兵法多年,都说你神通广大,今天母亲寿诞,何不展示一艺,祝母亲高寿。”孙膑说:“嫂嫂说的是,请母亲大人坐定,儿献一技祝母亲高寿。”只见孙膑双手合十于胸前,双目似闭非闭,口中振振有词,忽地抽出右手向空中一指,只听到轰隆隆一阵声响后,滔滔洪水汇集眼前。众人惊骇,孙膑不紧不慢将手杖向空中一扔,随即化成一只方舟,全家人坐在上面,游玩一番。收术后一家人仍端坐在殿堂前。

老人讲述马陵道的故事

村民讲得娓娓动听,笔者听得津津有味。讲者还兴致勃勃地说,至今在束馆镇仍有孙膑留下的烽火台、饮牛坑、燕遁庙遗迹。又是一份意外的收获!强烈的好奇心促使笔者来到束馆镇,探解这一台一坑一庙背后的秘密——

三处遗址忆往事

烽火台遗址。在大名县束馆镇北有一片面积约600平方米的高地,这就是县志记载的烽火台遗址。该遗址地上设施已无,仅留1.5米高的夯基和堆积的砖瓦碎石,当地人俗称“烟墩”。烽火台是古代用烽火传递军事信息而建筑的高台。每隔一定距离建设一座,并由士兵看守。一旦发现敌情,白天举烟,晚上燃火,各台相传,是戍边军队准备战斗的信号。传说这座烽火台为战国时期的军事家孙膑所筑。束馆一带在当时是齐国的边境,对庞涓为人了解深刻的孙膑明白,桂陵之战大败后的庞涓不会善罢甘休,为报战场之仇,他会不顾一切。为防魏国偷袭齐国,孙膑在齐国的最前沿建筑了这座烽火台,派重兵把守,一旦发现敌情,烟火传报。这一做法果然奏效,使庞涓在桂陵之战后数十年间不敢轻举妄动,保住了齐国平安无事。

饮牛坑遗址。在束馆镇南街有一个大水坑,传说是孙膑的饮牛坑。相传在孙膑10岁时,离村不远的马颊河水来了头青色神牛,糟蹋两岸庄稼。孙操多次派人捉拿都人伤人亡,以致村民谈牛色变。孙膑就偷偷去了河边,躲在树林里偷看。只见那大青牛体大如山,力大无比,在田地里乱吃乱撞。他瞅准机会,悄悄绕向牛尾。青牛听到动静,哞的一声掉头直奔孙膑而来。孙膑不慌不忙,从怀中掏出一团红绸布一抖,把青牛镇住了。孙膑趁机把红绸系在牛头上,抓住牛鼻子骑上它回村了。从此孙膑把它当作自己的坐骑,常常带它在这个大水坑边饮水。据说如果起得早,在坑边还能见到牛蹄子印呢。

燕遁庙遗址。据束馆镇中老人讲,从前东街路北有一个很大的深坑,坑底有一座庙,人们都称之为“燕遁庙”。相传,燕国内讧加外乱,太子流亡,国内混乱。孙燕(系孙膑堂弟)为使燕国不亡,在安贤镇建都,自称燕王。魏国因孙膑屡挫其师,一直耿耿于怀,得知孙燕称王消息,发兵安贤城。孙燕看大兵压境,无力抵挡,就去云蒙山向孙膑求救。孙膑在城东马颊河边摆下迷魂阵,大败魏军。此后,在城东南角筑东南山,修罗汉庙,永镇安贤城。孙燕也知道自己这个燕王也做不长久,就接受孙膑建议,举家移居齐国。这么大一个府邸如何搬走呢?孙膑便让孙燕取来子午水,围绕庄院浇了一圈,庄院雾气腾腾飘移齐国,留下一个大坑。后来人们在坑里修了座庙，取名“燕遁庙”。

小小的一个束馆镇，竟有这么多传奇故事、美丽传说，令人称奇。笔者不禁重新审视这座小镇。在进一步交谈中，还有更令笔者惊讶的事情呢，那就是因孙膑的缘故形成了一些耐人寻味的习俗——

三种习俗说来由

束馆大庙会。每年的农历正月初七至初十是束馆镇的大庙会，虽然庙已不存在，但唱戏杂耍热闹非凡，波及周边数十里。据村中老人讲，此庙会来源于孙操庙。在束馆村南的一块高阜土地上，以前有一座规模不小的庙宇，供奉孙操、孙膑、孙燕，香火不断。据说土改时拆庙，曾发现一块刻有“孙操故里”的石碑。

新坟上插纸幡。大名一带有新坟前插纸幡的丧葬风俗，据说这与孙膑、庞涓及其老师鬼谷子有关。相传，庞涓私自下云蒙山做了魏国的大将，但一想到孙膑比他能力大，就心神不安。于是，他就多次上山请孙膑到魏国与他同朝为官。其师鬼谷子深知庞涓嫉贤妒能的本性，为摆脱庞涓的纠缠，鬼谷子谎称孙膑已亡，埋在山后。庞涓到后山，果见有一座新坟，坟前有一用竹竿制作的纸幡。他绕坟三匝，未见破绽，心中暗喜，假哭一阵后离去。原来这是鬼谷子的妙计，孙膑真躺在坟中，纸幡是气孔。从此当地留下了坟上插纸幡的丧葬风俗，希望逝者死而复生。

洪水泡天淹不了束馆。在束馆镇有东街、西街、南街、北街的叫法和“洪水泡天淹不了束馆”的说法，据说这与孙膑帮助孙燕建筑城池有关。相传，孙燕在安贤镇建立燕国后，开始大修城池。如何建设都城呢？孙燕请教于孙膑。孙膑建议，西靠沙麓，东临三河，南接马陵，沿沟壑而建，中城凸起，城门正圆，城内四条大街直通四门，城内建设大大小小庙宇72座，挖了水井72口，以图永固。于是孙燕沿天然的葫芦沟筑城，城中央修得最高，以利排水，纵有洪水，城亦安然无恙。

大名县境内有这么多村落遗址、传说故事、民间习俗与孙庞二人及马陵之战有关，笔者不禁为之惊叹。联想起《太和正音谱》《录鬼簿续编》等著作录有元杂剧《庞涓夜走马陵道》。该剧讲述战国时孙膑与庞涓的故事，事出《前七国志孙庞斗智》。孙庞二人同拜于鬼谷子门下，后庞涓投奔魏国，被拜为元帅，而后举荐孙膑。然而孙膑的才学高于庞涓，庞涓因而嫉妒，诬陷孙膑造反，刖其双足，并令其交出鬼谷子的六甲天书。孙膑养伤半年，然后装疯，屈辱求生，终于被齐国的卜商救走，至齐拜为军师。齐魏战争中，孙膑用增兵减灶之计，擒住庞涓于马陵道，并将其处死。20世纪80年代该剧情曾改编成电影《马陵道》。遗憾的是，这些作品都没有说明马陵道在当今的具体位置。那么，文化底蕴深厚的马陵道，难道没有引起文人墨客的注意吗？难道没有人凭吊这一名垂青史的古战场遗迹吗？难道没有人抒发思古之悠情吗？通过查阅诗集史志，终于有了新的发现——

文人墨客马陵吟

清代任河南布政使的边浴礼在他的《大名郡斋纪事》(三)中写道：

城南马陵道，战地尚依然。径狭难通骑，林深不辨天。
兴亡空七国，营垒阅千年。败镞耕民拾，苔花紫翠缠。

清代天津八大家之一的诗人梅成栋，在1836年任天雄书院(大名古称天雄)山长时写下《天雄怀古》(三)：

段泄高踪尚可称，文侯风教远难征。频年征戍劳鸡泊，抵死恩仇殉马陵。
佐霸已无王景略，救时空忆佛图澄。欲寻五礼碑安在？秋草离离碧藓凝。

清代乾隆年间长垣岁贡崔仑途经大名马陵道时留下诗作《过马陵道》：

马陵道，乱埠如垒生积草。
为道齐军万弩发，将军失路苦不早。
火树竿折弓櫜红，世事交情令人老。
罴据虎穴逐鹿归，韩王称快储君恼。
乌鸢欲下而吊魂，禾黍悲风以萦抱。
我马玄黄陟此岗，愁云千里无城堡。
风凄凄，马陵道。
日色一鞭沿野花，伤心不忍问耆老。

这些诗句向人们传递着这样一个信息，马陵之战的“马陵”在大名。在某种意义上说，是马陵“大名说”的一个旁证。

另外，持否定“大名说”观点的人主要依据是，大名县在古黄河以北，因为大家有一个共识，即马陵之战在黄河以南。那么，大名之马陵是在当时的黄河以北，还是以南——

大名位于黄河南

殊不知，春秋战国时期的河北大名（元城）恰恰是在黄河以南。《黄河史志资料》一书中记载，春秋战国时期的黄河在大名境内是这样走向的，左堤是自魏县曹堤过大名城东向北经付桥、岳庄、万堤至黄金堤一带，右堤是自南乐王崇町至大名南堤、苑湾一线，两堤间距为10公里（至今仍有遗迹）。按此堤防布局，当时大名境内黄河河道在卫河以西，大名、万堤、黄金堤一线以东。而大名马陵距右堤（黄河南堤）仍有20公里，也就是说，大名之马陵也在黄河以南，而不是黄河以北。

春秋战国时期的马陵位于黄河下游南岸，其东有齐鲁、西有秦晋、北有燕赵、南有韩郑，地界中原，水陆俱畅，为四方来往必经之地，故为诸侯争霸图强、联此击彼，进行政治活动的要地。在马陵之战前243年，即公元前584年，在大名马陵这个地方，发生了一个重大历史事件，“晋、齐、鲁、宋、郑、卫、曹、莒、邾、杞之君盟于马陵”（《邯郸历史大事编年》）。这一没有争议的史实，说明当时马陵地处具有枢纽地位的交通要道。马陵之战后928年，即公元586年，隋朝曾分元城县一部分置马陵县，建马陵城。从这一行政区划可以看出，马陵在当时名气很大。“道狭，而旁多阻隘，可伏兵”的马陵道，经过两千年的岁月洗礼，沧海桑田，已不见其貌。本来就是土山的沙麓山、马陵山，经过两千年的风雨沧桑，也夷为平地，但却留下了一笔丰厚的非物质文化遗产，它们足以成为马陵道“大名说”的最好诠释。综上所述可以有如下结论——

搁置争议图发展

马陵之战是中国古代军事史上的著名经典战例，《孙膑兵法》为兵家推崇，孙膑的传奇人生为人们津津乐道，孙庞斗智故事家喻户晓，元杂剧《庞涓夜走马陵道》上演、电影《马陵道》公映，众多反映孙庞故事的电视剧热播，甚至海外一些国家也研究《孙膑兵法》，并应用于商业领域，从而使“马陵”这一地理名词名扬海内外，马陵道也成为文化品牌。

尽管莘县、大名、郯城等地都在论述马陵之战战址的问题，但迄今为止，还没有一家能够拿出充分的证据来证明马陵之战战址的确切地点。历史的考证是学术研究，不带任何感情色彩，历史资料的印证需要明确的文物支持。也许在不远的将来，地下能够出现诸如竹简、青铜器铭文、印章等实物证据，这场延续千年的马陵之争才能尘埃落定。但在马陵道文化遍地开花的今天，大名县应该把握"大名说"在诸说中渊源最早、权威书刊采用最多、可信度最大、提法最正统的优势，很好地进行整理挖掘，叫响马陵道文化，助推大名经济发展。

（2007年4月30日起连载于《大名时报》，2012年发表于《世界人文》第2期）

王莽故里觅踪

1926年6月,毛泽东在广州农民运动讲习所讲授《中国农民问题》时,为了说明农民问题在中国革命中的重要性,列举了王莽推行井田制这一史实,从正面肯定王莽是代表农民利益的。毛泽东这样说:“汉时一般做史的文人——范晔、班固、班超等——因为他们吃的汉朝饭,要给汉朝谈几句好话,把王莽说得怎样坏。其实王莽也不是怎么不得了的一个坏人。我们现在研究王莽,要拿很公平诚恳的态度来研究。均田制是王莽时提出的,可见他注意到农民问题了。因为农民的问题最重要者厥唯土地。而他先节制田地,岂非明证欤?以后地主阶级见王莽所定的政策,诸多不利于己,欲寻一代表本身利益之人,取而代之。而刘秀遂于是时起来了。倡人心思汉,以迷惑一般人之耳目。刘秀卒得胜利,此盖因王莽所代表者农民利益耳。刘秀则代表地主阶级之利益,故能得最后胜利。”(《广州农民运动讲习所文献资料》)在中国古代的帝王将相中,这是毛泽东同志唯一一次评价说“所代表者农民利益耳”。

历史上王莽的新朝不过短短的15年时间,但他的名字却深深地留在了毛泽东同志的印记里,而且也广泛地留在了人们生活中。譬如其名字多处用作地名。在山西省陵川县崇山峻岭中,有一道山岭叫王莽岭;在壶关县的太行山大峡谷里,有一个峡谷叫王莽峡。在河北省大名县还有王莽堤、王莽河、王莽城,甚至当地有一种砖块叫王莽砖。在王莽的家乡大名流传着许多典故传说,甚至在全国其他省市县也有王莽故事,不管是扬是抑,是褒是贬,在客观上显示了巨大影响力。那么,王莽到底是怎样的一个人呢?

王莽其人

王莽,汉元帝初元四年(前45年)出生于显赫的外戚之家——魏郡元城(今河北大名)委粟里(今大名县东北部,具体位置不可考)的王家。由于其姑母王政君是元帝皇后的缘故,其伯父、叔父相继封侯,其父王曼早亡,未能受封。公元前22年,在其伯父王凤的推荐下,被汉成帝任命为黄门郎,后迁升射声校尉。公元前12年,在叔父王商推荐下,汉成帝下诏封王莽为新都侯,不久迁升骑都尉、光禄大夫侍中,受到朝廷器重。公元前8年,年仅38岁的王莽出任大司马,掌握了朝廷大权。一年后成帝驾崩哀帝即位,王莽被迫辞隐新野(王莽的封地),韬光养晦。此期间次子王获杀死一奴婢,王莽怒令子自杀偿命,赢得朝野交口称赞。公元前2年,汉哀帝迫于群臣压力,召王莽入朝。次年哀帝病亡,无依无靠的太皇太后王政君接管玉玺,起用王莽,再次封王莽为大司马,领尚书事,兼管军事令及禁军,处理百官奏章。45岁的王莽成为国家最高权力的执掌者。掌权后的王莽大刀阔斧地清除外戚,奏立平帝,平反冤狱,巩固政权,行动果敢,深受拥护。

公元1年,太皇太后赐王莽为安汉公。王莽接受名号,却把俸禄给2.8万人封赏,又得口碑。不久出任太傅。公元2年,王莽被朝廷封为宰衡,加封九赐,地位在诸侯王公大臣之上。公元3年,因吕宽案牵扯长子王宇,则又令子自杀,大义灭亲,再次赢得满朝称赞。公元6年,年仅2岁的子婴被立为皇太子,由王莽代天子执掌朝政,称假皇帝,自称“予”,群臣称“摄皇帝”,年号为居摄元年。

公元9年,54岁的王莽在一片谶语禅让中即天子位,改国号新,年号为“始建国”,都城长安。汉高祖于公元前202年建立的西汉王朝在统治211年后结束了。王莽称帝后,开始了一系列的改制变法,史称“王莽新政”,但引起了贵族势力的强烈不满,加上对边防处置失策,国内赋役繁重,刑政苛暴,又遇黄河改道,以及全国蝗灾、旱灾和饥荒的大爆发,政局动荡。绿林、赤眉军相继揭竿而起。

公元23年,王莽在“天生德于予,汉兵其如予何”(《汉书》)的哀叹中,被攻入长安城的汉军所杀。

在历史上王莽是个有争议的人物,就其自身说,具有双重的性格。一方面他重视自然科学的发展。他曾命太医解剖一个被处死的人,以研究内脏与动脉,寻找疗疾治病的办法,开古代解剖学先河;他召集骁勇善战兵士,改进兵器,甚至有人造两翼,能飞行数百步,算得上制造飞行器的先例;为显示年轻,他染黑头发胡须,成为中国古代第一个美发师;他有编订天文历法、古代典籍的宏大计划。另一方面他又迷信天命,相信“天人感应”,闹出许多笑话,留下华盖登仙、哭哀为郎等笑柄。

王莽建立的新朝虽然短暂，却给历史留下了广阔的思考空间。就新朝取代西汉而言，政权更迭却没有经历腥风血雨的大动乱，不能不说是个奇迹。新朝存在15年（与秦朝一样长），却未能与其他朝代齐名，而五代时期的后汉存在3年，后周存在9年，且是地方割据政权，却单列纪元中。若说王莽是“乱臣贼子”，篡权登基，那么杨坚也是外戚篡位建立隋朝，却无此骂名。王莽从小生活在老家元城20多年，在父早丧兄早亡的情况下，却能一步一步登上最高统治者的宝座，平稳完成政权的交替……诸多历史之谜，耐人寻味。笔者带着诸多疑问，在王莽的家乡寻访，以期求得答案。

王莽堤

出大名县城沿215省道北行，你会发现在左手边不远处是一溜村庄、高岗，与215省道平行向前延伸，一直到县境外。在这条高阜的土岗上，由南向北坐落着范店村、付桥村、横堤村、岳庄、刘堤口村、康堤口村、万堤村（古称万金堤）、黄金堤村。实际上，这是一条宽约40米，高约3米的堤基，犹如一条长龙纵卧在大名县境内，残断连绵20公里。这就是人们所说的汉代金堤遗址，民间称之为王莽堤。

《大名县志》（程本）记载：“金堤为汉时旧堤，势如冈陵，绕古黄河历开州（今濮阳）、清丰、南乐入县境，东北趋山东馆陶（今河北馆陶），计长二百余里。”所谓金堤是汉代黄河下游堤防的统称。《史记·河渠书》记载，春秋战国时期，黄河下游已普遍兴筑堤防。但各诸侯国以邻为壑，堤防不规则不合理。秦朝统一中国后，“决通川防，夷去险阻”，对堤防进行了全面整治。汉代进一步修成系统堤防，并不断增修石工，加高增厚。因此，汉代人称黄河下游大堤为金堤，寄寓了人们对黄河大堤坚固不溃的美好愿望。

王莽堤遗迹

王莽深知黄河洪水泛滥的厉害，建立新朝后加大对黄河堤防的治理，多次对金堤进行加筑。家乡人感其筑堤免灾之功，称之为王莽堤。

坐落在王莽堤上的万堤村、黄金堤村、康堤口村、刘堤口村等村庄都因之而得名。

经过两千年的岁月沧桑，今天以金堤为中心线，东西两侧2公里范围内，分布着五城（大名县城、魏城、明清大名府城、陪都北京大名府都城、王莽城）十寺（兴隆寺、愿力寺、白佛寺、报国寺、普照寺、护国临济寺、兴化寺、牛庙寺、高庙寺、铁佛寺）六墓群（陈皇后祖茔、罗让宗茔、何进滔宗茔、王莽祖茔、黄金堤墓群、张郭墓群）二土山（愜山、翠屏山）二祠堂（狄仁杰祠堂、王延世祠堂），可见这条金堤对后世的深远影响。为了保护残存古堤，1982年大名县人民政府把它公布为县级文物重点保护单位。

王莽河

新始建国三年（11年），“河决魏郡（濮阳境）泛清河以东数郡”（《汉书》），黄河再次改道。王莽认为河水东流，从此元城老家祖茔不再受黄河之害，所以不予堵塞，以致“北渎遂空”（史称濮阳以下的黄河为“大河故渎”），实际以当时的生产力水平很难堵塞决口。从此，河南濮阳以下的黄河成了枯河，两岸人民不再有水患之忧，不再受水灾之害，人们便把河南濮阳至河北东光县这一段枯河称为王莽河。《读史方舆纪要》引班固曰：“禹酾二渠以引河，一则漯川，今河所经；一则北渎，王莽时绝，故世俗名是流为王莽故河。”

那么，王莽河在大名境内的具体位置究竟在哪里呢？据《黄河史志资料》记载，黄河在汉朝以前流经大名县613年间的地理位置是：左堤自魏县曹堤经大名城东向北经范店、付桥、岳庄、万堤至黄金堤，右堤自大名县的南堤村，经苑弯村进入冠县尹固村，这两堤间的距离约10公里左右。依照此堤防布局，当时大名境内的黄河河道（即王莽河）在卫河以西，王莽堤以东。

王莽河遗迹

在大名县城东北有沙堤村，其向北3公里是愜山，再向北3公里是闫沙岸村。沙堤系黄河泥沙淤积而成的一条沙质堤埝。愜山在今天王莽堤遗址上岳庄一带。汉成帝建始四年(前29年)秋天,黄河在此处决口,汉成帝派遣王延世治河。王延世经实地考察后,便用竹劈编织成竹篓装满石块,以两船夹载来堵塞决口。“三十六日而堤成,下民免于昏垫,成帝因之改元,赐名‘惬山’……能北与尧山齐崇,南与大坯并峙。”(《大名县志》程本)关于闫沙岸村的情况是这样的:据村中老人讲,以前有“一溜十八沙岸”之说,即有18个相连的沙岸村。除闫沙岸村外,以前还有王沙岸、董沙岸、薛沙岸等17个村,现在都先后将村名更改为王村、董村、薛村等名称。从沙堤、沙岸这些村名和惬山名称的来历看,这里应该是黄河故道的主河道,即人们所说的王莽河。

对于王莽河,在大名县民间还有一段“巨蟒开河”的动人传说。相传王莽是个大蟒精。黄河改道后,王莽的家乡——贵乡,因为天不下雨,庄稼枯死寸草不生。有河忧水患,没河旱灾来。王莽登基这一年,天下大旱。为了让家乡百姓免遭灾荒,王莽在一天晚上现身蟒形,从卫河到贵乡往返游走几遭,就形成了一条河流,把卫河之水引到家乡来,使家乡人受益。于是人们便把这条河称为王莽河。

王莽城

《大名县志》(程本)记载:“王莽城在今城东北二十余里,王莽河北岸,亦谓之故元城。”王莽城因贵乡县治所在地而得名,而贵乡县又与王莽所在的王氏家族有关。王莽的姑姑王政君被汉元帝立为孝元皇后,历汉四世,父和兄弟世代封侯,居官辅政,在元帝、成帝时王家出了九侯五大司马。

“侯”与“大司马”是什么样的官职呢?所谓“侯”是古代爵位名称。中国古代封爵制度起源于周代,当时爵位分为公、侯、伯、子、男五等,到汉代封爵只有王、侯两种。汉初异姓可以封王,后来封王仅限于皇帝同姓,有“非刘不王”之说。因此,“侯”成为非皇姓人员唯一的爵位,在人们心目中显得异常了不起。大司马则是官职名。西汉初年官制沿用秦

王莽城遗迹

制，中央官制中的三公九卿为中枢机构。三公即丞相、太尉、御史大夫，是中央最高军政长官。丞相官位最尊，秉承皇帝意旨佐理国政；太尉协助皇帝掌管全国军事；御史大夫是皇帝的秘书长，负责检查并帮助丞相处理事务。三者在权力上有分工，又能起某种相互制约作用。汉武帝时废太尉改为大司马，由皇帝宠任的外戚近臣担任，逐渐成为事实上的执政者，丞相地位虽尊，但权力却逐渐缩小。西汉末年又把丞相改为大司徒，御史大夫改称大司空，与大司马合称“三公”（又称“三司”），都是宰相。元城王氏家族中，在元帝、成帝时期有9人封侯，5人任大司马，这是件非常了不得的事情。人们认为元城委粟里风水好，是出贵人的地方，于是称之为“贵乡”。

据史书记载，十六国前燕建熙元年（360年），从元城县分出一部分（包括委粟里在内）另组建一个县，取名贵乡县，县治设在孔思集寺（今魏州镇大街村一带），这是贵乡县建立的开始。同时设立贵乡郡，郡治、县治同城。不久贵乡郡、贵乡县俱废，仍并入元城县。南北朝时期东魏孝静帝天平二年（535年），分馆陶县西部复设贵乡县，置县治于古赵城（今黄金堤乡包头村一带），这是贵乡县正式成立之始。

贵乡之名由来与王氏家族显赫有关，而王莽则是整个王氏家族中最显耀的人物，称帝建立新朝，所以，后人习惯把曾经作为贵乡县治所的古赵城，称为王莽城。

王莽城已不复存在，但“贵乡”二字仍在使用中。今天在大名县城有一条街道称作贵乡街。北周建德七年（578年），因古赵城庳湿，将贵乡县治又移至原贵乡县废治——孔思集寺（今大街村一带）。直到公元923年，后唐的李存勖在魏州（今大名）称帝后，把贵乡县改为广晋县，贵乡县名称从此消失。贵乡作为一个县名，从535年正式置县至彻底废除，长达391年。清朝时还设立过贵乡书院。今天有贵乡街、贵乡饭店、贵乡学校、贵乡宾馆等，“贵乡”二字已深深地留存在人们的生活中。

王莽砖

在大名县很多村里偶尔可见一种蓝色厚砖，约比现在的砖头大一倍。砖的两面不一样，一面是光滑的，另一面有绳状的纹路。人们称它为王莽砖。民间传说，王莽登基后，天地为难他，天不保地不保。天不下雨，平地却浸水，常年潮湿。人们建房用的砖坯晒不干，于是，王莽给家乡人民出个主意，把砖坯晒在用芦苇秸秆编织的草席上，这样砖坯上就形成了花纹，俗称“草席印儿”，后来便把这种砖称为王莽砖。

出土的王莽砖

坊间传说

在大名县乡间里坊广泛流传着有关王莽的美丽传说，为王莽罩上了一层神秘而传奇的色彩。

传说之一，莽母惊梦。相传王莽的母亲在一天黎明时分，似睡非睡，似醒非醒，恍惚间觉得有一条黄色类似蛇的大虫扑在自己身上，压得喘不过气来，惊悸而醒，原来是一场大梦。9 个月后，在魏郡元城的王家出生一男婴，体格粗壮硕大，哭声惊天动地。在给孩子取名字时，莽母想到了那个神奇的梦，因是朝廷的外戚之家，姓名中不敢有“龙”字，便叫作“莽”。莽与蟒同音，并且民间称十二生肖中的“蛇”为“小龙”。可见，莽母对刚出生的儿子寄托了美好的愿望。

传说之二，巨蟒乞封。相传在楚汉战争时，刘邦率领军队向陕西进发。在经过邙砀山时，突然战马前蹄腾空咴咴怪叫，一幅惊惧的样了。刘邦定神一看，也吃了一惊。只见一条又粗又长、浑身发着金光的大蟒横在山路中间。刘邦慌忙勒马回身想绕开，谁料想大蟒刷刷地又挡在马前，蟒头高抬，不断颔首似在讲话。刘邦说：“为何挡我去路？”大蟒似懂人语，低头驯服，一幅温顺的样子，但无去意。刘邦见大军被阻，停滞不前，顿时大怒，从腰间抽出宝剑直刺大蟒，忽地一股黑气直冲云霄。接着从空中传来声音：“我乃千年修炼的精灵，在此等你皇封。你却伤我性命，何处偿命。”刘邦一听浑身冒出冷汗，才知自己误伤神蟒。他料想在山间不是大蟒对手，便慌忙说：“平地还命。”瞬间，黑气散得无影无踪。民间相传王莽鸩杀汉平帝，做了皇帝，正应了刘邦“平地(平帝)还命”那句话。

传说之三，龙不侍蟒。相传王莽是蟒精脱胎转世，登基建立新朝后，东海龙王却为难起他来，扬言王莽在位一天，甘霖一日不降。王莽不愧是个大蟒精，也不与龙王计较，天不伺候地伺候。于是王莽传旨井河露水：“井湮五里，河湮十里，井水河水不能及，露水一夜溻四指。”果然，尽管滴雨未下，可井水河水四季盈满，满足禾苗用水。远离水井河道的田地，一夜露水可解旱情。王莽在位18年(从公元6年称假皇帝算起）滴雨未下，就靠“井湮五里河湮十，露水一夜溻四指”获得粮食大丰收。至今在大名民间仍流传着“王莽在位十八年，庄稼痛收十八载”的说法。

莽秀故事

在大名县民间广泛流传着王莽追刘秀的美丽故事。内容涉及植物特性、动物习性等多个方面，引人入胜，耐人寻味。

故事之一，椿树封王。椿树高大挺拔，在大名民间称之为“万木之王”，据说这与王莽、刘秀有关。传说刘秀被王莽追杀，三天三夜不曾吃得东西，饿得发昏，实在无力再走了，便躺在树下休息。树木长得高大直挺，上面挂满了很多红色的果子。刘秀喃喃自语：“如果树上的果子能让我吃到，我做皇帝后就封你为树中之王。”话音刚落，树上噼噼啪啪落下来好多果子，刘秀狼吞虎咽地吃了个饱。刘秀登基后，没有忘记许下的诺言，便派人找到那棵树，封之为“树中之王”。其实那是两棵相伴而长的大树，其中一棵是椿树，另一棵是长桑葚果的桑树，可是桑树已被人伐掉，只留下了椿树。桑树得知椿树封王后，气得都变了形。所以至今桑树都长得歪歪扭扭，不成材料。

故事之二，蝼蛄拱地。众所周知，蝼蛄生活在地下，并且是昼伏夜出，这一生活习性传说与王莽、刘秀相关。这天，刘秀被王莽追得人困马乏，本想下马休息，但又怕追兵赶来，来不及起身，便让马停下躺在马背上打盹儿。刚刚闭上眼睛，马一抬腿，把刘秀摔到地上。仔细一看，原来是蝼蛄咬了马的蹄子。刘秀又气又恼，伸手把蝼蛄的头拔了下来。一抬头，忽见王莽追兵将至，刘秀猛地醒悟，原来蝼蛄是报信啊。刘秀懊悔不已，随手掐了一节草茎，把蝼蛄的头和身子串在一起，一边抓一把土埋住，一边说：“苍天保佑你起死回生。”不及说完便上马飞奔而去。说也怪，不一会儿，蝼蛄活了。从此它就扎进地里，夜里才敢出来，怕有人再拔掉自己脑袋。

故事之三，蜘蛛网门。人们经常见到蜘蛛在门窗上织网，煞是恼人，殊不知这是一种吉祥平安之兆。相传，刘秀被王莽的军队包围在一座寺庙内，手无寸铁的刘秀胆战心惊地躲在神像后面，耳边清晰地听到对话声：“快到大殿内去搜。”“启禀将军，大殿门窗都被蜘蛛网绕得严严实实，不会有人进去。”“有道理，快到其他地方去搜。”刘秀见追兵已去，便从神像后面走出来，跪倒便拜：“感谢神明显灵，待我做皇帝后，定要重塑金身，封蜘蛛为平安信使，众鸟不得啄食。"因此，至今现实生活中众鸟都不啄食蜘蛛，民间称之为"鸟不吃虫"，有"封的是太平门，织的是平安网"之说。

故事之四，骡不生驹。在牲畜中，唯有骡子不能繁衍后代，要靠马驴交配而得。公马、母驴交配而得骡子称驴骡，公驴、母马交配而得骡子称马骡。这是为什么呢？相传，王莽与刘秀争斗中，刘秀的坐骑骡子突然跑不动了，刘秀一看原来骡子要生小驹了。望望不远处的追兵，刘秀非常着急，没了坐骑岂不被王莽捉住？不禁失语道："骡子啊，你就别产驹了，让马和驴为你生养后代吧。"说来也怪，骡子似乎听懂了主人的话，掉下两行眼泪，撒了一泡血尿，拉了一摊血粪，就又驮着刘秀飞奔而去。从此骡子不再生驹。

故事之五，骡马悬蹄。马、驴、骡这些大牲畜在休息时都有悬蹄的习性，这也与王莽与刘秀有关呢。相传在一个前不靠村后不着店的光秃秃的田野里，徒步的刘秀被王莽紧追不放。四处荒野，既甩不开追兵，又无处躲身。忽然，他发现不远处有一老汉赶着大牲口耕地，喜出望外，急忙飞奔过去求救。老汉也不答话，扬起长鞭指了指犁起的地沟。眼看追兵已到，刘秀也顾不上许多，便躺到沟里。"啪"一声鞭响，犁起的泥土翻在刘秀身上，然后老汉让牲口站在上面。牲畜好像具有灵性，怕踩着刘秀，就悬起一个蹄子。说话间，追兵已到，见没了刘秀，不禁纳闷：明明看着刘秀向这里跑来，现却无影无踪。质问老汉，老汉仍不作声，挥鞭向远处一指。王莽围着老汉和牲畜转了三圈，也没看出什么破绽，便率军而去。

故事之六，扳倒水井。一连几天，刘秀被王莽追得没日没夜地跑。这天晚上来到一个村庄，实在是跑不动了，人饥马渴，不得不停下来找水喝。事也凑巧，村头有口饮水井。刘秀围井绕了三圈，也没有发现取水工具，既无盛水之桶，也无提水之绳。有心到村中找水，又怕耽误时间被王莽追兵赶上，只能双手撑在井沿上，望着黑咕隆咚的井口，轻声叹道："能扳倒就好了。"说也奇怪，话音刚落，只见这眼水井真的慢慢倾斜，井水流到井口。刘秀大喜，自己和马都喝了个痛快。随即刘秀拾起一块泥巴，在井栏上写下"扳倒井"三字。据说后来该村便改叫扳倒井村了。

故事之七，珍珠翡翠汤。这几天在去南阳的路上，刘秀摆脱王莽的追兵后，心里稍稍放松，就觉得肚子有些饿，便径直走进一个村子。在一农舍中，老婆婆和老头儿正在吃饭。见此情景，刘秀肚里更加饿得发慌，便上前讨饭。老婆婆看看锅里仅剩下半碗高粱米配野菜汤，又看看空空的碗，心里真有点舍不得，这也是老两口一天的口粮啊。又看看刘秀，破衣烂衫，满面疲惫，顿生恻隐之心，便把仅有的半碗高粱野菜汤端给刘秀。刘秀也顾不上许多，捧起碗狼吞虎咽地吃了精光，咂了咂嘴，真香啊！过去吃的那些山珍海味，也没有这有滋味。便问老婆婆："这是什么汤啊？"老婆婆侧目扫了扫刘秀，不热不冷地说："珍珠翡翠汤。"后来刘秀当了皇帝，又吃腻了宫廷大宴，忽想起那非常好喝的珍珠翡翠汤来，便把当年让他吃饭的老婆婆找来。很快，珍珠翡翠汤端上来了，老婆婆面对当年的叫花子、如今成了皇帝的刘秀，仍不热不冷地说："这个汤要想吃出当年的味道，还差三样材料。"刘秀很诧异："御膳房什么佐料都有，尽管用就是了。"老婆婆镇静地答道："御膳房的材料再多，也没有这三样。""哪三样？"刘秀不解地问。老婆婆不慌不忙地说："一是南阳路，二是王莽兵，三是疲惫奔走的刘秀。缺少这三样，这汤是又苦又涩。"刘秀听后，微微点头，心里道："这个老婆婆不简单啊！"

历史掌故

在《汉书》《后汉书》等正史和《大名县志》《广平府志》等一些地方志书中，都记载了许多关于王莽的历史掌故。因为是正史、方志，这些历史掌故大多是贬抑性质的。

掌故之一，华盖登仙。王莽做了皇帝后，特别是到了新朝末期，非常迷信神道。他听人说"黄帝时建华盖以登仙"（《汉书》，下同），于是就制作了九重华盖，高八丈一尺，装饰黄巾翎羽，"载以神机四轮车"。每当出行时，华盖覆盖，六马驾车，由身着黄衣、头裹黄巾的三百力士作护卫，"车上人击鼓"，其他人高呼"登仙"。百官私下议论说："此似辆车非仙物也。"

掌故之二，皇后投火。王莽的女儿是汉平帝皇后，平帝死后被尊为皇太后。三年后，王莽称帝，将皇太后改号为"定安公太后"。此时太后 18 岁，婉顺而有节操，刘家帝业废止后，经常称病，不抛头露面。王莽对她既敬重畏惧又感到哀伤，欲让她再嫁，便改其称号为"黄皇室主"（黄皇，王莽自称；室主，即公主），"令立国将军成新公孙建世子"带领医生前往探病。皇后大怒，"笞鞭其旁侍御"。待到王莽被杀，未央宫被烧时，皇后说："有何面目以见汉家！"便投火而死，以身殉汉。

掌故之三，哭哀为郎。王莽末年，灾荒四起，瘟疫肆虐，饥民如潮，各地起义军风起云涌。王莽陷于绝境忧恐之中，不知如何是好。近臣崔发进言说，《周礼》和

《春秋左氏传》中言及“国有大灾,则哭以厌之”,《易经》称“先号咷而后笑”。于是王莽带领群臣到南郊,对上天陈述承符命即帝位的经过,仰天叹道:“皇天既命受臣莽,何不殄灭众贼?即令臣莽非是,愿下雷霆诛臣莽!”随即趴伏在地一边叩头,一边捶胸大哭,直哭得背过气去。还写一篇禀告上天的千言策文,表陈自己的功劳。同时要求儒生和老百姓每日早晚集聚一起大哭,由朝廷负责发粮施粥,“悲哀及能诵策文者,除以为郎,至五千余人”。

掌故之四,匿情求名。王莽封侯后,爵位越尊,持家越严,节操越谦。他常常把衣帛财物散发给他人,自家却没有多余的东西。其夫人穿戴似婢女,“衣不曳地,布蔽膝,见之者以为僮”。其兄王永早丧,王莽便主动承担抚养侄子王光的责任,让他就学于博士门下,还特意“振车骑,奉羊酒,劳遗其师,恩施下竟同学”,人们赞叹不已。王莽还安排王光与儿子王宇同日结婚,席宴间,他几次离席侍奉老夫人服药,赢得“贤孝”美名。他曾暗自买一侍婢,对人说:“后将军朱子元无子,莽闻此儿种宜子,为买之。”当天就把此婢奉赠朱子元。

掌故之五,染发纳后,外视自安。新地皇四年(23 年)三月初一,王常、朱鲔等人共立圣公刘玄为帝,改年号为更始元年,设置文武百官。王莽听此消息,大为恐慌。为对外显示自己情绪安宁,他染黑胡须头发,征选天下美女,并将杜陵县史家的女儿纳为皇后,“聘黄金三万斤,车马、奴婢、杂帛、珍宝以巨万计”,隆重举行新婚大礼,配备“和嫔、美御、和人三,位视公;嫔人九,视卿;美人二十七,视大夫;御人八十一,视元士”,封皇后父史谌为和平侯,“拜为宁始将军,谌子二人皆侍中”。

掌故之六,碎瑑赠人。身为大司马的王莽被黜回到封国新都后,南阳太守因王莽地位尊贵,就选派一个叫孔休(脸上有瘢痕)的官员担任新都相。王莽想与之结交,便送与他一柄玉饰宝剑,孔休不敢接受。王莽说:“诚见君面有瘢,美玉可以灭瘢。”于是解下剑上之瑑(玉制剑鼻)送给他。孔休还是不接受,王莽就把这块剑瑑敲碎,亲手包裹起来送给孔休,孔休才接受。常言道,玉能美容。宋代医学名著《对济录》中记载:“面身瘢痕,真玉日日磨之,久则自灭。”李时珍《本草纲目》中云,玉可以“润心肺,助声喉,滋毛发”。由此可见,王莽用心良苦。

掌故之七,为莽求玺,狗猪不食。王莽称帝后,派堂兄弟安阳侯王舜去向太皇太后王政君(王莽的姑姑)索要传国玉玺。太皇太后知道诚实谨慎的王舜是受王莽命令而不得不来,但也只能指桑骂槐地骂他:“尔属父子宗族蒙汉家力,富贵累世,既无以报,受人孤寄,乘便利时取其国家,不复顾恩义,人如此者,狗猪不食其余。”

掌故之八，悬购旦射。新朝末年，刘秀的哥哥齐武王刘縯起兵反王莽。刘縯攻克宛后，自称为柱天大将军。王莽素闻刘縯常怀复汉之念，慷慨有大节，便以“悬赏十万斤金、位上公、封五万户”（《后汉书》）的重赏缉拿刘縯，而且下令城中官署及天下乡亭都要画刘縯像，每天早晨以弓箭射之。

掌故之九，广平无歌。汉哀帝时，王莽大权独掌，意欲篡位。当时，社会上流行一些谶语，如武功（今山西扶风）县令报告说，当地人淘井挖出一上书“告安汉公莽为皇帝”的白石。有人献符命：“汉家天下气数已尽。”有人献谶言：“假皇帝当真皇帝。”甚至有人造铜匮，藏于汉高祖祠庙内，内装两卷图谶，一道写着“天帝行玺金匮图”，一道写着“赤帝行玺传予黄帝金策书”。王莽听到这些，认为对其代汉大有益处，便积极利用这些谶语。《广平府志》记载，王莽派许多文人到全国各地搜集这些谶语及颂扬自己的民谣诗歌。各郡县趋炎附势，胡编滥造一些吹捧拍马之词纷纷献上。独广平太守班稚实事求是，无一字一句，被大司空甄丰弹劾。班稚“上书谢罪，愿归印玺，入补延陵园郎”。

王莽入诗

读过《三国演义》的人都知道，第五十六回写曹操大宴铜雀台，在对诸文官畅谈自己的人生志向，抒发内心感慨后，罗贯中写道：“后人有诗曰：周公恐惧流言日，王莽谦恭下士时。假使当年身便死，一生真伪有谁知？”

这四句诗是罗贯中写的吗？表达了什么意思呢？罗贯中为什么要用这四句诗作为曹操抒发感慨后的结语呢？要全面理解其意义，要理解罗贯中的用意，必须弄清楚这首诗的来源，是何人在何情况下而写。其实这四句诗是罗贯中对唐朝大诗人白居易的七律《放言》（其三）的改作。白居易的全诗是这样的：

赠君一法决狐疑，不用钻龟与祝蓍。试玉要烧三日满，辨材须待七年期。

周公恐惧流言日，王莽谦恭未篡时。向使当初身便死，一生真伪复谁知？

白居易在唐元和十年（816年）被贬江州（今江西九江）时，感叹自己的怀才不遇在途中写了五首《放言》。他是效仿六年前好友元稹被贬为江陵（今湖北江陵）作五首《放言》诗而写。所谓放言是言论放肆，不受拘束的意思。《放言》五首诗都是具有深刻意义的哲理诗。在这首诗中作者借用比喻和历史故事，形象地说明了辨别人才好坏的方法。特别是颔联和颈联，作者运用四个例子，讲出这样一个道理：证明辨别事物真伪，评述历史人物功过，需要经过较长时间的实践检验，才能判断出是非，得出可靠结论。周公全心全意地辅佐周成王，却一度被篡位夺权的流言所中伤，直到周成王发现流言是假时，周公才重新回朝。王莽在未篡位之前对人非常谦恭、忠孝、节俭，当其羽翼丰满后，便谋权篡位。如果当初周公死于流言澄清之前，也许就永远成为千夫所指；如果王莽未及篡位而死，也许会留下千古美名。反过来说，也许周公本来真的是想要篡国的，只是发觉有流言之后才没敢去做；王莽本来真是想当一个留名后世的忠臣，后来因一念之差，做出了篡位之事。这些事情真相有谁知道呢？

白居易把王莽写进了诗，罗贯中又改作此诗用来评价曹操的言行。抛开王莽的是是非非，可见其人其事的典型性，对后世后人产生了巨大影响。

（2007年12月1日发表于《邯郸日报》）

世界文化遗产中国大运河大名段

2014年6月22日上午10时许(当地时间),第38届世界遗产委员会会议正在卡塔尔首都多哈召开,会议同意将中国大运河列入《世界遗产名录》,这是中国列入《世界遗产名录》的第46个项目。始建于公元前486年的"活态文化遗产"中国大运河,是世界建造时间最早、使用最久、空间跨度最大的人工运河,包括京杭运河、隋唐运河和浙东运河三部分。中国大运河申遗项目涉及河北和北京、天津、河南、江苏、浙江、山东、安徽等8个省和直辖市的35个城市。而流经河北省邯郸市境内的永济渠则属于隋唐运河,仅涉及魏县、大名、馆陶3县,其中大名县境内河流最长、遗迹最多、文物最丰富。此项目从启动到申遗成功,历时8年。在此期间,笔者曾撰写《大运河与河北大名》一文,与读者一起,重温中国大运河大名段那段历史。

在大名县东门口村卫河大桥东面的河堤上,有一通刻有"御凿卫运河"的石碑,碑文详细说明这条河流是中国隋朝开凿的大运河。在千余年的历史进程中,大运河大名段留下了丰富的历史文化遗存,孕育了一座座名城古镇,积淀了深厚悠久的文化底蕴。大运河大名段沿岸的文化遗存有3座呈L型分布的古城及龙王庙镇、金滩镇、营镇等古渡村镇。民间有许多与大运河有关的传说故事,史籍中辑录了众多相关诗词、重大历史事件等,为大名县留下了一笔丰厚的文化遗产。

大运河过境大名

大运河肇始于春秋时期,形成于隋代,发展于唐宋,兴盛于元明清,由永济渠、通济渠、邗沟、江南河四部分组成,成为纵贯南北的水上交通要道,大名就处在永济渠的一个节点上。据专家考证,当时大运河从河南内黄旧县城进入邯郸市后，横穿魏县、大名、馆陶三县，经过洹水（今魏县洹桥村）、魏城（今魏县县城）、魏州（今大名县大街镇）、馆陶（今馆陶县城），进入永济（今山东冠县北馆陶）入山东。后来由于漳河南徙、河水改道等原因，其中一段逐步形成横贯邯郸市东部的卫河。

大名御凿卫运河碑

《畿辅安澜志》载："卫河，古清、淇二水所导也，汉为白沟，隋为永济渠，宋元曰御河，明曰卫河。"淇水是黄河支流，为山水，很清，又称清水。北魏杰出的地理学家郦道元《水经注》中对此叙述十分详尽。白沟是三国时期曹操为了军事目的开挖的古运河。公元204年，曹操为向北征伐驻今河北临漳一带的袁尚，截水量充足的淇水，兴建白沟水渠，流向东北，以通粮道。于是白沟经过隋朝疏浚、拓宽、修整等就成为永济渠的一部分。运河开通，"商旅往返，船乘不绝"。因为大运河是隋炀帝下诏所开，所以隋唐时称御水，宋元时又称其为御河。明朝时候因其流经的地方又多在春秋时的卫国，所以又称卫河，该名沿用至今。尽管该段在历史上的名字数度变更，但河道走向基本上是现在的卫河。目前大运河大名段自河南内黄县入境，经旧治乡、红庙乡、龙王庙镇、金滩镇、营镇5个乡镇，北入馆陶县，长37.5公里，河床宽40米至110米，流域面积280平方公里。

大运河兴大名

《隋书》记载，大业四年（608年），隋炀帝"诏发河北诸郡男女百余万，开永济渠，引沁水南达于河，北通涿郡"，"丁男不供，始以妇人从役"。永济渠全长950公里，历时不到一年完工。随着永济渠的开通，沿河流陆续兴起了许多座城镇，形成一条城市密集带，大名（当时称魏州）就是其一。

大运河开通前，大名就是州、郡、县的所在地，但地位并不突出。隋朝以后，到1937年七七事变的1700年间，大名更加成为府、路、道、省的治所，甚至多省的机构也设置于此，成为名副其实的政治、经济、文化、军事中心，天下闻名的大都市。

《隋书》记载，当时大名为武阳郡，仅辖贵乡、元城、魏县等几个小县。永济渠修成后，因武阳控据魏桥水路枢纽，地位重要，成为统辖14个县的大郡。

唐朝时候，改郡为州称魏州。县志记载，魏州刺史李灵龟引永济渠绕城，使永济渠成为魏州城的护城河。《通典》记载，开元二十八年（740年）九月，魏州“刺史卢晖移永济渠，自石灰窑引流至州城西，却注魏桥，夹水制楼百余间，以贮江淮之货”。这就是《大名县志》所记载的“西渠”。据有关资料显示，魏州经过贞观之治、开元盛世，到唐中期天宝年间（742—756年）已增至110万人，“魏州十万户，歌钟喧闾里”（高适《送虞城刘明府谒魏郡苗太守》），闾阎繁富，库藏充足。发达的水运，繁荣的商贸，密集的人口，促使唐朝于此又设置了位于州级之上的总管府、大都督府，直至魏博节镇，领辖魏、博、贝、卫、澶、相六州。此时的魏州成为黄河以北地区政治、经济、文化中心，取代其西部的邯郸和邺城（今河北临漳）区域中心城市的地位，发展为全国闻名的大都市。唐末藩镇割据，魏博与卢龙、成德合称“河朔三镇”。魏博节度使田悦在此筑坛祀天，僭王号，自称魏王，擅改魏州为“大名府”，设置百官，但唐朝中央并不承认，仍称魏州。

五代时期，后梁在大名设天雄军节度。公元923年后唐李存勖在此登帝位建都城，都名东京，国号“唐”。这是大名第一次正式作为国都，大名的政治地位达到顶峰。后来李存勖迁都后，魏州被称为邺都。到后汉时期才正式定名大名府，同时设置大名县。在五代短暂的53年（907—957年）中，魏州城除作国都外，还作为陪都40余年。工商业繁荣，文献中多有记载。《旧五代史》记载：“时邺都繁富为天下之冠。”五代后唐时期的《诸山圣迹志》也称：“南行三百里，至邺都，即魏府也，管七州五十余县……并于此处建国，土出绫罗，多丰繁，平原险陆，左右山川，商贾填便，不殊镇府也。”

北宋时期，大名仍为大名府治，也称天雄郡治。庆历二年（1042年）为抵御少数民族契丹的侵扰，大名又因其与国都开封便利的水运交通优势，成为陪都，钦定大名府为北京，作陪都长达70余年。《大诏令》载宋真宗谓大名言：“实当河麓，席万盈之懿兆，冠千里之上腴，隐然北门，壮我中夏。”《水浒传》这样描写大名城：“这北京大名府是河北头一个大郡冲要去处，却有诸路买卖，云屯雾集”，“年例北京大张灯火，庆贺元宵，与民同乐，全似东京（今河南开封）体例。”思想家顾炎武在其《天下郡国利病书》中这样写道：“大名故时黄河流经其间，江淮闽蜀之货，往往远者万里，近者数千里，各辐辏至……”这都说明当时大名城的繁华，盛极一时。

南宋时期，淮河以北地区均为金政权占领。南宋建炎四年（1130年），金政权应叛宋降金的济南知府刘豫的请求，也是出于便利统治中原的需要，册立他为“皇帝”，建都大名府，都名北京，年号阜昌，管辖黄河以南的广大地区。之后刘豫在金政权支持下，大举南攻，曾一度占领襄阳等地。南宋绍兴二年（1132年），刘豫迁都汴京，大名府成为副都。

元朝建立后，随着全国政治中心北移，实施大运河裁弯取直工程，从而形成了京杭大运河。大名失去直接濒临大运河主航道的优势，但作为支脉距京杭大运河仅有40公里，仍发挥着重要的运输作用，大名也一直为路、府、道、专区治所所在地，这在全国并不多见。元大名路管辖开州、滑州、浚州三州及元城、大名、魏县、南乐、清丰五县。明、清时期为大名府。清顺治六年（1649年）设三省总督驻大名，节制直隶、山东、河南三省。顺治十六年改直隶为直隶省，直隶第一省会驻该城。1914年建大名道，辖冀南47县。1928年改道为大名专区，辖13个县。直到20世纪20年代，随着西部京汉铁路的兴起，加之公路的迅速崛起，河流水量减少，交通枢纽开始西移，大名的政治、经济、文化中心地位逐渐被邯郸代替。1945年大名解放，一度在县城及郊区建市，不久废市并入县。

府城变迁

据专家考证，现在尚能看到的唐宋时期永济渠沿线布局形态的城市仅有两座，其中一座就是魏州。今天，残存在大名县大街镇周围东门口、北门口、铁窗口、南门口村之间断续的夯土城垣，即魏州城。魏州城初建于大运河开通后的隋朝，之后历史上有两次大的修建。

第一次是唐朝魏博节度使乐彦桢展拓修筑。《旧唐书》记载：“（彦桢）板筑罗城，约河门旧堤，周八十里。”奠定了魏州城的城垣规模。筑城时更多地考虑到永济渠水运之便，故而城墙沿永济渠而筑，城垣不再是唐代州城常见的受坊市制约的四方规整型，而是南北两面明显外突，从而使城墙的东南、西北、东北方面皆呈屈曲不规则状，同时把城南2座城门分别命名为广运门和登漕门。

第二次是北宋升大名府为陪都北京后大规模整修。史料记载：“宋庆历间复建为北京，如东京故事。”外城在原来40公里的基础上收缩为24公里，建有9门2座水关。宫城周长1.5公里，建有3大门2小门。宫城内有4殿7门楼，宫城外是左右4厢23坊，“其势略如都城”。难怪《水浒传》中这样描述大名府城：“城高地险，堑阔濠深”“千百处舞榭歌台，数万座琳宫梵宇”“千员猛将统层城，百万黎民居上国”。《大名县志》记载，大名府城的正南门叫“南河门”，正北门叫“北河门”。《宋史》载，“熙宁九年(1076年)十月自河阳徙判大名”的文彦博在奏疏中说：“此河(指御河)穿北京城中，利害易睹。”同年改大名府城的下水关“曰永济”，即御河(永济渠)出城之口。从这里我们可以看到御河与北宋陪都北京大名府城之密切关系。

就是这样一座结构严谨、建筑雄伟、有100余年都城史的城池，却在公元1401年遭受了灭顶之灾。县志记载：“明建文三年，漳(在大名汇入卫河的漳河)卫漫溢，城沦为水。”水位高于城墙，淤泥达3米以上。大名府都指挥吴成“具奏朝廷”，开始在艾家口镇徙筑新城。《大名县志》(程本)记载：“周九里，高三丈五尺，广二丈五尺，池深四丈五尺，阔倍之。”共设置四个城门，四门外皆修有瓮城。城外护城河连接大运河，河水长年不断，四座大石桥通连四门。这次修筑的城墙，基本上奠定了新大名府城的格局。

大运河河畔的明清大名府古城城门

由于府城濒临大运河，明清两代多次冲毁，多次建设和修葺，到清末大名府城“外长一千二百六十九丈八尺七寸，里长一千二百四十丈四尺九寸，城高三丈，连垛口三丈六尺，女墙高三尺，水溜四十八道，炮台三十六座”。大名府城墙成为一个完美坚固、高大厚实的统一整体。

由于濒临大运河的缘故，不仅大名府城被毁，大名县城更是历经磨难，最终也毁于一场大水，后弃之不用，再无修筑，沦为村落，即今旧治村。(参阅本书《大名县旧治之所》一文)

古渡村镇

大运河大名段上大量的渡口、船坞、码头等运河特有节点的产生，促进了沿岸城镇、村落的形成与发展，诸如南马(码)头村、北马(码)头村、上马(码)头村、摆渡口村、赵桥村、杨桥镇等，推进了大名府文化的发展，丰富了大运河区域文化的内容。现择有影响力比较大的几个村落予以简介。

村镇之一,龙王庙镇。在大名县东南 9 公里的卫河东岸, 有一个叫作龙王庙的镇子。这里在明朝以前是大运河的一个渡口,初始仅有几个船夫搭草棚暂居此处,后来全家迁居此地,并卖些面食糊口。有一年发大水,冲来一个木质龙王神像。人们以为这是天送河神,于是在卫河东岸为这尊神像修了一座庙宇,称之为龙王庙。过往船只,走到此处都停舟登岸,祭拜祈求龙王神护佑平安,一帆风顺,顺便在此歇脚打尖(吃饭)。由于香火旺盛,人流络绎不绝,聚集而成一个居住村落,遂发展为大阜镇,称为龙王庙镇。

中华人民共和国成立前,这座庙宇产生了很有看点的"龙王庙三景",即走桥不见桥、铜狮一人高、一步三通碑。所谓"走桥不见桥"是龙王庙前的运河大桥两侧密集房屋把大运河掩盖,人行桥上无过桥之感。"铜狮一人高"是说龙王庙朱红大门上的两个铜色狮子头饰物,距地面一人有余。"一步三通碑"是说庙门侧墙壁上镶嵌着三通石碑,当跨入庙门时也同时跨过此三碑。

村镇之二,金滩镇。在大名县城东北 16 公里处的卫河东岸,有一个村落叫作金滩镇。这里原来是个渡口,后聚集为村落,因处于河边沙滩上,得名小滩,后来依托运河舟车的繁忙,逐渐发展成为一个大集镇,称小滩镇。"小滩镇在郡治东北,相去三十里而遥,户口近万家,水所经道也。"(《小滩镇浮桥记》)

明朝曾在小滩镇设置机构, 专门负责水运事务。《大名府志》(明正德本)记载:"镇频卫河,民居稠密,舟车辐辏,巡检司在焉,明岁河南京仓粮充运于此。"《小滩镇浮桥记》碑文中也说:"镇有部使者一员,督中州粟若干石,舟而输之京师,以佐军饷。"河运的兴盛,使这里商贾云集,市镇繁荣。碑记说"豪商大贾,犹不时辐辏,鬻贵征贱,操子钱而息之。故大河以北,号清源曰小姑苏,号镇曰小清源,盖诚赵魏间一大聚落云。"《元城县志》记载:"嘉靖三十七年,兵备副使侯一元檄府征小滩市课,文曰:元城附郭,供亿倍于他县,而小滩市商网利已久,其议征各行税钱,贮之于官,以给元城里甲供应之费,庶几崇本抑末之意。"可见当时商业的繁荣程度。明朝大理寺卿张卤乘舟途经小滩镇,见这里舟船相接,商贾云集,一派繁荣,诗兴大发,挥毫写下《泊小滩镇》:

从此官程水陆分,小滩公署接河滨。田畴牟麦时难稔,旅客帆樯日易曛。
魏博提封连四域,汉家转饷急三军。囊中奏牍今犹在,去国匆匆未敢闻。

据《大名县志》记载,清朝同治年间,礼部尚书毛永熙乘船路过此地。小滩镇人设宴招待后，请其为本村题字。毛永熙见此地商船穿梭，商户生意兴盛，日进斗金，一时兴起，遂取沙里澄金之意，提笔写了“金滩镇”三字，从此小滩镇便改成了金滩镇。

《大名县志》记载这里发生了一件“河水灌菊”奇事。说是清朝一位寄居在该镇叫作马田增的“邑之增广生”，“癖爱菊，寻之于数里外，得异种不惜重价携以归，计养菊共百种”，每日不辞辛苦专程从大运河取水浇灌，从而使秋菊生长茂盛。菊开时，陈列于庭，按花名号一一题诗，挂于各菊之上，邀同人赏玩，名曰菊社。当时有人赠以匾额，题曰“陶令遗风”。清道光十年(1830年)九月，72岁的马田增“朔寝疾，及卒，花香盈室，盖棺后其香始敛。三日后，百菊零落，叶亦就萎。次年春，菊芽无一生者”。

永济渠大名段遗迹

村镇之三，营镇。该村在大名县城东北25公里处仅一桥之隔的卫河两岸，原名宗固村。据该村碑文记载，唐朝一司马名叫宗德元，其夫人郭氏死于此地，因此称宗固村，后来，因他乐善好施，扶危济困，更名善乐营。由于地处卫河岸边，商船常停靠于此，逐步形成了一个大市镇。到清末这里已发展成粮食交易大码头。东岸有三家大粮店和多处粮食市场，西岸有马家粮店，均仓满囤尖。由于粮场大屯粮多，船到一天即可装满启运，所以粮商云集，粮船穿梭，即使河道封冻季节也有百余只粮船停泊。

《元城县志》载有发生在这里的一件“潞王舟过”奇事。潞王是指明神宗万历皇帝朱翊钧的唯一母弟朱翊镠，他4岁就被封为潞王，权倾一时，被当时朝臣们称为诸蕃之首。明万历十七年(1590年),朱翊镠从北京乘船顺大运河南下,去其藩地卫辉府。“潞王之过州县,征发夫役,元城善乐营建行宫,舟次俱设寨。”等到潞王的船队将要来到时候,“御河水浅,舟子苦,有司仪征夫浚凿”,但一时难以完工。正在一筹莫展之际,“忽一日,雨声如雷从西北来,须臾水满,潞王舟得过焉,无何水仍涸”。

《燕赵老年报》(2006年5月19日)刊载王存炬撰写的回忆文章说抗日战争时期这里曾搭浮桥追击顽军。1940年3月,为打退国民党的反共高潮,维护抗日的大好形势,党中央和中央军委命令冀南和冀中的八路军,开展了一场反击国民党顽军的“讨顽战争”。在冀县、枣强、南宫、清河、威县、临西等地,打起了围歼顽军的战斗。顽军受到重创后,仓皇南逃,在馆陶、大名逃过卫河后,将船只扣留在东岸。在这紧急关头,东进纵队奉命在河上搭建浮桥。纵队司令部的三科科长刘明鉴、一科参谋高永安和二科参谋王存炬负责搭桥。在沿河察看地形后,选定在大名东北的善乐营搭建浮桥。在当地乡绅郑某指挥下,各大小船只,按照载重情况、有无仓棚、吃水大小连接在一起,乡亲们踊跃献出门板,铺成桥面。不到两个小时浮桥搭成,坚固平整,能通行马匹、车辆及辎重。各部队迅速过桥,连夜追歼顽军,一直追到黄河以南,将顽军打得落花流水,溃不成军。

村镇之四,娘娘庙村。据《大名县志》记载,公元70年前黄河流经大名,娘娘庙村处是一渡口,又称码头。经过黄河改道、历史变迁,此段河道成为卫河的一部分,该处仍为商船云集的码头。为区别处在其上游1公里的另一码头(今上马头村),故名下码头。后来,聚集为村落。“码”字也演变为“马”,遂成下马头村。

传说有一年发大水致使此段决口,下马头村的一位年轻女子为救被淹百姓,奋身跳入决口封堵洪水。后人为纪念此女子的义举,修庙供奉,称娘娘庙,村庄也因此改名娘娘庙村。

清真古寺

大运河优越便利的船运,促进了不同民族的融合。大运河大名段两岸形成了一些回族与汉族交叉聚集的村镇,如城南关、营镇、龙王庙镇、金滩镇、大街村、七里店村、马时庄村等。各地逐步建起正规的礼拜寺,产生了具有浓郁的中国传统特色的清真寺古建筑群。现择一二予以介绍。

古寺之一,南关清真寺。城南关清真寺有东寺、西寺、女寺三座,其中东寺时间最早、规模最大、影响最广。据《大名县志》(清乾隆本)记载:“回教之礼拜寺,治城南关东街一处,明正德乙卯年建。”即始建于明正德十四年(1519年)。寺址在城南门外,坐北朝南,北靠城墙,南临东街,占地6亩。寺内以中国宫殿式古典建筑的大殿为主体,整个院内建筑对称协调、静穆大方。邦克楼、教长室、讲经堂、水房子等应有尽有。全部建筑为一色青砖瓦房,房外有廊檐、匾额、楹联。大门为高台阶门楼,大匾上书有“清真寺”三个金字。门内左右立着有碑楼的五通石碑。里面有凉亭,亭两侧镶嵌着石碑。二门内东是对厅,西是大殿。大殿有古棚、前殿、后殿三部分组成。殿前有明正德大名知府金贤的礼拜寺碑记。殿内有一个特制的方桌,安放着镇寺之宝——万岁牌,上有“圣旨”两个金字。据说,此为康熙皇帝所赐,昭示任何官兵不准占据清真寺和干扰礼拜活动。院内有井,井上有亭,并有槐抱榆古树一棵。曾任驻寺阿訇的沙梦弼,在中华人民共和国成立后曾担任中国伊斯兰教经学院副院长、中国伊斯兰教协会副主任等职。

据《大名县志》记载,大名在元朝始有回民迁入。公元1219年,成吉思汗西征,有西域回族人扎马剌罕率部曲归顺。后因征战有功赐封,官至大名路总管府达鲁花赤(蒙古语“最高长官”之意),其家三世均追封魏国公(大名古为魏地)。魏国忠懿公神道碑有:“赫赫之父易木剌金官至平章政事,大父阿里罕官至中书左丞,曾大父扎马剌罕(丁)官至大名路达鲁花赤……”(《清河集》卷六,《藕香零拾丛书》)。

古寺之二,营镇清真寺。营镇清真寺始建于明代,占地在1000平方米以上,经多次水毁重修,形成现在错落有致具有西域风格的建筑群。抗战期间邓小平主持召开的著名的冀南善乐营会议就是在此进行的。据《大名县志》载:“明永乐二年自顺天府大兴县枯柳树村迁至元城县钟鼓村。钟鼓村者,即善乐营之旧名也。”不难看出,他们就是通过大运河南下而迁到大名的(元城县后来并入大名县),这里所说的钟鼓村与前文所言宗固村谐音,实为一地。经历代繁衍,至今全镇已有回民近两万人。

古寺之三,龙王庙清真寺。龙王庙清真寺始建于清代,原坐落在老河口南,西南街路东。因水毁后,改址重建,风格西化古朴。龙王庙镇这个大码头,外运的货物主要是粮食,运进的有煤炭、石油、百货等。这里南来北往船只不断,商贾聚集。200年前,大名七里店村一商业意识强的崔姓回民来此经商,后又陆续来了杨、郭、马三家在此经商定居。

传说清末民初时，这一崔姓人家在此码头开羊肉铺。崔掌柜心善诚实，来此吃饭的船客，无论是生是熟，是回是汉，都童叟无欺，因此生意兴隆。有一次收留了一位外地落难船主，不仅管吃管住，管抓药治病，而且走时还送资费。后来船主为报答他，偷偷派人送给他两船货物。崔家羊肉铺发财后大施善心，将欠账本付之一炬，向清真寺奉献了一大笔"乜贴"。

八景有四

据《大名县志》(明正德本)记载"大名八景"中，就有四景与大运河有关，即卫水归帆、白水清风、穆堤夜月、莲池阴雨古人对大运河多有题咏。如明朝工部尚书刘遵宪的《卫水归帆》：

城头恣眺望，卫水正归舟。一叶凭风下，孤帆来月流。

柳边堪倚擢，沙际见眠鸥。顿有豪梁意，游鱼任拍浮。

清朝康熙年间孝廉姜贻缙的《卫水归帆》：

蒹葭两岸隐斜晖，款乃声中一叶归。千里人从沧海至，十里梦傍故园飞。

帆悬碧浪晴云散，蓬落沙滩夜鱼微。回首他乡天际远，孤舟聊系钓鱼矶。

苏一敏的《一水中分》：

十年卫水渐南迁，绕郭洪涛拍远天。两岸乱分疏树影，双帆却向渡头悬。

连洲荻影摇明月，隔浦渔歌弄晚烟。何日结庐村落里，一竿长啸水云边。

由于运河来往船只繁忙，樯橹交错，且河水舒缓轻流，晶莹碧透，两岸树木成荫，绿草茵茵，在这里形成一景——淇卫浮青，成为元城十二名胜之一。据《元城县志》(清康熙本)记载，大名兵备道孔荫樾曾作诗《淇卫浮青》题咏这一盛景：

春来万派北朝宗，引动兰桡听水淙。碧浪漫摇杨柳色，澄川斜映太行峰。

临渊却喜无藏鳄，望气占知有卧龙。回首当年歌瓠子，空将璧马委涛汹。

后来大名兵备潘世晋和诗一首：

入洛分漳绕岱宗，浮天不尽此淙淙。奔流直注长鲸窟，倒影遥来少室峰。

已觉百川同野马，岂无七步擅雕龙。河清只合长如此，尚想当年瓠子汹。

官至桐乡知县的孙郁也有诗作《淇卫浮青》，记述这一盛景：

魏郡封疆控岱宗，清流无恙自淙淙。沙连断岸生芳草，河引长渠落碧峰。

浚野天空飞雁鹜，淇源水浅见鱼龙。清澜如掌环平陆，不比宜防鼓浪汹。

运河诗词

自古以来有许多文人墨客歌咏卫河。据考证，《诗经》39首卫风中就有6首直接咏及淇河(卫河)。诗句“濯濯竹竿，以钓于淇”“淇水悠悠，桧楫松舟”，给人留下无限缱绻和热切向往。《全唐诗》中有28位诗人写了52首颂咏淇河的诗。甚至诗圣杜甫还有一首关于“淇上健儿”的诗《洗兵马》，其中写道：

田家望望惜雨干，布谷处处催春种。
淇上健儿归莫懒，城南思妇愁多梦。

全国如此之大，诗人唯独提到“淇上健儿”，这可从一个侧面看出淇河两岸在当时的地位和影响。史家考证，罗贯中就是潜心隐居淇河边的河南许家沟写成《三国志通俗演义》的。

大运河大名段特别是古代的魏州城外的河段，就是大名的秦淮河、黄浦江。河水缓缓绕大名城而过，夕阳西下，斜晖洒金，水面波光粼粼，绿岸若隐，小舟泛波，悠闲惬意。日暮时分，明月初上，沙洲荻影，微风飘动，苇摇月碎。渔翁驾归舟，带着鱼满舱的喜悦，唱着嘹亮的号子，停泊岸边。一会儿，飘起的缕缕炊烟与暮霭混杂交融在一起，的确是“连洲荻影摇明月，隔浦渔歌弄晚烟”(苏一敏《一水中分》)。此时，大名府城外河中，舟船齐泊，商贾云集。两岸店铺林立，灯火辉煌，笙歌悠扬。“青楼夹两岸，万室喧歌钟”(李白《魏郡别苏明府因北游》)一点也不为过。岸上灯火，船上灯火，水中灯火，交相辉映，亮成一片。在这里也留下了众多优美诗句，现列举三例。

其一，唐天宝十一年(752年)春夏之交，李白来到魏州，成为县令苏因的座上宾。在苏因陪同下游览魏州，泛舟淇水，特别是看到了西渠舟楫穿梭，两岸店铺林立，一派商贸繁荣景象。在辞别苏因启程北游之际，为感谢苏县令的盛情款待写下《魏郡别苏明府因北游》。诗中描绘了“魏都”的繁盛景象：

魏都接燕赵，美女夸芙蓉。淇水流碧玉，舟车日奔冲。
青楼夹两岸，万室喧歌钟。天下称豪贵，游此每相逢。

其二，宋神宗熙宁元年(1068年)七月，韩琦任河北安抚使判大名兼北京留守，并准许便宜从事。这年三月十八日，政暇之余的韩琦荡舟御河上，感慨万千，写下《壬子三月十八日游御河》，描绘了御河两岸壮丽景色。

三月游河魏国风，惬山通日正喧融。压沙寺古花残雪，过马高桥水饮虹。

众乐自深春色外，万愁俱泯醉吟中。天公恐雨伤民意，只放轻云暝碧空。

其三，明朝“后七子”之一的王世贞离开大名时，在城外大运河码头揖别好友，兰舟待发，面对月光下的古城月影，卫河流光，不禁被友人送别卫河而感动，写下诗篇《夜发大名赠谢顾二人追别卫河》：

月拥层城万堞开，天垂极浦片帆来。如霞独赏长康句，似练还惊谢朓才。

拂袖中原堪落拓，曳裾公等重徘徊。亦知为侠轻分手，明夜谁同酒一杯。

正如滔滔不绝的大运河河水一样，在大名发生了许多与大运河有关的故事。隋大业七年(611年)隋炀帝伐辽东高丽，就是乘龙舟沿此河经过大名北上到达涿郡的。据有关资料记载，隋炀帝率文武官员及宫廷服侍人众约10万，带着船队和人马，沿大运河北上。隋炀帝的龙舟“舟四重，高45尺，长200尺。上重有大殿、朝堂，中二重有房百二十间，皆饰以金玉沉檀。挽船士8万人，美女9000人，皆以锦绣之采，艳丽夺目”。百官五品以上者赐乘楼船，九吕以上者赐乘黄蔑舟，舳舻相接百里，所过州县500里以内者都必须贡献饮食。征召的兵丁、民夫100多万人，及粮米、兵甲等后勤供应全由永济渠运至蓟城，兵船粮艘，绵延千里，夜以继日。可以想象，当年永济渠大名段水上舟船浩浩荡荡，风帆翩翩，旌旗招展，遥望帆影相连的场面，蔚为壮观。

悠悠千年的大运河成就了大名，为大名留下了诸多物质的、非物质的文化遗产。以上所述，仅是这些文化遗产中的一小部分，还有许多遗址、资料亟待发掘、整理。此文若能为大运河申遗尽些绵薄之力，我心足矣。

(2010年收入《运河研究》，2012年转载于《燕赵文化》第3期)

临济宗祖庭兴化寺

佛教于汉朝传入中国后获得较快发展，到唐朝时禅宗已发展成中国佛教的主流，而禅宗中的临济宗则成为主流中的主流，在欧洲被称为“最高级的心理疗法”。临济宗的形成、发展与大名兴化寺有着直接的关系。

兴化寺院

大名县城北有一座千年古刹——兴化寺，它背靠北宋陪都北京大名府城墙遗址，南临引河，环境幽静，香烟袅袅，木鱼声声，佛音阵阵。

县志记载，兴化寺原名观音寺，始建于唐代中期，地处魏州城（今河北大名）西门外，多次毁于战火水患，多次重修。明朝初年，“僧超觉募资重修，庠生李仁施地一弓，耄老田义士舍地五十亩，建殿十五楹，居然外方化城矣”。殿堂高耸，古木相映，寺产数顷，僧众近百，晨钟暮鼓，香火旺盛。明建文三年（1401年），水泛大名府城时，兴化寺再度毁于水。清初，大名僧众士绅追溯唐代兴化寺进行重建。到20世纪60年代尚有寺塔和残垣断壁遗留，现仅存舍利石函、塔顶宝珠及部分塔檐、附柱、基石等残件。20世纪末期，虽然寺塔和残垣断壁已不复存在，但仍常有日本、韩国、朝鲜等国僧人到此朝拜。1994年列入市级文物保护单位。

义玄禅师

兴化寺之所以在佛教界产生如此大的声誉，之所以屡毁屡建香火不断，是因为这里在唐代出了一位著名禅宗大师——义玄，并且开创了佛教史上影响最大的临济宗派。

据《大名县志》《祖堂集》《传灯录》等书载，义玄俗姓邢，曹州南华人（今山东东明),出家受具足戒后,先广泛学习各种经律论,后南下游方参禅。初至江西黄檗山参希运,以“行业第一”闻名。他离开黄檗希运后,北归乡土,游方观风,继续行脚参禅,弘扬禅道。且常常与诸方大老交锋切磋,单刀直入,机锋峻峭,丛林有“临济游方,气吞诸方”的说法。唐会昌五年(845年)前后,义玄来到河朔镇州(今河北正定)城东南隅临滹沱河的临济院传禅授徒。《临济录》记载,为了躲避战乱,义玄在镇州府住的时间不长,“即来大名兴化寺,居于东堂”,传经授法。公乘亿《魏州故大德奖公塔碑》记载:“置杯而将渡白马(今河南滑县,北临黄河),当道先太尉中令何公(指驻地在今河北大名的魏博镇节度使何弘敬),专发使人迎请临济大师。和尚翼从一行,不信宿而至于府下,而乃止于观音寺江西禅院,而得簪裾继踵,道俗连肩。”由此可知,是魏博节度使何弘敬把义玄禅师迎请到了当时的观音寺江西禅院。义玄禅师被信奉佛教的何弘敬之虔诚所打动,便扎根此寺,广为弘扬禅宗第六代传人希运禅师所倡启“般若为本、以空摄有、空有相融”的禅宗新法。

澄灵塔塔下装盛义玄舍利子的石函

唐懿宗咸通八年(867年)四月十日,义玄禅师圆寂于兴化寺,弟子在寺内为之建筑澄灵塔。该塔为石质结构,重檐六棱,高约4米,铭题“唐懿临济慧照义玄祖师澄灵宝塔”。《慧照义玄禅师传略》这样记载:“荼毗所得舍利,弟子分而为二,一塔于魏府之大名,一塔于今之正定。谥号慧照禅师,额其塔曰澄灵。”从此大名兴化寺有了澄灵塔。清雍正十二年(1734年)加谥为“真常慧照禅师”。

临济祖庭

据佛教有关资料记载,禅宗为达摩所创,他在少林嵩山的幽邃古洞,九年面壁,自静自观,把西天佛法大意与中国文化融合,开创了颇具中国特色的禅宗。禅宗历经法脉传递至义玄禅师,他在“三度参问三度遭打”后顿悟禅理,获得要义。然后创新发展,发扬光大。在简化琐繁,扼其精要,摄取要旨的基础上,逐步建立起一系列的接机方法,其中最著名的有 “三玄三要”“四料简”“四宾主”“四喝”“四照用”等,新创以“棒喝”为特色,以机锋峻烈为特点的一家禅风,被佛教界称为“正眼法藏”。因其游方到北方后,最初是在正定临济院传禅授徒,后世将其所创禅派称为临济宗。

牌匾上的“喝天下”为临济宗特色之一

义玄禅师在兴化寺圆寂后,门人慧然汇集义玄禅师的语录而成《临济义玄禅师语录》(简称《临济录》),被临济宗奉为经典。《五家宗旨纂要》评价道:“临济家风,全机大用,棒喝齐施,虎骤龙奔,星驰电掣。负冲天意气,用格外提持。卷舒纵擒,杀活自在,扫除情见,迴脱廉纤。”可见其洒脱气势。

义玄禅师在晚年将宗法传于存奖禅师, 使得法后的存奖禅师成为临济宗第二代祖师,“史称兴化存奖,学者称兴化宗”。之后又传给南院慧颙禅师,使之成为第三代祖师。于是兴化寺成为临济宗始祖、二祖、三祖三代宗师蝉联之地。缘于此,义玄禅师被后世尊为临济宗初祖,兴化寺被尊为临济宗祖庭。

正定为临济宗创名之地,大名则是临济宗形成、发扬光大、走向兴盛之所。今天正定有临济寺和澄源塔,大名有兴化寺和澄灵塔,两寺齐名,两塔共辉,同为临济宗祖庭。

深远影响

据佛教有关资料记载,禅宗在六祖慧能后“一花开五叶”,形成临济宗、沩仰宗、曹洞宗、云门宗、法眼宗五大教派,唯有属南宗岳法系的临济宗门庭最盛,成为禅宗主流,不仅影响了东方,而且还影响了西方,有“儿孙遍天下”之誉。

临济宗汲取教乘精英,结合世间实际,汇成般若大海第一智声,“全提祖佛正令,高标顿悟功行,诸家皆逊一筹”(乃光《临济禅初探》)。临济宗的大师们以惊雷迅霆式的棒喝言句激发禅机的独特方法,引来众多文人名士的仰慕,学法求道者摩肩接踵。特别是宋以后成为禅宗主流,许多著名的士大夫,如黄庭坚(曾在大名任国子监教授)、苏辙(曾在大名任推官及管勾机宜文字)、苏轼等人都与临济宗渊源极深,并被列为门人。北宋大改革家王安石在推行新法受阻时,也从临济宗肯定自我、威猛精进的禅理中受到顿悟,获得力量。而且在他的一些诗词中也蕴涵颇多禅味。如《诉衷情》:"莫言普化只颠狂,真解作津梁。蓦然打个筋斗,直跳过义皇。临济处,德山行,果承当。将他建立,认作心诚,也是寻香。"

在国外,临济宗也产生深远影响,日本、朝鲜、韩国及东南亚诸国,皆不乏临济信徒。临济宗尤其对日本、韩国影响巨大。自宋代以来,日本僧众到中国拜求临济宗法络绎不绝,从未间断。12世纪末,日本僧人荣西将临济宗黄龙派禅法传入日本,创立圣福寺、建仁寺,开创"千光派"。13世纪初,日本僧人俊芿将临济宗扬歧派禅法带回日本,在涌泉寺传法。南宋末年,东渡的中国禅僧将临济宗法再次传入日本。明清时期,临济宗的很多名僧受邀前去日本弘扬临济禅法。至今,临济宗仍是日本佛教的主要宗派。据1986年来河北朝拜临济祖庭的日本临黄协会会长有马赖底介绍说,在日本25家宗派中,就有21家信奉临济宗。日本镰仓时代禅宗24派中,有20派出于杨岐派系。20世纪80年代,日本临济宗信徒逾500万人。曾经备受中国儿童喜爱的日本动画片《聪明的一休》中的一休和尚,就是日本临济宗的第33代传人。

此外,在元、明、清时期,随着对外文化交流的扩大,临济禅法也向欧洲等地进行了广泛传播。令人惊奇的是,其要旨竟与西方哲学相通,对西方许多人的观念和气质的改变起到了潜移默化的作用。特别是20世纪50年代以来,西方心理学界对禅宗思想表现出浓厚兴趣,甚至有学者称它是"最高级的心理疗法"。

正因为如此,大名兴化寺也随着临济禅法的广泛传播而扬名海内外。

兴盛有因

临济宗能独树一帜兴盛起来,并产生如此大的深远影响,与临济宗的发源地在大名不无关系。

唐末、五代时期是中国禅宗的五宗形成与初传期。在禅门五宗当中,唯有临济宗开创于北方(其他四宗皆形成于江南)。崇信道教的唐武宗即位后,在唐会昌五年(845年)下诏大规模地禁断佛教(史称"会昌法难")。但以魏博为主的藩镇势力极强的北方节镇的节度使都信奉佛教,拒不执行武宗的禁断佛教的诏令。曾在中国求法的日本天台宗僧人圆仁在其撰写的《入唐求法巡礼行记》一书中，有一篇于会昌五年十一月三日写的日记，其中有这样一段话："三、四年已来，天下州县准敕条流僧尼还俗已尽；又天下毁拆佛堂、兰若、寺舍已尽；又天下焚烧经像、僧服罄尽；又天下剥佛身上金已毕；天下打碎铜铁佛，称金两收验讫；天下州县收纳寺家钱物、庄园，收家人、奴婢已讫。唯黄河以北，镇、幽、魏、潞等四节度，元来敬重佛法，不毁拆寺舍，不条流僧尼。佛法之事，一切不动之。频有敕使勘罚。云：天子自来毁拆焚烧，即可然矣。臣等不能作此事也。"其中所说的"魏"即为治所在大名的魏博节镇。魏博节度使的不奉诏，使得兴化寺在轰轰烈烈的禁佛运动中安然无恙，赢得充分自由发展的空间。

两年后，即公元847年，笃信佛教的唐宣宗继位后，下令恢复佛教，使得有深厚基础的兴化寺乘势获得长足发展。这就为临济宗在河北地区的发展壮大、走向兴盛创造了非常有利条件。于是有着广泛社会基础、简单易行、便于社会各个阶层接受的禅宗，在佛教诸宗派中率先发展起来，逐渐成为中国佛教主流派，经过千余年的传承仍昌盛不衰。这不能不说是大名兴化寺对中国佛教的发展做出了巨大贡献。

临济宗雄踞中国佛教千年之久，影响波及日本、朝鲜、韩国及东南亚诸国，甚至远播欧洲。正是由于在大名兴化寺形成的临济宗在世界上的广泛传播，开放包容的大名为世界临济宗信徒瞩目，其中韩国僧人于2003年投资重修了大名兴化寺。

（写于2008年9月）

大名有通狄仁杰祠堂碑

在大名县五得利大街东侧，有一大唐狄梁公祠堂碑。《大名县志》记载："狄梁公祠在旧府城南郭，今城东五里屯村东里许，距旧城根数十步，祠废碑存。"狄梁公即唐朝名相狄仁杰，死后追封为梁国公。此碑青石质地，由碑首、碑身、碑座三部分组成。碑体(除座)高4.46米，宽1.46米，厚0.46米，距今已1170多年的历史。碑首为六龙戏珠圆首，碑额阳篆"大唐狄梁公祠堂之碑"，3行3字排列。碑体阳面楷书碑文，由冯宿撰文，胡澄书丹。碑文记述了狄公任魏州(今河北大名)刺史时的政绩和重修此碑的经过。《元城县志》记载："祠下瞰绿波亭，澄泓如在镜中，奇观也。"大名之所以建有狄仁杰祠堂及碑记，是因为他曾经在这里两次计退契丹，一次治乱安民。

一任刺史　智退契丹

没于地下过半的狄仁杰祠堂碑

《唐书》记载，武则天万岁通天元年(696年)十月，契丹攻下与魏州相邻的冀州(今河北冀县)，"河北震动，(武则天)擢狄仁杰为魏州刺史"，抵御契丹南侵。

其实，契丹觊觎河北地区已久，每年都要到中原地区掠夺越冬物资，只是碍于强大的唐朝不敢大规模妄动。这年，契丹无上可汗李尽忠病逝，主帅孙万荣执掌大权，想趁武则天以周代唐统治不稳之时，夺取物产丰富的河北地区。正赶上天气逐渐变冷需要准备过冬粮棉。于是派遣别帅骆务整、何啊小为先锋，大举南下，烧杀城垣，掠夺财物。一路攻打瀛洲(今河北河间),攻占了冀州,杀死冀州刺史以及城中的官吏及百姓数千人,整个河北为之震惊。各州官员人人自危,各地百姓人心惶惶。当时的魏州刺史独孤思庄害怕契丹骑兵突然进攻,就把所有的百姓全部驱赶到城里修筑城防,导致农田荒废,民不聊生。

当时,魏州是河北道的南部重镇,控扼南北要冲。如果契丹军队一旦攻陷,便可大举南下,直接威胁中原和东都洛阳安全。在这个河北危亡的关键时刻,武则天想启用平日里都表示对自己忠心耿耿的侄子们,但在国家危亡之时,这些武家子弟却个个害怕得不敢出面,不能为她的皇权征战沙场。在不得已的情况下,武则天不得不把时任彭泽县令、已是66岁高龄的狄仁杰,急调河北魏州出任刺史。

大名广场上的狄仁杰雕像

刺史是什么官职呢?刺史始设置于汉代。刺,检举不法;史,皇帝所使。西汉时期每州派刺史一人,上受御史中丞管辖,下分别监察十三州,其官阶低于郡守。刺史巡行郡县以“六条”问事,在《汉官典职仪》中概括为“省察治状,黜陟能否,断治冤狱”。后改称州牧,位居郡守之上,掌握一州军政大权。三国至南北朝时期,各州亦多置刺史,一般以都督兼任。隋唐时期,刺史为一州的行政长官。

狄仁杰到任后,立即巡视城防,检查守备,分析战报,作出一个大出人们意料的御敌方略,一改前刺史“弃田闭关守城”的做法,大开城门放民归田,一切照常。他对下属说:“贼在远,何自疲民,万一虏来,吾自办之,何预若辈悉纵就田。”(《唐书》)契丹听说唐朝原丞相狄仁杰亲自镇守魏州,而且一反常态洞开城门,秩序井然,想必有严密的军事部署,就没敢再南侵。

魏州安定后,狄仁杰于次年(神功元年)恢复宰相之职,离开魏州。虽然狄仁杰任魏州刺史时间很短,但他以政治家、军事家的谋略,吓退南犯的契丹军队,使得魏州人民躲过一场兵燹,也守住了大唐疆土,护佑了武周子民,赢得民众和官吏崇敬。武则天为了表彰他的功绩,赐给他紫袍、龟带,并亲自在紫袍上写了“敷政木,守清勤,升显位,励相臣”十二个金字。

二任副帅　击退突厥

史书记载,武则天圣历元年(698年)秋,突厥南下骚扰河北。自知军力不强的武则天采取和亲政策,不但遭到突厥拒绝,而且将武则天的侄孙淮阳王武延秀扣留,扬言用武力帮助李氏恢复唐朝。随即发兵袭击静难军(今陕西彬县)、平狄军(今山西朔县)、清夷军(今河北怀来),继而进攻妫州(今北京延庆)、檀州(今北京密云),接着一路南下,攻陷定州(今河北定州),杀害定州刺史孙彦高及吏民数千人。武则天派遣的使臣尚书阎知微降敌,赵州(今河北赵县)长史唐般若也投降突厥,赵州沦陷。

武则天又急令武家子弟武重规招兵买马抵挡突厥,但一个多月时间招募兵士不足千人。无奈的武则天终于从皇权政治的视角考虑抗击突厥与皇权传承的关系,认识到民心仍向李唐,于是采纳狄仁杰的建议,立43岁的李显为太子,命太子为河北道元帅,狄仁杰为副元帅。当人们得知李显、狄仁杰担任元帅、副帅后,民众踊跃报名当兵,不久就招兵丁5万人。

虽然武则天命太子李显为河北道行军元帅,而实际上领兵出征的是副帅狄仁杰。河北道是哪里呢?唐贞观元年(627年),唐太宗分天下为10道:关内道、河南道、河东道、河北道、山南道、陇右道、淮南道、江南道、剑南道和岭南道。其中河北道下辖1府46州,治所设在魏州(至今在大名城内仍有一条街道叫作道前街)。

出征时,武则天擢升狄仁杰知元帅事,准许便宜从事,并亲自给狄仁杰送行。突厥默啜可汗闻听狄仁杰为行军元帅后,不敢轻举妄动,却尽杀所掠赵、定等州男女万余人。狄仁杰领兵10万人向北追击。默啜节节败退,逃回大漠以北。

三任安抚使　治乱安民

突厥败退后,为彻底稳定河北,武则天随即又改任狄仁杰为河北道安抚使,收拾河北残局。安抚使为地方军事长官,在隋代常常由行军主帅兼任安抚使之职。到唐朝时把派遣到战乱或受灾的地区巡视以安定社会秩序的大臣,称为安抚使。

面对战乱后的凋残景象,狄仁杰果断采取了四条措施:一是上奏疏以赦无辜,二是散粮运以赈贫乏,三是修驿路以济旋师,四是严法纪以防扰民,使流离的百姓回乡安居,很快恢复了河北的安定。

狄仁杰在三年内三次到魏州退敌,安抚百姓,每次时间虽然短暂,但劳苦功高,对大名人民的安居甚至唐王朝社稷做出了巨大贡献。于是魏州人民在城外南城墙根下(今大名县五里屯村东里许)建立狄仁杰生祠,塑狄仁杰像,置绿波亭,以报恩德。“契丹寇河北,梁公省撤战守之备,抚绥凋敝之民。民安而虏自退,魏人祠之,至今血食。”(司马光《宋韩魏公祠记》)

何谓生祠呢?生祠是中国古代为纪念官员功德而在其生前所立的祠庙,起源于汉朝,大量出现在唐朝以后。生祠的建立要经过严格的申报和审批手续,而非民间随意设立。《唐六典》明文规定:“凡德政碑及生祠,皆取政绩可称,州为申省,省司勘覆定,奏闻,乃立焉。”《全唐文》记载了地方民众为离任官员建生祠、立德政碑最基本的条件是“德之至者有二,政之大者有三。三政:一曰仁,为惠政;二曰法,为善政;三曰谦,为和政。二德:一曰忠,为令德;二曰孝,为吉德”,“仁、法、谦、忠、孝”五者中,首要的是“仁”,“胜残去杀,百姓称仁焉”。在建立生祠时,往往还要树立德政碑。生祠之设,有报功和祷祀的双重目的。一方面,老百姓以此表达对造福当地的官员之感激;另一方面,也可能是更重要的目的,则是要为未来祷祀求福。因此,在祭祀的方式上采取了民间习惯的偶像崇拜。

在唐代的生祠中,狄仁杰魏州生祠最负盛名。魏州百姓感激狄仁杰使魏州避免了一场兵祸而立生祠,是出于狄仁杰对魏州的“仁”。然而,狄仁杰生祠却因为其子贪暴的缘故,被人们摧毁。《册府元龟》记载,因狄仁杰之子狄景晖“为魏州司功参军,贪暴为人所恶,由是遽毁其神像焉”。到开元十年(722年)十一月,此生祠得以重修,李邕亲撰《唐魏州刺史狄仁杰生祠碑》,由张廷珪书丹。

安史之乱爆发,狄公祠又一次遭到彻底破坏。唐元和七年(812年)十一月,归顺朝廷的魏博节度使田弘正,根据相(今河南安阳)、卫(今河南汲县)、澶(今河南濮阳)、贝(今河北清河)、魏、博(今山东聊城)六州人民的意愿,为纪念狄仁杰的功德,“始奏葺之”,恢复祠堂,并由冯宿撰文、胡澄书丹树立祠堂碑。虽然田弘正重建狄公生祠有着向朝廷和百姓表示决心奉事中央的政治意味,但在客观上也起到了为百姓祈恩徼福的作用,表达了对狄仁杰的尊敬和爱戴。

传奇故事　薪火千载

直到今天，在大名仍传诵着有关狄仁杰恩泽大名人民的几则奇异故事。传说狄仁杰离开大名回到朝廷任宰相后，每月初一上朝时总是醉意朦胧。忽然有一天，细心的武则天发现狄仁杰这一奇特规律，便问其由。狄仁杰不敢隐瞒，回答说是魏州人每月初一日到其祠堂献酒所致。武则天派人赴魏州查看，果如其言，大为惊异。现在大名县有一种叫作“滴溜”的白酒，相传起源于“狄留”二字。魏州百姓把为供奉狄仁杰而酿制的酒称为狄留酒，意为“留住狄公”。后来取谐音改为“滴溜酒”，可见狄仁杰在大名百姓中的口碑。狄仁杰醉酒上朝的趣事在五代时期的《五堂闲话》也有记载。

狄仁杰祠堂侧的滴溜酒业

狄仁杰生前安抚魏州百姓，死后仍佑护人民。在大名广泛流传两则有关狄仁杰死后恩泽后世的灵异故事。一则是阻止索命。后唐庄宗李存勖做魏博节度使(治所在魏州)时，有一人醉卧狄仁杰祠堂廊下。夜半酒醒，见堂中有人持笏板奏事。堂下人说，奉命在魏州索命万人。堂上人说，魏州民贫灾重，去其他地方吧。堂下人说，待回去禀报。醉人正惊惧间，持笏人又现，奏报说，改在镇州去办了。语毕人皆不见。就是这一年，李存勖在镇州与后梁大军激战，双方死伤惨重。这一事情在五代时期的《五堂闲话》也有记载。

二则是甘泉泽民。到了狄仁杰辞世千年之后的清朝，仍有关于狄仁杰恩泽大名人民的故事。大名东一带(即狄仁杰生祠周边)的地下水非常涩咸苦，不能饮用。《大名县志》记载，清朝初年，大名提督刘良佐在狄仁杰祠堂碑旁凿得一眼水井，水涌甘泉，名曰甘泉井。人们都说这是狄公显灵，再次恩德大名人民，于是在井上建庙，取名“甘泉庵”。当然这是后人出于对狄仁杰敬仰的附会之说，但客观上反映了狄仁杰在大名人民心中的位置。正是有了甘泉井、甘泉庵，这里形成一景——甘泉仙梵，成为元城十二名胜之一。据《元城县志》(清康熙本)记载，大名兵备道孔荫樾曾作诗《甘泉仙梵》题咏这一盛景：

嵬然古刹峙层台，下有澄波映碧苔。登阁环瞻群象肃，临风静领妙香来。
山空琴奏成连去，月白笙鸣子晋回。十载尘襟一息尽，归携余韵绕樽罍。

后来大名兵备潘世晋和诗一首：

梯空仿佛古吹台，白水青山间绿苔。望远几人骑鹤去，登高有客傍云来。
钟声晚向林边出，雁语遥从天际回。绝顶结庐吾有意，放参还欲设尊罍。

官至桐乡知县的孙郁也有诗作《甘泉仙梵》，记述这一盛景：

云边绀殿倚崇台，坐拂甘泉石上苔。宝志曾闻飞锡到，嫖姚亲为布金来。
月明僧舍钟初定，花落春城鸟自回。记得年年逢九日，登高泛取菊花杯。

揭秘神探　溯源追本

今天的大名人们认识狄仁杰则更多的是从其断案的故事开始。由于他的审案事迹从书籍改编成为电影、电视剧，频频在全国各地电视台的黄金时段热播，成为孺妇皆知的传奇人物，被誉为“中国的福尔摩斯”。狄仁杰之所以被后人称为“神探”，是从他任大理寺丞时“周岁断滞狱一万七千人，无冤诉者”引申演义而来。史书记载，狄仁杰任掌管刑法的大理丞一年，便处理了前任遗留下来的17000多件案子，且没有一人再上诉申冤，其处事公正可见一斑，后人据此编出了许多精彩的传奇故事。清初，小说《武则天四大奇案》问世，这是狄仁杰成为“神探”之始。1949年荷兰汉学家高罗佩更是以此为题材，用英文写了一本《大唐狄仁杰断案传奇》，即后世四大公案之《狄公案》，还被译成十多种文字，包括瑞典语、芬兰语、克罗地亚语等小语种，广泛流行于西方，甚至好几次拍成电影，如美国拍摄的影片《庙祟案》。正因为如此，狄仁杰由唐代名相成为欧美地区家喻户晓的“东方的福尔摩斯”而饮誉海外。此后，高罗佩一发不可收，一气写了13本狄公小说（包括一本短篇集）。1952年高罗佩把其中的《迷宫案》从英文译成中文，题为《狄仁杰奇案》，在新加坡南洋印刷社出版，并在书前加了楔子：“运转鸿钧包万有，日星河岳胎鲜。人间万物本天然，恢恢天网秘，报应总无偏；在位古称民父母，才华万口争传。古今多少圣和贤，稽天行大道，为世雪奇冤。”

直到20世纪80年代中期，国内才出现了山西人民出版社翻译高罗佩著的《狄公案》的几个故事，名为《狄仁杰断案传奇》，太原电视台据此拍摄了同名的电视连续剧。非常值得玩味的是，狄仁杰的故事先走红海外，后译成汉语传入中国。

历史上真实的狄仁杰是怎样的一个人呢？狄仁杰(630—700年)，字怀英，唐朝并州太原(今山西太原)人。应试明经科(唐代科举制度中科目之一)，从而步入仕途，初任并州都督府法曹，转大理丞，改任侍御史，历任宁州刺史、豫州刺史、魏州刺史、地官侍郎等职，直至宰相，经历了唐高宗与武则天两个时代。武则天久视元年(700年)九月，71岁的狄仁杰病逝，朝野凄恸，武则天哭泣着说"朝堂空也"，为之举哀，废朝三日，赠文昌右丞，谥曰文惠。唐中宗继位后又追赠司空，唐睿宗再追封之为梁国公。后人称之为"唐室砥柱"，被历代政治家、史学家称为有再造唐室之功的忠臣义士。与《三字经》《增广贤文》等并列的蒙学读物《五字鉴》中这样说："若非狄仁杰，唐室绝后裔。"

正是由于狄仁杰的丰功伟绩和良好民众形象，后来大名人民又把他奉入大名五贤祠，与宋代的寇准、韩琦、文彦博、欧阳修同列，永享奉供。

(2010年2月发表于《赵文化》)

御制五礼记碑

国务院公布的第六批全国重点文物保护单位名单中，大名御制五礼记碑赫然在列。听起来，区区一块石碑，缘何成为国家的重点文物保护单位。殊不知，这块石碑不仅来历不凡，而且承载了唐宋两朝历史信息，流传下许多脍炙人口的故事。

历经沧桑幸存留

御制五礼记碑原散落在大名县双台村，现坐落于大名县石刻博物馆。石碑通高12.34米，宽3.04米，厚1.08米，总重量约140.47吨。碑首为八龙戏珠圆首，碑额正面透雕盘龙，两侧龙头朝下，龙嘴尖长，形象生动逼真，气势非凡，颇具唐代风格。碑额阳面正中是宋徽宗御题篆刻“御制大观五礼之记”双行纵排八个大字。碑身两侧为唐代大书法家柳公权墨迹，正面碑文为宋徽宗《五礼之记》，故人们又将此碑称为“唐宋碑”。碑座为一硕大的赑屃，虽然头残缺，但仍然看得出雕刻工艺精湛，神态活灵活现。

此碑最初是唐朝魏博节度使何进滔的德政碑。何进滔于唐开成五年（840年）正月死于节度使任上，赠太傅。唐文宗诏令工部侍郎柳公权撰文并书丹，诏梁王司马唐元度篆额，为其立何进滔德政碑。

宋政和三年（1113年），宋徽宗主持修编的《五礼新仪》二百二十卷完成，颁布天下并称“其不奉行者论罪”。徽宗为把五礼（即吉礼、嘉礼、宾礼、军礼、凶礼）作为一代之制，亲作《五礼之记》，“使之见者有足证焉”，并下诏左丞梁子美在北京（今河北大名）立碑记之。因无碑石，梁子美便磨毁唐代的何进滔德政碑，刻《五礼之记》，把它立在陪都北京大名府宫城门外。

明洪武三十四年（1401年）四月，漳卫漫溢，洪水冲淹大名府城，大碑掩埋地下。明嘉靖二十七年（1548年）三月，大名府知府顾玉柱发掘此碑，然大碑已断分为九块。从此，这块古巨碑在双台村静静地躺了400多年。双台村人也把它当村神对待。谁家有灾有难，有过不去的坎时，就到古碑前焚烧供奉，膜拜许愿。几百年来古碑已成为双台村的护村使者，成为镇村之宝。

旧县志照片

据村中老人讲，1939年春天，从大名城出来的日军包围了双台村，把村民全部驱赶到碑旁的空地上。机枪就架在几块残碑上，身挂战刀的日军头目正准备训话，旁边的翻译在他的耳边嘀咕了一阵，并用手指了指石碑。日军头目回头看了一下，沉思片刻，一摆手，日军全部撤走了。直到抗日战争胜利，日军再也没有来过。1958年时，曾有人提出使用这九块石头制作其他材料，遭到双台村民强烈反对，古碑免此一劫。1966年4月，周恩来总理视察此碑，一再批示要做好保护工作。在之后的几年里，不断有人提出要彻底砸烂这九块残碑，双台村村民也带上红袖章手挽手护卫，誓死保护，古碑再次躲过劫难。

为避免古残碑不再受毁坏，多年来双台村民共同遵守着一个不成文的约定，即以古残碑为中心，20米范围内，不得挖土，不得建房，不得堆放杂物。1982年11月，此碑被搬运到大名县石刻博物馆。1989年5月，历时7个月的全碑九块对接工作完成，石碑矗立在石刻博物馆。1982年被河北省公布为省级文物保护单位。2006年6月被国务院公布为全国重点文物保护单位。

唐碑宋承价值大

南宋陆游的《老学庵笔记》记载："此都（指陪都北京大名府）有魏博节度使田绪遗爱碑，张宏靖书；何进滔德政碑，柳公权书，皆石刻之杰也。"

御制五礼记碑历经唐宋两个王朝的打造，形成了非常独特的现象——唐碑宋承，这在历史上是罕见的。它不仅是唐代政治、经济、文化的见证，更是大宋陪都政治、经济、文化的见证，还是大名作为"河朔重镇""北门锁钥"的军事战略位置的见证。因此，该石碑不仅是研究大名府历史难得的文物资料，而且是研究唐宋时期政治、经济、文化的重要文物资料。

该石碑从碑石开采到磨洗成碑，从运输到矗立，从碑首巨龙到碑座赑屃雕刻，都反映了我国古代劳动人民的高超智慧和精湛技艺，是研究唐代雕刻艺术和书法艺术的重要资料。南宋赵明诚的《金石录》记载："何进滔碑亦云政和中大名尹建言，磨去旧文，另刻新制，好古者为之叹息。今大名之五礼碑，当即梁子美所刻也。进滔之事不足道，然以唐贤书法之工，后人所当宝爱。"清代钱大昕的《潜研堂金石文跋尾右》记载："碑甚大，而字亦雄伟，惜石已断裂。"

五礼记碑虽是一石碑，却是宋朝皇帝的御制。皇帝御题并撰文，加上名家书丹，显示了它的高贵。清代因这一巨碑的缘故，这里形成一景——古碑寒烟，成为元城十二名胜之一。据《元城县志》（清康熙本）记载，大名兵备道孔荫樾曾作诗《古碑寒烟》题咏这一盛景：

屹峙巍碑期永传，何缘横断卧荒烟。岂因诏斫淮西记，疑是雷惊元祐年。
漫灭半沉文字义，微茫尚辨笔姿妍。春风秋雨苔痕碧，欲洒清酤到石前。

后来大名兵备潘世晋和诗一首：

何来断碣少人传，雨蚀苔侵空紫烟。岂似韩陵遗片石，故教岘首泣千年。
高原禾黍团秋色，野水蒹葭照晚妍。本是马图珍重物，灵旗时见暮云前。

官至桐乡知县的孙郁也有诗作《古碑寒烟》记述这一盛景：

残碑剥蚀枕荒烟，字逼黄庭榻上传。洗石重寻冯宿记，披榛尚忆大观年。
疏林落叶如相诉，故垒秋花自斗妍。禾黍伤心翁仲倒，临风洒泪夕阳前。

不解之谜添神秘

站在这座巨大的古碑前,仰视古碑,它的高大,不能不使人浮想联翩,陷入深深的思索中。如果能走进时间隧道,一定能够揭开隐藏在古碑背后的许多秘密。

谜团之一,碑出何方。大名地处华北平原,没有大石山,该碑的石料取自哪里?距大名最近的山,一是西面的太行山,二是南面的大伾山。是来自其一,还是其他地方,值得探究。

谜团之二,如何搬运。即使是来自距大名最近的大伾山,或太行山,也有近100公里。这个庞然大物(石材比石碑还要大),在当时生产力条件下,是如何运来的呢?

修复后的御制五礼记碑

谜团之三,凭何立碑。大石碑分为碑首、碑身、碑座三部分。碑首高3.49米,宽3.20米,厚1.10米,重约30吨。碑身高6.65米,宽3.04米,厚1.08米,重约70吨。碑座高2.20米,周长11.30米,重约40.47吨。当时在没有现代吊装设备情况下,碑座、碑身、碑首结合严密,丝毫无差,是如何吊装树立起来的呢?

谜团之四,因何倒塌。整碑约140.47吨(不含赑屃头),这么重的巨碑立在府城内几百年之久,是什么因素造成断裂倒塌的呢?水冲、雷击、侵蚀,还是其他原因,不得而知。

谜团之五,头失何处。根据赑屃身体的估算,失掉的头也约有8吨,这个巨大的头是如何毁掉的,现存何处,有待考古发现。

神话故事代代传

在双台村，百姓们往往把赑屃称为龟。多年来出于对这块巨大石碑的敬畏，村民们将它当作神碑来供奉保护。因此民间流传着许多五礼记碑的神话传说。

传说之一，书生化碑。宋朝时候，当地有位叫殷勤的老人，黎明时分拾粪村外，遇一背着书箱赶路的书生向他问路："往南京去，怎么走呀？""向南走。"殷勤不经意答道。"天亮，我能走到吗？"书生又问。殷勤瞟他一眼，赌气道："走到了！"书生听后走了，殷勤继续拾粪。随后，又有一个书生问路，仍是那些话，当问到"天明我能走到了么？"这句话时，殷勤有些不耐烦了，气呼呼地说："你一百年、一千年也走不了！"情急之下，把"到"说成"了"。此话一出，这个书生便化成一块大石碑，立在殷勤面前。殷勤吃了一惊，恍然大悟，倒身便拜。

传说之二，龟头逐盗。传说有一个江南相面人看到这通大石碑后，不再到街市摆摊相人，而是天天偷偷来相大石碑。围绕大石碑左看右看，上看下看，前看后看，最后得出"碑中有宝物"的结论，就暗下决心要把宝物盗走。在一个漆黑深夜，他拿着工具来到大石碑前，在一阵叮叮当当凿石声后，只见一道火光向南冲去。原来这个相面人已把龟头（赑屃头，下同）凿下，把宝物盗走了。殊不知，龟头具有灵性，盗宝人向南逃跑，龟头就朝南追，追到南门口村南，眼看就要追上时，一声鸡鸣划破夜空，天已放亮，龟头应声倒地。从此龟头就撂到了南门口村南（因该村南有一大型龟头）。

传说之三，龟驮府城。相传，这座大石碑是个神碑，驮碑之龟具有灵性。大名府城地处漳河、卫河下游，常常闹水灾，三年一小灾，五年一大灾。每次发大水的时候，水涨，龟就驮着城涨，大名府城免受水灾之患。然自相面人凿下龟头，盗走宝物后，漳河卫河再次发大水，一下子就把大名府城冲毁，整个城池被淤埋地下。

传说之四，冰道运石。相传，大唐时候，为搬运这块碑石，专门从黎阳（今河南浚县）往魏州修了一条大路。在冬天上大冻时候，以水泼路，形成冰道，招募几百壮丁，几千犍牛，以滚木载石，用犍牛拖拉，壮丁驱赶，耗时三年，才把碑石运抵大名。

传说之五，鳅龟斗法。传说，由于大名府城内有这块神性石碑，加上灵性巨龟驮负，大水淹不了它，泥土淤不住它，水涨碑涨，水落碑落。这年又发大水，水中来了一条泥鳅精，听说此龟神通广大，很不服气，多次想制服巨龟。然而不管泥鳅精如何兴风作浪,龟驮负着巨碑稳如泰山,分毫不动。于是它想出了一个非常非常损的主意,趁大龟打盹的时候,猛地一个泥鳅摆尾,把碑帽打落,径直砸向龟头。大龟忍受剧痛,支撑巨碑不倒,终因元气大伤,碑身毁倒,裂为九块。

传说之六,龙珠砸龟。相传,巨碑首上的8条大龙,耐不住寂寞,在一天夜深人静时嬉戏,做吞吐碰撞龙珠之娱。玩耍正酣时不慎龙珠掉下,正好落到正在伸长脖子向上观看的龟头上,龟头应声断裂,没入土中。从此驮负石碑的大龟便没有了头。

建罩保护为良策

御制五礼记碑的重要历史价值、众多不解之谜及诱人的传说故事,值得后人研究探寻。该碑早期是竖立着,还有碑楼。梁子美磨碑时,可能是因碑楼掩盖,碑两侧柳公权写的字体完好地保留下来。经历了1100余年的风雨侵蚀,碑侧剩下不多的一些字迹,还可见到刚劲秀丽的柳体风格。如果不采取措施进行保护,几十年后,几百年后,墨迹就会消失殆尽,对于这个国家重要保护文物单位来说岂不太可惜了。那么,如何保护呢?笔者认为,为该碑建设罩棚,是最好的保护办法。既可遮阳、防风、避雨,又可防备游客随意攀登,拓字涂鸦。

踪迹难觅又两碑

据史书记载,大名共有三块巨碑(石),除了御制五礼记碑外,还有田绪遗爱碑、杨师厚碑石。那么,这两块巨碑(石)的遗踪呢?

田绪遗爱碑。唐代魏博节度使田绪死后,立田绪遗爱碑。到宋代改刻为宋徽宗御制新乐大成碑,立于北京大名府宫城门外西侧。明洪武三十四年(1401年),水淹大名府城时湮没,不知埋存何处,有待以后考古发现。

杨师厚碑石。杨师厚是五代时期魏博节度使。《旧五代史·杨师厚传》记载:师厚镇魏博,采巨石于黎阳(今河南浚县)将纪德政,以铁车负载,驱健牛数百以拽之。所至邱墓庐舍悉皆破坏,百姓望之皆曰:“碑来”。及碑石至而师厚卒,魏人以为“悲来”之应。杨师厚所采巨石做何用,至今没有发现,有待以后发现考证。

(2006年9月23日发表于《邯郸日报》)

大名城墙文化解密

在大名县有一座建于明朝初年的古城，目前尚存四座城门、四座石桥及部分城垣、护城河。由于城墙历史悠久，人文特色浓郁，该城于2002年被确定为市级文物保护单位。

明大名府古城墙的历史

明大名府古城肇建于公元1401年，至今已有600多年的历史。《大名县志》（程本）记载：明朝洪武三十四年（1401年），漳卫漫溢，北京大名府城圮于水。当年，大名府都指挥吴成"具奏朝庭"，开始在艾家口镇徙筑新城。"周九里，高三丈五尺，广二丈五尺，池深四丈五尺，阔倍之。"共设置四个城门，四门外皆修有瓮城（即大城门外的月城）。城外护城河连接引河和支漳河，河水长流不断，四座大石桥通连四门。这次修筑的城墙，基本上奠定了现大名城垣的规模。

明代对大名府城墙进行过3次重要的建设和修葺。其一，成化八年（1472年），大名知府熊祥在四门上建设了城楼，增加了城门的气势。其二，弘治年间（1488—1505年），御史韩福、石禄相继将城墙加高加厚，并修葺女儿墙、警铺、角楼，增强了军事防御能力。其三，嘉靖四十四年（1565年），大名知府姚汝循申请国库银两，以砖石包修城墙。"采大邳山石，筑基表里，用两层，横四尺五寸，高五层，积五尺以上用砖垒砌，增卑增薄，分作授方。并门楼、敌台、戍铺、女墙悉如制新。"此次修缮，首次改变了土城墙的面貌，使城墙高大挺拔，"崪如垒巘"，更加牢固，既能御敌又能防水。

清朝对城墙大的修葺共有9次。其中，康熙四十九年（1710年），大名知府俞品重修女儿墙。乾隆三十二年（1767年），"大名知县劳敦樟请帑重修，外长一千二百六十九丈八尺七寸，里长一千二百四十丈四尺九寸，城高三丈，连垛口三丈六尺，女儿墙高三尺，水溜四十八道，炮台三十六座。"这次修整，一方面使城墙的军事功能更加完备，一方面对保护城墙起了重大作用。

经过明清两代整修，大名府城墙最终成为"一个完美、坚固、高大厚实"的统一整体。中华人民共和国成立前，自然损坏加战火毁坏，已破烂不堪。仅在1923年，大名镇守使孙岳"改筑城楼，形式一新，尤壮观瞻"。

1937年日本侵略军占领大名县城，依靠坚固的城防体系，为非作歹。1945年我军赶走了占据大名8年的日军，此时古城墙保存尚好。为了适应当时革命斗争形势的需要，分别于1945年6月、1946年1月、1942年2月组织群众进行了3次大规模的拆城。到20世纪七八十年代，仅有四门、部分城垣、护城河尚存，北城门上于1985年建城楼。2005年北城门楼和部分城墙修复，面貌一新。

"大名好城墙"

"大名好城墙，南乐好牌坊。"这是中华人民共和国成立前流传于冀鲁豫边区一带的"二绝"。南乐牌坊姑且不论，大名城墙实为冀南一大绝妙古建筑。城墙基本呈正方形，外长4232.9米，里长4135米，城高11米，垛口高2米，女儿墙高1米，下宽8.33米，上宽4.12米，水溜48道，炮台36座。护城河深15米，宽30米。城门上建有城楼，城墙的规模式样完备。整个城墙下石上砖，庄重高大，雄浑古朴，犹如一道铜墙铁壁保护着大名人民。

坚固的城墙具有了强大的防水患、防盗匪、防兵火功能，使城内人民安居乐业。大名城墙对当时社会、经济和文化的发展，特别是工商业的发展起到了积极的保护作用。大名在唐宋时期就是"河朔重镇""陪都北京"，到明朝时虽然离开了京杭大运河的主航道，但距主航道也仅有40公里，原来的大运河航道仍然发挥着重要作用。水运发达使大名古城商贾云集，百业兴旺，素有"手工作坊排成排，饭庄酒楼门对门"之说。至今城内4条大街店铺林立，作坊遍布，车水马龙，熙熙攘攘，仍然是商家的黄金宝地。

明清大名府城沙盘

完备的军事防御体系

经明清两代修葺的大名府城墙结构严谨，型制宏伟，庄严敦厚。城墙顶外沿筑有2米高的垛口，各垛墙之间均有一方孔，供战时守望、射击之用。城顶内沿筑有高1米的女儿墙，以防士卒往来行走时跌下。城墙每隔约两箭之地建有炮台（俗称马面），一是安放火炮，二是利于观察城墙和消灭攀爬城墙之敌。城墙四角各筑有角楼，是防守的重要据点。每一城门内侧修一坡道，可直登城楼。战时，军队车马亦可从此道迅速登城，驰骋于宽阔的城墙之上。

修复后的城门与炮台

大名府城的四门均建有瓮城，是门防的前哨。其用意是当攻城敌人攻入城门，进入瓮城就会受到四面夹击。战时，弓弩手可凭借城墙，占居高临下的绝对优势，从四面八方同时射击进入瓮城的敌人。

综观大名府城墙的布局和构造，城墙沿线角楼相望、门楼鼎峙、炮台林立，垛口齐布，连同城墙四周的护城河，俨然是一个庞大、坚固、严密的军事防御体系，在国内可与西安、平遥古城墙相媲美。

独具特色的城墙建筑

围绕城墙的建设，有许多独具特色的建筑方法和建筑物，为古城增添了几分神秘色彩。

特色之一，糯米筑城。据说，开始建筑城墙时，所筑城墙墙基用石灰、土和糯米汁混合夯打而成，厚0.8米。上面再用黄土分层夯打，每层厚度0.08至0.12米，整个城墙非常坚固。

特色之二，城门儒学。城墙四周共有四门（后辟小南门除外），按照孔子所倡导的“仁、义、礼、智”四种道德观念，以东西南北为序，分别命名为体仁门（东）、乐义

城墙夯筑遗迹

门(西)、崇礼门(南)、端智门(北)。东西瓮城门面向南方,取意“朝阳”;南北瓮城门面向东方,取意“迎喜”,体现了浓郁的儒家文化气息。

特色之三,塔立城墙。为振兴儒学,谋求人才辈出,清光绪十年(1884 年),大名道刘盛藻捐资于文峰塔原址(南城墙根下的大名府文庙内)南的城墙上重建文峰塔。塔的底座以青石砌成,上刻铭文。塔身为实心六角形,五层,高十米余,塔顶六角出檐悬挂铁铃。塔身北面嵌一石板,刻有“文峰塔”三个大字。城外护城河水流潺潺,城墙上文峰塔巍然屹立,中午塔影投射到城内文庙大成殿前的泮池中央,像一支笔,塔尖似笔锋,水池似墨砚。随水波微微颤动,伴着铁铃叮当作响,好像是毛笔沾墨书写文章。景观奇妙,寓意深奥。

特色之四,瓮城庙宇。为保一城平安,吸取原大名府城被毁的教训,在大名府城四个瓮城内,面对内城门修建庙宇,求得神灵护佑。东瓮城内建有天齐庙,西瓮城内建有药王庙,南瓮城内建有关帝庙,北瓮城内建有玄武庙。庙内都有专管佛事香火的僧道。这四座庙宇佑护着大名府城的平安昌盛。

特色之五,城墙辟门。明嘉靖三十九年(1560 年),湖广江陵进士陈大宾任大名副使,在视察与府衙一墙之隔的学校后(府衙与学校都在南顺城街),认为“学宫逼处南城下,如人面墙而立,不利科第”,决定在学校门前的城墙上开一城门,为“国家储材”。当时有人提出“东复有门利于学,弗利于府”。陈大宾力排众

挂靴的南城门

修复后的文峰塔与南天门

城角的水坑

议说:“吾能使学利,而府亦弗病。”在咨询风水师后,“请于抚、按、学三院,俱报可”,在学校门前的大名城“巽方”城墙上开辟城门,称之为“小南门”(俗称南天门),并“建文峰塔于南城之东”,以图人才辈出,吉祥通达。十年后即公元1570年,王叔杲任大名府知府,有人再次提出,府衙西边是南门(崇礼门),东面又有城门,有利于学校,而不利于府衙,因为府为“大名府”,“大”上加两“口”就成了“哭”。王叔杲信以为真,就封堵了小南门。当时有一则民间歌谣广泛传颂:

大名城郭最新鲜,底下石头上边砖。文庙前开小南门,四下风水往里钻。
嘉靖以后文风盛,将相府道相接连。隆庆来一府知事,忽把此门用砖闭。
问闭此门果为何?言于府署大不利。合县无权难力争,城乡百姓干生气。

特色之六,城角水坑。大名府城方方正正,四门相照,全城有东西南北4条大街60条小街,占地150万平方米。直到中华人民共和国成立前,大名城内没有任何排水设施。那么,下雨怎么办呢?原来在修筑城池时,设计者把城中央十字大街处修得全城最高,四个城角处修得最低,并掘得四个大坑。雨水随地势沿街道全部注入四个大水坑。既解决了全城排水问题,又为全城防火灾储备了水源,构思巧妙。闲暇时候,携几位朋友,置身于城角城墙上,看城外护城河水静静流淌,岸边小草青青,城内大湖绿水荡漾,垂柳依依,令人心旷神怡。

独特的城墙风俗

由于城墙的防匪、防水等功能,它与老百姓生活休戚相关,几百年来形成了许多独特的风俗。

风俗之一，官员巡城。由于大名城墙的严谨完整，尤其是四个城门楼高大雄伟，登楼可鸟瞰全城，所以新任的大名府官员都要到城墙上走一走，转一转，久而久之，便形成了一个不成文的巡城惯例。官员借巡城机会视察城防了解民情，本地士绅、社会名流也就借此机会反映一下社情民意。后来，老百姓也随之登城，一睹新官员风采。就任官员也乐得其所，显示勤政爱民，体恤民情，其乐融融。

风俗之二，城门挂靴。旧时在大名任职的军政官员离任时，按照惯例是要立德政碑的。如果知府、县令的政绩特别突出，受人民爱戴，离职时，地方士绅、社会名流就会请求其脱官靴留念（后改留皮鞋）。然后制作一高约60厘米的小木椅，放入官靴（皮鞋），悬挂在南城门洞中。当时施政无年度计划，有"人在政举，人亡政息"之说，因此留下离任之靴（鞋），意谓原任施政甚佳，希望继任仍按前任步调而行，造福一方。据说现在南城门洞墙上，仍能找到挂靴的大钉呢。

风俗之三，百姓沿城。城墙与大名城厢人民的生活习惯融为一体，几百年来形成了"沿城"的民俗，民间有"天天沿城，百病不生"的说法。清晨，习武健身者络绎不绝。心情郁闷者，沿城则心胸开阔；久病不愈者，沿城则去邪化疾。特别是每年农历正月十六，在结束春节的最后一项程序"烤百病"后，男女老少身着盛装到城墙上走一圈，名之曰"沿城"，可防灾避邪，寓含在新的一年里吉祥如意。

为保护这座历史文化名城，自2005年起，大名县开始陆续修复这座市级文物保护单位。目前已完成北城门古楼及部分城墙修复，城门城楼通高22米，楼身为2层，高14米，东西长18米，南北宽13.6米，庄重雄伟，典雅古朴，成为大名县的标志性建筑，同时也揭开了保护大名城墙的崭新一页。

（2006年11月4日发表于《邯郸日报》，2008年收入《邯郸古都文化学术研讨会暨中国古都学会2008年会论文集》）

“东方的巴黎圣母院”宠爱之母教堂

在大名古城内有一座宠爱之母教堂，位于东大街路南，是法国天主教会仿照巴黎圣母院设计而建造的，遂有“东方的巴黎圣母院”之称。教堂长56米，宽26米，最高点距地面47米，上砖下石，高耸挺拔，辉煌壮丽，庄严和谐，是全国现存最雄伟壮观的教堂之一。该教堂始建于1918年7月，历时3年多，投入使用后至1949年，这里一直是大名教区的中心和主教府所在地。

教堂坐南面北，正对笔直的满洲街。大堂平面呈横翼较短的十字形，为砖石拱形建筑，无木梁或木柱，建筑面积1456平方米。砖用的是教会自己烧制的长0.31米、宽0.16米、厚0.07米的青砖，石料由外地购进，而后精雕细磨成各种规格的花纹石柱、石门楣、石窗台等。门窗顶部皆呈火焰型尖拱，直立挺拔的方形钟楼与圆形塔楼的尖顶直冲云霄，有天穹近在咫尺之效，为典型的哥特式建筑。

所谓哥特式源于哥特民族的哥特文化。哥特族是欧洲日耳曼民族的一个分支，居住在现今的罗马尼亚境内和多瑙河下游区域，他们以狂暴的作风著称于欧洲，后来演变成了当时一种文化的名称。哥特式建筑最显著的特征是高、直，所以也有人称这种建筑为高直式。哥特式教堂的平面形状是“十”字形，独特而富于个性。从内部看，十字顶部的下面是祭坛，其他部位是大厅，供信徒做礼拜用。天花板是以连续尖拱的形式构成穹顶，使得空间细瘦而空透。从外部看，十字的底部是教堂正面，往往有一对钟塔，安放钟表报时。哥特式教堂的造型既空灵轻巧，又符合变化与统一、比例与尺度、节奏与韵律等建筑法则，具有很强的美感。

大名的宠爱之母教堂就极具这种特点与风格。正面七级石台阶上是月台，上有平面呈“品”字形坐落的三座塔楼，其中，最靠前的是高达47米的正方形钟楼，顶端象征天主教教会的十字架高高耸立在半空中，远望仿佛与天穹相接。两侧对称建了两个尖笋状24米高由直八棱柱和八棱锥组成的塔楼，使整个教堂正门立面呈“山”字形，风格独特，结构严谨，看上去雄伟庄严，挺拔稳重，壮观恢宏。

平面呈正方形的钟楼由条石砌成的四个墙柱支撑，形成互通的四个尖拱门洞,从而构成教堂的正门。四个墙柱上分别安放着一个精灵天使塑像，或坐或站，有的冷峻,有的安详,有的背后有翅膀,有的手抱鸽子,若隐若现,塑造了一个虚幻世界。这些石雕的小精灵们百年来一直就这样静静地蹲在这里,俯视着它们脚下进进出出的信徒们,思索着他们的命运。

教堂正面

尖拱形门上是一巨大石质龛体,天蓝色的底幕中,是白色的罗马式宫殿,内有左手怀抱圣婴、右手持圣物的白色圣母玛丽亚站立造像,母子神态纯洁,神色安详恬淡，在天蓝色的背景衬托下栩栩如生。造像两侧黑色条石阴刻一副典型的中国式对联:“欲识其宠请看怀中所抱,要知厥能试观掌上何持。”弧形的横批是:“宠爱之母保障大名。”字道深刻厚重,字体苍劲古拙。

再往上是镶嵌一面直径1.42米刻有罗马数字的钟表盘,同时左右侧面还各有一面,可以三面看点。如今已不再走动,时针、分针永远停在五时一刻的位置上。三个表盘上面是既窄又高的大百叶窗,里边放置着钟表机械和三个带有教会会徽、铸有法文的铜质大钟。整个钟表机械是齿轮结构,长1.60米,高1.00米,宽1.00米。据教会负责人员介绍,此钟表系法国铸造,每个大钟近半吨,20世纪50年代还能鸣钟报时,一刻一报,整点响钟。一刻报“叮、当”两下,二刻报“叮、当,叮、当”四下,三刻六下,四刻八下。一时则“当”地响一下,二时“当、当”响两下,以此类推。该钟报刻报时清晰不混,而且5分钟后还重复报刻报时,钟声洪亮清脆,声音可传方圆十里之遥。

钟楼的顶部是青砖砌成的一个八棱锥体,棱线上有祥云状砖雕装饰物,顶端便是直冲苍穹的十字架。整个钟楼有三层檐，横向装饰带把立面分割成三个矩形,竖直与水平的比例近乎黄金分割比例,十分和谐匀称。

两个塔楼的内侧各有一门，比正门稍小，供信徒平时自由出入。塔楼的正前方，分别有一通高3.2米、宽1米、厚0.35米的石碑。左边是建堂碑记，记录教堂的建设落成过程。右边是捐献碑，详细记录捐款10元以上的8个县53个村庄、学校，以及82名个人名单。现将《建堂碑记》碑文抄录如下：

粤溯大名东街路北，旧的圣堂一座。厥后，城乡信友加多，各院生徒渐众，旧堂狭隘，苦其难容，乃议重建圣堂于东街路南。高其闬闳，增其式廓。爰鸠庀材，经方营位。于降生后一千九百十八年七月二号，耶稣会会长郝司铎嘉禄祝圣筑基首石。维时教宗本笃第十五御极，主教马公恩利格及副主教刘公恩利格司直隶东南教务。越两年，于二号而功告竣。于九月二十六号，肇举弥撒大祭。于一千九百二十一年十二月八号，主教刘公恩利格祝圣新堂，献于“宠爱之母”。窃以此堂规模宏大，功烈高深，恐其年远而就堙没，故叙其颠末，勒诸贞珉，永垂不朽，是为记。天主降一千九百二十一年十二月八号立。

从正门进入教堂，映入眼帘的是一个1米高的立式八棱形石质圣洗池。经过圣洗池进入大堂后，顿觉宽敞幽深，庄严肃穆，犹如置于神秘境地，顿感心灵涤荡，纯洁如雨后星空。大堂中纵向排列两排18个7米高直径0.50米青石雕成的石柱，将大堂分成主堂和左右次堂3个纵向狭长空间，中间大两侧小，呈对称分布，既相对独立又浑然一体。左右次堂的前部又分别向外凸出，形成左右翼堂。无论是主堂，还是左右次堂、左右翼堂，都有门通向教堂外，方便出入。一排排前有座位后带跪凳（供信徒祈祷时使用）的条椅，井然排列，能容千人落座与拜跪。石柱之间、石柱与墙柱之间都是以尖拱形式在穹顶以十字交叉单砖多拱结构两两相连，就像一棵棵枝丫繁茂的参天大树，枝枝连理，相交处形成一个个圆形框，其中又都镶嵌了一个十字架。整个穹顶未施横梁，采取砖饰拱券，主拱券净跨达10米。无论是青砖的砌工，还是雕刻，都非常考究、精细。弧形青砖券与白灰面，恰似一个个伞骨与伞面，构成一幅青白分明、质感强烈、气势震撼的穹顶。特别是主堂的两列柱子相距10米，而屋顶却高18.50米，从而形成狭窄而高耸的空间，让人易产生向天国靠近的幻觉。

教堂内部极为朴素，几乎没有什么装饰。墙角和墙柱是简单的半圆形或弧形砖雕，石柱的柱础柱帽是稍复杂的石雕，简洁而不失雅致。青砖青石配以白灰缝，以及由它们形成的无数引人仰望的垂直线条，营造出教堂的庄严与肃穆。在设计上最吸引人的要数彩色玻璃窗，有长有圆有正方，长方的窗户内又有长有圆有正

教堂侧面

方。圆形中又有梅花形，俗称梅花玻璃窗，有四瓣的、有六瓣的。最大的窗户高7米宽3米，最小的仅有0.30米见方。大小搭配、形状设计又与墙面形状比例协调，愈显美观大气。窗户全部由或砖、或石、或砖石雕刻砌成，未用木材，彩色玻璃直接安装其上。外面的光线通过彩窗的折射透进来，洒向室内每一个角落，将教堂笼罩在一片五彩缤纷、美轮美奂的神圣色彩中，营造出一个光与影交错而又与现世不同的世界，顿添几分神秘。近20米高的穹顶在色彩斑斓的光束折射下，隐隐约约，闪闪烁烁，加上宗教的遐想，似乎上面就是天堂，而教堂自然而然就成了"与上帝对话"的地方。据教堂工作人员说，彩色玻璃上原来绘有花卉和一个个圣经故事，以前的神职人员借由这些图案传经布道，现在仅存8块。

沿着紫色条椅中间长长的甬道前行，脚下是水磨石地板，深浅不一的紫色石子组成了菱形图案，中间是淡绿色的十字架。左右两排修长的石柱上悬挂绸缎制成的对仗工整的对联，古色古香。两侧墙壁上有上下两层大型图画，上层是悬挂在墙柱上的14块木框图画，描绘的是耶稣一生重要节点的苦难经历，因而被信徒称为十四处苦路。这十四处场景分别是无罪而问死罪、背负十字圣架、力尽首次跌倒、圣母苦街相遇、伤重西满代荷、圣容印手帕上、出城再次跌倒、回头惊醒妇女、上山三次跌倒、刑前被剥衣服、手足被钉架上、悬垂在两盗中、死后卸下圣体、圣体埋葬坟墓。据教堂工作人员说，早年间这些是油彩浮雕像，木框高2米、宽1.5米，立体感非常强，只可惜都已不存在了。下层在墙体上张贴数十幅大幅人物画像，内容为最后的晚餐等圣经故事。这些图画中人物逼真，形象鲜明，重笔浓彩，更加突显了堂内庄重严肃的氛围。

甬道的尽头是祭坛，由主祭台和左右两个偏祭台组成，在平面上呈倒"凸"字形。主祭台处在教堂顶端，即主堂的尽头，是一个由七面墙壁围合而成的半圆形空间，中间便是由三级台阶构成的、方方正正的祭台。第一阶是做弥撒之用，第二阶由红毯鲜花铺就，中间放置条几型祭案，两侧置有烛台，两个后背有翅膀的天使雕像相向而立。最后一级为近4米高由石块搭起的圣山，山体中部有个小型石龛,放置象征圣体的面饼。山顶是钉在十字架上的耶稣像,两侧分别站立着圣母像、若望像。在背后透过五彩玻璃折射进来的光束下,显得朦胧迷离,亦真亦幻,俨然飘浮在深邃广阔的星空中。

主祭台前面,左右分别放置一棵2.5米高的铜制蜡树,呈宝塔状,5层,仅底层周长就达3米有余,每株可放置200余支蜡烛。每当圣诞节平安夜等重大节日,两棵大蜡树和其他小蜡台上的白色蜡烛同时点燃,烛光辉映,使堂内充满柔和而神秘的气氛。主祭台右前方有一直径1.4米、高1.6米的圆形带顶讲道台,供神父为教友讲道说经之用。

偏祭台位于主祭台的前部两侧,即左右次堂的尽头。左侧顶端墙壁上悬挂着木框装裱的怀抱中的圣婴像,旁边配有一副对联:“花放枯木缔净配,荫叨福庇裕众生。”右侧顶端墙壁上悬挂成年的耶稣像,所配对联是:“伤心哉苦针密密,有情兮爱火炎炎。”画像下方是放有木龛的祭案。两个偏祭台前的侧面墙体上各有一门,通向小储物间。

教堂两侧的翼堂内分别放置神工楼,是教友信徒告解的地方。楼高2.60米,宽1.80米,平面基本呈梯形,木质三间结构,每间仅能容纳一人。中间有通透木门,内为代表天主的神父座位,两侧间无门但悬挂半帘为信徒跪位,可同时供两人忏悔。翼堂分别有门通向教堂外部,在圣诞节、礼拜日等重大节日人流量较大时,方便信徒出入,起到分流作用。

站在主祭台回望,对面是由4根4米高的八棱木柱支撑起来的一个木质平台,放置一台大型管风琴,高7米,长3米,宽2米。39根银色的风琴管分五组呈箭形竖立,整体又按中间高两边低的规则有序排列,镶嵌在木板内,从而构成管风琴的正面,乍看起来,好似一座中间一门两侧各两窗的西式两层木屋。最长的一根3米有余,最短的也近2米。据说,这是国内现存最大的管风琴,由德国制造。每到大的节日庆典,就要奏乐唱赞美诗,需要2人同时踩踏风箱,声音粗如沉雷,细如鸟鸣,音色浑厚响亮,特别适合演奏圣歌和悲壮的乐曲。在音乐台上,向上通过钟楼内部阶梯曲折到达钟楼顶部,向下通过塔楼内螺旋形木质楼梯可抵达大堂。

平时,在教堂里总会碰到三三两两的信徒,神情严肃地跪在跪凳上,双手交叉合拢抵住下巴,闭目凝神虔诚地祈祷,更增添教堂庄重肃穆的气氛。

拱顶与管风琴

主祭台周边半圆形墙壁上辟有三个门，即顶端一门(通过圣山两侧的隧道可抵达)两侧分别有一个侧门，通向教堂最后边的扇面形房间，再经由相对应的三个外门即可走出教堂，主要供神职人员使用，这是整组建筑的终端。

站在东侧的广场上，西望教堂，南部是下宽上窄的圆形建筑，中部是十字形建筑，北部是3个塔楼。南面、侧面是狭直的玻璃窗。一纵两横的主脊顶上分别有一排石制艺术化的十字架，酷似扑克牌里的梅花，按一大一小的规则有序排列，与塔楼上的金属十字架相互辉映。从建筑群落角度看，有高低五个层次的屋顶，有平有坡，错落有致。每层屋檐下都是一排火焰形的砖雕，配上火焰形门窗、高峻的形体、三个耸立的塔尖，造就一种向天空升腾的雄姿。不时有一群白鸽在教堂上空盘旋，与灰色的屋顶、湛蓝的天空、柔和的夕阳，以及室内传来的阵阵歌声、有“共颤”效果的曲子，构成一幅富于诗意的美丽画面。当太阳落山后，夜幕下的教堂，灯光通过玻璃窗中的彩色玻璃透入夜空，在闪烁星空的衬托下，就是一架即将起飞的航天飞机，载着信徒的思想欲进入深邃浩瀚静谧的夜空，涤荡心灵。

以前，宠爱之母教堂正门外不远处是一个铁艺黑色大门，是整个教堂区域的总出入口。门侧有一副对联：“群山熙雍独为上，万民攀登朝至尊。”落款为：“乙亥年仲夏王乐同书。”门上弧形的铁制跨券上，镶嵌着“天主堂”三个大字。对联外面的水泥墙体上又各阳刻一首诗。右侧标注为“录康熙七律一首”：

乾坤今有昔时无，实谁生成上下图。定属神灵明造化，原作人物立规模。

易称主宰由来久，道在良心可复初。古来圣贤皆敬畏，穷根探本乃真儒。

左侧标注为“录孙化远神文劝世言一首”：

功名好似水浮沤，财货原为蜃映楼。堪叹世人吞此饵，更怜吾曾上斯钩。

而今看得迷津破，是以归从正教游。时时存心思四末，日日操剑斩三仇。

有趣的是，虽然教堂为欧式建筑，但整个区域的大门却是中式的，教堂内部石柱上悬挂的对联与偏祭台上的对联，还有正门钟楼上对联的阴刻与大门两侧古诗的阳刻，呼应中蕴含阴阳和谐，体现了教堂在建筑上的中西方文化巧妙融合，可谓中西合璧。

如今的宠爱之母教堂集宗教、艺术和旅游价值于一体，是大名的必到之处。登上教堂的钟楼，还可俯视整个大名古城，欣赏城垣环绕中的古朴民居、深幽窄巷和万家灯火。

中式大门

据有关资料，大名天主教会源于19世纪中叶。清同治元年（1862年）两个法籍耶稣会士郎怀仁、鄂尔壁来大名传教，居无定所。直到同治末年，法驻京公使向清政府总理衙门申请后，才开始在大名城购地建设教堂，先在城内北大街路西建设简易教堂，后在东大街路北正式建设。特别是公元1875年华籍教士明嘉禄司铎来大名后，外籍毕、范、郝、庚、巴等司铎先后到来，信徒陡然增多。公元1900年义和团运动轰轰烈烈，天主教堂亦随之被焚毁，外籍教士逃离大名。《辛丑条约》签订后，庚子赔款项目中有大名道所属三府二十七州县筹集白银三十万两赔偿天主教堂的损失，外籍教士又陆续返回大名，在城外东北角购地二百亩（今大名中学所在地），建立窑场自行烧砖制瓦。随后又在大名城内东大街路北购地，先后建设教堂一座，楼房数幢，瓦房百余间。之后在城外窑场之地又建小教堂一座，平房百余间，成立修女修道院。此时的教会，宿舍、食堂、诊所、学校、安老院、婴儿院、种植园、墓地一应俱全。随着信徒的增多，又在城内东大街路南购置土地（原镇台衙所属箭马道遗址）修建一座更大的教堂，即此宠爱之母教堂。该教堂由法籍耶稣会士郝嘉禄司铎主持设计筹建，所需款项除国内外捐献外，均由天津总堂拨付。教堂建筑材料砖瓦是教会自己烧制，木料就地采购，条石由外地购进，内部装饰之物诸如石膏像、油画像、管风琴、大钟表、蜡树、彩色玻璃等，皆按设计规模在法国定做。教堂上砖下石，建筑坚固，风格独特精巧，美观而典雅，古朴而又富丽堂皇。自1921年建成至今，近百年的风雨沧桑，历经多次大的地震，以及战火的洗礼，奇迹般完整地保存下来。1993年入选河北省级文物保护单位，2013年被国家列为全国重点文物保护单位。

（写于2015年9月）

古楼弹洞作证

在大名古城北关，有一座美式建筑风格的四层古楼。古楼坐西北面东南，下石上砖，砖石木结构。这是美国教会于1925年在大名建设的医院。在其正面墙体上有成片成片的弹洞，石柱、石窗台等建筑构件上也留下清晰的弹痕。这些弹洞弹痕是1937年侵华日军与中国军队为争夺这个关系大名城池存亡的制高点而留下的，成为日本侵华战争的一个见证。

时间回溯到1937年，卢沟桥事变4个月后，日军占领邯郸，随即兵分两路攻取大名。为什么日军对大名“情有独钟”呢？这是由大名独特的地理位置和当时中国军队军事部署决定的。

中日交战留下的弹洞

自古以来，大名就是兵家必争之地，是有名的“河朔重镇”。县志记载，大名“环漳水而襟卫河，面太行而抵沙麓”，“东郡股肱今右辅，北门锁钥古天雄”，“界连鲁豫，隐然有绾毂三省之势”，甚至有“昔谓帝不得不帝，王不得不王，猾贼据之，令天下不安”的说法，具有“固形势以控扼天下之枢”的重要性。由于地处三省交界，隋唐大运河穿境而过，同时也是大邯公路（大名至邯郸）、平大公路（北平至大名）的交汇点，西靠平汉铁路，可谓水陆交通枢纽。北可直通天津、北平，南可下长江沿岸，东可窥山东，西可达太行山。

最重要的是，大名是宋哲元反攻日军司令部所在地。早在1933年，宋哲元的29军在喜峰口长城抗战中，凭借大刀、手榴弹和不屈的精神痛击日军，大刀队扬威海内外，由此诞生了著名的《大刀队之歌》，而后日本兵的钢盔上加了道可以上下活动的铁护颈，并给29军下了“抗日意识深入官兵，实为性质不良之军队”的评语。

喜峰口抗战后，29军部接管平津及整个河北地区。卢沟桥事变发生时，29军主力仅有四个师，但因为装备落后，总战斗力尚不及日军一个师团。不过，当时宋哲元的排兵布阵颇为讲究。四个师的部署宛若一只巨大的“三叉戟”，西侧张家口一带是143师，东侧天津是38师，正中央（包括北平和北平以南直到保定）是37师，这是三叉戟的三个刃，前面还有一个独立第39旅作为屏障。三叉戟的柄，则是河间、大名一带担任预备队的132师。

由于蒋介石的“应战而不求战”策略、宋哲元的自保平津华北地盘思想，加上敌我军力的严重失衡等原因，在日军从东北西三面将北平包围的情况下，中国军队即宋哲元的29军（其实整个华北地区，中国军队也仅有29军），最终在付出沉重代价后撤出北平。平津沦陷后，日军沿平汉路迅速南下，这样，宋哲元的三叉戟布阵就仅剩下三叉戟的柄尖即大名一带了。

出乎宋哲元意料的是，蒋介石对他此次失利不但没有指责，反而慰勉有加，将29军扩编为第一集团军，将原来的四个师扩编为三个军，宋哲元为总司令，部队驻守津浦路沿线。这使宋哲元很感动，更加坚定了他要重整旗鼓与日军再大干一场的决心。但是蒋介石不久又委任冯玉祥为第六战区司令长官，负责指挥津浦路抗战。宋哲元意识到这是变相剥夺自己的兵权，便称病休养。当满怀雄心壮志的冯玉祥来到第一集团军时，发现过去的部属早已和他离心离德，且诸将相互疑忌，矛盾重重，根本指挥不动。不得已，蒋介石只能让宋哲元回来收拾局面。这又让宋哲元重新点燃了他与日军血战到底的激情。

回到部队后的宋哲元很想有所作为。为扭转被动局面，他主动向蒋介石请求发动反击，夺回失地。他的作战计划是，以三叉戟的柄——大名为基地，向北逐步推进，首战是进攻邢台。得到蒋介石的批准后，宋哲元开始积极备战。他把自己的司令部设置在大名，同时命令声名威震日军的何基沣镇守大名。

宋哲元这样安排是有用意的，因为何基沣曾令日军闻风丧胆。卢沟桥事变发生时，守卫卢沟桥的驻军正是何基沣任旅长的第3旅。部队驻扎在宛平城，扼守平汉铁路要道卢沟桥。何基沣亲临前线指挥，英勇杀敌，仍然以大刀片多次打退敌人进攻。后来日军以飞机大炮猛攻宛平城时，何基沣指挥官兵浴血奋战，不仅保住了宛平城，而且夺回了已被日军占去的龙王庙等地。日军连遭惨败，吓得日军指挥官田代(中将)在八宝山剖腹自杀。此时日军扯起白旗谈判,以待援兵。何基沣受命前往与日军谈判,严词驳斥了日方强令中国军队撤出宛平城的蛮横要求,严厉指出:“中国人不是好欺负的,中国的领土一寸也不容外国人践踏。”日军代表恼羞成怒,拔刀直逼何基沣。而何基沣毫无惧色,拔枪迎了上去,倒是鬼子悻悻地先放下了军刀。撤出北平后,何基沣升任179师师长,部队边打边撤,于9月17日到达大名。

其实日军也研究透了29军的处境,摸清了蒋介石对29军的态度(蒋介石陈兵黄河南岸严防日军,同时也防29军退入河南)以及山西阎锡山、山东韩复榘的立场。日军明白,目前29军被逼到了华北南端大名一隅,只要再加把力,就完全可以吃掉29军,特别是要把何基沣彻底打掉,以报喜峰口之战、卢沟桥之战、南苑之战的大仇。于是大名成为日军攻取的重点目标。

攻占大名城的日军第14师团作战部署是,第20旅夺取并占领彰德(今河南安阳),第27旅团(旅团长是馆余菊)指挥5个步兵大队、1个野炮大队、1个山炮大队在临漳集结,其他师团主力在磁县集结,由土肥原贤二亲自指挥,东窥大名。

战争形势是瞬息万变的。宋哲元反击的兵力部署还没有完成,日军就发起了进攻大名的战事。面对此形势,宋哲元不得不先守卫大名。他这样部署兵力:大名城东面是181师石友三部,城外围是179师何基沣部,同时37师吴振声旅也归何基沣指挥。何基沣的具体兵力部署是,将新由保安部队改建成的汤传声旅部署在城内,将战斗力较强的柴建瑞旅部署在城西一带,把战斗力强大的吴振声旅安排在大名西北数十里的魏镇防守。同时宋哲元将李殿林的骑兵旅调至魏镇西边的成安,阻击日军东进。

1937年11月9日,日军兵分两路,一路取道广平经大广公路侧攻大名,一部由成安经魏县直扑大名。在进攻大名之前,日军先动用战机到大名侦察,发现目标后即行轰炸,持续多日。面对敌人的咄咄逼人态势,中共大名、成安、临漳等县党组织积极协助、配合第一集团军68军刘汝明部和组织地方武装抵御日军东犯。其中,中共大名县委书记谷俊华引导国民党一部在成安东南与日军作战时身负重伤,投井殉国。

日军在飞机、大炮、坦克配合下,迅速突破中国军队防线,直达大名城西四十里的魏镇。两路人马很快逼近大名城,使大名陷入西、北两个方向的夹击。在大名城西布防的吴振声旅抵挡不住日军的攻势,被迫撤入大名城内。日军在大名城周边村镇肆意杀戮,制造西王庄惨案、闫小庄惨案、刘窑村惨案等,惨绝人寰。紧接着日军以坦克牵引气球,气球下有吊篮,吊篮配有机枪,军官乘坐其中凌空指挥,在飞机、大炮配合下，一步一步推进至大名城下。

11月11日，日军四面包围大名城，开始猛烈攻城。何基沣亲临城头，打退了一次次日军的疯狂进攻。特别是在北城门外，日军凭借距北城门仅百米的美国教会医院古楼，发起一波又一波的强大攻势，形势严峻。

古楼全貌

其实，在日军攻来之前，何基沣就发现该古楼是北城门外的制高点，直接关系着北城门的安全。于是派人去接管此处，怎奈教会人员以美国保持中立为由拒绝179师驻防。然而日军来到北城门下，发现此制高点对攻城有利，与教会人员协商遭拒后，日军将枪口对准了所有教会人员，强行他们撤离，遂率先抢占了此制高点。

为确保大名城池，何基沣决定夺回此古楼。经过一天强攻终于在傍晚时分抢占此楼。然日军不甘失败，晚上进行反攻，古楼再次被日军占领。之后，双方在此展开了拉锯战，枪声密集激烈，古楼数次易手，双方死伤惨重。古楼上那些一片片的弹洞弹痕，就是在这次激战中留下的。

由于日军兵力占有绝对的优势，最终还是日军控制了这个制高点，以火力压制，掩护坦克撞开北城门，骑兵率先冲进大名城，随后步兵跟进。双方军队在城内开始了巷战，展开肉搏战。

最终由于中日军力悬殊太大，誓与大名城共存亡的何基沣，被手下以挟持的方式强行拖出大名城而被迫撤出战斗，大名城沦陷。从此大名人民处于日军的铁蹄之下，遭受侵略者的蹂躏，陷入水深火热之中，直到1945年大名解放。

（2015年9月20日发表于《邯郸日报》）

善乐营会议与冀南抗日反顽

在大名县城东北26公里处有一个叫作营镇的村子，是回族群众聚居区。卫河将该村一分为二，河西的称为西营村，河东的称为东营村。西营村中有一座始建于明朝的清真寺，据该寺老阿訇说，抗日战争期间，即1939年，邓小平政委在这里召开了一次抗战反顽的重要会议，史称善乐营会议（当时营镇称善乐营）。

1939年11月15日，八路军129师政委邓小平冒着多重危险通过重重封锁线，顶着凛冽的寒风，风尘仆仆来到大名县善乐营村（今营镇乡西营村）出席冀南抗日反顽会议，传达中共中央指示，分析冀南革命斗争形势，安排部署抗日反顽工作。“抗日”很好理解，那么什么是“反顽”呢？这得需要从当时的中国革命形势说起。

1936年12月西安事变发生后，在中共中央努力下，促成了第二次国共合作，形成抗日民族统一战线。特别是从1937年七七事变到1938年底，八路军各部队挺进华北敌人后方，新四军在皖苏一带，分别开辟敌后战场建立根据地，相互呼应地开展抗日游击战争，与国民党军的正面战场相互配合，陷日军于腹背挨打的境地。

可惜这种合作抗日的好景不长。1939年，日军停止了战略进攻，正面战场转入对峙，国民党军的正面战场压力减轻。同时，蒋介石看到中国共产党领导的八路军、新四军在敌后不断发展壮大而感到不安，于是国民党友军开始变得不友好起来，一方面从前线调回20万精锐部队，对以延安为中心的陕甘宁边区采取封锁，另一方面派出一些部队到敌后同共产党争地盘，制造摩擦，而且一有机会就进攻八路军、新四军。1939年4月，国民党军在山东博山袭击八路军山东纵队第三支队，残杀八路军指战员400余人，制造了博山惨案。6月12日，四川军阀杨森部队袭击新四军驻平江通讯处，枪杀通讯处负责人涂正坤，活埋了8名工作人员，这就是震惊全国的平江惨案。

面对国民党挑起的反共摩擦和冲突日益加剧，毛泽东强调指出：“人不犯我，我不犯人;人若犯我,我必犯人。”在忍无可忍、退无可退的形势下,对于前来进攻的国民党军,当然不宜再称友军,只能归入国民党中的反共顽固派,称之为顽军。八路军、新四军迫不得已,本着有理有利有节的原则进行自卫反击,简称反顽。抗日必须反顽,反顽为了抗日。只有这样才能制止国民党军分裂投降危险,维护抗日民族统一战线大局。

那么,当时的冀南革命形势又是怎样的呢?

1937年7月,卢沟桥事变后,由于国民党实行片面抗战,北平、天津相继失守。随后侵华日军沿平汉铁路大举迅速南犯,到11月初,包括大名在内的整个华北地区全部沦陷。面对此严峻形势,从1937年12月起,八路军129师就先后派遣挺进支队、东进纵队、骑兵团等开赴冀南平原,与中共冀南特委一起,打击日伪、改编地方武装、建立抗日政权,开始创建抗日根据地,相继成立中共冀南区委员会、冀南行政主任公署、冀南军区。1939年3月,129师挥师太行,115师东进鲁南沂蒙山区。到1939年底,以南宫(今河北南宫)为中心,西起平汉铁路、东至津浦铁路,北起沧石公路、南抵漳河(穿越大名县境的一条河流)两岸的冀南抗日根据地基本形成。就大名一带而言,先后成立中共直南(相当于今以大名县为中心的冀鲁豫三省交界的广大地区)特委和第四支队、中共鲁西特委和第十支队等,并建立冀鲁豫边(也称小冀鲁豫,包括直南、豫北、鲁西南)、鲁西等根据地,构筑抗日堡垒,冀鲁豫根据地雏形初现。

此时,抗日战争进入相持阶段,日军对国民党政府实施“以政治诱降为主,军事打击为辅”的政策,调动80%以上侵华日军的兵力集结于华北,重点对付在敌后的共产党八路军,大规模扫荡抗日根据地。国民党五届六中全会又确定“以军事反共为主,政治反共为辅”的反动方针,掀起军事上的反共高潮。在河北一带,石友三(国民党察哈尔省主席)、朱怀冰(冀察战区政治部主任,兼管河北民政,统率河北民军)、张荫梧(河北省三青团总干事长)等人相互勾结,不执行统一战线联合抗日的决议,处处与人民武装大搞摩擦,甚至向民主武装力量进攻。

当时的大名县一带由国民党河北省濮阳行政督查专员、冀鲁边区八县保安司令兼冀察战区游击第一纵队司令丁树本管辖,副司令是陈明韶(兼三旅旅长),时称“丁陈部队”。中国共产党在统一战线政策的指导下,向丁陈部队派去了一批党员干部,通过艰难的工作后,决定在北张村(冀豫交界处)筹建由陈明韶任县长的大名县抗日政府(后来又迁至大名县境内的户村、张铁集、东劝庄等地),吸纳青年知识分子,开始在冀鲁豫一带组织抗日工作。按照上级领导的指示,大名县第四区抗日自卫大队归属陈明韶的大名县抗日政府领导,形成抗日统一战线。然而陈明韶的大名县抗日政府、丁陈部队不但不抗击日本侵略者,反而处处对在政府部门和部队中的共产党人及进步人士进行限制,且屡屡想置共产党人于死地,甚至妄图借日军之手剿灭共产党。中国共产党按照"有理、有利、有节"的原则,据理力争,反复阐述道理,但无济于事,丁陈在大名制造的摩擦不断升级、加剧。

与此同时,河北、山东、山西等省的许多地方,也都发生了国民党顽军向八路军、抗日民主政府进攻的流血事件。此时,大名所处的冀南平原,以及与之毗邻的鲁西平原,只剩下地方武装,面对日、伪、顽三股反动势力,处境危难。在这种严峻的抗战局势下,中国共产党决定在冀南召开一次抗日反顽会议,分析形势,研究对策,确定目标,安排部署下一阶段任务。

1939年11月初,冀南军区派人到广平县找到县委书记栗汇川、县长王玉修,商定在平固店村的崇福寺筹备一个三四百人参加的大型冀南抗日反顽会议。会务准备工作一切就绪,与会的同志有的已经报到,却得到日寇增兵广平欲大举扫荡的情报,于是会议地址临时改为位于广平县东南方向50公里的大名县善乐营村。

善乐营村地处两省(河北、山东)三县(大名县、馆陶县、山东冠县)交界,距离日军占领的大名县城有40公里之遥。善乐营村的地理位置非常特殊,处于漳河、引河与卫河三大河流交汇的三角地带,河道曲折多变,弯多水深,河汊密集,河网密布,可谓四面环水。西面的引河和漳河是防御来自广平方向日军的天然屏障。卫河在南、东、北三面绕村而过,东岸即是平大公路(今天的106国道),一旦遇有紧急情况可迅速撤离。更重要的是善乐营村群众基础较好,且该村以东的广大地区是比较稳固的抗日根据地。早在1938年,129师386旅773团就曾进驻善乐营村,团长程鹏飞向该村清真寺的阿訇何广才及穆斯林群众宣传抗日救国道理,得到响应,不到一月就有121名回族有志青年报名加入抗日队伍,成立了抗日救国回民连,连部就设在了善乐营村清真寺,何敬明任连长,杨兆兴任副连长。

1939年11月15日,冀南地方党政军领导干部大会在大名县善乐营清真寺院内召开,出席会议的是冀南、直南、鲁西北三地区部分县的县委书记、县长,各部队的团级以上干部,约三四百人,会期两天。

会议由冀南区党委书记宋任穷主持,129师首长邓小平同志传达了中共中央《关于反对投降主义的指示》精神,以及党中央、毛主席对抗战形势的分析和对敌斗争的方针、政策、任务，同时分析了冀南革命斗争形势，揭露国民党反共投敌的阴谋，号召做好战争的各项准备动员工作，加强对敌顽的斗争，巩固和扩大抗日根据地。

这次会议对当时冀鲁豫边区党的建设，对军队的整顿、发展、壮大，对发动群众深入开展减租减息，建立健全基层群众组织，以及各项战争动员工作，起到了关键作用，特别是决定做好发起卫东战役(即卫河以东地区。卫河穿流大名县境)的准备工作。

1940年2月，国民党部队开始大举进攻太行根据地，时任97军军长的朱怀冰、河北保安司令鹿钟麟、新5军军长孙殿英等部在驻地磁县、武安、林县等地袭击抗日军民，进犯抗日根据地。盘踞在直南地区的石友三、丁树本、陈明韶，还有山东一带的沈鸿烈等部相互策应，向冀鲁豫根据地大举进攻。在这种严峻的革命形势下，关系到中国共产党抗日根据地生死存亡的紧要关头，卫东战役打响了。在宋任穷、程子华统一指挥下，调动冀中、冀南、鲁西三区地方主力17个团，发起对国民党第十集团军司令官兼39军军长石友三部及丁陈部队的战斗，并开展声势浩大的瓦解顽军的斗争，采取顽军家属夜喊儿子回家等举措，效果明显。仅在金滩镇(北距善乐营20公里)一役，石友三顽军800余人被歼灭，2000余人起义，其余南逃清丰、南乐，丁陈部队逃往豫西。

反顽战役中，大名县本地游击队全力配合八路军作战。此次战役，经过武力打击、政治瓦解，大获全胜，共击毙顽军3600余人，击溃万余人，有力地配合了平汉铁路以西的反顽战争。大名县抗日队伍得到加强，大名抗日根据地得到巩固和发展，也使冀鲁豫抗日根据地得到进一步扩大。

(2015年8月30日发表于《邯郸日报》)

邓丽君故里探秘

中国群星闪耀时，谁在星空中发出最璀璨的光芒？

1978至2008，谁在历史的关键节点，深刻地影响了中国社会，表达了一代人的呼声，象征了一代人的成长，又被一代人记忆？

他们就是中国骄子。

邓丽君　始于1978

改革开放刚刚打开国门，她的歌声最先飘进心门。她歌唱爱情，使被政治戕害的心灵恢复了人性的温度；她温柔甜美，为被禁锢的个人情感铺下抒情的芳草地。她是一个不在改革开放现场的破冰者，在水一方，把一个时代的文化真空转换为一个人的娱乐星空；她是一位赞美梦想与追求的青春引路人，以柔克刚，改良了一代人的审美趣味。

以上文字是2008年11月22日《邯郸晚报》转载《新周刊》专题文章《30年十大“中国骄子”》的开篇之语。被列为改革开放30年十大“中国骄子”之首的邓丽君，虽然出生在台湾省，但她的根在河北省大名县邓台村。一想到这里，耳畔就响起那段耳熟能详的甜美歌声：“弯弯的小河，青青的山冈，依偎着小村庄……怎不叫人为你向往，问故乡别来无恙，我时常的想念你，我愿意回到你身旁……你常出现我的梦乡……”朴素的歌词，优美的旋律，加上邓丽君充满依恋深情的演绎，让人们感受到邓丽君对家乡的向往与眷恋，全都倾注到这首《小村之恋》里，使人不禁产生要去邓丽君家乡探个究竟的欲望，去看看这个令邓丽君“向往”的地方、“想念”的地方、“常出现我的梦乡”的地方，去感受“小村”的魅力、“故乡”的磁力。

村名寓禅机

邓台村位于大名县城东北方向10公里处，在北宋四大京都之一的陪都北京大名府城北关外，西接翠屏山（土山名，今邓台村西1.5公里的徐山庄、李山庄、廉山庄一带），背靠漳河右堤，前临漳南排水渠（漳河故道），村子周围植满了郁郁葱葱的杨柳树，为这个小村庄带来了几分灵气。

绿树掩映下的邓台村

县志记载，邓台村原名“邓堂”。《说文解字》注解：“堂者，殿也。”殿堂是对佛寺重要屋宇的总称。殿是奉安佛，菩萨像，以供礼拜祈祷的处所。堂是供僧众说法行道等用的地方。《大名宗教志》记载：公元元年前后佛教传入中国，东汉安帝永初元年（107年）传入大名，汉顺帝永建年间（126—131年）在现在的邓台村建成大名第一座佛寺——兴隆寺，寺院大殿颇具规模，禅舍幽静，风景宜人，被称为“河朔第一寺”。相传，魏公曹操曾在此与方丈对弈围棋，品茗谈禅，请教治国方略。据说位极人臣的曹操不称帝，就是受到兴隆寺方丈的指点。魏文帝曹丕也到此访僧问道，召见文武官员，运筹朝事，完成建立大魏政权的准备工作。

元朝为了弘扬佛法，在国内遍设寺院，于是邓台村又有了愿力寺。该寺规模宏伟，建筑工艺精巧，寺内塑像姿态超人所思。寺内住持昙秀禅师是元朝时期著名高僧，“因皇帝曾召见，讲经说法，引得显官达士僧俗人等，常来大名愿力寺求讲佛法”(《大名宗教志》)。可以想象当时晨钟暮鼓,佛音缭绕,香火旺盛,香客络绎不绝的繁华景象。禅师坐化后,“皇帝降旨殊礼厚葬”,并在寺侧建筑了昙秀禅师支提塔。时至今日,两座庙宇已不复存在,但每年农历四月初八大庙会仍波及方圆数十里。

从佛教的角度来说,四月初八是佛诞节,也称浴佛节,汉族地方以此日为释迦牟尼诞生日。佛教传说,佛在诞生之日,有龙喷出香雨沐浴其身,所以在佛诞日要以各种名香浸水灌洗佛像,并供养各种花卉,同时举办诵经法会、拜佛祭祖、施舍僧侣等庆祝活动,这就是人们所说的“庙会”。

在佛教传入中国100年左右,邓台村这个地方便有了佛寺。由此可见,“邓堂”的来历应该与佛寺有关,但具体缘于何时,还有待进一步考证。邓书林讲述的《寻访邓丽君祖籍始末》一文记述了邓丽君的姑奶奶邓社姑、邓香姑的话:“听说家谱上写,邓家先祖曾是名门望族,在老早老早以前,为避祸乱从河南搬到这里隐居,靠做生意养家,后来又复了宗,人气很旺,非常荣耀……”而历史上邓姓成为名门望族又恰恰是在东汉初年,由此推测,“邓堂”的起源应该在兴隆寺建成以后的东汉中后期。

此时,笔者不禁想起邓丽君一生笃信佛教。她青睐泰国,每年都要去泰国度假,最主要的原因是泰国为佛教圣地,可以礼佛参禅。她最喜欢的颜色是粉色、紫色,也是佛家禅师的指点。在她的香港故居楼梯顶部天花板的横梁下,竟也挂着一枝竹箫。据说这叫“横梁直萧”,能去灾免祸,化解噩运。邓丽君的信佛与故乡悠久的佛教文化是巧合,抑或是冥冥之中的天意?耐人寻味。

谶语又成真

在漳河右堤的87公里碑桩处,笔直的河堤形成一个“牛索子”弯,而邓台村恰恰处在这个“牛索子”弯中。村南是漳南排水渠,流水潺潺。可谓背堤面水,堤抱水绕,柳荫荷香,田园雅处。在村子里流传着一个代代相传、百讲不厌的故事。说是一风骨不凡的风水先生路过邓台村,在邓家酒坊驻足而歇,见乡亲热情好客,民风淳朴,便念了四句口诀:“青龙日奔,玉带腰缠。水土相济,贵人当兴。”人问其详,答曰:“天机天机。”言罢扬长而去。此事代代相传,几十年过去了,也未见什么贵人出现。直到邓丽君出现,人们似乎感觉这句谶语得到应验。

现在想起来，相士的那句谶语也许能够理解，“青龙”是说树木百草覆盖的漳河大堤，向太阳初升的东方逶迤延伸。伴随着它的是“玉带”，即漳南排水渠。这一土一水在邓台村这个地方产生了独特变化，形成了与众不同的地理环境，成就了邓台村这块风水宝地，出“贵人”就是理所当然的了。

在大名类似这样的预言很多，譬如汉朝元帝的皇后——孝元成皇后王政君。《大名县志》记载，元城建公曰：“春秋沙麓崩。晋史卜之曰：‘阴为阳雄，土火相乘，故有沙麓崩。’后六百四十年宜有圣女兴。”于是，在汉朝时大名王氏家族中的王政君成为汉元帝的正宫皇后，后来做了皇太后、太皇太后。还有明代孝洁陈皇后的预言。《大名县志》记载，陈皇后之父陈万言“慷慨有大志，博览群书，为诸生冠”，却“屡试不售，年已五十余矣”。偶遇相士，惊言：“君相当腰玉，贵不可言。”嘉靖元年，陈女成为明世宗的正宫娘娘。

就大名县讲，公元前1世纪的西汉，大名出了个太皇太后王政君，公元16世纪的明朝，大名出了个陈皇后，谁会想到在20世纪的中国，大名又出了个闻名世界的华语歌后邓丽君。从邓姓的发展史讲，公元2世纪的东汉，邓姓族群中出了个皇太后邓绥，18个世纪后，邓姓族群中又出现了一代歌后邓丽君。

祖居藏玄妙

据邓台村老人回忆，邓丽君祖居位于村子中央，从南向北由店铺区、居住区、作坊区三部分组成，可谓是前店后坊。当时，临街的建筑除了大门就是商业店面——邓家酒坊，即邓家卖酒的地方。邓家酒坊的错对过便是张家药铺。当时邓家酒坊在这一带名气很大，有“邓家酒坊，张家药铺，咱们老百姓的贴心事儿”之说。所谓张家药铺是村中张姓人家开的中医诊所。据村中老人讲，从前一位张姓郎中行医至此，看到四面八方的人们来寺庙中上香问病、疗疾求愿者甚众，便寄居下来把脉问诊，开方抓药，后来见医患增多，且这里人们善良厚道，就定居此地，繁衍生息，世代悬壶。由于医术高明，久而久之使得张家药铺闻名起来，并与邓家酒坊成为这一带人们生活中不可缺少的一部分。

跨进大门，迎面而来的是照壁，中间硕大的“福”字，寄寓着言传不及而意会丰富的文化内涵。在照壁的西侧，是一棵粗大的“十月青”枣树。它是邓丽君的父亲邓枢在母亲去世的那一年亲手移植栽下的祭母树，虽然经过近百年的岁月沧桑,仍枝叶繁茂,树冠硕大,果实累累。

邓家老屋

绕过照壁,通过二门,进入居住区。南北狭长的院落、三间北屋的正房、东西各四间的厢房、南面居中的二门以及二门外的照壁,共同组成了完整的农家小院。这是典型的北方农村民居建筑格局,按风水阳宅说法,这样的建筑模式能聚气生财,人丁兴旺。房屋墙壁下半部分是一人多高的蓝色砖墙,上半部分是皲裂脱落的褐色泥墙,加上方正厚重的黑色门窗,显示着古朴与沧桑。门楣上的串串红辣椒、屋檐下的排排黄玉米、墙壁上的辫辫白大蒜,散发着泥香与温馨。院中两棵叶茂冲天的枣树、枝上几只喳喳不休的麻雀、瓦际迎风摇曳的茅草,增添了小院的生机与活力。正摆倒扣的蓝色瓦片、方砖铺就的蓝色甬道、高远深邃的蓝色苍穹,三者浑然一体,引人遐想,发思古之幽情。

穿过北屋侧的东、西过道,分两路跨越两个小门进入后院,这里便是作坊区。有邓家古井、酿酒作坊,是发酵制酒的地方。这里的水井很有意思,是井里有井。随着宅基的增高,水井也分层次在向上收缩延伸,好像两井套在一起,井水甘冽清澈,这也是邓家酒好酒香的重要原因。

综观邓宅建设格局,具有浓郁的北方农村特色。虽不是富家的深宅大院,区域功能却也分工明确,也可以看成是一座三进的院落。整个宅基总体呈长方形,但在东南部缺了一块。据说,这是邓家祖上特意建成这样的。为什么要这样设计呢?取风水学"有钱难买东南缺"的说法。按古代建筑风水理论,这是一块能聚财发家出贵人的好宅基地。

隔街相望是一个不大不小的水坑。风水先生说它是邓家的聚宝盆,但它却没有保佑邓家家业的长盛不衰。据说,早年间村民取土时,曾挖出一口古井,井底硕大的方石上有古拙的太极图案,阴阳鱼活灵活现,但如今已不知去向。这个水坑本是流经村边的漳南排水渠,由于建筑取土的缘故,水渠在这段豁然开阔,形成一个不大不小的湖面。湖中碧水荡漾,莲荷飘香;鸭嬉清波,鱼翔浅底;雨后蛙声,夜半蝉鸣;青青堤岸,杨柳依依;晨光初照,薄雾锁桥:恰似一幅优美恬静的田园风景图。正如邓丽君在歌中所唱:"清浅池塘,鸳鸯戏水,红裳翠盖并蒂莲开。"

整个邓宅靠堤临水,别有一番景致和雅趣。据邓台村仍健在的张可忠、田松林回忆,小时候他们常常与新玉(邓丽君的父亲的乳名)在这条小河里拍波嬉戏,凫水扎猛子,抓鱼摸虾。幼年童趣和友谊,如今已留在记忆深处。

谈及邓家酒坊,不能不说一下邓丽君对美酒的偏爱。不知是祖上的遗风,抑或是个性之使然,邓丽君虽是女子,却对美酒情有独钟。但这不是说邓丽君能大碗喝酒,而是善于用酒制造气氛,点缀生活。在邓丽君香港故居的客厅里专门有个小酒柜,里面摆放着各式各样的酒具,其中还有一件购自英国的水晶酒具套装,这是她的最爱。邓丽君喜欢品尝美酒,像日本清酒、红酒,法国的葡萄酒等。吃大闸蟹时,更爱以红高粱酒佐吃。她在日常烹饪炒鸡蛋时也特意放几滴白酒,以求鲜嫩。更为重要的是其性格与酒之特性相似,都是形柔内刚。邓丽君赴日本发展是看中日本高超精湛的歌唱艺术,但其内心感情对日本是抵触的,这主要来自日本对中华民族的伤害及父亲艰难的抗日经历。所以,当日本的演出公司提出邀约时,她开出了两个登台条件,一是每场演出至少要唱一首中文歌曲,二是必须穿着中国的民族传统服饰旗袍登台,由此深得日本民众敬佩。

邓丽君唱过许多与酒有关的歌曲,如《美酒加咖啡》《酒醉的探戈》《何日君再来》《但愿人长久》等,甚至歌曲中还出现了"干了这杯,再说吧"的道白。其歌声犹如酒之品质,入耳绵甜,回味悠长。这些与其祖上的酿酒历史是巧合,还是一脉相承?引人品味不已。

祖碑述家事

参天大树,必有其根;怀山之水,必有其源。 在漳河大堤下的邓氏宗茔前,有一通立于清宣统元年(1909年)的石碑,上面记录着邓家人的先辈。碑的正面中间书“清故显考邓公讳美字良玉元(继)配冀(崔)坟墓”,左侧书“宣统元年岁次己酉腊月穀旦”,右侧为子孙姓名(不含女子)共26人。据邓鸿林老人生前回忆,当时还修有三间邓家宗祠。

清朝宣统元年,即1909年,由“天”字辈兄弟俩,即邓丽君的高祖父邓天元和叔高祖父邓天德为其父邓美立了这通石碑。据邓台村老人邓书林回忆说,在他寻访邓丽君祖籍时,邓社姑、邓香姑曾告诉他,老爷爷邓美造高粱酒,善于经营,把邓家酒坊搞得红红火火,靠勤劳支撑家业,经济富足,生活殷实,置田买地,聘师教子。

邓丽君的天祖邓美墓碑

在邓家人的祖祖辈辈中,有两件事值得一说。一是“天”字辈兄弟中,长子邓天元是监生。所谓监生就是明清两代对在国子监读书或取得进入国子监读书资格的人的称谓。国子监是封建时代的国家最高学校,相当于今天的北京大学、清华大学。另一件事在邓丽君的曾祖邓埈这一代8人中曾叔伯祖叫邓荣。这里有一个奇怪的现象:其中7人名字中是“土”字旁,唯独邓荣名字中无“土”。在邓荣的名字上面有两行小字,其中一行为“五品蓝翎”,在清朝这是武官。据邓家子弟推测,邓荣可能是后改的名字,因为在古代封官是光宗耀祖的事情。至今邓家祖居门前还保存着供人上马用的上马石。

在邓丽君的祖父邓鸿慈这一代“鸿”字辈人中,碑刻记录了16人(1909年前出生的鸿字辈人)。从邓美“天”字辈2人、“土”字辈8人、“鸿”字辈16人看,邓家人丁兴旺,真应了那句“有钱难买东南缺”的话了。邓丽君的高祖邓天元和曾叔伯祖父邓荣,一文一武,成为家族中的骄傲。

邓丽君的父亲邓枢,乳名新玉,1916年农历正月初十出生在大名县邓台村。那个时代兵荒马乱,本来生活难以为继,“漳二别子”(漳河的俗称)水灾泛滥,更是雪上加霜。在邓枢4岁那年，其父邓鸿慈面对吃了上顿没下顿的现实，为了给家庭找条出路，一狠心闯关东去了，从此杳无音信。邓枢8岁那年，母亲邓范氏因无钱治疗乳疮，于农历九月二十四去世，孤苦伶仃的邓枢只得与祖母及两个姑姑（邓社姑、邓香姑）相依为命，长大成人。15岁那年，又是一个大灾荒年，爷爷奶奶在饥寒交迫中相继离世。面对困顿的家境，邓枢不顾两位姑姑的极力反对，毅然踏上了关外寻父的艰难之路。在寻父未果的情况下，落脚于唐山开滦马家沟煤矿下井挖煤。当时其堂哥邓枢山、邓枢玉和本家叔叔邓鸿勋、七爷邓玢一家都在这个煤矿卖苦力。

九一八事变后，邓枢加入工会，参加游行、罢工、请愿等工人运动。华北事变时，正值20岁出头热血青年的邓枢，面对东北沦陷华北不保的国难，积极响应号召，毅然弃工从戎，投入到抗日救亡的洪流中，参加了著名的台儿庄战役、营口战役等（这成为他后来极力反对日本著名音乐经纪人舟木稔邀请女儿赴日发展的重要原因）。毕业于黄埔军校西安分校，后晋升为中尉军衔。

邓枢在1943年与赵素桂（1926—2004，山东东平人）结婚，1949年辗转到了台湾省。到台湾初期，邓枢一家常随部队迁徙，居无定所，过着清苦的日子，直到1959年退役后才由乡下搬到台北。邓枢深谙皮黄京曲，很喜欢唱京戏，是演奏二胡的一把好手，这对幼年的邓丽君影响很大。邓枢非常思念故土，很想回家乡谒祖归根，看看亲人。到了晚年，这份情感更加强烈。他也只能让女儿托香港朋友给邓台的亲人邓枢业和嫁到东周庄的两个姑姑邓社姑、邓香姑捎去现金和药品，以慰心灵。1990年5月8日，邓枢带着遗憾病逝于台北。

邓埈这一支中，"枢"字辈男子一共7人，经过岁月摔打剩下4人，即同在开滦马家沟煤矿的邓枢山、邓枢、邓枢玉和在家的邓枢业。邓枢山经过闯关东的人生磨难后流落在辽宁省绥中县，邓枢玉带着唐山的妻子杨凤兰返乡。而邓枢则当了兵，从此与家乡失去联系，音信全无，直到1979年，因邓丽君的声名鹊起，经各级有关部门的多方寻访，才知道

邓枢父女

邓枢儿经漂落到了台湾。邓枢业则因严重口吃孑然一身，未离家乡。现在，邓枢山有4男3女，邓枢有4男1女，邓枢玉有4男2女。

从“枢”字辈的后代名字来看，发现一个非常有趣的现象。不知是“枢”字辈三兄弟的不谋而合，还是事先有约，虽然一个在中国东北，一个在中国台湾，一个在家乡邓台，他们后代的男子都是“长”字辈，且都有4男。

展室现传奇

邓丽君祖居的作坊区如今已开辟成展室（后迁至大名县城，更名为邓丽君筠馆），大量的翔实图片、资料展示了邓丽君传奇的一生，讲述鲜为人知的幕后故事，揭开其身上众多谜团。同时，还有家世图谱、姑侄亲情、故居掠影、与君同游等几个主题，此外也展示了邓家祖上遗留下来的生活用品、生产工具等。

身份证登记为“本籍河北省大名县”的邓丽君，本名邓丽筠，英文名字叫Teresa Teng。1953年1月29日出生于台湾省云林县。独有的艺术天赋，顽强的奋斗打拼，超人的敬业精神，使得从艺后的邓丽君在歌唱事业上蒸蒸日上，一发不可收，先后获得“娃娃歌后”“天才女歌手”“歌坛巨星”“华人歌后”等称号。可谓大奖无数、荣誉无数，走红大半个亚洲，风靡华人圈，震动世界歌坛。

邓家丫头，崭露头角。邓丽君的降生给邓家带来了巨大的惊喜，在经历了一场险些被送人的大坎之后，有了一个清新高雅的名字“丽筠”（美丽的竹子）。在家是父母的掌上明珠、兄弟的护身符，在学校是演讲念唱高手，频频登台参赛，次次独占鳌头，人们一提起就讲“邓家丫头在唱歌”。1963年，年仅11岁的邓丽君在台湾黄梅调歌曲比赛中，以一曲《访英台》一鸣惊人，获得冠军，展示出其无人可比的歌唱天赋。1966年参加金马奖唱片公司歌唱比赛，以《采红菱》夺得冠军，崭露头角。

演员证证件上籍贯栏填写“河北省大名县”

出道台湾，唱响宝岛。1967年加盟宇宙唱片公司，推出第一张唱片《凤阳花鼓》，正式以歌唱为职业。不到三年就出了15张专辑红遍台湾。1969年，主演了《谢谢总经理》和《歌迷小姐》两部电影，演唱了台湾第一部电视剧《晶晶》的主题曲，为其歌唱事业锦上添花。是年年底，应新加坡总统夫人游莎夫邀请，首度离台做慈善义演。此阶段主要歌曲有《嘿嘿阿哥哥》《一见你就笑》《丢丢铜》《畅饮一杯》《再会吧十七岁》等。

转战香港，声震香江。1969年底，邓丽君转战当时亚洲"娱乐大码头"香港，开启事业的第二春。一登台就以纯情清新的形象立即风靡香港，加上主演的电影《歌迷小姐》的公演，更掀起了"邓丽君热"的狂潮。到1973年之间，邓丽君凭借自己的不懈努力，已稳稳地在香港站稳了脚跟，同时也攻陷了大半个东南亚市场，成为亚洲歌后。在港期间，义演无数，曾经两次以义卖白花油之举夺得"慈善皇后"的美誉，也是香港义卖史上年龄最小的一个皇后，还当选"香港十大最喜欢的歌星"，荣获"金骆驼歌星大赛"冠军奖。此阶段主要歌曲有《x+y就是爱》《路边的野花不要采》《彩云飞》《海棠姑娘》《千言万语》等，主演电影《天下一大笑》。

独闯日本，再塑形象。1973年，继欧阳菲菲和陈美玲之后，邓丽君成为第三位赴日发展的华人歌手。她以独特的邓氏唱腔、清新的甜美风格、中国女星的温婉形象征服了日本民众。一曲《空港》轰动日本，获得三项大奖，成为名震日本的第一位华人歌星。在日本每次公开演唱时，一定要唱一首中文歌，且穿中国旗袍登台，自己也坚持不取日本艺名。在日本期间，邓丽君也常常往返我国香港、台湾地区及东南亚诸国这些业已攻下的市场。此阶段主要歌曲有《东京夜景》《海韵》《再见，我的爱人》《今夜想起你》《小村之恋》等，日语专集《无论今宵与明宵》《雪花妆》等，英文专集《爱的世界》《泪的小雨》等，主要喜剧《唐伯虎点秋香》《西厢记》《女记者》等。

邓丽君生活照

美加登台，声飘大陆。1979年年底，不经意间遭遇护照风波的邓丽君，面对日本不留、台湾难归的现实,毅然赴美国加州大学进修学习,成为学校公认的明星学生。此期间,在旧金山、洛杉矶和加拿大温哥华举行北美巡回演唱会,并在纽约林肯中心、拉斯维加斯恺撒宫登台,声震美加,均开创华人歌星在此登台的先河,创下傲人记录,赢得口碑。鉴于她的广泛影响,纽约市为之颁赠了纽约苹果胸针。此期间,邓丽君的歌声越过茫茫的太平洋,飘向了祖国大陆。人未进大陆,歌声却响遍大江南北,长城内外。此举前无古人,恐怕后亦无来者。1982 年,她亲赴泰国为北部山区回莫村捐建供水系统,解决村民吃水问题。此后,在泰北地区累计资助 47 所中小学的中文教育。此阶段主要歌曲有《甜蜜蜜》《小城故事》《何日君再来》《福建名曲专辑》《初次尝到寂寞》等,粤语专辑《势不两立》《原乡情浓》等,还推出唐宋诗词专辑《淡淡幽情》。

复出日本,誉满东瀛。在被日本政府告知限期离境的那一刻起,邓丽君就定下了重返日本的决心。哪里跌倒就在哪里站起,这是邓丽君的性格。1984 年 2 月她凭借日语歌曲《爱人》《偿还》《我只在乎你》参加日本红白歌对抗大赛,成为连续三届参赛的华人歌手第一人,而且三年蝉联全日本有线放送大赏及日本有线放送大赏双冠军,此后在日本长青不衰。1986 年名列英国《时代》杂志刊登的“世界首席七大歌星”之一。此阶段主要作品有歌曲《往事如昨》《爱的使者》《香港之夜》《别离的预感》等,粤语专辑《漫步人生路》。第一次在北京发行《邓丽君自选歌曲 250 首》,河北电视台播出《邓丽君故乡行》节目,接受北京青年报专访,受到中央电视台等多家单位邀请。

练声英法,专注义演。1988 年,由于气喘病的原因,邓丽君旅居法国,学习法文、英文,进修发声训练,也常常去英国学习,努力尝试自己作词作曲,逐步淡出歌坛,只参加慈善义演,基本处于隐退状态。1991 年身在法国的邓丽君主动联系赴香港参加香港文艺界为华东水灾举办的“爱心献华东”赈灾筹款义演,并捐了不愿透露数目的款项。在旅居法国期间,她经常光顾位于巴黎北郊的古董市场,期待有机会能把当年被英法联军掠走的宝物找回来。此阶段主要作品有歌曲《莫忘今宵》《悲诵》《戏凤》《夜来香》等,推出《难忘的 teresa》专辑,在巴黎有《泪的条件》等歌曲。

绝响泰国,魂归筠园。1995 年春,邓丽君赴泰国清迈旅游度假,5 月 8 日,因气喘病急发猝逝,得年 42 岁。邓丽君的辞世,震惊华人世界,震惊世界歌坛。5 月 10 日,中央电视台《新闻联播》播发了其辞世消息。在台湾省,时任行政部门负责人连战亲自签署发布讣告，宋楚瑜亲自为邓墓地写下“筠园”二字。5月28日，邓丽君长眠于台湾金宝山筠园。

邓丽君筠园

原乡情浓，眷恋故土。自在美国洛杉矶与中国大陆运动员邂逅开始，邓丽君开始关注中国大陆。回家后常常缠着邓爸爸讲大陆往事，向去过大陆的朋友了解大陆的社会发展情况，特别是通过越洋电话接受《中国青年报》采访之后，这份情感更强烈。在新华社香港分社的帮助下，她策划了苏州买房、北京开唱、内地旅游、外滩散步、故乡谒祖等活动，终因机缘不成熟，与大陆擦肩而过，仅能在香港为大陆的老姑、姨母等亲友做些生活上的资助。令她始料不及的是，在自己42岁以后竟再也无缘问讯故乡，带着未了情的遗憾，走上了不归路。

贵姓话邓姓

在发行的邓丽君个人专场演唱会专辑《十亿个掌声》中，当主持人在舞台上询问邓丽君是哪里人时，邓丽君回答道：“我是河北大名人，妈妈是山东人。”并且还学说了几句大名话、山东话。无论走到哪里，不管是在台上，还是在台下，邓丽君都称自己是河北大名人，其身份证上明确写着“本籍河北大名县”。邓丽君的父辈由河北大名迁居台湾，其祖辈又是从哪里迁居大名邓台的呢？邓姓又是从哪里来的呢？

在母系氏族社会，姓为族的符号。到了父系氏族社会，由姓派生的氏作为区别贵贱的标志，氏的数量在分封、世袭中不断扩大。从周代开始，姓氏就有高低贵贱之分。周王室将诸侯国分为同姓、异姓、庶姓三等，其爵位分为公、侯、伯、子、男五等，相应的封地有国、邑、关、乡、亭之分。春秋战国时期，贵族有姓有氏，男称氏，女称姓，一般平民无姓。秦汉以后，从天子到百姓均有姓，姓、氏合一，但望族大姓可以占据政权要津。根据史料记载，商朝武丁继承王位后不久，就封叔父曼季于河北（今长江以北）地域，称邓国侯，并赐"邓"字为氏，故邓曼季为邓氏族姓之始祖。邓姓由曼季分封而来，东汉时期又成为名门望族，当属贵姓。

历史上邓氏族人有三次重要迁徙：

第一次是在春秋时期。公元前678年，邓国被楚国灭掉后，邓国的臣民有的被编入军队对外作战，有的被遣送到当时黄河以北地区成为奴隶，而大多数人则纷纷离乡背井到各地隐居避难。这些人为了让子孙后代永远记住自己是邓国人，便以国为姓。

第二次是在东汉初期。《古今姓氏书辨证》说"汉之盛世，邓况始自楚徒居南阳新野，子孙以农桑为业"。南阳新野邓氏在西汉中叶由邓况开基后，过了百余年默默无闻的农桑生活，直到东汉初年因家族中邓晨、邓禹为东汉光武帝的中兴立下功勋而一跃成为钟鸣鼎食之家。邓晨不仅是刘秀的姐夫，而且还跟随刘秀平定天下，封西华侯。邓禹与刘秀是布衣之交，不仅是刘秀的重要参谋，而且还独自带兵平定了河北、山西、关中等地的叛乱，封高密侯。邯郸县有一个叫西军事堡的村子，曾是军师邓禹打仗屯兵的基地。邓禹之子邓训娶刘秀的皇后阴丽华的侄女为妻，邓训之女邓绥又成为汉和帝刘肇的皇后，史称邓太后。她先后扶立殇帝、安帝，以太后身份临朝称制，执政达17年，成为实际上的女皇帝，被誉为"皇后之冠"。因此，邓氏家族成为东汉时期的名门望族。由于分封、仕宦、经商等诸多原因，邓氏开始从新野一带迁到全国许多地方。如唐朝时，邓禹的后人邓嵩担任魏州（今大名）刺史，封临川公。

第三次是在东汉中期。公元121年，太后邓绥去世后，汉安帝听信谗言打击邓姓。显赫的邓氏遭遇家祸后，为避难纷纷外迁全国各地，隐居生存。

历史上邓姓族人，支脉众多，宗系林立，郡望纷繁。那么邓台村邓姓究竟缘于何宗何系呢？从现有众多《邓氏家谱》所记邓氏族人的繁衍生息的脉络看，都称

“天下邓姓望出南阳”,皆尊称邓国侯曼季为邓氏族人的受姓鼻祖,皆认可南阳新野县的邓禹为曼季的第四十七世孙(或四十八世孙),并尊称邓禹为今日海内外邓氏族人的直系太始祖。

从邓丽君的姑奶奶邓社姑、邓香姑的回忆、邓姓的发展史看,邓丽君的祖先也应是鼻祖曼季、太始祖邓禹,他们的后人是在东汉时期为避乱而迁居邓台村这个地方的。

火神炎帝祭

在邓台村有一个奇特民俗,每年农历正月十五日都要举行盛大的炎帝祭典活动。

村民在村头火神庙遗址上建坛搭棚,请来火神,立位设案。牌位用香墨黄纸写成,上书:“供奉南方丙丁火、直符同位。”两侧写有一联:“赫赫灵光镇东土,威威真火坐南方。”香炉里七柱香火烟缕袅袅,祭桌上五碟供品摆放整齐,满满的三杯佳酿醇香飘扬,还有两盏高高的红蜡台烛火通明。祭案前铺一草席,供人跪拜行礼。祭棚门口两侧贴有一联:“保四时风调雨顺五谷丰登,佑一村平安福乐诸事和达。”两串标有“火”字的灯笼分挂两侧,八杆带有“火”字的杏黄旗分列两边。场面宏大热烈,气氛肃穆庄重。家家户户一日三餐时都要手捧制作的祭品,或水饺,或年糕,或馍馍肉菜,到祭棚供奉祭祀,续接香火,祈求福禄平安,祛灾消难。

下午,会首、副会首(即主祭、副祭,每两户一组每年依次轮流担任)召集有烟花制作经验的长者开始装制烟花及做好其他准备工作。黄昏时分大祭火神,男孩子举火炬,女孩子打灯笼。年轻小伙点燃“二踢脚”“灯儿炮”等,放“起火”,之后施放自制烟花。在几十筒烟花将放尽时,点燃“无鞭”(十万响以上的鞭炮)。在火树银花的光芒前,在声声鞭炮的闪鸣里,在阵阵硝烟的弥漫中,在件件祝福的默念下,祭祀活动达到高潮。

正月十六日为送火神日。凌晨,男女老少自带柴草,齐聚祭棚前,架起一堆堆柴火,然后围着燃烧的火堆通烤全身,边烤边念唱儿:“烤火烤火,去病去灾;一烤双手,不裂不冻;二烤肩背,不酸不沉;三烤颜面,红润无瘢;四烤额头,添智灵脑;五烤腰腹,不疼不酸;六烤膝腿,利索活便;七烤脚足,轻巧如燕;通烤全身,百病不生;火神火神,佑我全年。”还有的念:“正月十六百草灵,烤哪儿哪儿不疼。”“前

烤百病

烤烤,后烤烤,出门拾个大元宝。”有的专门拿来蒸馒头用的秸秆箅子添入火中,一边烤一边念叨:“烧箅子,烤箅子,灾来能挡四面儿。”有的从家中拿来年糕、豆包等食物放入火中烧烤,带着拍不去的灰烬,就送入口中食用了。据说,借助炎帝诸神的灵气,可烤除身上百病,清去腹中诸患,保来年无灾无疾,所以俗称“烤百病”。即使卧床多年的病人,在这一天也会由家人搀扶早早来到火堆旁,围着柴火,全身去上下烤个遍。之后,在爆竹声声中,伴随着吉祥的祝福语,全村男女老少把火神送走。

据村中老人传说,古时候祭典非常隆重,整个过程分迎火神、祭火神、送火神三个阶段。农历正月初十日为迎火神日。迎来火神后,家家户户手捧祭品到祭棚供奉,一直持续到正月十四日,此曰“户祭”。正月十五日为正祭,参祭者都要盛装礼服。村中长者主持祭典,献牲、奉果、敬酒、上香、宣读祭文,之后为鼓祭、龙狮祭、舞祭、乐祭。旌旗飘飘,鼓乐声声,唢呐阵阵,仪式庄严,气氛肃穆。到晚上,挂灯笼,举火炬,点篝火,燃放烟花爆竹,盛时通宵达旦,吸引了周边村众多群众观看参与,直到正月十六日把火神送走。现在,无论在时间跨度上还是仪式程序上都大大减少了,集中在正月十五日和十六日早晨。

那么,南方丙丁火、直符是哪一路神仙呢?其实,南方丙丁火指的就是炎帝、祝融。据朱熹的《楚辞集注》记载:“南方丙丁火,其帝炎帝,其神祝融。”神农氏以“火德王,故曰炎帝,以火名”。《左传》记载:“炎帝氏以火纪,故为火师而火名。”炎帝当年火种耜耕,对火的驾驭肯定是十分了得的,加上炎帝是在南方,按五行学说,南方属丙丁火,而且炎帝的“炎”字是由两个“火”字组成的,炎帝与火就更有了不解之缘了。民间把炎帝神化为“火神”和“太阳神”,他教会大家如何保留火种,以及如何使用火。

相传,炎帝的母亲女登,在一天晚上梦见太阳入怀。20个月后,生下一个发光的红圆球,非常惊骇,就弃之于地。不料想红球在地上滚了几滚之后裂开,中间坐着一个胖乎乎的男孩。大家非常惊异,认为他是太阳神降生。

据史书资料说,炎帝对中华民族的生存繁衍和发展做出了重要贡献。他制造耒耜,种植五谷;尝试百草,宣药疗疾;建立市廛,首开贸易;织麻为布,民着衣裳;制作弦琴,以娱百姓;始创弓矢,以威天下;烧制陶器,改善生活;创立历法,分定日月。炎帝不畏艰难的创业精神、舍己为人的奉献精神、敢为人先的创造精神、自强不息的进取精神,使中华后裔在与自然和社会的斗争中,摆脱愚昧和野蛮,追求先进与文明。他成为远古人类在与大自然的斗争中改造自然集体智慧的集中体现,所以才有了今天的"炎黄子孙"。

掌管火政的官员是祝融,名重黎,又称祝诵、祝和。《山海经·海外南经》记载:"南方祝融,兽身、人面、乘两龙。"相传帝喾高辛氏时,他在有熊氏之墟(今河南新郑)担任火正之官,能昭显天地之光明,生柔五谷林木,为民造福,帝喾命曰"祝融"。管理火正在蒙昧时代是一种极神圣的事情,其职责是观测天空的火星火宿,掌管部落用以照明取暖、熟食的大火。后世也把祝融尊为火神,也就有了把火灾称为"祝融之患"的说法。

火神秧歌祭

直符为九神之首。奇门遁甲所定神众共计九柱星神,其中直符为诸神之元首,九星之领袖,故名直符。其体属火,所到之处万恶消散诸凶灭寂,是至吉之神。

火神祭典起源何时,已无从可考。据村中老人讲,那时邓台村常常无缘无故闹火灾,打开衣箱,火苗骤起;床上铺盖,无因而焦;灶中柴草,莫名而燃。村民无奈之中求助于"明眼"先生,被告知:若想免除火灾之患,须建庙塑炎帝、祝融像,每年祭典火神,后来又增加了直符神。被火烧怕了的邓台村便敛百家钱在村头建了火神庙,修造了炎帝殿、祝融殿、直符殿,内塑神像,以供祭祀。果然火神显灵,当年未发生火灾,人们欢呼雀跃,于是决定在每年春节大祭火神。

现在火神庙已不复存在,而每年正月十五日大祭火神的习俗便延续下来,只是祭典的内容和意义都扩大了。直到今日,火神祭典已经演化成为期盼五谷丰登、家兴业旺的仪式,成为禳灾降福、祈求平安的节日活动,成为凝集精神、激励后人的象征,丰富了春节内容,增添了喜庆祥和的气氛。

邓台这个500口人的小村庄居然历史悠久,承载着厚重的历史文化。与曹氏父子关系密切的兴隆寺、与皇家有关的胡僧昙秀禅师、敕建的支提塔、四月初八的庙会、炎帝祝融祭典的独特习俗、邓家祖居的建筑格局以及邓家酒坊的醇香、邓氏家史的沧桑等,无不散发着诱人魅力,难怪邓丽君"向往""想念""常出现我的梦乡"。

站在邓丽君祖居前,解读这里的人文历史,感受祖居的文化氛围,重温村庄的沧桑变迁,耳畔不禁又响起了那耳熟能详的旋律:"难忘的小河,难忘的山冈,蓝蓝的天空,阵阵的花香……美丽的村庄,美丽的风光,你常出现我的梦乡……"

后 记

在台湾省,邓丽君的遗产被用以成立邓丽君文教基金会,从事慈善、公益、培养音乐新人事业。大名县也成立了邓丽君文教促进会,旨在搭建文化平台,服务县城经济。主要任务是"六个一工程",即做一种家乡纪念品(韵酒、丽君国曲酒已面市)、设一座音乐艺术馆(邓丽君筠馆已建设)、编一部丽君文化书(《邓丽君密码》正在组稿)、排一出歌舞音乐剧(《原乡情浓》正在寻求合作伙伴)、拍一部记录电视片(《小村之恋》正在筹划)、建一处文化旅游区(邓丽君故里文化村正在招商),开展一系列的文化交流、经济合作。已成功促成大名府酒业与台湾邓丽君文教基金会合作开发出"韵酒""丽君国曲酒",促成邓丽君歌友会每年向邓丽君家乡小学捐赠一批图书,促成基金会寻找资助对象的"小城故事——才艺少女选拔赛"在大名举行,并开始挖掘其文化内涵,满足来访者的精神需求。与台湾邓丽君文化公园、香港邓丽君故居

作者(右二)陪同邓长富(左四)考察大名古城

及蜡像馆、桂林邓丽君音乐化园及纪念馆、上海邓丽君衣冠冢及雕像、杭州邓丽君“筠园小镇”等机构形成良性互动，打造丽君文化之旅。两年来接待了包括台湾游客在内两万余人次。目前大名县邓丽君文教促进会正致力于把邓台村打造成寓休闲度假、传统文化体验、乡村观光旅游于一体的邓丽君故里文化村。

按照“文化+旅游”的思路，依托丰富的文化资源，提炼整合而成民居建筑文化、佛教文化、道教文化、民俗文化、祭典文化、农耕文化等，以名人文化为引爆点，以邓台村独特的地理位置及布局为闪光点，以邓家老宅独有的建筑格局及风格为卖点，以独具的火神祭典习俗为亮点，把该村打造成寓农业观光、民俗体验、休闲养生、文化旅游、影视基地于一体的田园综合体，成为特色文化旅游的“原乡小镇”。这就需要：一要保护好现存老村（村庄以河堤为界分为老村、新村）风貌与肌理，即1条半街7个小巷8个胡同。以现有老房子为基础，突出华北农村民居特点，形成民居群落。街道北侧突出邓家老宅，相对应的街南辟为古朴的小广场，再向南以自然坑塘为基础形成湖泊。整体而言，从南到北，湖泊、广场、老宅、河堤以自然地势依次增高，形成梯度。二要坚持老村古风貌，新村新风貌的原则。老村为清朝末年乡村风格，是观光体验景区；新村是当今现代新农村风格，为体现改革开放成果的新生活区。三要逐步恢复邓家祖居、祠堂祖碑、兴隆寺、愿力寺、炎帝庙、支提塔、太极池等建筑。四要依托现存的村容地貌，按照邓丽君的歌曲《小村之恋》的意境，建设成“四季有花三季有果”的美丽小镇。沿河道阳坡修筑栈道，成为观光走廊。五要恢复邓家巷、张家拐、王家胡同、田家大院等历史风貌，再现邓家酒坊、张家药铺。六要建设村庄文史展馆、丽君文化博览园、农耕文化体验园、筠湖、雕刻长廊、农家别院、农具展馆、家什展馆等。七要增加荷塘，扩大果园、小杂粮等特色农产品基地面积，举办采摘节。

同时，开展丰富多彩的文化主题活动。围绕邓丽君这个世界名片，举办诞辰庆典、周年纪念、丽君文化艺术节等专题活动；围绕节日、民俗，举办二月二围囤摊煎饼、清明炎帝祭、端午节门插艾条、六月初一祭天神、七巧节丝瓜架下听情话、中秋节祭月、重阳节敬老、冬至“安耳朵”、腊月祭灶守岁及元宵节放烟花、烤百病、逛庙会、火神祭典等民俗活动；围绕农家村庄，开展垂钓采摘、荷塘赏月、农业观光、农家乐等主题活动；依托电影《邓丽君·小村之恋》，设立小型放映厅，开启只播一部电影模式；创作《原乡情浓》剧本，借助小河湖泊，进行大型实景演出；加强与台北、上海、桂林、杭州以及法国、日本、东南亚诸国家的邓丽君主题（活动)公园合作,开展旅游互动,举办丽君文化旅游节,集文化研讨、旅游观光、经贸洽谈于一体的国际性旅游胜会。

综合其他地方建设旅游小镇的经验与教训,笔者认为,在邓台老村的打造过程中,要力避出现以下十种情况:没有充分进行定位设计、规划论证,就大刀阔斧地进行建设,全面全速推进,让老村换新颜,则破坏村落的古风古貌;扩街开街,做到四通八达,则破坏村庄蕴含的内敛聚气、避风聚水、弄巷深深、曲径幽远的格局;拆老屋旧房,刷墙画彩,破坏村庄的沧桑朴拙之美感;仿古高屋门楼,龙脊扣瓦,"财主大院"式风采,失去房舍"下砖上土顶泥棚"、柴扉半开的原乡村氛围;以现代城市风格命名村庄街道,更是不伦不类,使村庄缺失浓郁的乡土气息,贻笑大方;重要节点的邓家宅院前高后低、前山后塘的模式,不仅有违原宅院建筑风貌,而且与中国传统民居特色背道而驰,与传统建筑格局依山面水的文化理念格格不入;缺乏原创,考察、学习、模仿的求同思维与推进机制,不可避免地形成"千景一面""千镇一面",失去市场竞争力;没有结合实际情况,没有精准的定位,没有足够的创意,不清楚卖点、亮点、引爆点在哪里,可能会使后面投资运营陷入困境;缺乏工匠精神,粗制滥造,同质化严重,致使审美疲劳,让游客失去兴趣点;没有启动"造血"机制,一旦"不输血",有可能使该村成为鸡肋,陷入骑虎的无奈境地,成为一个打造旅游小镇的败笔"经典"。

(2008年1月连载于《大名时报》,2009年收入《大名风范》)

沙麓山与五鹿城

——现城村、固城村的来历

在大名县城东20公里的地方，有一个叫作现城的村子，其西8公里处，是一个叫固城的村子。这两个村子一带是一望无际的平原，且是沙质土壤。据史料记载，这两个村子与沙麓山、五鹿城有关。

相传在2600多年之前，这里矗立着一座蜿蜒起伏数十里的大山，山梁纵横交错，山上长满异树奇草，鲜花烂漫，植被繁茂，婀娜多姿，十分美丽。因该山是一座沙土山而得名沙麓山。据《大名县志》记载，大名“环漳水而襟卫河，面太行而抵沙麓。背倚沙麓，足踏博望(今山东博平)”。它的主峰在今大名县，向东南方向绵延伸展。

旧县志中的沙麓山照片

据《穆天子传》记载，西周第五位国君周穆王因仰慕莤台(即沙麓山)的大好风景，驾“渠黄之乘”游历这里，突然一只受惊的白鹿撞到车驾后狂奔脱逃。周穆王追逐白鹿并成功捕获，同时又遇到美人盛姬。周穆王大喜，认为“白鹿牾乘”是吉兆，为纪念这一吉事，遂将此地命名为“牾鹿”，因“牾”“五”谐音，后来演变为“五鹿”。之后周穆王携爱女娵娃再游沙麓山时(盛姬已病故)，娵娃因这里草木葱茏风光独好，加上触景生情思念盛姬的缘故，就在沙麓山居住下来，一日三餐佐以此地盛产的花生果，享年百余岁。死后也葬在此地。据当地百姓相传，现在的东土山奶奶庙就是为纪念娵娃在此地居住而修造的。娵娃吃花生果长命百岁的故事世代相传，为此，这里的人民把花生果称为“长生果”。

大名县五鹿公园里的春秋五鹿雕像

高大巍峨的沙麓山位于黄河东岸，山的西麓为黄河渡口，人口聚集，出现沙麓邑。然而沙麓山是沙土山，不断出现山体滑坡。公元前646年农历八月，一声巨响震天动地，沙麓山突然崩塌了。片刻之间，高大秀丽的沙麓山变成了沟壑纵横的沙麓墟。《春秋公羊传·僖公十四年》记载："秋八月辛卯，沙鹿崩。沙鹿者何？河上之邑也。此邑也，其言崩何？袭邑也。沙鹿崩，何以书？记异也。外异不书，此何以书？为天下记异也。"可见沙麓山崩在当时产生的重大影响。当地传说，因山崩形成五道近似平行起伏的山梁，酷似五只形态各异的梅花鹿，因而沙麓墟又得名"五鹿墟"。

九年后，即公元前637年，在五鹿墟发生了一件影响晋国历史进程的大事。《左传·僖公二十三年》记载："（重耳）出于五鹿，乞食于野人，野人与之块，公子怒，欲鞭之。子犯曰：'天赐也。'稽首，受而载之。"说是晋国公子重耳在由卫国赴齐国的流亡途中，走到五鹿之地，人困马乏，饥饿难耐。见一老农在炎炎烈日下锄禾，便上前讨口饭吃。老农并未说话，面有愠色，神带怨恨，奉上一抔黄土。重耳大怒，举起鞭子欲抽打老农，子犯劝他说："这是上天赏赐的土地呀。"重耳由怒而喜，磕头致谢，收下土块装在车上。后来重耳果真成就霸业，他就是后来的春秋五霸之一的晋文公。作家秦牧在他的散文代表作《土地》中这样描述这件事情：

我想起了二千六百多年前北方平原上的一幕情景。

一队亡命贵族，在黄土平原上仆仆奔驰。他们虽然仗剑驾车，然而看得出来，他们疲倦极了，饥饿极了。他们用搜索的眼光望着田野，然而骄阳在上，田垅间麦苗稀疏，哪里有什么可吃的东西！一个农民正在田里除草。那流亡队伍中一个王子模样的人物，走下车子来，尽量客气地向农民请求着："求你给我们弄点吃的东西吧！你总得要帮忙才好，我们已经好几天没有吃的了。"衣不蔽体、家里正在愁吃愁穿的农民望了这群不知稼穑艰难的人们一眼，一句话也没说，从田地里捧起一大块泥土，送到王子模样的人物面前，压抑着悲愤说："这个给你吧！"王子模样的人显然被激怒了，他转身到车上取下马鞭，怒气冲冲地想逞一下威风，鞭打那个胆敢冒犯他的尊严的农民。但是一个上了年纪的、大臣模样的人物上前去劝阻住了："这是土地，上天赐给我们的，可不正是我们的好征兆么！"于是，一幕怪剧出现了，那王子模样的人突然跪下地来，叩头谢过上苍，然后郑重地捧起土块，放到车上，一行人又策马前进了。辘辘大车过处卷起了漫天尘土……

这是《左传》记载下来的、春秋时代晋国公子重耳在亡命途中发生的故事。

这就是发生在大名这块土地上的典故——乞食五鹿。

《管子》记载："齐桓公筑五鹿、中牟、邺盖与牡丘，以卫诸夏之地，所以示权于中国也。"在控扼南北连接东西的要地沙麓邑修筑五鹿城，既是为了对付北狄，也是为了控制中原。后来的事实证明，齐桓公在制服宋国郑国、讨伐山戎以救燕、存邢救卫等重大军事斗争中，五鹿城都发挥了极其重要的战略作用。

由于五鹿城建于沙土之上，且在黄河岸边，经常年的大风吹刮，雨水侵蚀，黄河冲刷，后来完全陷没了。从此以后，五鹿城便有了"袭邑"之称。"袭者，嘿陷入于地中。"(《春秋公羊传注疏》)后来黄河改道，人们开始在五鹿城遗址上聚集，又形成了村落，名曰"陷城村"。因"陷"与"现"同音，演变成了今天的"现城"。

五鹿城陷没之后，因其独特的地理位置和重要的战略地位，又在五鹿城西边8公里处重建。到了战国时期，战争连续不断，五鹿城的战略地位仍然相当重要。魏武侯在位期间(前386年—前371年)，封公子元食邑于此，五鹿城更名为元城。后来元城消失后，在其遗址上形成村落，名曰"故城村"，因"故"与"固"同音，后来演变成今天的"固城村"。

这一带在清代形成一景——惬麓映翠，成为元城十二名胜之一。“惬麓”即为惬山和沙麓山。当时两山分别在大名、元城县境，惬山在卫河西侧，沙麓山在卫河东侧，隔河相望，遥相辉映，史称“春草秋罗，含烟带月，有拱揖迎人，翠色欲滴之状。左岱宗，右太行，亦元邑佳胜也”。据《元城县志》（清康熙本）记载，大名兵备道孔荫樾曾作诗《惬麓映翠》题咏这一盛景：

突兀烟峦岁一新，四时芳霭动初春。霖飞石磴常浮碧，风过疏林不泛尘。
云窟应通仙岛路，青溪宜卧武陵人。相逢尽是芒鞋客，惭愧劳劳绾绶身。

后来大名兵备潘世晋和诗一首：

树色葱茏草色新，停骖我亦恋芳春。千岩日出长飘雨，十里风吹已绝尘。
谁遣牧樵添胜景，自多耕凿少闲人。屯云一望长安远，回首徒伤老大身。

戴其员也被这里的盛景感动，写下一首《惬麓映翠》：

惬山篑土汉河防，沙麓曾占圣母祥。异代勋名留史册，盛时风景属蚕桑。
梨花历落凝霜白，柳色参差带雨苍。掩映烟云无限意，为骑瘦马踏春阳。

（2014年8月24日发表于《邯郸日报》）

二子争死情义真
——冢北村、胡气村的来历

在大名县与山东莘县交界的地方有两个村庄，分别是冢北村、胡气村。据相关史料及当地村民世代相传，这些村名的来历与春秋时期的卫国太子伋的墓冢有关。《大名县志》(程本)记载："太子冢，在城东六十里，十区冢北集南门外，约半里许，旧传为卫太子伋墓(另一说是魏国太子申的墓)。"

冢北原名三河镇，春秋时属于卫国，地处卫、齐、燕三国交界。卫国的两个同父异母的兄弟在这里上演了一曲惊天地泣鬼神的"二子争死"悲歌。《史记·卫康叔世家》记载:春秋时期，卫国国君卫宣公继任前，曾与庶母夷姜私通，生一子叫伋。宣公继任国君后，立伋为太子。太子成年后，卫宣公为伋聘齐国女宣姜为妻。然卫宣公见宣姜美貌，神移心变，送宣姜入新台，据为已有，宣姜生下寿和朔二子。国人用歌谣记录下来这段荒唐的事，《诗经·新台》中这样说：

新台有泚，河水弥弥。燕婉之求，籧篨不鲜。新台有洒，河水浼浼。

燕婉之求，籧篨不殄。鱼网之设，鸿则离之。燕婉之求，得此戚施。

宣姜为巩固自己的地位，向卫宣公进言，废伋立寿为太子。卫宣公因有夺儿媳不光彩之事，也有废除伋的想法。宣姜此言一出，正合卫宣公心意，于是给太子伋白旄(古代的一种军旗，竿头以牦牛尾为饰，用以指挥全军)，命他出使齐国，而暗中在齐卫交界处三河镇布下"强盗"，命令"见持白旄者杀之"。

这个密令被公子寿探知后，心中很气愤。公子寿念与太子伋是同父异母所生，且太子伋为人和善，平素兄弟感情也甚好，就去劝太子伋出逃他国，并告诉他："边界有强盗，见了白旄就要杀掉太子，不可去。"太子伋说："违背父命而求生，不行。"依然上路赴齐国。公子寿追赶太子伋至三河镇附近，置酒来到太子伋的船上，以饯行为名将太子伋灌醉，并在地上留言说："弟已代往，兄宜速避。"

太子伋酒醒，看到留言，又不见了白旄，明白了一切，便急忙追赶。当他追到边界十字路口时，见公子寿刚被“强盗”杀死。太子伋指责“强盗”：你们要杀的是我呀！“强盗”随又将太子伋杀死。宣公下令不让送二子尸身回国，就地埋葬。于是在三河镇南就有了太子冢，封土高大，成为这一带的标志性建筑。人们为纪念他们俩，遂将三河镇改名为冢北。

人们痛心于两位王子冤死，对宣公和宣姜极为痛恨，专门写了一首诗来彰扬太子伋和公子寿的事迹，后收录到《诗经》中：

二子乘舟，泛泛其景。愿言思子，中心养养。

二子乘舟，泛泛其逝。愿言思子，不瑕有害。

《毛诗序》中《二子乘舟》的序文这样写道：“《二子乘舟》思伋、寿也。卫宣公之二子，争相为死，国人伤而思之，作是诗也。”《毛传》也对《二子乘舟》予以解析：“宣公为伋取于齐女而美，公夺之，生寿及朔。朔与其母诉伋于公，公令伋使齐，使贼先待于隘而杀之。寿知之以告伋，使去之。伋曰：‘君命也不可以逃。’寿窃其节而先往，贼杀之。伋至曰：‘君命杀我，寿有何罪？’又杀之。”由此可见，无论是《毛诗序》还是《毛传》，在说到《二子乘舟》这首诗的创作背景时，都认为来源于伋与寿的动人故事。这与大名县志记载的“冢”的主人是一致的。

胡气村位于太子冢南2公里处，相传是公子寿用酒把太子伋灌醉之地。为纪念太子伋、公子寿这对情深争死的异母兄弟，鼓励后人要重亲情尚和睦，遂把村子叫作和气村。由于在大名方言中“he”“hu”不分，以致叫成了今天的胡气村。

（2014年5月25日发表于《邯郸日报》）

汉成帝御赐偃山

——岳庄村的来历

在大名县北古黄河金堤遗址上，有一个叫岳庄的村子。通常情况下，类似这样的村庄名称往往因居住人家的姓氏而得名，但该村名来历却是与西汉成帝“赐名偃山”有关。

偃山遗迹

据《资治通鉴》记载：“建始四年，大雨水十余日，河果决于馆陶及东郡金堤，泛滥兖、豫，入平原、千乘、济南，凡灌四郡三十二县，水居地十五万余顷”，“深者三丈，坏败官亭室庐且四万所，徒民避水，居丘陵九万七千余口”。金堤是对汉代黄河下游堤防的统称，当时黄河流经东郡元城（今河北大名）。

成帝听了这个奏报非常震惊。想当年，高祖皇帝为解决黄河泛滥问题，开始在黄河下游大筑堤防。即使如此，黄河还是年年闹灾，民众流离失所，无家可归。

但像这次决口造成如此严重灾情非常罕见。弄不好,难民就会激起民变,引发社会动荡,甚至危及大汉政权稳固。而且东郡元城是成帝之母太后王政君和当朝大司马王凤(成帝的舅舅)的家乡,那里有他们的祖庙祖坟,还有王氏亲族子弟、家乡父老乡亲。因此这次东郡决口更加显得非同一般。成帝思来想去,最终横下决心,不惜一切代价封堵决口。

朝廷之上,心焦如焚的成帝向大臣们询问治水良策。群臣们各抒己见,讨论热烈,当一听到成帝问谁能去堵塞决口时,大家都面面相觑,不敢做声。最后还是大司马王凤向成帝举荐蜀郡犍为(今四川资中)默无声名的王延世,说此人精通河工,治水有道。成帝大悦,也顾不上过多思忖,当即下旨封王延世为"河堤使者",命他急赴元城塞堵决口。

身负皇命的王延世深感责任重大,不敢有丝毫懈怠。在赶往东郡的途中,王延世就感受到水灾的气氛,到处是由北而来的逃难灾民。此时的东郡早已成了泽国,滔滔洪水,漫无边际。一到东郡,王延世就直赴元城黄河大堤,面对决口,不禁倒吸一口凉气。更出乎王延世意料的是,这里的黄河是地上河,且堤岸是黄土土质,与自己先前治水情况完全不同,即使自己推崇的李冰治水法恐怕也不一定行得通。原本胸有成竹的王延世,此时也不免有些忧心忡忡。据史载,王延世字长叔,少学《易》,喜好天文术数之事。他经常到都江堰考察、求证,特别推崇李冰"破竹为笼,以石实中,累而窒水"的治水方法。他肯定地认为,得此法便没有治不了的洪水。然而黄河下游号称"悬河",一旦决口,一泻千里,放入沙袋、石块瞬间冲得无影无踪,塞堵非常不易。

这天,王延世来到黄河大堤上观察水情,见茫茫大水中漂浮着一些竹筐,喃喃自语:"看来也只能试一试了。"于是调集竹竿,召集民工编制大竹篓。据《大名县志》记载:"以竹篓长四丈大九围,盛以小石,两船夹载而下之,三十六日堤成。"这个办法不仅塞堵了决口,而且还筑得像一座小山似的大土石堆高高屹立在金堤之上。古人有诗文赞曰:"长堤分水势,垒土象山岑"(清庄同生《惬山庙》),"能北与尧山齐崇,南与大伾并峙也"(范鉴古《惬山记》)。

成帝得到决口堵塞成功的奏报后非常高兴,为庆贺此举,寄托良愿,于次年(前28年)改年号为河平,并将此"隆如山阜,颇惬人心"的大土石堆赐名为惬山。王延世也因"长于计策,功费约省,用力日寡"被封"光禄大夫,秩中二石,赐爵关内侯,黄金百斤"。在中国历史上,因治水有功而封官赏金的官员很多,但像此次治水而让皇帝做出改元、赐名、封侯、置官职的举动,恐怕绝无仅有。

元城人民为颂扬王延世的功德,在愜山顶上建王延世祠,以永镇金堤,钥锁河水。《畿辅通志》载:“其上有祠三间,卉木周郁。”民间称之为愜山庙。登上山顶可以领略到“远浦归帆出,斜阳古树深”(清庄同生《愜山庙》)、“俯窥漳卫同涓滴,上摩云霄近斗牛”(明赵宁《愜山庙》)的壮丽景色。愜山古堰也成为大名古八景之一。

大名縣北八里漢愜山遺蹟

旧县志中汉愜山照片

后来,愜山脚下形成村落,因愜山高大得名岳庄。明末清初的大学士成克巩非常艳羡这里的风光,认为这里是一方宝地,于是晚年在这里购田置业,过起悠然的田园生活,有诗作《愜麓行春》为证:

买得愜山麓,果树匝其巅。脉霂近清明,花木斗晴妍。
园圃长新蔬,辘轳泻春泉。倚杖能登陟,林峦几席前。
菜黄麦陇青,顽然醉野烟。友昆同揽美,修禊想前贤。

后来,这里成为一景——愜麓映翠,成为元城十二名胜之一。当时山上树木葱茏,枝繁叶茂,层林吐翠;山下果木争荣,菽麦青青,沃野呈翠。山上山下翠色浑然,景致悦人。孔荫樾、潘世晋、戴其员都曾以《愜麓映翠》为题赋诗。

据《元城县志》(清康熙本)记载,大名兵备道孔荫樾曾作诗《愜麓映翠》题咏这一盛景:

突兀烟峦岁一新,四时芳霭动初春。霖飞石磴常浮碧,风过疏林不泛尘。
云窟应通仙岛路,青豀宜卧武陵人。相逢尽是芒鞋客,惭愧劳劳绾绶身。

后来大名兵备潘世晋和诗一首:

树色葱茏草色新,停骖我亦恋芳春。千岩日出长飘雨,十里风吹已绝尘。
谁遣牧樵添胜景,自多耕凿少闲人。屯云一望长安远,回首徒伤老大身。

戴其员也有诗作《愜麓映翠》:

愜山篑土汉河防,沙麓曾占圣母祥。异代勋名留史册,盛时风景属蚕桑。
梨花历落凝霜白,柳色参差带雨苍。掩映烟云无限意,为骑瘦马踏春阳。

关于金堤也有一景，叫作金堤秋月，也是元城十二名胜之一，也有诗作留下来。比如据《元城县志》（清康熙本）记载，大名兵备道孔荫樾的《金堤秋月》：

沥沥秋风夕色苍，黝云敛尽月如霜。亭台铺地参差影，星斗涵潭上下光。

野望有时迷素鹭，天空何处咽寒螿。徘徊中夜思无际，转羡庾楼兴自长。

大名兵备潘世晋酬和诗一首：

风林晚色正苍苍，月照平沙一片霜。大地几人同远眺，澄川何处接天光。

秋河欲断千行柳，零露无声四壁螿。谁道广寒宫阙杳，霓裳今夜听偏长。

官至刑部郎中的刘元征也留有诗作《金堤秋月》：

一望长堤草色苍，依依衰柳叶初霜。明涵林木来蟾影，冷浸星河入练光。

隔浦凉风闻过雁，近村清露彻啼螿。乘槎欲问支机石，秋色微茫碧汉长。

官至桐乡知县的孙郁也有诗作《金堤秋月》，记述这一盛景：

王尊渡口月苍苍，木落金堤见早霜。秋色遥连秦塞远，清晖犹似汉时光。

荒城捣素闻哀雁，衰草侵溪响乱螿。却忆河冲酸枣日，狂澜直下计何长。

此外，关于惬山值得一说的还有两件事情，一是北宋时候惬山有上惬山、下惬山之分。《续资治通鉴长编》记载，宋元符二年七月，哲宗下诏，命大名府与李仲修筑上下惬山。可见惬山对于防范水灾的重要性。二是唐朝时候在这里发生了一场重要战争。

唐建中二年（781年）五月，魏博节度使田悦、李惟岳（成德节度使李宝臣之子）、李纳（淄青节度使李正己之子）以及山南东道节度使梁崇义相继叛乱。六月初六，唐德宗下诏分三路平叛，中路战场河东节度使马燧，北路幽州节度使朱滔，南路淮西节度使李希烈。一年后，黄河以北仅剩下田悦困守魏州孤城，而且被马燧团团围住；黄河以南，困守濮州（今山东鄄城）的李纳势穷力蹙，败局已定，平叛取得阶段性成果。唐德宗龙颜大悦，封赏诸将。

皇帝封赏诸将的用意在于激励将士，再接再厉，获得平叛全胜，令人意想不到的是适得其反。由于对朝廷封赏不满，朱滔、王武俊（恒州刺史）二人联合率主力驰援魏州的田悦，由平叛变反叛，形势发生重大逆转。唐德宗紧急征调朔方节度使李怀光率军支援，于是出现了戏剧性的一幕，双方援军在同一天抵达魏州城下，李怀光与马燧会师于惬山东面，王武俊、朱滔则扎营于惬山西面。

惬山位于魏州城西门外，是古黄河堤堰。李怀光求胜心切，不听马燧劝阻，想趁叛军立足未稳发起进攻，便率部向惬山西面的朱滔展开攻击。朱滔猝不及防，向后溃退。然而自负的李怀光却没有下令追击，任由手下士兵疯狂争抢战利品。就在此刻，王武俊突率两千骑兵横冲而来，将李怀光军拦腰截断，朱滔紧随其后，率众反扑。李怀光大败，士兵互相践踏挤压，落入永济渠溺毙者不计其数。当晚，朱滔又出兵截断马燧军粮道。马燧大恐而撤退。随后朱滔又遣将援救濮州的李纳，也大获全胜。此后，他们为求名正言顺，皆尊称唐皇帝为天子，但各自建立国号，在魏州西郊惬山脚下祭天，歃血为盟，朱滔自称冀王，田悦称魏王，王武俊称赵王，李纳称齐王，声势重振。后来史学家称这场发生在惬山脚下的战争为惬山会战。

朝廷令李希烈兼平卢、淄青节度使，专讨李纳。李希烈明白自己不是李纳的对手，但圣命难违，于是率所部三万人移居许州（治长社，今河南许昌），不但不讨伐李纳，反而暗中和李纳联盟，与河北三镇来往频繁，自称建兴王。惬山会战加剧了藩镇割据局面的形成，使魏州成为藩镇割据的首府和中心。

最后，还有一件事情在这里做一补记。近年来，大名县积极响应国家号召，稳步推进新农村建设，取得较快发展。近期笔者应大名镇人民政府之邀，与镇长胡三峰同志一同赴岳庄村进行实地考察。在座谈会上笔者提出，依托岳庄村丰富的历史文化资源，探索“文旅兴村”新的发展路子，恢复诸如王延世祠堂、汉金堤遗址、惬山遗址、牌楼、西渠故道等历史遗迹，建设村文史馆、大运河·西渠博物馆、惬意山庄等，集农耕体验、休闲娱乐、度假养生、文体游学于一体的田园综合体，凸显汉代风格风貌，打造汉文化风情的秀美村庄，培植文旅产业，增强岳庄村发展后劲。此后笔者又应岳庄村两委之邀，为该村恢复古牌楼献策并撰联。听取村支部书记王同保同志介绍基本情况后，又对该村进行充分调研，笔者提出牌楼按一个旅游景点打造的思路，并从历史文化的角度撰写了牌楼横额2个和对联7副（含1副长

御赐惬山牌楼

联),作为候选之用。现抄录如下,权作交流:

御赐恆山(正面横额)

岳麓方圆二万尺水土甲天下;庄里上下三千年薪火耀古今。

金堤龙蟠瑞聚祥凝钟灵富;恆山虎踞鸾翔凤集毓秀旺。

上恆山下恆山上下恆山连上下;南金堤北金堤南北金堤通南北。

贵乡福地(背面横额)

西面太行东抵沙麓燕赵藏宝地;左环漳流右襟卫水河朔现胜景。

恆麓映翠翠苍相映染恆麓;金堤秋月月皓三秋泻金堤。

恆山古堰大伾唐尧莫冠亚;河堤使者蜀守夏禹竟风流。

一山何奇?王使者篓石垒土,汉成帝赐名改元,新始祖井河听命,韩魏公七言绝唱。吏耶?帝耶?仙耶?儒耶?俱往矣,前不见古人,传世声望;诸君试看,汉金堤南极河洛,永济渠北通幽燕,太行山西来翠色,魏州城东道齐鲁。固者!流者!峙者!镇者!观今朝,后又见来者,再竞风流。

(2010年6月26日发表于《邯郸日报》)

黄河曾流经大名县

——刘堤口村、康堤口村等六个村庄的来历

大名县城北有一溜带“堤”字的村庄，由南向北坐落着刘堤口村、康堤口村、万堤村(古称万家堤)、黄金堤村，其侧有沙堤村、闫沙岸村。这些村庄的形成与黄河堤防、故道有关。

据《史记》记载，西汉以前黄河流经大名，春秋战国时期，黄河下游已普遍兴筑堤防。但各诸侯国以邻为壑，堤防不规则不合理。秦朝统一中国后，“决通川防，夷去险阻”，对堤防进行了全面整治，统一规格修筑黄河大堤。汉代进一步修成系统堤防，并不断增修石工，加高增厚。据《大名县志》(程本)记载：“金堤为汉时旧堤，势如冈陵，绕古黄河历开州(今河南濮阳)、清丰、南乐入县境，东北趋山东馆陶(今河北馆陶)，计长二百余里。”大名县境内这一段残断连绵20公里的长堤，就是汉代金堤遗址。王莽深知黄河洪水泛滥的厉害，建立新朝后加大对黄河堤防的治理，多次对金堤进行加筑，使百姓鲜受灾害。为纪念王莽筑堤之功，加上大名县(当时称元城)是王莽家乡的缘故，民间称该堤为王莽堤。

《汉书》记载，新始建国三年(11年)，“河北魏郡(濮阳境)泛清河以东数郡”，黄河再次改道。王莽认为河水东流，从此元城老家祖茔不再受黄河之害，所以不予堵塞(实际上以当时的生产力水平极难堵塞决口)，以致“北渎遂空”(史称濮阳以下的黄河为“大河故渎”)。从此，河南濮阳以下的黄河成了枯河，两岸人民不再有水患之忧，不

旧县志中汉金堤照片

再受水灾之害，人们便把河南濮阳至河北东光县这一段枯河称为王莽河。《读史方舆纪要》引班固曰：“禹酾二渠以引河，一则漯川，今河所经；一则北渎，王莽时绝，故世俗名是流为王莽故河。”

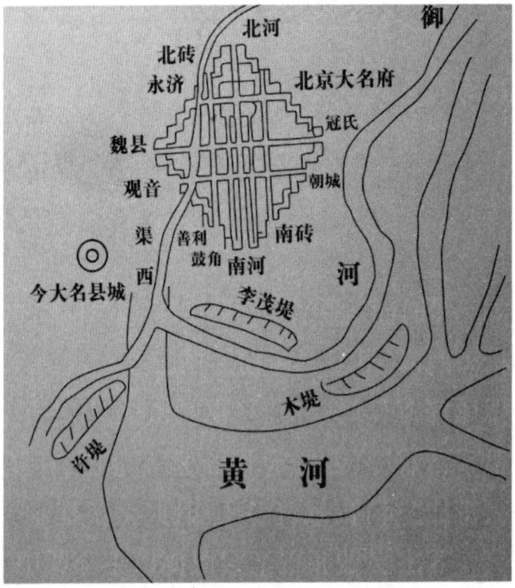

宋代黄河流经大名示意图

据有关资料考证，西汉以前黄河流经大名县境长达613年。黄河改道后，人们开始在堤防、故道上生产生活，后来形成村落。刘堤口村、康堤口村、万堤村、黄金堤村等村庄都因坐落在汉金堤遗址上，以始居者姓氏而得名。

沙堤系黄河泥沙淤积而成的一条沙质堤埝，人居其上逐渐成为村落，称沙堤村。人们植树种麻插桑养蚕，变沙堤为一道绿色长堤，极具诗情画意，于是“沙堤晓障”成为当时一大名胜，引得文人墨客为之咏叹。明朝大学士成基命有《沙堤晓障》诗描绘这里的美好田园景色：

四野低平楚，亭亭此望赊。蜿蜒层阜起，迤逦抱村斜。
树色迎初照，风烟散暮鸦。直看屏是锦，不道堤为沙。

清朝康熙年间大名县知县顾咸泰亦作《沙堤晓障》诗：

迤逦长堤径，苍茫带郭斜。列图开宿雾，崇阜晃朝霞。
沙篆双凫印，村连一县花。老农入画里，到处乐桑麻。

闫沙岸村则是处在黄河水道旁的沙滩地带。据村中老人讲，以前有“一溜十八沙岸”之说，即有18个相连的沙岸村。除闫沙岸村外，以前还有王沙岸、董沙岸、薛沙岸等17个村，现在都先后更改为王村、董村、薛村等名称。

由于金堤纵贯大名县境，气势恢宏，在清代形成一景——金堤秋月，成为元城十二名胜之一，成为文人骚客题咏的对象。据《元城县志》(清康熙本)记载，大名道孔荫樾、官至刑部郎中的刘元征、官至桐乡知县的孙郁等人都曾作诗《金堤秋月》题咏这一盛景。

(2011年10月29日发表于《邯郸日报》)

中华束姓的起源地

——束馆镇的来历

在大名县东有一个叫作束馆镇的村子，村西存有束晳墓和清代重修束晳祠堂碑。据《大名县志》记载,该村原名安贤镇,因是西晋文学家束晳的家乡,且束晳曾在这里开馆授学,故改名为束馆镇。

据有关资料考证,束氏是黄帝轩辕氏的后孙,有“海内无二束,田疎束同源”之说。黄帝25个儿子中有功德者14人,被黄帝“胙之士而命之氏”有十姓,即姬、酉、祁、已、腾、任、荀、侥、偎、依。其中被赐姓“姬”的是昌意,即束姓的先人。其第11代孙姬胡被封为陈侯,主要任务是护卫虞舜帝(昌意第7代孙)的陵寝,故赐姓妫(舜帝曾居山西妫水),一度称之为妫姓陈氏,从此由姬姓改为“陈”姓。

姬胡的第13代孙名叫陈完,“奔齐,官居极品,食邑为田”,以封地为姓,从此又由“陈” 姓改为“田”姓。陈完的第18代孙田安,因田氏在齐世代为相,名声显赫。其中田婴因马陵之战立功被提升为相国,称薛公,号靖郭君。田婴之庶子田文号孟尝君,官至相国,成为战国四君子之一。齐康公十九年(前386年),田文之后田和代理齐政,立为齐侯,称太公,列于周室,史称“田齐”。周赧王三十一年(前284年)燕国攻打齐国,太子逃亡,田和裔孙田单(后被封为安平君)施用反间计、火牛阵破燕复国。当众人要推之为王时,田单说:“太子自在营州,吾疎族安敢自立?”这就是《晋书》所记载的,春秋战国时齐国有一个部族姓疎(也作疏)。由于秦灭六国,田单后裔田安害怕被秦始皇诛灭,避居东海兰陵(今山东枣庄一带),又由“田” 姓改为“疎”姓。

田安之子疎广在汉朝时出仕为官。《晋书》记载,西汉宣帝时,东海兰陵人疎广、疎受伯侄俩分别为太傅、少傅,共事太子刘奭(后来的汉元帝)。因疎广曾孙疎孟达对王莽建立新朝不满,发誓宁绝足不与王莽为伍,遂去“疋”(古义“足”)旁改姓为“束”,为避祸迁居到位于沙麓山脚下的元城(今河北大名)安贤镇。因此束孟达成为束氏肇姓之祖,大名县也成为中国束姓的起源地。非常令人玩味的是,束孟达选择的避难地恰恰是王莽的家乡。

汉末晋初,束姓族人开始入仕为官,官位最高、名望最大当属束孟达的第14代孙束皙。据县志记载,束皙出生在官宦之家,父束龛为冯翊太守。从小受到良好教育的束皙与兄长束璆同为京城洛阳国学名士,且束皙被国学博士曹志赞为"好学不倦,人莫及之"。由于其兄休妻(司空石鉴的侄女)的缘故,致使兄弟二人仕途受到压制。回乡后连个秀才也未能考中的束皙,开设学馆教授知识,撰文著书。好在束皙"性沈退,不慕荣利,乃拟东方朔《客难》作《玄居释》",抒发自己清静淡泊的志向:"神游莫竞之林,心存无营之室;荣利不扰其觉,殷忧不干其寐。"由于通篇文辞酣畅气势激荡,当朝大臣、文学家张华读后,惊奇不已,待石鉴一死就召来束皙做了他的属官。等到张华做到司空时,升束皙为贼曹属(主管水火、盗贼、词讼、罪法)。从此,束皙开始步入仕途。

束皙历任著作郎、博士、尚书郎等职,多闻博识,精于古文,学术造诣颇深,有"潘张左束"(潘岳、张华、左思、束皙,皆文学家)之称。史书记载,有一次晋武帝问:"何谓三日曲水?"大家皆面面相觑,独束皙援经据典,旁征博引,认为是指在三月三日文人雅士聚集于环曲水渠之旁进行的流觞宴饮活动。晋武帝大悦,赐给束皙金五十斤。有人在嵩山脚下捡到刻有类似蝌蚪图形的竹简(现称为蝌蚪文),谁也不知为何物,唯有束皙看后说,这是汉明帝显节陵中的策文。

县志记载:"(晋)武帝得汲冢《竹书》,令其校缀次第。寻,考指归而以今文写之,皙随疑分释,皆有义证。"经过整理翻译成汲冢书75篇,每篇所言之事,均加注释。由此,《竹书纪年》《穆天子传》(皆为蝌蚪文)等方为后世所知。他用如椽之笔完成二十四史之一《晋书》的帝纪篇,增补《诗经》部分辞章留下《补亡诗》六首,撰写的《七代通志》《三魏人士传》《五经通论》等著作均被后世学者推崇备至。

东汉恒帝永康元年(300年),赵王司马伦任宰相,召束皙为记室(掌管章表书记文檄)。"束辞,疾罢归"(《大名县志》),重开学馆教授生徒。由于才高声远,慕名而至的学子甚众。

束皙心系于农,与家乡老百姓相处融洽,乡亲们亲切地称他为"束先生"。早年在朝为官时,束皙就曾上疏请"因地制宜,广畜牧,兴水利,辟西土",上奏章提醒皇帝要亲农、悯农,减轻农民赋税,写下《劝农赋》《贫家赋》等文章,揭露时弊苛政,反映百姓生活艰难。清朝嘉庆年间元城知县王应鹏在诗中这样评价此事:"三建农田策，当时不果行。张华非卓识，武帝负空名(《谒束公祠》)。”不仅如此，甚至他还亲自为百姓祈雨。《明一统志》记载，“太康中旱，为邑人请雨三日，雨注”，“众谓晳至诚所感，民怀其恩，作歌颂之：束先生，通神明，请天三日甘雨零。我黍以育，我稷以生。何以酬之，报束长生”。

公元303年，年仅40岁的束晳病逝，葬于安贤镇西，“井邑为之罢市，故人门生悲号墓侧”(《元朝重修束晳祠碑记》)，后又立碑修祠。

据史料记载，唐代以后因居官、战乱、躲难等原因，束姓人氏开始由元城安贤镇向周边地区及外地迁移，并在河南形成以南阳郡为代表的束氏望族。如今束姓主要生活在河北、河南、江苏、安徽、江西等地。这些地方束姓宗祠中的楹联，大多都嵌有束晳的典故，如四字联句：“境皆熄火，民颂长生。”“补经世泽，知足家声。”七字联句：“广微博士传名远，万载县官享誉高。”“后人犹钦酹月图，先辈早辨汲冢书。”“勤民至甘霖之沛，好学作补亡之诗。”十字联句：“诚感神明，咸歌黍稷之盛；才储博洽，独识蝌蚪之文。”十二字联句：“遵太傅嘉言，知足轻财无耻辱；仰尚书博学，随疑分释阐精微。”可见束晳在束姓宗族中影响之大。当地人为纪念束晳，让后人永记束姓之起源地，遂改安贤镇为束馆镇。

因崇仰束晳的缘故，在这里形成一景——束馆春华，成为元城十二名胜之一。据《元城县志》(清康熙本)记载，大名兵备道孔荫樾曾作诗题咏这一盛景：

青青篱舍郡城东，父老班荆诵束公。乱后还留郊草碧，时平遍见野棠红。
云生珠树鸠鸣雨，日映雕梁燕舞风。谁道山阴劳应接，三春佳盛在天雄。

后来大名兵备潘世晋和诗一首：

碧瓦参差郡郭东，当年俎豆广微公。春来涧草葺葺起，雨歇岩花冉冉红。
荷插有时偕旧侣，輶轩谁复问星风。白华南陔传遗咏，令我遐思睿藻雄。

官至桐乡知县的孙郁也有诗作《束馆春华》记述这一盛景：

高沙断垒御河东，古庙残墩祠束公。鸥鸟有时依水宿，野花无数压枝红。
甘霖曾应先生祷，绛帐犹存长者风。华黍由庚自骚雅，岂能投阁笑扬雄。

束氏自古以来四易其姓，人称之为“愈显愈改，愈改愈显”。据考证，自束孟达改为束姓至今有88代，如果上溯到黄帝，则约为135代，足见束姓历史源远流长。

（2009年11月6日发表于《邯郸日报》）

北宋陪都北京大名府城
——南门口村、东门口村等十个村庄的来历

大名县城东北5公里处有一个叫作大街的村庄，其北面依次是御营村、双台村。以大街村为中心，在半径约3公里轨迹上，分布着南门口村、东门口村、北门口村、铁窗口村、城角村、堤上村、堤下村（今改名安庄）。据专家考察及相关史料记载，这些村名的来历都与北宋陪都北京大名府城有关。

八百年城池

陪都北京大名府城始建于北周建德七年（578年），“以赵城卑湿，西南移三十里，就孔思集寺为贵乡县治”。此为陪都北京大名府城之开端。北周大象二年（580年），“于县置魏州”，大规模进行建设。公元596年，隋炀帝时改魏州为武阳郡。

公元621年，唐朝高祖武德四年又改称魏州，此时仅有13万多人。经过贞观之治和开元盛世，到唐中期天宝年间（742—756年）已增至110万多人，成为全国闻名的大都会。唐高宗龙朔初改为冀州。公元696年10月，契丹陷冀州，河北告急，武则天急调狄仁杰到魏州任刺史，狄巧使空城计退契丹。唐肃宗乾元元年（758年），“置魏博节度，亦曰天雄军”，并置大都督府，与成德、卢龙、淄青号称“河朔四镇”，且居四镇之首，其盛时辖贝、博、魏、卫、相、磁、洺七州。大诗人李白游历此处留下了“魏都接燕赵，美女夸芙蓉。淇水流碧玉，舟车日奔冲。青楼夹两岸，万室喧歌钟”的诗句。“唐德宗建中三年（782年），田悦拒命称魏王，僭改魏州为大名府”，以府为都，此乃大名府名称之始。公元882年，“中和（僖宗年号）中，节度使乐彦桢就西城外河门旧堤筑罗城，周八十里”。

五代时的大名府成了军家必争之地，先后被梁、唐、晋、汉、周占据，“后唐建为东京，寻名邺都。晋、汉因之。后周更为天雄军，皆因旧城不改”。

北宋为抗击外虏，寇准曾督阵大名府，留下“东郡股肱今佑辅，北门锁钥古天雄”的楹联。公元980年，宋太宗驻跸大名。公元999年“真宗幸大名”。公元1126年，康王（后为高宗）也曾“次于大名”。宋仁宗庆历二年（1042年）五月，为抵御辽国南犯，北宋朝廷升大名府为陪都，定名“北京”，委宰相吕夷简大规模整修城池。并出内藏库缗钱十万增修行宫、仓廒、营舍，屯兵十万人，储备可供两年食用的刍粮及器甲五万副。此为城池发展的鼎盛时期。

据史料记载：“宋庆历间复建为北京，如东京（今河南开封）故事。”外城在原来40公里的基础上收缩为24公里，建有9门2座水关。宫城周长1.8公里，建有3大门2小门。宫城内有4殿7门楼，宫城外是左右4厢23坊，“其势略如都城”。《大名县志》载：“外城周四十八里二百有六步，南面三门：正南曰南河、东曰南砖、西曰鼓角；北面二门：正北曰北河、其西曰北砖；东面二门：正东曰冠氏、东南曰朝城；西面二门：正西曰魏县、西南曰观音。又上水关曰善利，下水关曰永济。”《宋史》记载：“内为宫城，周三里一百九十八步，宫城南三门：中曰豫顺、东曰省风、西曰展义；东一门曰东安、西一门曰西安。豫顺门内各一门曰东保成、西保成。次北班瑞殿，殿前东西门二：东曰凝祥、西曰丽泽；殿东南曰时巡门；殿后东西门二：东曰景清、西曰景和。次北时巡殿，次靖方殿，次庆宁殿。”其中宫城豫顺门外是都城的中心大街。宋太宗驻跸大名府、宋真宗幸大名府时，护驾军队就驻扎在门外大街两侧。公元1075年，宋神宗又对城门进行命名。《宋会要辑稿》记载：“宋熙宁八年十二月九日，赐北京内外城门名：南河门曰景风，南砖门曰亨嘉，朝城县门曰安流，朝城罗门曰巽齐，冠氏门曰华景，冠氏罗门曰春祺，上水关曰善利，北河门曰安平，北砖门曰耀德，魏县门曰宝成，魏县罗门曰利和，观音门曰安正，观音罗门曰静方，下水关曰永济。左、右四厢凡二十三坊：永宁、延福、靖安、惠安、宜春、敦信、安仁、善化、七贤、大安、德教、宜春、崇化、三市、普宁、广利、长乐、景行、景明、凤台、延康、福善、保安。”

北宋陪都北京大名府城位于沙麓山下，黄河故道侧，大运河畔，结构严谨，建筑雄伟。外城、宫城分工明确，等级森严。宋真宗评说：“乃眷魏郊，实当河麓，席万盈之懿兆，冠千里之上腴，隐然北门，壮我中夏。”（宋《大诏令》）。《水浒传》中这样描述城池：“城高地险，堑阔濠深”，“千百处舞榭歌台，数万座琳宫梵宇”，“千员猛将统层城，百万黎民居上国”。

金时期，“金人立刘豫于此，寻，迁汴，亦伪称北都。豫废，置大名府路，元因旧城。”

陪都北京大名府城沙盘

这样一座曾做过五代时候后唐都城，做过后晋、后汉、后周陪都，仅在宋代就做陪都70余年的城池，却在公元1401年遭受了灭顶之灾。据县志记载："明建文三年，漳卫漫溢，城沦为水。"水位高于城墙，淤泥达3米以上。水灾后的大名府城仅有部分城墙残存于地表之上，其他则淤埋地下。

陪都北京大名府城自建城已来的823年间，由于该城独特的地理位置，一直受到洪水的威胁，仅计算受到大洪水的冲击也不计其数，为什么唯独明朝建文三年（1401年）这一场大洪水就吞没了这座府城呢？这需要从黄河说起。古代黄河流经如今的河北省大名县，一路向北注入渤海。唐朝中期以后黄河下游水患增加，北宋时期水患愈加频繁，在河北、河南这片东西高、中间低的平原上左右摆动，形成众多河道。南宋高宗时期，为了阻止金兵南下，在今河南滑县一带人为决堤，致使黄河改道向东注入黄海。虽然黄河离开了大名一带，但大名府城还处在漳河、卫河之间，仍摆脱不了水患的威胁。公元1401年夏天，河北地区连降暴雨，漳河、卫水并涨，导致洪水暴发，短短几天内，这座历史名城被泥沙淤积全部掩埋。除去这一年暴雨如注的自然原因外，更重要的恐怕是执政仅三年的明惠帝朝廷还没有顾上治理河道、没有采取任何防范措施的人为因素，特别是这一年明惠帝与他的叔父燕王朱棣正打得如火如荼，何况大名府又是主战场之一。

洪武三十一年（1398年），皇太孙朱允炆继位（即明惠帝），开始采取一系列削藩措施，同时也在明太祖第四子燕王朱棣所辖的北平周围及城内部署兵力，次年又以防边为名，把朱棣的护卫精兵调出到塞外戍守，准备削除燕王。朱棣对此大为不满，于公元1399年开始起兵反抗，并以清君侧的名义挥师南下，势如破竹。建文三年（1401年）闰三月二十四日，朱棣打下大名府，并坐镇这里继续指挥"靖难之役"。直到七月十五日，朱棣闻知朝廷派遣的大同守将房昭已引兵入紫荆关（今河北易县），并攻克保定诸邑寨，以窥北平的消息后，迅速班师驰援保定。诡异的是，就在朱棣刚刚离开大名后，洪水荡平了大名府城。真是天不灭燕，朱棣因此躲过一劫。虽然史书方志没有确切记载这次大洪水的具体时间，但大名爆发水灾往往是"七下八上（七月下旬八月上旬）"。

行文至此，笔者不禁想起了与陪都北京大名府城命运相似的意大利庞贝古城。为纪念古罗马政治家、军事家格奈乌斯·庞培而得名的庞贝（或译庞培），原是一个位于地中海北海岸的小渔村，因为拥有天然良港，奥斯坎斯部落于公元前6世纪开始大规模筑城，到公元8世纪已形成商贾云集人口稠密的大都市，拥有7座城门14座塔楼，纵横2条主干道形成"井"字形交通格局和9块功能区域。每个区域内街巷交错，店铺林立，宅院楼房棋布。太阳神庙、广场会堂、浴场剧院、商场酒吧、体育馆、斗兽场等设施一应俱全，建筑宏伟，雕刻精美，吸引了地中海周边众多富商和贵族，成为当时闻名遐迩的聚集富贵之都，是仅次于古罗马的第二大城市，也是当时罗马帝国南部经济、政治、宗教的中心，还是世界上最美丽繁华的城市之一。然而公元79年9月24日，距古城10公里的维苏威火山突然喷发，转瞬之间，源源不断的火山灰迅速涌向并覆盖位于火山南坡的庞贝城，居民在火山浮石、毒气、火山灰的夹击下丧生。最终这座古罗马帝国繁华的城市在维苏威火山爆发后的18个小时内，被厚达6米的火山灰永远地凝固了，就这样一座高度发达的城市被密封在火山的岩屑中，彻底消失在人类的视野中。直到千年之后的18世纪中叶，人们才逐渐发现脚下这座密封的古城。公元1750年，深埋地下的庞贝古城开始被发掘，揭开了神秘的面纱而重见天日，一举震惊世界。如今的庞贝古城已被联合国教科文组织确定为世界文化和自然遗产。

陪都北京大名府城与庞贝古城相比，虽然都是灾难性城市遗址，有异曲同工之妙，但在历史价值方面甚至有过之而无不及。庞贝古城是一次性被火山毁掉，陪都北京大名府城也是被一次性毁掉，是被持续暴雨导致大洪水毁掉。庞贝古城略呈长方形，有7门，东西宽1.2公里，南北长0.7公里，周长3.8公里，面积约1.8平方公里，人口2.5万人。而陪都北京大名府城由宫城和外城两重城墙组成，其中宫城居中呈矩形，有6门，周长1.8公里，面积0.2平方公里；外城呈不规则形状，有9门2个水关，南北最长6.8公里，东西最宽5.7公里，周长约25公里，面积约38.8平方公里。唐朝时候称魏州城，拥有三重城墙，在外城外面还有大城，周长约40公里，面积约70平方公里，魏州人口最多时达110万人，是军事重镇，又是南北交通枢纽。无论在城市规模上，还是繁华水平上，都远超庞贝城。

如今的陪都北京大名府城是全国重点文物保护单位。这里除了几个村庄外，都是广阔田野，一座都城完好地沉睡在3-5米之下的黄河故道泥沙中。由于大名府城地处平原地带，暴雨再大也不会被突如其来的洪水冲垮，而是被慢慢上涨的洪水淹没，泥沙又保护了古城遗址，使之免于受到风化和人为破坏。因此可以推断深埋地下的建筑根基、街道布局等城市状况都会原汁原味地保存下来，是中国少有的灾难性古都城遗址。

陪都北京大名府城存在了800多年，繁华了600多年，淹没了600多年，至今仍封存在地下，与北宋时期“四京”其他三京遗址相比，东京开封遗址被当今的城市压在下面，西京洛阳遗址南半部也同样被压在地下，南京商丘遗址是明朝重建，而大名古都城遗址由于城池在淤没后没有在原址重建，其建筑基址、宫室布局、街区格局原汁原味地保存下了600年前淹没时的城市状况。地表多为大面积农田，村庄较为稀疏，没有大型的工厂企业，有利于陪都北京大名府城遗址的完整发掘与对外展示。此外，据历史资料考证，未曾发现这座古都城在金、元及明朝初期遭到严重的战乱毁坏及大规模建设的记录，其宋代文化的保存相对可能更加纯粹。淹没这座古都城是一个渐进的过程，城内百姓有充裕的撤离时间，即使不寄希望遗址内还留有文物，不寄希望有像庞贝古城那样出现母护孩童、子护父母的凝固姿势，但就遗址来看，已经足够让世界震撼的了。因此陪都北京大名府城是唯一可开发的、保护较完整的北宋都城遗址，成为世界古城史上弥足珍贵的活化石，对研究北宋都市文化有极大的历史意义，而且必将填补我国北宋都城考古的一项空白。未来发掘后将会比庞贝古城更加完整，更加具有原汁原味的历史神韵，是一个特别珍稀、极具开发价值的旅游资源。

该大名府城是一次性水毁，厚厚的黄土里必然保存了难以想象的历史信息。一旦全面发掘，在将来某一天，我们一定能看到坍塌的宫殿、残毁的房屋、东倒西歪的瓷器家什，也许会再现《水浒传》中描写大名府城内的翠云楼、卢俊义庄园遗址，以及民宅庭院、茶肆青楼、军营武场、店铺市场等。可以说，它是中国的庞贝古城，完全可以申报世界文化遗产和自然遗产。到那个时候，它将是天然的历史博物馆。

水毁大名府城沙盘

城池故事

大名城因隋炀帝开凿的大运河(此段为永济渠)而兴盛，一时间成为当时中国平原地区黄河以北的政治、经济、文化中心，其中丰沛的河水发挥了积极的作用。然而，大名城又屡遭河水毁坏，命运多舛。于是，不管是史志典籍，还是世代相传，都留下了诸多“城与水”的故事传说，诠释河水、城池之间“剪不断理还乱”的关系，寄托了人民美好的愿望。

故事之一，祭河佑城。《元城县志》记载，清康熙十二年(1673年)六月，“元城御河，水溢苑家湾、小滩镇”，水势凶猛，沿河诸村落皆被淹没，危及城池。有人“见有水兽形似小驴，泄波而行，所至黑水泛滥”。老百姓大骇，焚香祭祀，祈祷河神佑护平安，“河复澄清”，从而保住了城池安全。从此，沿岸村庄年年祭河神。

故事之二，神碑护城。在大名县有一通被称作“天下第一碑”的五礼记碑。传说，它是大名府城的填城之宝，由具有灵性的巨龟驮负。大水淹不了它，泥土淤不住它。水涨碑涨，碑涨城涨；水落碑落，碑落城落。这年又发大水，河里来了一条泥鳅精，听说此碑能负城池，很不服气，多次想制服巨龟，然而不管如何兴风作浪，龟驮负着巨碑稳如泰山，然毫不动。于是它想出了一个非常非常损的主意，趁大龟打盹的时候，猛地一个泥鳅摆尾，把碑帽打落，径直砸向龟头。大龟忍受剧痛，支撑巨碑不倒，终因元气大伤，碑身毁倒，裂为九块。大水一下子就把大名府城冲毁了。

故事之三，妖龟毁城。《真武启圣记》一书中引用了"郑箭灭龟"的故事作为劝善的例子，虽然该故事的主题是奖善罚恶，但从侧面表达了使大名免遭遇水患的美好愿望。故事的大意是说北宋时，处于大名府地界的黄河第七堞有一妖龟，翻打坝基，冲毁城池，淹没良田。韩琦到大名府上任后，派郑圭巡查堞坝。只见"基址岩穴下，有一黑壳大龟，两目俱红，若或浮起，其浪湍急，坝索冲断"。郑圭看后，"委是水怪，情知容易除灭。圭备朝服弓箭，焚香祷告天曹，一箭果中。其龟仰落岩下，波浪不起"。四个月后，"郑圭风涎候起，卒死于廨宇，经两日还魂"。郑圭向韩琦细说这两日之详情，原来中箭的妖龟把郑圭告上阎罗殿，阎罗命二鬼带他到阴曹对证。被带到下界的郑圭在风吥啰山遇到阳间供奉的真武神，得知此妖龟原系西番云城苑州的土地神，被遣往黄河第四堞，因"别无供养，遂化为妖龟，随水而上，至大宋界北京黄河第七堞，翻打坝基，损坏军民计一万来口"，毁坏城池多座，天道当死。真武神派符吏携一小龟与郑圭前往。阎罗知真情后，"遂急令检到制敕，指实虚，牵情罪，合加所犯，堕于江海，为推潮运砂四足无名水兽、无形饿鬼"。妖龟犹不服，只见符吏放出小龟，金光一闪，使妖龟"被光芒烁射为一块，更不转动，被圣龟挟散于虚空中，化为微尘"。郑圭因此还魂。从此，大名府城再也未遭水患，安然无事。

陪都北京大名府城墙遗迹

故事之四，虾精破城。相传，卫河、漳河水之所以屡屡淹毁大名城，是因为有条泥鳅精在作怪，于是人们把正对漳河河道的城池西门堵死，泥鳅精再怎么兴风作浪,也不能冲开西门。但它却不甘心,找来它的狐朋狗友虾精,选择了西城门南一段城墙,虾精用它前头锋利的刺枪把城墙刺穿,再次把大名城淹没了。

故事之五,孝妇淹城。相传,当初修建大名城池时,有人向郡守献言说,把城池建在漳河、卫河之间,利用天然河流为护城河,利于防守,但易水失城池。郡守认为,只要把城墙修成铜墙铁壁,还怕大水不成。有一天,有位术士告诉郡守说:“五日后午时三刻城池毁于水。”郡守大怒:“你敢妖言惑众,扰乱民心,绑起来杀头。”这时有人对郡守耳语一番,官员说:“为杀你个口服心服,五日后午时三刻问斩。”这天午时三刻已到,城池却安然无恙,郡守不容术士辩解,下了开斩令。当术士的人头掉下来后,从脖子里滚出一个纸团,打开一看,上写一行字:“此城毁于午时三刻尾。”而此时一名穿孝衣带着水瓢的女子从西城门闯进城来,边走边哭,喊冤叫屈说丈夫被冤杀。只见她走到一口水井旁,把水瓢往井中一抛,顿时井如泉涌,孝衣女子顺势舀起一瓢水,向东北方向一扬,只见滔滔大水涌起,顷刻之间大名城淹没在一片汪洋之中。据说此水井暗通城外卫河,所以才有此大水喷涌。

故事之六,知府保城。北宋时候,刚刚到任的大名知府赵昌言,听说有一个财大气粗的财主年年储备大量干草, 然后教唆手下人偷偷毁坏河堤, 造成黄河溃堤,牟取厚利,发不义之财。这年雨季来临前,赵昌言下令直接到这个财主家索取财物作为河堤工程款项使用,从此民间再也没有牟取奸利者。这一年黄河在澶州(今河南濮阳)决口,沿着西北方流入御河,威胁大名府城。知府赵昌言率众背土筑城,由于人少不够用,于是征调军士援助。军士拖延不肯前往,赵昌言大怒说:“城池将毁,民且为鱼虾,尔等国之武士,岂观望哉?不从令者斩!”于是全部出动,12天城池修缮完成。

村落形成

城池虽然被大水冲毁掩埋,但人们生活仍在继续。重返这片土地的人们择高处居而形成村落,为纪念这座具有千余年建城史的城池,于是有了南门口村、东门口村、北门口村、城角村(城墙转弯处)、堤上村(护城河堤上)、堤下村(护城河堤外)。大街村是都城中心大街的位置,御营村则是皇帝护卫军队安营扎寨的地方。

双台村俗称台上村,这里曾是闻名一方的百花坞。据《大名县志》记载:“百花坞，北宋王拱辰留守时建，堆石为坞，遍植花草，故名，土人呼为看花台。”此台为当时大名府城内一景，登得台上不仅可以看到各类花草，而且还可俯视全城。水灾后在残留的高台上形成村落，故名台上村。

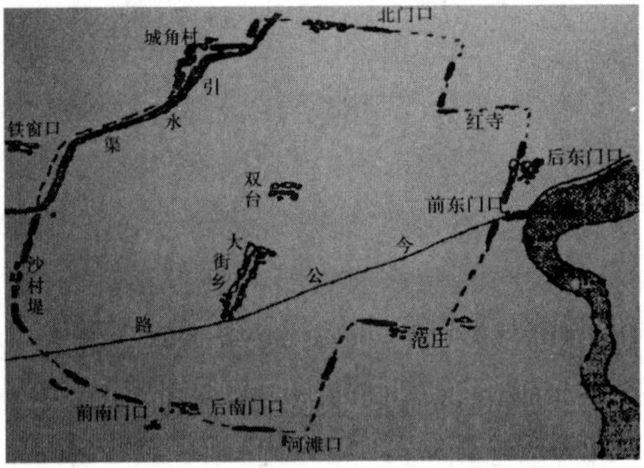

今天的村庄分布与古城肌理对应示意图

令人费解的是为什么没有西门口村呢？相传，由于府城地处漳河、卫河之间，常常遭遇水患，特别是西边的漳二别子(漳河的民间称呼)水势凶猛，毫不费劲就能冲破西门淹毁城池。为了防漳河大水，封堵西城门永不启用。从此，这座城池便没了西门。民间传说，由于泥鳅精在虾精的帮忙下，把西门南侧的城墙刺穿，再次把大名城淹没了，留下现在穿城而过的引河。后来在引河入城的地方修建水关，置铁栅栏，即上水关善利，它好像西门旁的一个窗户，当地百姓习惯称之为铁窗口。后有人开始聚居此地形成村落，遂名为铁窗口村。

在今天的陪都北京大名府城遗址上，除了上述村庄外，皆为田野，没有其他村子及大型永久性建筑。加上部分城墙残留，使城址十分清晰。缘于此，该遗址已于2006年被确定为全国重点文物保护单位。文物考古专家认为，北京大名府城保存完好，是中国最具发掘价值的北宋都城。众所周知，宋代的都城汴梁，即现在的开封，已成为城上城。一座座现代化建筑(虽然有的也是仿古建筑)坐落在古城上，古城原貌永世不能恢复，造成历史的遗憾。而北京大名府城遗址上除了稀疏的村庄外就是田地，这为保护开发提供了良好的条件。

笔者经过查阅资料、实地考察后认为：营造陪都北京大名府城遗址绿色城墙，是目前保护该遗址的最佳办法。要坚持“在保护中开发，在开发中保护”的指导思想，在没有足够财力来开发陪都北京大名府城地下封存的城池时，应要做到对古城地面建设的规划控制，保护好这片土地，特别是在规划发展城区时，一定要避开城池遗址区。实现北京大名府城完好保护的大手笔，就是按照原城池的模样、城墙的走向，以及主要街道，重点建筑节点，以浓重的绿色植物，勾勒出埋藏在地下的北宋陪都北京大名府内外城墙、街道、建筑节点的宏观范围，这样就从地表对古城范围进行了控制。同时从空中可鸟瞰该城轮廓，成为人们可以看得见的古城空间形象，展示北宋陪都的雄伟气势。

规划营造陪都北京大名府城遗址绿色城墙和街道工程，其社会效益是凸显的，其经济效益是潜在的。不仅能使这一“全国重点文物保护单位”在当前得到很好的保护，而且可为后人保护利用历史文化遗产，发展文化旅游业奠定重要的基础。它既是古城文化保护工程，也是一个按地下城墙和街道的真实原型以绿色植物编织的大型艺术工程，还是县城绿化工程，更是打大名府文化牌发展旅游业的奠基工程，四者相得益彰。虽然古城在600多年前消失了，但代之而起的将是一个绿色的陪都北京大名府城。如果与明清大名府城、明清大名县城遗址的城墙、护城河打造的绿化圈联系起来看，形成县城东、南、西三个“品”字形绿化圈。那时，从空中鸟瞰，必将成为一派壮丽震撼的景象，成为新的一大奇迹。

如果财力允许，能够开发陪都北京大名府城地下封存古城池，可以采取一种比较新颖的开发模式，即一边发掘考古，一边发展旅游。这么大的遗址完全开发出来需要一个时间过程，可以先挖掘几处重要部位，比如宫城，一旦挖掘出来就应该具有很高的旅游价值。庞贝古城至今仍在挖掘中，陪都北京大名府城作为“中国的庞贝古城”，只要方法得当，完全可以一边考古，一边开放旅游，甚至还可以让旅游者亲自参与考古，可以建设成中国唯一的北宋都城文化遗址公园，最终建成集考古研究、展示利用、文化旅游于一体的国家考古遗址公园，促进地方经济和社会发展。

（2006年6月14日发表于《邯郸日报》）

“文儒”总管刘执中

——总坟村的来历

在大名县城东北约10公里处，有一个叫作总坟的村子。该村处于原北宋陪都北京大名府城北关外，原名总管坟村。顾名思义，这里是总管的坟墓。据《大名县地名资料汇编》一书记载，这里是元朝吉州路总管刘执中及夫人的合葬墓地，中华人民共和国成立之初这里尚有石人石马、华表牌坊，后来被毁。现封土犹存，村里也还生活着刘姓族人。一个吉州路总管的坟墓能够演绎成一个村子的名称，可见这个人物不寻常。

吉州路总管是什么官职呢？在忽必烈即位之初，元朝地方最高行政机构是十路宣抚司，同时以都省官“行某处省事”系衔，派到各地署事，行使中书省（中央一级机构）的权力。后来行省逐渐由临时性的中央派出机构定型为常设的地方最高行政机构。中书省和行省以下的行政区划依次为路、府、州、县。路设总管府，设置达鲁花赤、总管，是长官；设置同知、治中、判官、推官，是正官；还设置总领六曹、职掌案牍的首领官（经历、知事、照磨）。各级行政官员的任命权都掌握在中央，其中达鲁花赤一职由领有该地的诸王、贵戚或勋臣任命。由此可见，总管是由中央任命的一路之最高行政官员。

据元朝理学家、教育家、诗人吴澄《元故少中大夫吉州路总管刘侯墓志铭》记载，刘执中祖上世居河南开封，曾祖父刘诚曾经仕于金，“司臬事，因有冤直之不能得，即日弃官去”。父亲刘安“武举及第，累迁至怀远大将军、邓州节度副使”。母亲吕氏为开封名族，家门显赫。金朝灭亡后，全家北渡迁至大名。

刘家的邻居是后来成为金元时期针灸学家、理学家、教育家的窦默。窦默看刘执中青春年少聪明伶俐，博览群书志向不凡，就托人向刘家说亲，于是刘执中就成为了窦家的乘龙快婿。随后跟随窦默学习医术，而且尽得其学，以针医名扬天下。

忽必烈即位后，任窦默为翰林侍讲学士，举荐人才，备咨国政。经大司徒王赞善极力举荐，刘执中进入朝廷做事。他凭借礼乐图得到忽必烈的赞赏，被授奉议大夫，充左侍仪使、太庙署令，从此开始了他的仕途生涯。由于刘执中忠诚可靠、博学多才，忽必烈又让他做太子真金的侍从，以辅佐太子。

刘执中勤于政事，见解独特，深得忽必烈信任。不久忽必烈又给刘执中加官升迁，授朝列大夫，做滨州尹。初到滨州，刘执中就遇见一件民生大事，即滨州大旱，禾苗枯萎。当地僧侣、道士、巫师先后搭台做法求雨，折腾了一个多月，仍烈日当空。刘执中到任后就撤去僧道巫觋，自己亲率幕僚大小官员斋戒数日，沐浴更衣，设立祭台，虔诚祷告渤海神灵说："天久不雨，民且无食，史实可谴，民其何辜？"日夜不断，三天后大雨倾盆，万民称颂。当地士绅纷纷写诗文颂赞刘执中，刘执中回答说："天之泽也，君相之德也，守何力之有？"

因在滨州政绩卓著，民望甚高，刘执中此后调任副淮南宣慰，入为侍仪司引进使。当时，淮西地旷人稀，自然环境恶劣，加上官员欺压百姓，致使当地居民流离失所。刘执中到任后，通过几天查看民情，调查研究，采取了分配土地、奖励农耕、资助百姓建宅安居等一系列措施，使流民归田，民心归附，不到一年时间就把这一地广人稀之地打造成安居乐业之地。

鉴于在副淮南宣慰任上的突出政绩，刘执中被朝廷"授少中大夫，总管江阴、吉州"。在江阴期间，忽遇洪水来袭，村庄淹没，农田冲毁，百姓流离失所无家可归。刘执中一方面上奏朝廷，请求开仓放赈，一方面倡议官员和士绅先出米粮，大设粥场，分发灾民。等到皇命下达，又开官仓赈灾，为挽救百姓生命赢得了时间，几无因饥饿而死者。

吉州是天高皇帝远的地方，而且处处是崇山峻岭，交通极为不便，一向难治。此地贼寇多年煽动边民上山成寇，为非作歹，百姓深受其害。作为文官的刘执中招募有才技之人，予以重金，成立擒寇小分队，径直突袭贼寇巢穴，斩其首领，俘虏数千名男女和大量辎重物资。刘执中对群寇晓之以理，动之以情，明之以法，谕之以祸福，几经周折，终于说服他们放下干戈，铸剑为犁，回归家园复业者达70余户。

身为一路总管，刘执中没有高高在上，政事之余，常常背着医箱走乡串寨，为人民疗疾治病，深得爱戴。

这年，湖南的匪寇来犯，刘执中得知他们本是普通百姓，或被胁迫或生活所迫，才不得已成为匪寇的，于是确立恩威并用、双管齐下的策略，一方面出资安抚，各令就农，一方面对顽固不化者，予以镇压，用很短的时间，就平息了这次危机。

刘执中忍着蚊虫叮咬，冒着毒蛇野兽袭击的风险，从夏天到秋天跋涉在湿热的密林中山峦里，不幸中岚瘴毒，加上操劳过度，引发重病。虽然身卧病榻中，他依然部署指挥"招绥降附缉拿逃亡者"事宜。身为医生却顾不上医治己病，竟一病不起，在元成宗元贞二年(1296年)九月十二日"没于安福州之阳泽"(今福建建瓯小桥镇阳泽村)，享年55岁。众多百姓闻此噩耗纷纷前来吊祭，原来的匪寇首领听闻此讯后，深感内疚，披麻戴孝拜祭、忏悔，并在阳泽村为刘执中建立祠堂，年年祭祀。

刘执中病逝在任上之事上奏朝廷后，皇帝颁旨"命有司护丧北归"，并命国子监司业吴澄撰写墓志铭。他的灵柩回到家乡大名县后，临时存放在刘家祠堂内，后世子孙开始筹划安葬事宜。因需要与其夫人窦氏合葬(九年前去世)等种种原因，直到五年之后才正式安葬在刘氏家族的墓地里。刘执中的墓志铭中写道，"殡以大德元年四月中旬之六，葬以皇庆元年正月上旬之十，墓在大名郭东元城令公乡先茔之次"。墓志铭中这样归结其仕途生涯："初授奉议大夫，充左侍仪使、太庙署令；再授朝列大夫，尹滨州，副淮西宣慰，入为侍仪司引进使；又授少中大夫，总管江阴、吉州。官三转职七迁，年五十五而终。"墓志铭中评价刘执中一生："候孝于亲，弟于交友，殚始终之义，中坚正，外审祥，民乐其慈，隶怛其威，盖文儒也。而优于武略，达于吏事。"铭曰："大江以南，有侯之庙。大河以北，有侯之兆。体魄归地，永宁于兹。英爽在天，宜无不之。民曰吾父，世食吾土。风马云车，暮魏朝楚。令公之乡，其封若堂。有烨其光，是此铭章。"

随着刘氏宗茔规模的不断扩大，房屋建筑的不断增多，后来刘氏家族的一支族人迁居此地开始守陵。在刘氏家族中，除刘执中职位最高，且政绩卓著，受皇帝礼遇外，其长子刘元麟也官至嘉议大夫、大名路总管，死后也葬入祖茔，所以人们一提到这块墓地，不讲刘家宗茔，而是说总管坟。形成村落后，遂得名总管坟村。

(2014年6月8日发表于《邯郸日报》)

大名县旧治之所

——旧治村、老堤南村等十四个村庄的来历

在今大名县城南4公里有个叫旧治的村子，其周围有老堤南村、老堤北村、东老堤村、代堤村、丘堤村、李茂堤村、逯堤南村、逯堤中村、逯堤北村、小逯堤村、范胜堤村、许堤村、南刘堤口村13个“堤”字村庄，它们皆因这里曾经是原大名县城而得名。

据《大名县志》记载，五代时期的后汉政权将广晋府改为大名府，广晋县改为大名县，府县同城。北宋政和六年（1116年），大名县治所从大名府城（今大街村一带）迁至南乐镇（今旧治村），并开始修造城池，这是县治所第一次迁离府城。县城周长2.5公里，为土筑城墙，且只有东西两个城门。历时137年后，即元宪宗二年（1252年），因御河发水，城墙冲毁，治所从南乐镇迁回大名府城。

20年后的元至元九年（1272年），大名县治所从大名府城复迁至南乐镇，这是治所第二次迁离府城。历时106年后，即明洪武十年（1377年）大名县并入魏县。21年后即明洪武三十一年（1398年），复置大名县，治所仍设在府城。

公元1401年，因“漳卫漫溢城圮于水”，县治所随府治迁至新建的大名府城（今大名县城），于是出现了历史上罕见的一府两县同城现象（即大名府治所与大名县治所、元城县治所）。

10年后，即明永乐九年（1411年）县治所又从新府城移到南乐镇，这是县治所第三次迁离府城。由于原来的土城已毁，只得在原地基上重新筑城。明正统十三年（1448年），大名“洪水泛滥，坏庐舍二万余间”，县城再度冲毁，直到“景泰年间典史部瑢重筑土城，县城周长五里，高二丈六尺，广二丈五尺，东西两城门，池深一丈，宽一丈二尺”。明弘治十六年（1503年），又重修被地震毁坏的城楼、角楼，后增设南门。为防漳河、御河洪水，正德年间（1506—1521年）又在城郭四周修筑护城堤，“护城堤环抱旧大名县郭外，明正德年间知县吴拯筑”。城内还修建了城隍

庙、常平仓、马神庙、太仆寺、察院、白佛寺、社学、儒学等。据明正德年间大名县疆域标记，县城南面筑有风云坛，北有无祀坛，西有社稷坛。同时城内外形成著名的“大名八景”，即古刹晨钟、谯楼暮鼓、凌角烟霞、莲池阴雨、卫水归帆、惬山古堰、白水清风、穆堤夜月。

明隆庆三年(1569年)，“漳御决，堤崩”，大水进城。后知县李本意“重筑三门，建重楼于颠”。“既包甃城门，遂建层楼其上，三楼鼎峙，暇日登临，徘徊瞻眺，四顾寥阔，真有山立之状，虎视之势矣。”此次经李本意整修后的城防更加坚固，“城之高三丈又五尺，阔一丈又二尺，堤之高一丈五尺，阔一丈，俱视昔为增焉”，“堤工坚固，屡遭水啮，屹为不动”。

就是这样一座既有城墙又有护城堤的双重防洪设施的大名县城，却在公元1757年又一次被大水毁坏。“清乾隆二十二年，漳河、御河再次决口，大水由堤口漫入，而堤仍如故，居民走避堤上，全活甚众。”县城遭淹被毁，治所在历时347年后不得不再次迁回大名府城，经历3城7次搬迁后的大名县治所终于稳定下来，直到今天。

为了纪念南乐镇从北宋到清初先后3次共590年做大名县城的历史，该城废为村落后，不再叫南乐镇而改称旧治村。同时因护城堤的缘故，人们择高处而居，在旧治村四周形成了这13个“堤”字村庄。

(2010年7月24日发表于《邯郸日报》)

“铁面御史”郭增光

——郭场村、菜园村的来历

在大名县东南方向有两个分别叫作郭场、菜园的村子，虽然两村相距2公里，但村名来历都与明朝有“铁面御史”之称的郭增光有关。

据《明史》记载，大名县人郭增光于明万历三十五年（1607年）“成进士，授金乡知县”，此后历任莱阳、潍县知县，任上减免税赋，发展生产，“请赈济饥”，“平土寇，声绩卓著”。万历四十四年（1616年）“擢广东道监察御史”，主管弹劾、纠察官员过失诸事。这一年“巡视中城，时珰势将炽，有中贵缘旨选内侍”，胡作非为。郭增光不畏权贵，明知对方是有权势的太监，但仍坚持正义，上奏皇帝予以弹劾。天启二年（1622年），“按江南徽宁诸郡，廉恪公正，沉案滞狱，多所平反，称为铁面御史”。

鉴于郭增光恪尽职守，勤政廉洁，皇帝升他为太仆卿，不久升任都察院右佥都御使，巡抚河南。面对皇恩，郭增光更加勤勉，“修军政，明赏罚，峙刍粮、淬甲兵，政务修举”。天启六年（1626年）河南闹饥荒，身为巡抚的郭增光“疏陈实状，言极剀切”，从而促使朝廷及时“发帑赈之，民赖以生”。随后郭增光全身心投入到抗灾救民中去，调粮济豫，开仓放赈，设场分粥，稳控饥民。因赈灾有功，“诏赐锦衣一袭，晋工部右侍郎”。据大名《郭氏家谱》记载，郭增光还奉旨在大名城内西大街树立豸绣承恩坊，建设郭家祠堂。这些遗迹一直保存到20世纪60年代。

就在郭增光全力赈灾之际，浙江巡抚潘汝桢把在杭州西湖侧建设魏忠贤生祠的事情上奏朝廷。“疏闻于朝，诏赐名晋德，自是诸方效尤，几遍天下。”（《明史》）一边是轰轰烈烈的时代潮流，一边是刚刚从饥荒死亡线上挣扎出来的河南百姓；一边是徒有虚名的花架子，一边是关系人民存亡的民生问题，让一向办事果敢的郭增光一下子陷入进退两难境地，只能听任地方官员自主决断。于是《明史》有了公元1627年5月“河南巡抚郭增光、巡按鲍奇谟建之开封”的记载，而且还专门提到开封魏祠规模大规格高，"开封之建祠，毁民舍二千余间，创宫殿九楹，仪如帝者"，"周锵与魏良卿善祠成，熹宗已崩，犹致书良卿，为忠贤设渗金像"。然而崇祯皇帝即位后就查办了魏忠贤，把"建祠者皆入逆案"，致使郭增光受到牵连。

那么朝廷给郭增光定的是什么罪呢？据《明史》记载，在魏忠贤案中定罪者分为六等，即首逆（凌迟）2人、首逆同谋（决不待时）6人、交结近侍（秋后处决）19人、交结近侍次等（充军）11人、交结近侍又次等（论徒三年，赎为民）129人、交结近侍减等（革职闲住）44人。前四等皆列出姓名，并没有郭增光。五等、六等共计173人，列出的部分名字中仍无郭增光。虽然《明史》特别提到开封修建魏祠系"参政周锵、祥符县季寓庸恣为之，巡抚俯首而已"，但开封魏祠修建规模大、毁坏民舍多，郭增光毕竟是河南巡抚，难辞其咎，应在此两等罪中。

回到家乡的郭增光从此淡出政界官场，离开激烈的政治斗争旋涡，由兼济天下转向独善其身，潜心研究古代兵书，撰写《纬韬》。著书之余，躬耕田亩。在今大名县东南一带购置田地，勤耕作种五谷，辟沃土植蔬菜，过着悠闲自得、自给自足的田园生活，于是郭增光有了自己的打谷场、菜园。后来郭增光的子孙中有一支迁到城外打谷场居住而形成郭场村，有一周姓人家迁居曾经是郭增光的菜园之地聚集而成村落，故得名菜园村。

（2010年5月29日发表于《邯郸日报》）

大运河畔日进斗金的商埠古镇
——金滩镇的来历

在大名县城东北16公里处的卫河东岸，有一个叫作金滩镇的村子。该村店铺林立，商业繁荣，每月逢农历一、三、六、八为集市之日，可谓两天一小集，三天一大集，十天四个集，正像其村名一样，是一方聚金之地。

据《大名县志》记载，这里原来是卫河的一个渡口，后聚集为村落，因处于河滩上而得名小滩。“卫河，古清、淇二水所导也，汉为白沟，隋为永济渠，宋元曰御河，明曰卫河。”(《畿辅安澜志》)特别是经过隋炀帝疏浚开凿为永济渠(系大运河的一部分)后，河运繁忙，舟船辐辏，逐渐发展成为一个大集镇。“小滩镇在郡治东北，相去三十里而遥，户口近万家，水所经道也。”(《小滩镇浮桥记》)虽然元朝对大运河进行裁弯取直(改称京杭大运河)致使主航道移至今山东境内，但此段作为支流仍发挥着重要作用。

明朝时曾在小滩镇设置机构，专门负责水运事务。据《大名府志》(明正德本)记载：“镇频卫河，民居稠密，舟车辐辏，巡检司在焉，明岁河南京仓粮充运于此。”《小滩镇浮桥记》中也说：“镇有部使者一员，督中州粟若干石，舟而输之京师，以佐军饷。”河运的兴盛，使这里商贾云集，市镇繁荣。“豪商大贾，犹不时辐辏，鬻贵征贱，操子钱而息之。故大河以北，号清源曰小姑苏，号镇曰小清源，盖诚赵魏间一大聚落云。”另据《元城县志》记载：“嘉靖三十七年，兵备副使侯一元檄府征小滩市课，文曰：元城附郭，供亿倍于他县，而小滩市商网利已久，其议征各行税钱，贮之于官，以给元城里甲供应之费，庶几崇本抑末之意。”可见当时商业的繁荣程度，以至于明朝大理寺卿张卤“乞休归”家乡河南仪丰时，乘舟途经小滩镇，感叹这里舟船相接，商贾云集，随口吟出《泊小滩镇》，描绘了此地四通八达、舟楫竞发、商船汇集的繁荣景象：

从此官程水陆分，小滩公署接河滨。田畴弁麦时难稔，旅客帆樯日易曛。
魏博提封连四域，汉家转饷急三军。囊中奏牍今犹在，去国匆匆未敢闻。

经过200多年的发展，到了清朝，这里水运更加发达，商业愈加繁荣。据《大名县志》记载，同治年间，礼部侍郎毛昶熙奉命赴河南督办团练事宜，轻舟微服沿大运河南下行至大名府小滩镇，停舟上岸看一看这座繁华小镇，不想被当地政要士绅闻之，受到隆重招待。因仰慕毛昶熙书法，士绅力请其为本村题字。

据有关资料记载，毛昶熙不仅是中国书法词典中有籍可查的书法名家，而且一生仕途经历清代后期道光、咸丰、同治、光绪四朝，历任工部尚书、兵部尚书等要职，曾在消灭捻军的军国大事上被授命"规划全局"，两次任总理衙门大臣，与恭亲王奕䜣是同事，是一位与曾国藩、李鸿章、袁世凯、张之洞同等重要，甚至有过之而无不及的极其重要的人物。除带兵镇压捻军、办理洋务、主政外交等事务外，毛昶熙还屡屡掌管科举考试，选拔人才，任翰林院掌院学士近20年，"屡掌文衡，两典会试，凡朝、殿考试，阅卷历二十余次，士论归之"(《清史稿》)。

但为官的毛昶熙非常低调，所以知其大名者甚少。他给自己规定了一个"三不留"原则：一不留墨迹，二不留文稿，三不留钱财。毛昶熙对于自己的书法作品，只允许铺墙壁上留两个时辰，有"书不过两时，文不过一季，皆焚之于炉"之说，所以请他题字相当不易。也许是被小滩镇繁华景象所触动的缘故，毛昶熙出人意料的慷慨，很高兴地答应了镇人的请求。他见此地商船穿梭，店铺林立，商贾生意兴盛，日进斗金，遂取沙里澄金之意，提笔写了金滩镇三字。虽然他的墨迹没能流传下来，但"金滩镇"之名越叫越响了。

金滩镇山陕会馆遗迹

后来在这里形成一景——沙滩暮雨，成为元城十二名胜之一。平日里的金滩镇，八方商贾摩肩接踵，卫河上船帆交错，唯有雨时方有些许的宁静。特别是暮雨时分的河边沙滩，船泊人歇，烟雨朦胧，炊烟袅袅，充满无限诗意，反衬金滩镇平日的繁华与忙碌。据《元城县志》(清康熙本)记载，大名兵备道孔荫樾曾作诗《沙滩暮雨》题咏这一盛景：

虚亭夜坐见流萤，缥缈炉烟入尘馨。何处团蕉传静响，原来凄雨满芳汀。云衢雁翮沉难举，溪口鱼灯暗不荧。无尽幽思生画角，呼童门外贳佳醽。

后来大名兵备潘世晋和诗一首：

又看腐草化为萤，独坐秋堂万木声。翠荨惊风吹锦砌，黄昏鸣雨急烟汀。城南鼓角声初绝，匣里芙蓉气独荧。我欲乘槎天上去，不堪招友醉芳醽。

戴其员也被盛景感动，也写下一首《沙滩暮雨》：

千家楼阁万舟横，烟雨迷离薄暮情。伐鼓拷金喧水国，吹笙拨阮度云軿。榜人踊跃樽前笑，贾客经营梦里行。独有少年无意绪，金沙滩上看调筝。

官至桐乡知县的孙郁也有诗作《沙滩暮雨》，记述这一盛景：

秋老金滩见露萤，烟村挂雨片帆青。农夫戴笠归深巷，旅雁呼群下远汀。芦岸樵歌时隐隐，沙头渔火晚荧荧。野人饶有沧州兴，独坐扁舟醉醁醽。

（2011年8月20日发表于《邯郸日报》）

一切向善寓美意

——从善楼村的来历

在大名县与山东莘县交界处有一个叫作从善楼的村子。顾名思义,村名的寓意就是弃恶从善、一切向善。之所以有此村名,这背后有一段跨朝代的曲折故事。

据当地民间相传,在明朝洪武年间,该村一带有相毗邻的四个村子,即于家店村、东店村、南高庄、田园村。明建文年间,燕王朱棣发起靖难之役,由北向南一路打下去。在打到大名府从善楼这一带时,遭到了百姓的强烈抵抗。性格暴躁的朱棣一气之下,命令士兵对于家店村、东店村、南高庄、田园村四村百姓予以武力镇压,致四村百姓所剩无几。朱棣仍不解气,把这四村合并成一个村,取名"四从楼",意思是四村服从燕王。

燕王朱棣为什么对百姓大开杀戒呢?据史书记载,"惠帝承太祖遗威余烈,因势初张,仁闻昭宣,众心悦服,成祖奋起方隅,冒不韪以争天下"。当时天下黎民百姓在思想上是倾向建文帝的,朱棣也心知肚明,所以当谋士僧道衍力劝朱棣发动"靖难"时,朱棣曾忧虑地说:"民心向彼,奈何!"(《明通鉴》)事实也是如此,靖难战争一开始,各地官民都进行了顽强抵抗。据《南宫县志》记载:"燕兵所过,各州县义民目为叛逆,争抗拒之。"《邢台县志》记载:"靖难兵起,传檄征响,秀抗不应。"燕王的军队途经河北、河南、山东等地时都遭到各地政府军和人民群众的反抗和阻挡,连连受挫。这就激怒了朱棣,于是下令每攻一地便"屠其城,赤其地"。《南宫县志》记载:"燕王愤甚,燕京以南,所过为墟,屠戮无遗。"史书记载,在真定(今河北正定)、顺德(今河北邢台)、广平、大名等大肆杀掠,"村庄毁去十之八九,民仅存十之一二",致使河北这块地方到处是"青燐白骨",满目荒凉,可谓"春燕归来无栖处,赤地千里少人烟"。历史上称此事为"靖难之变",民间俗称为"燕王扫北"。

燕王朱棣为什么发动靖难之变呢?朱元璋建立明朝以后,采取古法分封诸子为王，并给予兵权，北部边陲各王兵权尤重。据《明史纪事本末》载："初，太祖建都金陵，去边塞六七千里，元裔时出没塞下，捕杀吏卒，以故命并边诸王得专制国中，拥三护卫重兵。遣将征诸路兵，必关白亲王乃发。"

按照惯例，朱元璋册立长子朱标为太子。朱标早亡后又册立朱标之子朱允炆为皇太孙，因而朱元璋死后年幼的朱允炆继位，史称建文帝（清代谥号"惠"，故又称为明惠帝），然而诸王恃尊自傲，多行不法。建文帝恐怕将来尾大不掉，甚至诸王不服辖制而生变乱，特别是镇守北平（今北京）的朱元璋第四子燕王朱棣，手握重兵，雄霸北方。为了加强中央集权，建文帝采纳了兵部尚书齐泰、太常卿黄子澄等人的削藩建议，先后将他的几位叔叔周、湘、代、斉、岷诸王加以罪名罢官废黜。这项重大变革遭到了诸王的强烈反对，尤其是势力最强的燕王朱棣反对最坚决。为了自保，朱棣深思熟虑后决定抗拒"削藩"，于是以齐泰、黄子澄等蛊惑皇帝自残骨肉为借口，援引《祖训》起兵举事"清君侧"，要为建文帝"靖难"。据《明史纪事本末》载："癸酉，燕王誓师，以诛齐泰、黄子澄为名，去建文年号，仍称洪武三十二年。"又援引《祖训》说："朝无正臣，内有奸逆，必举兵诛讨，以清君侧之恶。"而实际上《祖训》上所说"清君侧"是有条件的，即"天子密诏诸王统领镇兵讨平之"。

建文元年（1399年）七月，朱棣杀北平都指挥使谢贵、布政使张昺，夺九门，上书建文帝，自署官属，举兵起事，号靖难之师，一路向南攻城略地。当打到大名府于家店村、东店村、南高庄村、田园村时，遭到这一带民众激烈抵抗，于是朱棣大开杀戒，诛杀不服民众，并将这4个村合并，改称四从楼村。

三百年后，时间到了清朝咸丰年间。此时期，物价暴涨，赋税沉重，老百姓不堪重负，大家便推荐在这一带有威望的南高庄村的赵金生为代表，凑钱让他向官府反映此事。赵金生也是个热心肠，依托与时任县令的老交情，靠三寸不烂之舌，列出种种理由，请求县令为百姓减免赋税，让百姓仅交应缴赋税的六成。百姓欢呼之余，有人就提出将赋税先交给赵金生，再由他转给官府。赵金生也是好人做到底，就同意了。县令也觉得此事减少了官府的许多麻烦事，节约了收缴成本，也就默许了此事，于是这一带村庄不再直接向县署缴纳赋税，一概由赵金生转交。

公元1859年，新任县令韩克琦到任，得知这一情况后，认为不妥，要求赵金生及当地百姓按程序足量缴纳赋税，但老百姓不认同，拖着不缴。韩克琦认为这是赵金生在从中作梗，对抗官府，不把县令放在眼里，遂决定收拾一下他。这年8月中旬，韩克琦人暗中派人侦察，得知赵金生在家中，就率衙役数十人，先抵达金滩镇(管理四从楼一带行政事务的治所所在地),与汛把总(主管河道运输的武官,相当于现在的排长)栗堂会合,又增加人手数十人,浩浩荡荡赴南高庄村抓捕赵金生。由于目标明确,人多势众,行动迅速,赵金生来不及逃脱而就擒。

不料,此时韩克琦大烟瘾发作,不得已只好在赵家稍作停留,吸了两烟袋鸦片。此期间,纪律不严的兵丁开始在村上恣意抢掠。村民听说赵金生被逮捕,很快聚集过来,且兵丁也在村上胡作非为,激怒百姓。村民迅速敲钟把周边村的百姓也召集过来。韩克琦见势不好,想赶紧离开,但为时已晚,村民拿着杈耙扫帚、锄头铁锹将兵丁衙役打得四处逃命,跑得慢的命丧乱棍之下。捉住县令韩克琦、汛把总栗堂,并一顿臭打,结果韩克琦被打死,栗堂因是同乡的缘故有保人出面,说尽好话,才被村民放回。

此事件震惊官府。大名府一方面派人寻回县令韩克琦的尸体,一方面想下一步的对策。此时的赵金生也处于煎熬之中,百姓为救自己惹下大祸,决定自己要承担一切。他说服民众,独自一人主动到官府说明原委。正在苦于找不到办法解决赵金生事件的官府喜出望外,不容辩说,立马拘捕赵金生,打入囚牢,九月用槛车送到省里砍了头,之后全家除其嫂子和妾免除外,全部被杀。

时间到了1935年,时任29军132师参谋长的马润昌到大名担任县长,并任河北省第16区行政督察专员兼保安司令。四从楼村一带地处河北、山东交界,天高皇帝远,匪患频繁,百姓不堪其扰。身为保安司令的马润昌亲率警察队进行剿匪,来到四从楼村,休整之际,从村长口中得知村子往事,认为村名杀气太重,有欺压之意,又想到如今太平时代还有土匪“老砸”(方言)出没,说明教化的工作没有做好啊。他一时兴起,从一切向善的角度,将该村名更改为“从善楼”,寓意这一带土匪“老砸”能改邪归正,以“善”为本,并时时提醒当地百姓要一切从善,和睦相处。

一个地方,历经三次大的武力事件,沐六百年的风雨坎坷,村庄名称终于确定下来,一直传至今日。

（2014年4月13日发表于《邯郸日报》）

御封水晶娘娘黄水秀

——娘娘庙村的来历

在大名县城东北14公里处的卫河东岸，有一个叫作娘娘庙的村子。顾名思义,村庄因这里有一座娘娘庙而得名。

据村中老人说,该村原名叫下码头,是古黄河上的一个渡口码头。今天在距该村3公里远的地方有个村庄叫上马头。因这两个村庄原来都是由古黄河上的码头而形成村落,且距离较近,为了区分,位于上游的称为上码头村,位于下游的称为下码头村。上码头村因为谐音演变为今天的上马头村,下码头村因为古代女子黄水秀舍身救父的故事而改名为娘娘庙村。

据《史记》记载,西汉以前黄河流经大名。由于当时生产力低下,难以修筑坚固堤防,黄河年年泛滥,吞没庄田房屋,致使人民流离失所。当时在黄河岸边住着一户叫黄兴的人家。黄兴有个女儿叫黄水秀,十三四岁就出脱得桃花儿一般。黄水秀的性格贤淑,不爱多言多语,早早就替父母担起了家务,上侍候爷爷奶奶,下照顾兄弟妹妹。

这年夏天,暴雨如注,黄河水量猛涨。一天夜里,黄河大堤突然决口。人们自发来到决口处,运石抬土,进行填堵,可是投放多少石块即被冲走多少石块,打多少木桩即被冲走多少木桩,就是堵不住。人们一筹莫展,心急如焚。这时流言四起,说是黄龙发怒,需要活人祭祀方可镇住。俗话说,有病乱求医。这一带几个乡绅极力撺掇这件事情。通过巫师选择的人偏巧是黄水秀的父亲黄兴。黄兴一家得知后,哭得惊天动地。后来黄兴想开了,这都是命中注定,为了这一带百姓,自己死得值得。

当巫师要把黄兴投向水中时,黄水秀一抹泪站起来:“放开我爹,我去!”看着懂事的女儿,父母怎能同意。黄水秀说:“一家人没了我能过,没有了爹,爷爷奶奶谁来养老送终。”说着,捋捋鬓发,整整服饰,纵身一跃,跳入滚滚黄河水中。说来奇怪,霎时黄河水下落,人们趁机打住了决口。

人们怀念黄水秀,沿河呼喊着她的名字,寻找尸体。当寻到下码头时,人们发现了黄水秀的遗体,于是就把她埋葬在这里。为纪念黄水秀的感天动地事迹,给她修了一座庙,把她当水神供奉起来。后来朝廷知道了这件事情,皇帝御封黄水秀为水晶娘娘,于是这座庙就被称为水晶娘娘庙。

随着岁月的流逝,“下码头”三字逐渐淡出,也不知道什么时候,下码头村被人们称为了娘娘庙村,沿用至今。

（写于2014年10月）

与周总理合影

1980年以前，在邯郸丛台上西侧转角门洞北墙上，悬挂着一巨幅照片，这是周恩来总理参观丛台时与邯郸市一中师生的合影照。周总理右侧第二人，是一位胖乎乎圆脸、笑得很开心的女孩，她就是我。每次到邯郸我都要来这里来看一看，不为别的，只是为了一段抹不去的记忆。

1959年6月，我在邯郸市第一中学读高中一年级，东边一墙之隔便是丛台公园。当时公园仅有丛台一座建筑，其余全是些树木。出入大门在南面，也不售门票，人们可自由出入，即使这样，公园里也常常看不到人，是一个僻静的场所。正因为此，这里成为我们一中学生学习功课、进行体育活动的场所，或独自一人，或三五成群，或四六结伙，因为当时学校与公园之间有一小门互通。

6月2日这天下午，我班上体育课，男生在操场打篮球，我们女生带着球拍穿过教室前面的小门到公园练习打羽毛球。这时，丛台南侧的林荫小路上来了一队步速很快的人群，静悄悄的，以至于谁也没有注意到。走在最前面的是位右臂有些端起、精神矍铄的长者。这时，相向走来两名女学生成玲、苗玉华（后来才知道她俩的名字）。当她们俩认出对面这位长者是周总理时，惊喜得停下脚步，愣在那里，一时说不出话来。这位长者也停下脚步，微笑着看着她俩，问道："你们是学生吗，怎么没上课？"她们两人被这一问，瞬间回过神来，回答说："我们是一中初三学生，正在复习功课，准备考试。"长者又问："现在正是麦收时期，你们去不去？"她俩回答："学校有安排，考试结束后可能要去。"长者听了点了点头，随后向丛台走去。望着走进丛台下西仪门的长者的背影，她俩才回过神来，惊讶地喊出声来：

邯郸一中毕业时的讲述人韩淑兰

“周总理,周总理,他是周总理呀!”

当时的校门

这一嗓子打破了公园的宁静,读书的、运动的都停了下来,向这边聚拢。我也随着同学跑过去,只看那两个女同学眉飞色舞地述说着刚才发生的一切,讲得同学们都羡慕不已。此时虽已是课间,但我和同学仍惦念着下一节课。回到学校后,却发现校内学生都在传播议论这一事情。学生传老师,老师传领导,全校师生激动不已。霎时间,“周总理来了”传遍了校园的每个角落,整个学校沸腾起来了。

说话间,已有急不可待的学生成群结队地涌向公园。学校党委张书记(名字记不下了)见局势已无法控制,急忙带领老师赶到丛台公园。当时我班的教室就在通往公园这个小门北侧,我班同学见老师和校领导去了公园,也都尾随而去。

穿过小门,进入公园,远远地看见丛台脚下西侧的仪门前聚集了许多人。再走进些一看,全是我们一中的学生,从仪门到丛台南侧,人山人海。同学们议论着,兴奋地谈笑着,时不时踮着脚引颈向丛台上张望,期望看到周总理的身影。就在我赶到丛台下时,突然,周总理的身影出现在丛台垛口前,由于距离太远太高,仅能看到周总理的身影。此时,学生中爆发出一阵激烈的掌声和欢呼声。

周总理抬起左臂,频频向大家挥手致意,同时一个洪亮的声音传来:“同学们好!我是来散步的,大家要我讲话,我讲什么呢?我看你们还是记住毛主席的话就行了，那就是要努力做到身体好、工作好、学习好，做好学生。”丛台上下掌声雷动，周总理接着说：“你们要好好学习，听毛主席的话，当三好生成栋梁材，将来做国家的建设者。当前，夏收已到，你们要走出校门支援‘三夏’……”当时国家号召包括学校在内的社会各界，在夏秋收播大忙季节都要支援农业生产。

突然有位同学高喊：“听毛主席的话，按周总理嘱托下乡支援‘三夏’！”在场的同学们也都跟着喊起来，一浪高过一浪，精神激奋，士气高涨，有的同学甚至热泪盈眶。周总理讲完，沿着垛口从北头向南绕台半周，仍频频向大家挥手致意，而后折回，很快挥手的身影消失在垛口前。同学们谈论着，欢笑着，兴奋着，都沉浸在见到周总理的喜悦里，沉浸在聆听到周总理声音的幸福中……

此时，已站在仪门前台阶上的张书记一边打着保持安静的手势，一边大声讲话，同学们一下子安静下来。张书记说，周总理马上要从丛台上走过来了，同学们要守纪律讲礼貌，不能闹哄哄的，要求同学们列队迎候周总理。不一会儿，乱得像一锅粥的学生，便秩序井然地集结在仪门两侧，排成长长的两队，中间是一条宽敞的通道，每个人脸上都写着激动和兴奋。

七旬老人韩淑兰

在丛台下回忆与周恩来总理一起照相

因为我是女生，个头又小，去的又晚，原本在人群的外围。经张书记这么一组织，我反而站在了欢迎队伍的最前面，即仪门的台阶下。张书记见学生有了秩序，便走下台阶，刚好停留在我面前，与同学们一起翘首以待周总理的到来。

“周总理走过来了！”不知谁喊了一声，顿时全场鸦雀无声，所有眼睛都向仪门望去。我看见周总理在十余人的陪同下，拾级而下，向我们走来。他们中间还有两三位胸前挎着照相机，看样子是新闻记者。随着周总理离我们越来越近，我也看清了周总理的面容。他身穿白衬衣灰裤，脚上是一双黑布鞋，非常朴素。神态从容，步履稳健，精神抖擞。我们都抑制不住内心的兴奋，一边使劲鼓掌，一边大声高呼：“欢迎周总理，周总理好！”

面带笑容的周总理边走边向同学们挥手致意。当他走下台阶,走到张书记身边时,周总理先伸出手,张书记也赶紧伸出正在鼓掌的手,与周总理的手握在了一起。虽然我离他俩很近,但由于掌声雷鸣一般,没有听到他们具体说了些什么。我想,这幅照片一定是此时记者按下了快门。

当周总理走出队伍时,后面的同学呼啦一下子从后面围了上来,不忍离开周总理。周总理在陪同人员维持秩序下,边挥手致意,边走出了人群。同学们怀着崇敬的心情,恋恋不舍地望着周总理离去的背影越来越远,直到消失在南门外,仍久久不愿离去,还沉浸在见到周总理的兴奋喜悦中,沉浸在难忘的幸福之中……

此后不久,一位同学拿着周总理与张书记及我们在一起的照片,指着张书记身旁的我说,你离周总理最近,咧着大嘴笑得像向阳花开。遗憾的是我没得到这张合影照,但欣慰的是,我能在丛台上西门看到这幅放大的我们师生与周总理在一起的照片。

第二天,学校组织全体师生开展"听周总理话,我们怎么办"的大讨论,发动学生写心得体会,表行动决心。一时间,班班出黑板报办心得栏,人人动手打扫卫生,美化校园环境。学校按照上级文件要求,发出支援"三夏"的通知,除毕业班学生外,全都走出校园到农村帮助社队收割小麦。

后来我翻看《邯郸大事记》,才知道当时陪同周恩来总理游览丛台公园的是河北省委第一书记林铁、省委书记处书记吴砚农、副省长杨英杰、冶金工业部副部长吕东、邯郸地委第一书记庞均、邯郸专署专员刘琦、邯郸市委第一书记郝田役、市委书记处书记刘英等。

周总理的话,终生难忘,一直鼓舞着我。1961年,我被学校保送到河北省社会主义建设学院(院长是刘子厚省长,今河北经贸大学前身)学习。毕业后被分配到大名县农场工作,不久调入供销社系统。1963年赶上职工下放政策,我积极响应党的号召,去了农村社队任职,一干就是13年,杈耙扫帚,镰锄耧犁,样样精通,由国家职工变成了地地道道的农村妇女,乡亲都称我为"咱村的银环"。直到1976年国家落实政策,才回机关从事教育工作,直至退休。

风雨几十年,经历了许多事情,也忘却了许多事情,但与周总理的这次合影却深刻地印在我的脑海里,至今想起来仍历历在目,仿佛就在昨天。

(讲述人:韩淑兰。写于2010年)

为防治黏虫飞机领航

引　子

《大名县志》记载:“大名县在防治黏虫上,先后用了人工捕捉、杨树枝扑打及黑光灯诱杀、土农药防治、化学防治等措施。”但没有飞机防治黏虫的记载。我作为当时飞机防治黏虫的知情人和亲历者,作为飞机试航的领航员,有责任拾遗补缺,把当时飞机防治黏虫的情况记录下来,还历史原貌,以补志缺,以飨读者。

飞抵大名

1964年8月12日上午,大名城北王庄农用飞机场,彩旗飘扬,人头攒动。大名县党政领导和近千名群众翘首等待飞机的到来。11时40分,天空西北方向出现了两个小黑点,越来越大,越来越近。空中开始由小到大响起了隆隆的轰鸣声,瞬间,两架小型飞机来到机场上空。盘旋两圈后,在地面彩旗信号标志的指引下,两架银色苏制安-2型飞机一先一后平稳安全降落。顿时,人群中一片欢呼。

飞机飞到大名这个小县城做什么呢?原来这是中国民航局派来专门帮助大名除治黏虫的农用飞机。

其实,这是大名第二次飞机防治黏虫。第一次是在1962年,只有一架飞机,停落在万堤公社(现为万堤镇)前桥村东一块临时修建的跑道上。当时,我是县农林局农业技术员,驻万堤农场工作,负责了飞机喷药后除治黏虫效果的调查和上报工作。至今我还保存着“六二年黏虫机治区”示意图。

当时的讲述人邓书林

虫灾发生

1964年8月上旬，县农林局经过普查后，在原城关区、万堤区、金滩镇区（当时一个区辖五六个乡镇）的大田农作物上发现大量黏虫，有的密度已达到每平方米20—30只，且虫龄已到三四龄，开始危害农作物，涉及14个公社（现称乡镇）150多个村15万亩农田，且呈现蔓延之势。农林局迅速把这一情况向县委、县政府做了汇报。

鉴于1962年黏虫危害的教训，县委、县政府连夜召开紧急会议，研究防治黏虫问题。成立了以主管农业的副县长卢云发同志为组长，农业生产办公室主任杨友云同志（政府办公室主任兼）、农林局局长张颐岭同志为副组长的防治黏虫领导小组，办公地点设在县农业生产办公室。当时我在县农业生产办公室工作，组织、协调、参与了除虫工作。县委、县政府确定了“确保黏虫不扩散，受灾面积不扩大，就地全部消灭掉”的指导思想，坚持“治早、治小、治了”的原则，群防群治，虫口夺粮。一方面组织发动广大人民群众用手捉虫、手撒六六六药粉、喷雾器喷施，搞群众性的防治，一方面向邯郸地区行政公署、省政府报告灾情，请求援助。

为什么这么高度重视黏虫呢？因为黏虫对庄稼的危害太大了。当黏虫大密度出现时，可把农作物叶子食尽，使农作物变为“光杆”，致使庄稼颗粒无收，且其具有迁徙性，边吃边走，吃完一块，又吃另一块。历史上从明朝开始就有关于黏虫危害的文字记载。据《大名县志》记载，明万历十四年（1586年）秋蚜蚄生，食晚禾殆尽。清光绪十七年（1891年）虫灾，一谷茎上有虫数十，苗叶立尽。中华人民共和国成立以后大名县发生黏虫灾最大的一次是1962年8月，全县受灾面积达49万亩，涉及谷田、玉米地、棉田等，严重地块一株谷子叶上有黏虫卵块32块，有一二龄幼虫300只。黏虫成为大名虫害历史上危害严重的第二大虫害。

小小黏虫到底是何物，为何具有如此大的威力呢？

黏虫面目

我参加工作前，就读于邯郸农业专科学校，学的是作物栽培专业，非常了解黏虫的习性。

黏虫，也叫虸蚄，别名粟夜盗虫、剃枝虫。俗名五彩虫、麦蚕等。寄生于麦、稻、粟、玉米等禾谷类粮食作物及棉花、豆类、蔬菜等16科104种以上植物。危害特点是幼虫食叶，大发生时可将作物叶片全部食光，造成严重损失。因其群聚性、迁徙性、杂食性、暴食性，成为全国性重要农业害虫之一。

黏虫的成虫体长15—17毫米，翅展36—40毫米。头部与胸部呈灰褐色。前翅呈灰黄褐色、黄色或橙色，变化很多。内横线往往只现几个黑点，环纹与肾纹呈褐黄色，界限不显著，肾纹后端有一个白点，其两侧各有一个黑点；外横线为一列黑点；缘线为一列黑点。后翅呈暗褐色，向基部色渐淡。卵长约0.5毫米，半球形，初产呈白色渐变黄色，有光泽，卵粒单层排列成行成块。老熟幼虫体长38毫米，头红褐色，头盖有网纹，额扁，两侧有褐色粗纵纹，略呈八字形，外侧有褐色网纹。体色由淡绿至浓黑，变化甚大（常因食料和环境不同而有变化）；在大发生时背面常呈黑色，腹面淡污色，背中线白色，亚背线与气门上线之间稍带蓝色，气门线与气门下线之间呈粉红色至灰白色。腹足外侧有黑褐色宽纵带，足的先端有半环式黑褐色趾钩。蛹长约19毫米，红褐色，腹部5—7节背面前缘各有一列齿状点刻；臀棘上有刺4根，中央2根粗大，两侧的细短刺略弯。

黏虫的年发生世代数全国各地不一，在华北中南部为3—4代。黏虫属迁飞性害虫，其在北纬33度以北地区任何虫态均不能越冬，北方春季出现的大量成虫系由南方迁飞所至。成虫产卵于叶尖或嫩叶、心叶皱缝间，常使叶片成纵卷。幼虫共六龄，初孵幼虫腹足未全发育，行走如尺蠖；初龄幼虫仅能啃食叶肉，使叶片呈现白色斑点；三龄后可蚕食叶片成块状，五六龄幼虫进入暴食期。老熟幼虫在根际表土1—3厘米做土室化蛹。初卵幼虫有群集性，三龄后的幼虫有假死性和畏光特点。成虫昼伏夜出，傍晚开始活动，黄昏时觅食，半夜交尾产卵，黎明时寻找隐蔽场所。幼虫发生量大食料缺乏时，常成群迁移到附近地块继续为害。成虫喜在茂密的田块产卵，因此长势好的小麦、粟、水稻田、生产茂密的密植田及多肥、灌溉好的田块，利于该虫大发生。天敌主要有步行甲、蛙类、鸟类、寄生蜂、寄生蝇等。

首降失败

1964年8月10日，大名县接到邯郸地区行政公署通知，中央民航局将派遣天津农林航空队的两架飞机支援大名防治黏虫，要求我县做好相关准备工作。

大名县地处漳河、卫河交汇的三角地带，是国家确定的行滞洪泛区，地势低洼潮湿，夏季非常有利于蝗虫、黏虫等灾害发生，而且一发生面积都很大。为了防治蝗虫、黏虫灾害，1963年大名洪灾过后，就开始在县城北王庄村修建农用飞机场，占地4535平方米（68.1亩），建有一条灰土板跑道和几间仓库。1964年4月完工，刚好派上用场。

8月12日上午9时，两架苏制安-2型飞机抵达王庄飞机场上空，由于机场设施简陋，旗语操作不规范，加上飞机无法与地面直接联系，两架飞机在机场上空盘旋近半个小时未能着陆，只得返回邯郸。经过再联络、再准备后，上午11时40分飞机再抵大名，在手持红旗的地面工作人员的密切配合下，两架飞机安全顺利降落在王庄机场。

王庄机场由来已久，早在中华人民共和国成立前就有，占地近百亩。1935年3月，国民政府在河北省立大名师范学校以北，范店村西，油粉滩村东，谷营、窦营、程营村南，动工兴建大名飞机场，经费、人事由南京军事委员会拨发委派，当时征地价格每亩仅30元。

试航意外

为熟悉大名的地形地貌，确认受灾区域，便于喷药作业，首飞为试航。经领导研究确定由我和王胜玉同志（县农林局农业技术员）分别担任这两架飞机的领航员，并把确定的航线用红线非常清晰地标在地图上，即从王庄机场起飞，西去升斗铺村，到漳河上空后右转折向东北，顺漳河而下到辛庄桥，再向北到黄金堤村后东抵漳河、卫河交汇处上空，而后沿卫河东边的106国道南下，经金滩镇、龙王庙村到岔河嘴扬水站，西折经旧治村、县城回机场。

下午3时半，一切工作准备就绪，我随飞行员进入第一架飞机驾驶舱，有关县领导及农林局副局长郭朴等部分黏虫防治领导小组成员12人，也都分别进入两架飞机的工作仓。驾驶舱内有3个座位，呈三角形布局，中有一个小桌。驾驶员和监驶员分别在前面并排而坐。此时驾驶员开始检查飞机上各种仪表设施。监驶员示意我坐在小桌后面的座位上，并帮我系好安全带，然后又进入工作仓，帮助大家把安全带系好。回到座位后，监驶员把航线图摊铺在小桌上，笑着对我说："紧张吗？今天我们俩听你指挥。"我一边向他俩会意地点点头一边说："还行，我也曾差点当上飞行员。"那是上初中时，赶上空军招飞，我闯过了一关关繁琐的严格体检和测试后，在最后的复查中，因左鼻孔内略有弯曲而被取消资格。军医解释说在高空有可能引起呼吸困难。今天，也算圆了我的飞行梦，所以心里很兴奋。但毕竟是第一次乘坐飞机，而且还担负着领航的重任，心里不免有些紧张。我心里清楚，这是在半空中，不能有半点差池，所以全神贯注，不敢有丝毫大意。

当时，飞机头北尾南，监驶员拿起话筒与另一架飞机联络后，驾驶员开始启动飞机。在巨大的引擎轰鸣声响中，飞机沿着南北向的跑道开始由慢到快滑行，轰鸣声越来越大，速度越来越快，在快到跑道尽头的瞬间，驾驶员拉起操纵杆，我顿时感觉身体有些后仰——飞机起飞了。俯视窗外，只见大地、房屋、树木好像都发生了倾斜，随即飞机调整为平飞。监驶员告诉我，飞机在1000米高度飞行。说话间飞机已抵达漳河上空，我正要说"右转"，飞机却已左折逆水而上。我马上急呼"方面错了，应该右转"。驾驶员一时没有反应过来，自语道："错了？"监驶员急忙扭过头查看地图，我忙指给他看并作解释。这时，传来驾驶员浓重的东北口音："不错嘛，前面那不是大桥吗？"其实，他看到的那座桥是魏县的拐里漳河桥而不是辛庄桥。坐在我右前方的监驶员醒悟，操着标准的京腔大呼："怎么没错，刚才应该右转向。立即调向180度。"说话间，飞机已越过拐里桥，抵达魏县上空。当时，也不知驾驶员是否完全明白，反正飞机在空中转了一个大弧线后回到了预定航线上来。此后，监驶员眼睛再也没有离开地图，不时地问我飞机所在的飞行位置。每到需要转向时，我都提前说"左转"或"右转"，提醒驾驶员。坐在飞机上如果不俯视下方，根本感觉不到飞机在前进，好像停在空中，只听到隆隆的轰鸣声。

当飞机飞行到岔河嘴扬水站上空时，传来了另一架飞机的急切呼叫声："01，01，你在哪里？你在哪里？听到请回答，听到请回答。"我连忙在地图上指明飞行位置。监驶员镇定地回答："一分钟后返回机场，一分钟后返回机场，完毕。"

4时5分，飞机平安降落机场。飞机一停稳，人们都边鼓掌边围了上来。另一架飞机的两名飞行员走在最前头。一下飞机，他们就相互握手，拥抱在一起。其中一个飞行员看了一下腕上的手表，轻声地说：“多飞了3分钟。”

喷药作业

试航后的第二天，飞机装载上用六六六粉和滴滴涕粉按要求比例配制好的混合药粉，开始升空在虫发区喷药作业。在地面，人们穿着防护服，手持红旗，作为飞机作业标志。顺便说一句，当时的玉米大多是俗称“小火棒子”品种，秸秆较低，且行距株距都较大。飞机以小红旗形成的标志线为作业航线，调整好机身，俯下超低空飞行喷撒，每次宽度可达50米，如此循环往复。两架飞机在不同地块同时喷药作业，或同一地块交替作业。在除虫期间，这两架飞机共飞行95小时，作业面积15万亩。飞机喷药后，经过药效检查，每平方米死亡率达到90%以上。

尾　声

由于治得早、治得快，飞机除治和人工除治双管齐下，把黏虫防治重点放在了三龄、四龄幼虫上，使黏虫在暴食之前就被基本消灭了，保住了大秋作物的丰产丰收。此后，我撰写了一篇题目为《大名县全党全民动员根治黏虫夺取丰收》的新闻稿，详细记述了我县防治黏虫的情况，总结了成功防治黏虫灾害的做法，刊发在1964年8月21日的《河北日报》头版二条位置。

（讲述人：邓书林。2009年收入《大名文史资料》第九辑）

寻访邓丽君祖籍始末

1979年春，我在大名县委办公室工作。4月的一天，县统战部的张文广同志来到我的办公室，一见面就说："书林，邓丽君与你是不是一个邓家？"我当时蒙了。邓丽君，何许人也？张文广两眼扫了扫门口，一副神秘的样子，压低嗓音对我说："接上级通知，要我们寻访邓丽君的祖籍，这是事关统一战线的大事……"我见他神秘的样子，不觉有点好笑："神秘兮兮的，好像搞地下工作似的。说吧，咋回事，需要我帮忙尽管讲。""不，不，不，"张文广摇头道，"不是帮忙，这是任务，是领导交给的政治任务。据通知上说，邓丽君是台湾的歌手，在东南亚影响很大。她自称是河北大名人，父亲叫邓枢。"听到这儿，我也很兴奋："邓台村真能出个这么有名的人物？"张文广接着说："根据了解，咱县共有三个村庄有邓姓。除你村外，还有十里铺村、刘庄村。领导把邓台村的寻访工作交给你了。"

讲述人邓书林（右）与邓丽君三哥邓长富交谈

一查档案

邓台村当时隶属北门口公社(现属大街镇),全村也就是200余口人,有邓、张、王、田四姓,邓姓人口也就是百十人。要想弄清邓丽君的祖籍,首先得从其父邓枢入手。邓台村不大,人口不多,在我的脑海一遍又一遍地闪着邓台村的每个邓姓人的祖宗三代,但没有"邓枢"这个名字。在邓台村人的名字中用"书"的不少,像我的名字,都是"书本"的"书"。木区"枢"是没有任何印象的。想来想去,忽然灵机一动,何不去档案馆查查。

当我向负责档案馆工作的栗云堂说明来意后,他非常热情,并亲自去库房把邓台村的卷宗找来。这是一沓发黄的参差不齐的地契,还有国民政府发的土地证。我逐一翻看这些规格不等、纸质不一的档案。既查看地契主人的姓名,又查看地契内容中田地或宅基四至邻居主人的姓名。不但没有发现邓枢这个名字,就连姓名中的"枢"字字样也没有。难道邓台村真没有"枢"字辈人?

栗云堂告诉我,类似这些档案是不齐全的。当时,有的征集上来了,有的没有征集到。看来,要寻找"邓枢",只能到我的家乡——邓台村调查了。邓台村的人们是否知道呢?

二访村中老人

回到家后,我首先问母亲是否知道"邓枢"这个人。母亲想了想说,没听说过。于是我决定首先走访邓台村的老人,特别是邓姓老人。在邓台村中央,有一块600平方米的高地。这里是1956年大洪水过后搭建的救护台。村大队部就设在这里一幢临街的房屋里。房前高高的电线杆上,挂着一只大喇叭,这是全村唯一的无线电接收机的扩音器。老人们和农忙之余的村民常常聚集在这里听广播、听戏曲、听评书。由于我是村中唯一的在县城上班的国家干部,也是村中最早上过中专的学生,我一出现,未等我开口,他们都热情跟我打招呼:"印(我的乳名),回来啦。"我也慌忙回应。当我在谈话中询问他们是否知道邓枢这个名字后,他们七嘴八舌地议论了一番,最终都摇了摇头。随后,我把有关邓丽君的情况给他们一讲,所有人都吃了一惊,不约而同地说:真应了那个风水先生的话?

什么风水先生？我也吃了一惊。老人们告诉我，说是很久很久以前，有一个风水先生经过邓台村时，曾经留下一句四字决："青龙日奔，玉带腰缠。水土相济，贵人当兴。"这句话是什么意思，没有人能说得清楚，但隐隐约约好像有要出贵人的感觉。我听了也就付之一笑，风水先生的话岂能当真？老人们见我不以为然，说："印啊，我们知道你是文化人、公家人，不信这些。你刚才说邓丽君这个人，算不算贵人呀！算不算'贵人当兴'？"

"……"我一下子怔在那儿，无言以对，只好说："这不，还没有查实是不是咱村里人嘛。既然咱村没有'枢'字辈人，更没有'邓枢'这个人呀，哪儿能有邓丽君！"

一句话说得大家哑口无言了。生产队会计邓书岭打破沉默说："咱村'三老钢'叫邓书业（即邓枢业），不过是书本的'书'，不是你说的那个'枢'。可是，这里有一个问题，同是一个家族，他为啥比咱们长一辈？"

是啊，按照传统辈分习惯，不该出现这种情况。是取名的失误，还是其中另有隐情？苦思冥想中的我，忽然心头一亮，"书"与"枢"同音，会不会是书写上的笔误呢？

三访"三老钢"

"三老钢"是邓书业（即邓枢业）的绰号，因兄弟排行老三，身体强壮而得此雅号。由于口吃的原因，虽近不惑之年，仍孑然一身，在生产队里做饲养员，勤勤恳恳，把牲畜喂养的牛壮马肥。

我在生产队的马棚里找到了正在拌料的三老钢。说明来意后，我首先问他知不知道邓枢这个名字，他沉吟了片刻，摇了摇头说："没……没听说过"。我又问他的名字中的"书"字如何写。他说，他也不认字。我又询问了他的家世情况，他磕磕绊绊地给我讲，非常认真。大概意思是：父亲叫邓鸿信，自己弟兄三个。大哥叫邓书山（即邓枢山），不知下落；二哥早亡，自己是老三。二叔邓鸿慈，儿子叫邓新玉（即邓枢），也下落不明。三叔叫邓鸿章，子女是邓留锁（即邓枢玉）、邓巧兰。还有两个姑姑邓社姑、邓香姑，都嫁到了东周庄村。

见我失望的样子，三老钢建议我问问他留锁嫂。她能说清楚吗？

四访杨凤兰

邓书业所说的“留锁嫂”叫杨凤兰，是河北唐山人，丈夫邓留锁已于1974年在邓台村去世。按邓家辈分，我应该称她为婶子。杨凤兰告诉我，留锁的大名叫邓书玉，她与丈夫在唐山认识并结婚。丈夫思乡心切，加上在外无依无靠，日子也不好过，便说服岳父岳母，带着她回到邓台村。当我问她是否知道邓枢这个名字时，她想了许久摇了摇头。随后告诉我，他常听留锁讲，他有一个叔伯哥哥叫新玉，同他一块儿出来，分手后就再也没了音信。

虽然杨凤兰是文盲，但认得“邓书玉”三个字，其他的什么也就不知道了。寻访再次陷入僵局。我开始有些灰心了，也许邓枢本来就不是邓台村人。那么，这件事还有必要进行下去吗？我陷入了苦苦的思索中……

五访村干部

村中的老人都不知道邓枢这个名字，看来邓枢果真不是邓台村人了。但我想到，邓丽君是东南亚有影响的歌星，这样一个出名人物如果真是邓台村人，那才是“鸡窝里飞出个金凤凰”，是邓台村莫大的福气，是邓家人永远的骄傲。于是，我给自己打气：不能气馁，不能放弃，继续找寻……

当时我想，人的名字有乳名、大名、字之分。“邓枢”说不定是大名、或字、或外出后改叫的名字。由于当时村中识字的不多，常常叫乳名而不喊大名，老人们不知道也是理所当然的。邓枢所处的旧社会，是兵匪四起，民不聊生，加上邓台村地处漳河下游，年年水灾泛滥，遍野水红花，处处是芦苇，野草横生，人断口粮，村无炊烟。当时邓台村人的出路只有两条，一是背井离乡逃荒要饭，二是当兵谋生混碗饭吃。所以，离乡而不能返乡是正常现象，或饥寒交迫客死他乡，或谋得一个生计飘落在外。远的不说，就我家来讲，听母亲说在我二三岁时，也逃过荒，更不要说以往岁月了。于是，我又来到大队部，向村干部了解。他们议论了大半晌，也没个结果。我说：“你们再好好想想，特别是有没有听说当时外出谋生、逃荒或当兵没有回来的。”

经我这么一提醒，当时任村支部书记的田松岗说：“听说，三老钢的大哥狗头

（即邓枢山的绰号）落脚在唐山。留锁、新玉为了生活，一起奔唐山找狗头去了。他们都是叔伯弟兄，中华人民共和国成立后，留锁回咱村了，可新玉一直没有音信。但他的大号叫啥就不知道了。”

田松岗讲到这，邓玉学拍拍脑门道：“你说这，我想起来了。留锁在临终病重期间，我去看他，他说，他很想念和他一起出去的叔伯哥哥新玉，说他当了兵，不知是死是活……”

“新玉”，这个在众人口中多次出现的名字，又一次传入我的耳中。邓台村没有其后人，他究竟去了哪里呢？莫非他就是要寻找的邓枢？

六问母亲

吃饭时，我又与母亲谈论这件事。我问母亲知道不知道有一个叫新玉的人。母亲回忆说：“有新玉这个人，不过我没见过。我刚嫁到邓台村时，村中几个大小相当的，常来家找你爹（当时已辞世3年多）闲聊，常听他们说，新玉出去了，是个能人，没爹没娘，挺可怜的。”

我的母亲叫张玉芳，父亲叫邓保安，他们是最普通的农村夫妇。与天下大多父母一样，母亲善良贤惠，相夫教子，父亲本分厚道，勤劳持家。他们逃过荒要过饭，虽然不识字，却一心让孩子们读书识字，哪怕自己吃糠咽菜，甚至砸锅卖铁，所以我和妹妹才有幸成为国家干部。

讲述人（右）当年与母亲张玉芳（中）

母亲还对我说：“你爹经常念叨，他儿时最好的玩伴有两个，一个是富宝，一个是新玉，他们仨人中，只有你爹没有跑出去，他俩都出去了，至今没有信儿……”

新玉离开了邓台，而且至今下落不明，杳无音讯。我陷入了沉思中。从“名”和“字”上讲，“枢”与“新玉”在字义上没有内在联系。难道他出去后，又改了名字？在我脑海中不断浮现出三老钢、杨凤兰、村干部、母亲等关于新玉的话题。忽然,我灵机一动,更加坚定我的推测:邓书业诸兄弟的“书”有可能是“枢”的笔误,他们很可能就是“枢”字辈人。理由有四:其一,从邓书山、邓书玉、邓书业弟兄的名字看,都是“书”字辈,而“枢”字相对于“书”字来说是不常用的,特别是在农村,很容易把“枢”写成“书”。其二,从年龄上看,他们与邓枢不相上下,应是同一时代人。其三,队会计邓书岭说的辈分差异问题可以得到圆满解释。其四,下落不明的新玉有了下落。因此,我推测,邓台村人所说的新玉十有八九就是邓枢的乳名。

虽然柳暗花明,但推测毕竟是推测。那么,谁又能证实呢?

七访社姑、香姑

为了揭开邓新玉之谜,只有找到邓社姑和邓香姑了,因为她们在健在的邓家人中,年龄最长,辈分最高,也许她们俩能为我的推测提供佐证。

在一个星期天的午后,我借了一辆老旧自行车,颠簸了20多里路,来到了杨桥公社(现属杨桥镇)的东周庄大队,很顺利地找到了她们。非常凑巧的是,香姑正在社姑家串门。她们见到我,非常高兴,一边跟我寒暄,一边忙着擦桌子板凳,让我坐下。在给我倒了满满的一碗白开水后,说:“印(我的乳名),你是公家人,事多。大老远的,找你姑奶奶什么事?”在邓氏家族的辈分中,她们长我两个辈分。

见两位姑奶奶如此心直口快,我也直截了当地问:“您肯定知道邓新玉?”

“那是我侄儿。”邓社姑和邓香姑不约而同地脱口而出。

“他还有其他名字吗?”

“有啊,大名叫邓枢。”我心中一阵狂喜,紧紧地追问:“哪个‘枢’字?”

“天土鸿枢长”,邓社姑不假思索地说,边说边用手沾水在桌子上写“枢”字。“小时候,俺爹让我们姊妹五人一定要记住这几个字,他说这是祖宗家谱上排的字。”说到这儿,忽然邓社姑猛地一停,满脸疑惑地看看我:“你问这些干啥?”

我连忙把这件事的来龙去脉向两位老人家简单说了一下。当两位老人一听到有了邓枢的消息后,激动得热泪盈眶,双手合十于胸前,自言自语道:“娘啊,我们终于给您有个说法了。”

两位老人边拭泪边讲述那段不堪回首、令人心酸的过去,打开了尘封半个世纪的记忆。

邓枢幼年父母早丧，与祖父祖母相依为命，大概在邓枢15岁时，祖父、祖母相继离开人世，年幼的邓枢只得与两位姑姑过日子。社姑、香姑出嫁后，邓枢也经常来姑姑处，有时也住上三五天，但他毕竟也长成了大小伙子，有了自己的想法，决心要寻找自己的生活之路，于是与堂弟邓留锁商量一块外出谋生。临行前，社姑、香姑把他俩叫到跟前，千叮咛万嘱咐：你们一块儿走，也得一块儿回来。几年后邓留锁携妻回到家乡邓台村，而邓枢从此音信全无。两个侄子一块出去，却回来一个。为此，社姑、香姑把侄子邓留锁数落了一顿。邓留锁也为自己极力辩护，说邓枢很犟，说服不了他。从此，这件事成了两位老人心中的一块心病，常常跪在母亲的坟前自责，没有照看好侄子，悔不该当初把邓枢放走。忽然，有一天深夜，一阵急促的敲门声响起，邓社姑打开门一看，一个身着军装的人站在门前，显得十分憔悴疲惫，在一声"大姑"后，社姑听出来了，这是自己离家多年的侄儿新玉。在咕咚咕咚喝了两大碗水后，新玉说，我当了兵，同日本人干仗，打不过人家，现在部队要南撤，路过这里，偷偷跑出来，看望姑姑一眼，不能停留，马上得走，请姑姑放心，等我打完日本人，我会回家的。此一走，再也没了音信。

香姑说，俺娘临走前拉着我们姐妹俩的手说，无论多么难，多么苦，都要把新玉照顾好，他是个苦命的孩子。可后来，人丢了，叫俺姐妹俩怎么面对俺娘的在天之灵。

社姑说：几十年过去了，好歹有了个准信，去了俺姐俩的一块心病。

有了这个好消息，两位老人的话头更加多了起来，给我滔滔不绝地讲起了邓家的许多往事。说是在她老爷爷那一代以前，邓家有个小作坊，世代造酒，生活殷实宽裕。由于酒好和经营上的买卖公平、童叟不欺，加上每年四月初八的大庙会，十里八乡的人家婚丧嫁娶、招待亲朋，都用此酒。当时，就有顺口溜："邓家的酒坊，张家的药铺，老百姓的贴心事儿。"爷爷弟兄两人，排行老大，是清朝监生。父亲这代人中，叔叔邓荣为五品蓝翎……

社姑、香姑还告诉我，她们出嫁前在邓台村的日子里，常听老人们讲家谱上的事，说是邓家的先祖曾是名门望族，在老早老早以前，为避祸乱从河南搬到这里隐居，靠做生意养家，后来又联了宗，人气很旺，非常荣耀……

辞别时，两位老人紧紧攥住我的手说："侄孙儿，一定要让新玉回家看看。姑姑想他啊……"。

终有定论

回到单位,我把寻访情况和结果向统战部的张文广一讲,他非常兴奋,因为从刘庄村和十里铺村反馈的情况都是“查无此人”,唯独邓台村的消息给他们带来了惊喜。随后县里立即组建了一个由田辛如、张文广牵头的工作组,到邓台村进一步核查此事,再次全面访问邓家的所有亲友,最后得出结论:邓台村就是邓枢的老家,是邓丽君的祖籍。此后,大名县立即把这个结果向上级部门进行了反馈。

后来,上级部门及许多新闻单位不断到邓台村采访,有的还把邓枢的宅院老屋和邓枢的堂弟邓枢业(邓枢山的三弟)清明节添坟祭祖的情况拍照,也去了邓枢的两个姑姑家——东周庄村拍照。据说,这些照片曾在香港某报刊发。邓枢一家也知道了家乡亲人的消息,就让在香港的邓丽君托大陆记者为抚养过他的两位已近花甲的姑姑捎来港币、药品和家书,以报养育之恩,并倾诉了思乡之情。后来邓枢业也当选了县政协委员。1985年前后,一些报纸刊登出邓丽君来大陆举办演唱会的消息,县里筹划向邓台村修柏油路,河北省在邓台村拍摄了两集电视片《邓丽君故乡行》(后在大名第一中学电教室进行了内部放映),准备欢迎邓丽君回乡。由于种种原因,未能成行,造成千古憾事。

(讲述人:邓书林。2005年12月15日连载于《邯郸晚报》)

台胞邓长禧寻访祖籍的前前后后

2004年11月，在正式开通的邓丽君文教基金会（以下简称邓基会）上海办事处的网站上，有以醒目标题赫然写着“祖籍寻访”的网页，上面有大名县邓丽君文教促进会（以下简称邓促会）成立、上海会谈等内容，并配以图片。这是怎么回事呢？作为邓长禧先生（邓丽君的弟弟）寻访祖籍的联系人，笔者现把这件事的来龙去脉记述下来，以飨读者。

2003年11月4日，邓基会董事长邓长禧先生的特使——邓基会驻上海办事处负责人程合先生一行两人，专程来到河北省大名县邓台村进行访根考察，受到了大名县台办、大名县邓丽君文教促进会、邓台村邓氏家族及父老乡亲的热情欢迎。

河北省大名县邓台村是台胞邓长禧的祖籍。该村位于漳卫河的三角地带，在大名县城的东北方向，漳河右堤86公里处。它背靠河堤，前临漳南排水渠，村子周围遍植郁郁葱葱的杨柳，为这个仅有500口人的小村庄带来了几分灵气。

邓丽君文教基金会

档案之一，致力于植树治沙保护母亲河公益事业。2000年5月，邓基会在内蒙古自治区黄河南岸鄂尔多斯市达拉特旗库布齐沙漠的东部选定1万亩荒漠地，种草植树，保护黄河。4年来已投入100多万元人民币，改善沙化面积3000多亩，植被覆盖率由原来的15%上升到45%。

档案之二，协办“龙的传人”大型主题公益演唱会。2004年8月29日，邓基会参与协办了由“华夏文化纽带工程”组委会、甘肃省委宣传部、甘肃伏羲文化开发建设领导小组共同在兰州主办的“龙的传人”大型主题公益演唱会。其间插播了台湾省云林县（邓丽君出生地）北投小学学生舞龙的外景。邓长禧先生在接受《兰州晨报》记者采访时表示，邓基会未来计划在内地持续扩大“星愿”歌曲创作比赛，让更多热爱音乐创作的人都有优质的表现空间，同时结合各大唱片公司挖掘有创作才华的青年。他们还将持续资助弱势群体，并结合更多公益团体一同举办活动，为国内的文教活动做更多事情。

档案之三，参与2004年杭州西湖国际博览会。作为2004年杭州西湖国际博览会活动内容之一，为期一个月的邓丽君纪念文物展在杭州举行。2004年10月26日，邓长禧先生专程从台湾抵达杭州为文物展开幕剪彩。参展物品为邓丽君服饰、日常用品及历年的奖杯、各时期的照片等151件。

档案之四，筹备邓丽君音乐剧《但愿人长久》在国内演出。投资1500万元港币制作的音乐剧《但愿人长久》已在香港、台湾演出40余场。现与有关公司合作计划在国内演出，各种手续上报国家文化部待批。该剧以邓丽君真人真事为故事蓝本，以其演唱名曲编成连场歌舞，讲述其在事业及爱情上的起伏波折。为寻找音乐剧的女主角，邓基会在成都、香港、台湾等地甄选演员，并于2001年5月20日在香港举办“小城巨星”总决赛，香港TVB电视台进行了现场直播。

档案之五，邓丽君经典作品演唱会在全国巡演。邓基会与上海创星文化公司合作，推出邓丽君经典作品演唱会。2003年以来，已在全国各大城市巡演一百余场。2003年4月29日在邯郸剧场演出，《河北工人报》《邯郸晚报》等媒体都以“邓丽君歌声重现故乡”为题进行了报道。

档案之六，邓丽君主题餐馆“筠园小镇”在杭州揭幕。2004年3月15日，邓基会与浙江有关方面合作创办的邓丽君主题餐厅“筠园小镇”在杭州开张。这是一座外古内洋的四层建筑，位于杭州市中心的信义坊商街149号。内部装饰都是围绕邓丽君进行的，包厢是用邓丽君的经典歌曲名称命名，诸如“小城故事”“在水一方”“淡淡幽情”等。在这里除了可以品尝独具特色的台湾菜肴，还可近距离亲睹邓丽君生前从未公开的私人物品。筠园即“邓丽君纪念公园”，系邓丽君在台湾的墓地，已成为旅游景点。

1995年10月14日，即邓丽君逝后5个月，由台湾“中华电视台”、香港宝丽金唱片公司及日本TAURWS唱片公司共同捐款设立邓基会，由邓丽君的弟弟邓长禧担任董事长。在该基金会的章程中这样表述其宗旨：秉持邓丽君生前的遗愿，为社会奉献一份心力，弘扬其毕生致力歌唱艺术事业及对中华民族的赤诚之爱，推广并举办各项文化教育、音乐艺术等活动及公益慈善等相关事业及奖助，以期提升华人文化生活之精致与品质。截至目前,邓基会仍资助着泰国北部68所中小学的中文教育。在未来规划中,有一项是在大陆建一所艺术学校,为贫困或有艺术天赋的学生提供机会,并设置相关奖助学金。

寻访考察

档案之七,大陆寻访邓丽君祖籍。1979年春,大名县按上级部门通知要求,查找邓丽君的祖籍所在地。几经查寻,终于确定大名县邓台村为其祖籍。邓书林同志的回忆文章《寻访邓丽君祖籍始末》详细地记录了寻访经过。

档案之八,中央电视台邀请邓丽君到北京演出。1988年4月4日,中央电视台、中华全国台湾同胞联谊会、中国音乐家协会、中央人民广播电台、海峡之声广播电台联合向邓丽君发出邀请,请她参加第四届海峡之声音乐会。2003年2月,邓长禧先生接受香港凤凰卫视采访时证实,邓丽君早就有去大陆演唱的想法,但不想仅唱几首歌曲而已,要搞就办个人专场演唱会,且不售票户外演唱,以敦煌壁画为背景,结合中国古典四大美女图像,地点选在天安门广场。

档案之九,拍摄电视文献艺术片《邓丽君故乡行》。1986年上海电视台、河北省文化艺术中心在大名开机拍摄《邓丽君故乡行》,完成上下两集。该电视文献艺术片的封底献辞是这样写的:她禀赋歌唱天才,音色柔润甜美,声乐技巧娴熟,艺术处理神妙,舞台形象姣好,表演台风高雅。邓丽君继承并发扬了中国民族民间音乐的优秀传统,吸收外国音乐的精华,创造出自己特有的演唱技巧。她的演唱风格新奇独到,清丽明快,字正腔圆,情深意长,犹如行云流水,令人喜闻乐见……邓丽君在十几年的艺术生涯中,演唱过上千首中国民歌、古典诗词、流行歌曲和外国歌曲,唱红了几百首,蜚声国际歌坛。

档案之十,药品传递姑侄亲情。1986年,记者带着由香港辗转过来的药品,又来到了大名县东周庄邓枢的姑姑家。邓社姑看着《中国青年报》上刊登的邓丽君和邓枢夫妇的照片,热泪盈眶,叫着邓枢的乳名:“新玉啊新玉,兵荒马乱多少年,姑姑真想你呀!”姑舅亲,辈辈亲,打断骨头连着筋。当邓丽君听说老姑生病的消息后,邓枢父女特意托朋友捎来药品和现金。

枝连理、根同生,血并传、人共宗,神同缘、脉相承。25年后,邓氏子弟拉开了归根谒祖的序幕。2003年2月，当邓促会、邓氏家族联合向邓基会发去充满乡情的传真后，邓长禧先生立即返回信息，要派人到大名考察。2003年4月，正是“非典”肆虐的时候，邓长禧先生按捺不住内心的急切心情，指派邓基会驻上海办事处代表程合先生先期赴大名。4月26日抵达济南，终因“非典”疫情蔓延，被迫中途而返。

2003年11月3日，程合先生一行带着邓长禧的重托，终于来到了大名县邓台村。在大名县台办、邓促会负责人员的陪同下，程合先生一行在解说员的讲解下，观看了邓丽君展室和记录着邓家人祖祖辈辈的邓氏祖碑，并与邓氏家人及众乡亲亲切交谈。

邓台村邓氏家族族长邓家堂老人紧紧握住程合先生的手说，盼你们盼了整整25年，今天终于见面了。如果长禧哥儿几个能亲自回家看看，就更好了。

程合先生说，多年来邓氏兄弟就有回家乡看看的想法，特别是前两年邓家大哥邓长安、五弟邓长禧，心情尤其急切，哪怕悄无声息地回一趟故土，就望那么一眼，终未能成行。我这次来，就是受邓先生委托，先期探路。

邓台村的两位80多岁的老人张可忠、田松林，分别向程合先生讲述了儿时与邓枢一起捉迷藏、下河赶鱼捉虾等情景，并说：我们好想同新玉（邓枢的乳名）见上一面。程合先生说，邓枢老先生已辞世十多年了，邓枢父女都是带着未踏进故土的遗憾而去的，归根谒祖只能靠邓家子弟来完成了。两位老人听说儿时的伙伴已不在人世，不觉老泪纵横。

邓枢儿时伙伴田松林（左一）、张可忠（左二）与程合（右一）交谈

当杨凤兰老人（邓枢玉的妻子）听说邓枢的老伴赵素桂健在后说，不知道今生我们妯娌俩还能不能见上一面，拉拉家常，请代俺问个好。程合先生说，请您放心，我一定把口信带到。

在邓促会驻地，程合先生一行观看了“思君八年”书法展览后，与该促进会秘书处的负责人邓子涛进行了会谈。程合先生介绍了邓基会的有关情况，邓子涛受权通报了邓促会的成立背景、宗旨口号、机构设置、事业拓展等事宜，并表述“请邓长禧先生担任大名县邓丽君文教促进会名誉会长”的意见，以及扩建邓丽君展室的规划并请邓基会在内容上予以协助等事宜。程合先生说，我代表基金会和邓先生对家乡为邓丽君小姐做的事情表示感谢，回去后我会把这里的情况向邓先生详细报告的。

会谈结束后，邓子涛代表邓氏家族和邓促会，通过大名县台湾事务办公室主任张玉芝女士向程先生赠送了写给邓长禧先生的书法作品。该书法作品是由邓促会撰句，地方志办公室主任冯克军用家乡书法南宫碑题写的“月是故乡明”的条幅。

邓基会与邓促会的大名会谈，开启两会正式交流的大门，为以后广泛协作、共同发展奠定基础。

短短3个小时的寻访考察，却跨越了半个多世纪相互牵挂的漫长岁月。程合先生带着丰硕的考察成果和抑制不住的喜悦，结束了在大名的考察活动。涓流汇海，叶落归根，是每个中华儿女的共同心愿。任凭山高水远，任凭翻云覆浪，也难以割舍世代同宗同祖、血脉相承的故土情结。隔不断的骨肉之情把邓台与台北紧紧连在一起，双方都用殷殷的牵挂和不懈的追求，去追寻那份血浓于水的亲情，去追寻那“魂牵梦也系”的团聚梦。邓丽君的弟弟邓长禧先生指派程合先生对祖籍的寻访考察活动，充分体现了剪不断的骨肉亲情和理还乱的乡情乡谊，拉开了回乡归根谒祖的序幕。

为永记这次具有深远意义的第一次握手，邓促会以邓基会对祖籍寻访考察为主线，策划制作了一个短片——《牵挂》。此片于2004年3月送给邓长禧先生。

上海会谈

档案之十一，邓长禧先生关注家乡经济文化事业发展。“邓先生表示对大名县的经济文化方面非常愿意做些帮助，并专门对大名的合作之事进行了讨论。我方想了解大名府香油厂的状况，包括生产规模、质量情况、销售范围及今后规划，是否有合作意向。我方研究拿出方案，以便开展下一步工作。”——这是邓基会于2003年12月发给邓促会的电子邮件。

档案之十二，邓基会为家乡经济发展助推。“请将贵县大蒜保健品开发项目提供我会评价，针对此一项目可否提供更具体之材料，供我会与策略联盟团队进一步思考评估，以利反馈。”——这是邓基会顾问甘萄生于2004年3月19日发往大名县邓促会的电子邮件。

档案十三，打邓丽君故乡牌促发展。“打好邓丽君故乡牌，推动大名与台湾的合作与交流，发展县域经济。”——这是2004年4月5日大名县委研究室编印的《调查研究》（第二期）上刊发的文章《学浙江学什么》中提出的。

档案十四，加强与邓基会的合作与交流。“以邓丽君文教基金会来大名投资项目为契机，打好‘邓丽君故乡’牌，扩大与台湾的经济合作与交流，带动一批项目。”——这是大名县县长武金良同志在《赴香港及珠江三角长三角招商考察思考》的文章中提出的。该文章刊发在2004年4月23日大名县政府办公室编发的《内部通报》第七期上。

作者（左一）与邓长安（右三）在北京洽谈邓丽君筠馆合作

邓长禧先生指派程合先生对祖籍进行寻访考察后明确表示：“对大名县的经济和文化方面非常愿意做些帮助。”并就芝麻香油项目、大蒜保健品开发项目等有关情况与邓促会进行了前期沟通。按照武金良县长邀约邓长禧先生于3月中旬香港会面的意见，邓促会积极联系沟通。经过不懈努力，接受此时已有赴美国行程的邓长禧先生的上海会谈之建议，最终促成大名方与邓基会方代表于2004年3月31日在上海进行会谈。议程共有三项，一是洽谈大蒜保健品项目，二是参观上海邓丽君纪念馆、雕像和衣冠冢，三是参观杭州邓丽君主题音乐餐馆——筠园小镇。

2004年3月31日下午，在上海瑞泰酒店，大名县代表团与邓基会代表团就经济和文化方面的合作问题进行商谈。大名县代表团组成人员有：武金良（县长）、潘利军(副县长)、张凤昆(县招商局局长)、田金安(县农业局局长)、王国民(县粮食局局长)、邓子涛(政府办公室科长、邓促会秘书长)。邓基会代表团组成人员有:甘蓟生(邓基会顾问)、严孝裕(上海隆中泰储运公司副董事长、香港东阳实业公司总经理)、袁钧(电通集团上海东派有限公司执行总监)、程合(邓基会上海代表)。

顾问甘蓟生先生受邓基会董事长邓长禧先生的委托，通报了邓基会参与华夏龙文化工程的情况,表述了邓丽君音乐剧在祖籍演出及文物展示、协助大名扩建邓丽君展室的意见,表达了对投资大蒜保健品项目、安排大名赴台商务展等文化、经济领域的帮助与合作所持的积极态度,以及"台独势力不得人心"的鲜明立场。武金良县长介绍了大名县的现状、历史、外商投资享受的优惠政策等。经过近3个小时的会谈,议定事项如下:

一、双方就大名县大蒜保健品项目达成合作意向。邓基会负责严孝裕总经理赴美国评估大蒜保健品项目及可能实地考察大名之事宜及时与大名方联络。

家乡人向邓丽君弟弟邓长禧(中)赠送条幅

二、邓基会预定5月份带领策划公司到大名实地考察。结合大名经济发展的实际及海外市场的需求,把大名香油或其他产品与邓丽君文化有机结合,进行创意,搞个品牌,利用邓丽君的海外影响,把大名的产品推介出去。

三、在自由会谈期间,邓基会方还与邓促会就出版画册、赴台展示等内容达成意向。

作者(右一)参访上海邓丽君纪念馆

会谈结束后,邓基会宴请了来自家乡的客人。第二天,即4月1日,时值清明节前夕,在程合先生陪同下,邓促会参观了位于上海福寿园内的邓丽君纪念馆。

上海会谈,是邓基会与大名县开展正式交流的标志。从此,邓长禧先生通过家乡的邓促会开始了与大名县全方位、宽领域的合作,兑现其“对大名县的经济和文化方面非常愿意做些帮助”的承诺。

(写于2004年11月,收入《大名文史资料》第九辑)

与台胞邓长禧的三面之缘

再过两天，就是邓丽君文教基金会（以下简称邓基会）董事长、大名县邓丽君文教促进会（以下简称邓促会）名誉会长邓长禧先生（邓丽君的弟弟）辞世一周年的日子（2009年7月23日）。这几天，与长禧先生一起做事的情景不断浮现在我的脑海，挥之不去。在我的意识里，还觉得长禧先生仍在电话那头。然而，他却已去了一年。当时我作为邓促会副会长兼秘书长，负责邓促会的日常事务，具体执行会长会议的决定，落实会长会议议定的具体事项。在与邓基会来往过程中，有了与长禧先生接触的机会。虽然仅有三面之缘，但长禧先生的音容笑貌，讲话的不疾不徐，做事的认真谨慎，待人的谦虚平和，处世的含蓄低调，给我留下深刻印象。值此一周年之际，往事浮现，特记录如下片段。

石家庄，第一面

2005年12月27日23时20分，石家庄北方大厦一楼大厅。

跨过旋转厅门，透过柔和的灯光，我看见一位身材高大、胖瘦适中的中年男子站在大厅中央。电视上熟悉的影像，让我瞬间判定这就是邓长禧先生——台湾邓丽君文教基金会董事长。

我疾走几步，欲上前打招呼。几乎是同时，长禧先生也快步向我走来，还未等我张口，一个深厚浓重、语气肯定又兼有南方北方口音的声音传过来：“你是子涛！”边说边走边伸出右手。我也连忙伸出右手迎上前去，说：“欢迎您来到河北家乡。”两只有温度的大手伴随着双方心照不宣的爽朗笑声紧紧地握在了一起。

随后，邓长禧先生向我介绍了一起来的台湾著名艺人凌峰先生及其秘书，互相寒暄后，我把他们三人引到餐厅。

长禧先生一行是专程从台湾赶来，参加次日在石家庄举行的邓丽君辞世十周年纪念酒——韵酒新闻发布会的。他们为了赶时间,晚饭都没顾上吃,我们早早在宾馆定了餐位。当时一起就餐的有徐国鸿(大名县副县长)、王海民(大名府酒业董事长),以及邓基会先期到达的几位工作人员。由长禧先生提议,尝尝家乡的火锅,于是大家围在一个大木炭火锅旁边吃边聊。席间,长禧先生向我询问了家乡一些情况,我滔滔不绝地一一做了介绍。

凌峰先生见我俩一见如故,谈得投机融洽,热火朝天,不禁纳闷,一脸疑惑:"你们认识啊?"长禧先生笑着说:"我们是一家子哟。"我补充道:"按邓家辈分,我应叫邓先生'叔叔'。"凌峰一愣,看着长禧先生,又瞧瞧我,不住地点头:"嗯,你别说,长相、神态、气质,还真有点相似,是一家子。"一句话说得大家都笑起来。

是啊,我与长禧先生虽是第一次相见,但我们之间并不陌生。以前,虽然我在海峡这岸他在海峡那岸,我在大名老家他在台北寓所,但常常是我在电话这头他在电话那头,我在电视上常常目睹其风采,他在光盘里也见我影像(我们曾经送他邓基会考察大名的音像光盘),相貌音容相互熟知。

作者与邓长禧(中)、凌峰(右)

次日早饭后,邓促会与邓基会在长禧先生下榻客房的会客厅进行了会谈。我方有会长邓书林、副会长邓子平等人,邓基会方除邓长禧外,还有程合等人。这是两会主要负责人首次坐在一起进行面对面的交流,拉开了两会全面合作的序幕。

邓促会会长邓书林首先对长禧先生表示欢迎,就邓促会设立背景、目的宗旨、主要任务、近期目标、长远规划等方面进行了介绍,并提出几点建议。一是对邓长禧先生发出邀请,在他方便的时候来大名老家看看;二是希望邓长禧先生能担任邓促会的名誉会长;三是祝愿两会以丽君文化为载体,以此次韵酒合作为契机,在传承丽君文化、扩大交流、发展经济上做出努力。在邓书林会长发言期间,长禧先生不时回过头来告诉随行人员:"记下这些事情。"

邓基会董事长邓长禧先生说:"非常感谢家乡和邓氏族人为邓小姐做的一些事情。我为家乡做些力所能及的事情理所当然,也是我多年的夙愿。对大名县邓丽君文教促进会能为我搭建一个馈报家乡的平台表示感谢……"之后,邓长禧先生就邓基会成立起因、业务范围及当前主要工作开展做了简要说明。最后,长禧先生表示:“完全接受邓促会的建议,非常愿意在文教、经济方面为家乡做些帮助。我今天临时做个动议,暂定在大名举行一场‘小城故事——大名才艺少女选拔赛’,选出资助对象,届时回老家看看。关于要我任促进会名誉会长一事,待邓促会正式注册之日就是我任名誉会长之时……” 邓长禧的一席话赢得了在座所有人一阵热烈的掌声。

随后邓长禧与邓书林两位会长拉起了家常。长禧先生介绍了自己家人的情况,特别是其父亲邓枢经常告诉他们一定要找机会回老家看看,同时询问了邓台村一些情况,特别询问邓书林会长按邓家辈分如何称呼。邓书林还向长禧回忆起了其父邓枢在邓台的光景,以及其两位姑姑家的情况。长禧先生听得十分认真,并不时插话询问细节。邓长禧人品的朴实厚道,思维的敏捷开阔,做事的果断干练,为我们留下了深刻印象。之后,邓促会向邓长禧先生赠送了一幅邓氏祖碑照片、一轴家乡人书写的“华亭鹤唳”条幅和一件来自家乡的黑陶制品——梅瓶。邓基会也向我们赠送了邓丽君的纪念物品——名片夹、钢笔等。

大名县邓丽君文教促进会向邓长禧(中)赠送邓家祖碑照片

这里需要说明一下韵酒发布会的事情。韵酒是邓基会与大名府酒业合作打造的一款邓丽君辞世十周年特制纪念酒,它是邓促会牵线搭桥,花费近一年的时间,历经多次波折促成的一个冀台合作项目,并成为河北省政府举办的2006冀台经贸洽谈会的签约项目。其前因后果是这样的:

我作为邓促会的副会长兼秘书长,在与邓基会沟通过程中得知,他们有做邓丽君品牌白酒的计划。当时我想，大名府酒业的白酒因名气小走不出去，年产量上不去，借助邓丽君这个世界歌手的名人效应，说不定能走向世界呢，这样一定能促进大名经济发展。这符合邓促会“构建丽君文化平台，服务县域经济发展”的宗旨，可以试一试。正在我们研究策划这件事的时候，大名府酒业董事长王海民因看到《大名时报》刊登了一篇有关邓丽君的文章，也顿生此意，就联系了邓促会。想法不谋而合，王海民董事长非常高兴，委托邓促会尽快与邓基会联系此事。我当时也是兴奋不已，信心十足。邓基会有开发邓丽君白酒的想法，大名府酒业有借助名人扩大生产的愿望，何愁事情办不成呢？于是我拨通了邓基会驻上海办事处的电话……

事情远非想象的那么简单。几天后，邓长禧先生给了答复，说邓基会开发白酒的基本思路是“名人+名酒”，计划与茅台酒、五粮液、水井坊等名牌酒业合作，而且这一理念是经过邓基会董事会的。得到此消息，我和王海民的心情由沸点一下子降到了冰点。因为我们俩心里都特别清楚，一个县级地方白酒怎堪比茅台酒、五粮液、水井坊，可谓天壤之别，不沾边啊。同时还得到信息说是山东兰陵酒厂等几家酒业也都在争取这个项目。我们十分清楚，这些企业都比大名府酒业实力强大。

但我仍不死心，努力寻找说服邓基会的途径。经过近一个月的努力，形成了一个分析类的材料，以邓促会名义通过电子邮件发往邓基会。邮件内容主要表达了两层意思：

一是邓基会与大名府酒业合作的优势：首先从酒本身说，白酒讲究的是酒文化，邓丽君祖上酿酒，曾有邓家酒坊，这样酒有历史文化渊源。其次，大名是邓丽君的老家，大名府酒业是邓丽君老家的酒厂，且该酒业有“人文为本”的传统，其中滴溜酒（狄留酒）就是为纪念狄仁杰而制。所以，以邓丽君家乡的酒厂酿造纪念华语歌后的酒，意义就非同一般，且大名府酒业曾在20世纪80年代欲开发邓丽君家酒，只是因时机不对而流产。再次，正因为大名府酒业是县级酒厂，名气小，需要靠名人效应做大，具有极强的愿望和极大的热情，这样势必使邓基会始终处于主导地位。最重要的是一旦合作成功，这将是邓长禧先生为家乡经济发展做出一大贡献。

二是邓基会与茅台酒、水井坊等品牌酒业合作劣势：首先，“名人+名酒”的思路并没有错，但是白酒没有文化上的历史渊源，是做白酒之大忌。其次，名牌酒业不需要利用名人效应扩大影响，反而邓基会有靠名酒弘扬邓丽君名声之嫌。再次，由于双方实力悬殊，在合作过程中，邓基会势必处于被动地位。从另一个层面讲，邓长禧先生失去了一次想为家乡做些事情的绝佳机会。

经过近一年的电子邮件讨论、国际长途电话论谈，邓基会终于接受邓促会观点，促成了大名府酒业与邓基会的上海面谈，为酒项目落户大名迈出了关键的一步。而后，邓基会派人来大名府酒业进行了实地考察。最终邓长禧先生做出同意合作的决定，并提出分两步走的具体操作方案。第一步，生产一批邓丽君辞世十周年纪念酒，由邓基会负责提供台湾设计师的包装样稿，大名府酒业负责生产销售。此举目的是考验大名府酒业的生产能力。第二步，组建河北丽君酒业公司进行全面研制开发。

听到这个消息后，我们都兴奋不已，太不容易了。然而，好事办起来也并非一帆风顺，意想不到的事情层出不穷。合作协议签订在即之际，作为主动方的大名府酒业却出了问题。由于大名府酒业现行内部管理体制问题，致使酒业中层以上领导在正式表决时，超过半数以上的人不同意此举。这大大出乎我的意料，也出乎酒业董事长王海民的意料。好不容易促成的事情又因大名方的原因陷入僵局，置邓促会于被动之地。

王海民董事长深知我在这一年的努力沟通中所付出的心血，此时此景，无可奈何的王海民面对我的窘境，只能摇头苦笑。面对不该出的问题的地方却出了问题，我也很无奈，心想，做好事也这么难么？事情已经到了这一步，我也毫无思想准备。此时的我，真有点精疲力竭了，最后，我给王海民董事长留下一句话："做还是不做，两天后，你给我个话。"

邓长禧(左二)在韵酒新闻发布会上

这位曾历任县供销社主任、商业局长的酒业公司董事长，不愧在商界摸爬滚打多年，每每在重要关头都能够力挽狂澜于既倒，力排众议于分歧。两天后，王董事长给了我一个斩钉截铁的答复："合同，我们签。"

所以就有了石家庄这次韵酒上市新闻发布会。参加这个发布会的大名县领导有:县人大主席黄武臣、县政协主席高连生、县委副书记陈向阳、副县长徐国鸿、原副县长廖学义等,还有县文化体育旅游局、三中等县直部门。

据邓长禧先生透露，此酒包装物设计是由台湾最著名的设计师王侠军完成的。国民党主席连战先生来大陆参访时送给胡锦涛总书记的一件琉璃工艺品,就是他设计的。在做包装物时,涉及一个关于此酒的文字说明。邓长禧先生和王海民两位董事长都不谋而合地委托我来写,他们说除了你,谁都写不出来,因为持笔人必须了解大名历史,了解邓家历史,了解邓丽君本人。于是我也当仁不让,应下此事。拿出初稿后,我请他们讨论,普遍感觉不错,除对几个字略作调整,基本未动,我心里也得到安慰。现将原文抄录如下:

故里佳酿 “韵”味悠长

邓丽君的故乡——大名,环漳水而襟卫河,面太行而抵沙麓,气候温和,土地肥沃,粱麦丰饶,农商殷富,尤酿酒业发达。大名酿酒源远流长,史书记载,唐代名相狄仁杰曾为魏州(今大名)刺史,将当地佳酿贡奉朝廷,被女皇武则天旨为御酒,遂闻名天下。

大名府酒业发祥于大名府城玉带街,位于东南城角,护城河畔。园内井泉清澈而甘美,净爽而滑润,矿物质含量丰富,四季恒温。龄逾百年的古窖,传统的操作工艺,现代的科学技术,完美地结合在一起,将上好的粱麦酿造成散发着诱人芳香又醇美的玉液琼浆。

大名府酒业负载越千年的酿酒文化,承传自强仁爱的民族精神,秉持弘扬人文的信念,怀揣淳朴的乡土情感,倾情于名扬四海至善至美、思乡情浓的华语歌后,为诠释民族美德与酒文化的交融统一,特制韵酒,以表故乡人对优秀女儿之纪念,扬其善美,颂其精神,寄托情思,传动人佳话。

此韵酒选十八年陈酿,精心调味而得至美甘醇,饱含十年思君情结。酒体香浓而不艳,绵甜净爽,“韵”味悠长。酒瓶、酒盒典雅脱俗,与丽君之歌韵交相辉映,让人又回丽君年代,重温往日时光,再品柔美竹韵……

北京,第二面

2007年5月5日下午6时30分,北京展览馆剧场门口。

当我沿着甬道即将走到剧场门口时,身着浅色T恤衫、白色长裤的邓长禧先生已微笑着从剧场门口沿台阶而下。石家庄分别5个月后,我们的手再次紧紧地握在了一起。

“子涛,一路辛苦!”仍然是深厚憨实的声音。“让你久等了。”我礼貌地回应。长禧先生接着说:“才艺女孩的事情,不要着急,必须征得她家人的同意。”长禧先生对资助大名才艺女孩的事仍念念不忘。“没办法,女孩父母思想保守。”我一脸的无奈。

此次北京见面是应长禧先生之邀,专门来京观看为纪念邓丽君辞世11周年而举办的甜蜜蜜——邓丽君金曲交响演唱会的。除我之外,还有大名府酒业董事长王海民。

已是晚饭时间,我们在剧场不远处的一家餐馆共进晚餐。除我们三人外,还有邓先生的两位北京朋友。席间,长禧先生又一次询问起家乡邓台的情况。我把邓台的地理位置、村庄历史、邓氏家族的发展史等等详细道来,邓先生饶有兴趣地仔细听着,还不时地询问一些细节。

在看完这一台由中国歌舞剧院交响乐团伴奏,超女张靓颖、羽泉组合(2人)、黑鸭子组合(3人)共同担纲演绎的邓丽君金曲交响演唱会后,已是夜间10时30分,长禧先生邀请我在其下榻的北展宾馆的茶楼里喝茶,还有他的两位北京朋友(王海民董事长因有事提前离开了)。

在柔和的灯光里,在美妙的音乐中,我们围坐在茶几旁,闻着阵阵清香,悠闲地品着茗茶。我们聊的内容很广很多,天南地北,海阔天空,北京风味,大名民俗,台湾风情,当然最多的话题还是与邓丽君有关,与如何弘扬丽君文化,做大丽君相关事业有关。邓长禧先生知识面非常广,很健谈。突然,他话锋一转,“子涛,吃饭的时候你说邓台的水质特别好,我们搞个项目好不好?”我说:“好啊。邓台的水清澈甘洌,周边村庄无法比拟,特别是喝凉开水,好像撒了一把白砂糖。”长禧先生略一沉吟,继续说:“可以做个瓶装纯净水之类的项目,投资又不大,这样将来与白酒相配套,搞成一个系列。”我兴奋地说:“这个项目搞成后,是您为邓家人,为邓台村父老乡亲又做了一件大好事，可以带动邓台村走上富裕之路，为邓台新农村建设打下一个好基础。目前邓台村一个企业都没有，更谈不上产业，只是种地，要不就外出打工……”

就这个话题，我们谈了很多很多，我还向长禧先生许诺说，回到大名后，我就查阅县志等资料，整理邓台村地下水等有关资料，给您传过去做些参考，同时搞个市场调研……

在这里，我交代一下与邓长禧先生一见面他就提到才艺女孩的事情。

在邓基会的章程中有这样一条，即资助有音乐天赋但家庭贫困的女孩，旨在培养音乐新人。为此他们曾经在台北、香港、成都等地搞了一系列甄选活动，确定了几个资助对象。在商谈白酒项目过程中，我向长禧先生提及此事，能否在大名寻找个资助对象，也是长禧先生为大名又做一件好事。没料到长禧先生当场欣然应允，而且动作非常快，在石家庄韵酒新闻发布会上就公开向媒体宣布这一事情。

韵酒新闻发布会一结束，长禧先生就委派邓基会的一个音乐专业人员张显魁，随我到大名进行实地了解情况。张显魁是个刚刚二十出头的小伙子，1.70米的个头，白皙的面孔，一头浅黄密发，一口标准的普通话。他毕业于台北戏剧学院，工作认真细致很招人喜欢。我带着他到县一中、二中、三中、大名镇中学，甚至大名师范学校，让他了解学生，特别是女生的年龄结构、在校生人数等情况，有时还随即找几名学生随便聊聊。之后，我们俩就整个选拔活动的安排进行了讨论，初步敲定了一个框框。

返回上海的张显魁在两周后，通过电子邮件把整个选拔活动方案的初稿传了过来，我做进一步修订再传过去，请长禧先生过目后开始实施。从此，我就忙开了。在工作之余，我联系县电视台，制作播发“小城故事”大名才艺少女选拔赛广告，日播两次连续40天；联系《大名时报》，设计制作半个版面的活动启事；联系县教育局，请他们向全县40余所中小学发放活动招贴画200余张；县城内学校、各大商场门口、主要街道路口等凡是人员集中区域，我亲自张贴；联系河北省音乐家协会、邯郸学院、大名师范学校，请专家评委；联系县电视台做现场录像；联系大名县金百合“台湾风情摄影馆”做专题摄影；联系县文化体育旅游局提供演出器材；联系大名宾馆提供演出会场；联系大名师范提供排练场地。联系县人险公司、计生局提供投影机，寻找赛事的主持人……忙得我不亦乐乎。

选拔活动分两个阶段进行。第一阶段为入围赛，从报名的125人中选拔15人入围。第二阶段为决赛，从15名选手中产生前三名。

2006年2月13日（农历正月十六），入围赛在大名宾馆进行。比赛现场西面醒目的会标前是评委席，东侧巨大的活动海报前为表演区。评委由邯郸学院教授李艳红、大名师范教师魏新春和高双玲、邓基会张显魁担任，专业摄影师照相，比赛全程录像录音供赛后分析。整个赛事我负责总协调，并把入围的15名选手在《大名时报》上予以发布。

作者（左一）与评委交谈

3月25日晚7时，决赛在大名宾馆大礼堂举行。舞台帐幕上“小城故事——大名才艺少女选拔赛”几个大字，醒目耀人。右下方写着“主办单位：邓丽君文教基金会；协办单位：大名县邓丽君文教促进会、县文化体育旅游局、大名府酒业；赞助单位：金百合台湾风情精致婚纱摄影馆”。舞台两侧为两台大型投影幕，每位选手出场前都放映其入围赛片段和培训生活花絮。右侧为评委席，由河北省音协主席王玉西及秘书长白朝晖、邯郸学院音乐系教授李艳红组成评委会，电视台负责全程录像。

令我没有想到的是，比赛场景异常热烈。每位选手都安排了自己的亲友团和拉拉队，打着横标，手持“拍手”，高呼“加油”。台上选手歌唱表演，尽情发挥。台下拉拉队卖力加油鼓劲，赛场气氛活跃，高涨融洽，秩序井然，有条不紊，远远超出我们的预期。决赛产生了一等奖范晓琳（大名三中学生），二等奖金飞（大名师范毕业生），三等奖王琦伟（大名二中学生），最佳人气奖林珊（大名师范毕业生）。县人大主任黄武臣、县政协主席高连生、县委副书记陈向阳、邓促会会长邓书林、邓基会程合，还有我，分别为获奖选手颁发了荣誉证书和奖金（第一名为6000元，第二名为4000元，第三名为2000元）。由于准备充分，工作细致，安排妥当，两个阶段的选拔活动顺利圆满结束。

已经60岁的省音协主席王玉西说："由非官方机构组织的这台选拔活动，无论是从组织水平、实际效果，还是评委级别上，是我出席类似比赛以来前所未有的。形式新颖，别出心裁，这不仅是一场选拔赛，更是一台大型的文艺演出。"

4月初，邓基会做出决定，拟把第一名范晓琳作为资助培养对象。由于范晓琳是从长禧先生家乡选出来的，针对她进行了特殊安排，主要内容是：1.邓基会每月提供500元学费资助，利用暑寒假，安排范晓琳到香港TNT演艺公司进行专业培训。2.参加邓基会主办的各项活动，一切费用包括路费全部由邓基会负责，若参加商业性演出，收入对半分成。3.制作宣传资料，录制唱片影碟。4.代表家乡出席5月8日在台北举办的邓丽君辞世11周年纪念活动。5.参加5月20日北京"邓丽君金曲交响演唱会"，与"超女"张靓颖合唱一首歌。

随即，邓基会派张显魁、程合专程来大名履行相关程序。范晓琳本人非常高兴，同意签约。但其父母不同意，主要担心女儿的人身安全问题。范晓琳的父亲专门找到我，询问他们是不是骗子。这是一位老实巴交、安守本分的父亲，显然对外界的情况并不了解。我告诉他邓基会的详细情况，还明确地告诉他不是骗局，是邓丽君的家人在为家乡做好事。对于想在艺术上发展的范晓琳来说是个千载难逢的机会，但路子怎么走，能否走好，全靠她自己打拼。

家长始终是不同意的，邓基会决定约见其父母。我与王海民董事长一并陪同。在范晓琳家里，其父母、姐姐以及亲戚都在。邓基会回答了他们提出的这样那样的问题，核心的问题是范晓林的人身安全。程合说，这次邓基会在大名寻找资助对象，是大名县邓丽君文教促进会联系我们的董事长邓长禧先生——也就是邓丽君的弟弟，为家乡做的事情之一。不客气地说，是邓先生在给家乡做好事。现在，我们培养对象不只她一个，全部是小女孩，在香港有专人负责他们起居，而且年龄都比她小。安全没有问题，外出乘坐交通工具，我们为她们购置保险。你们实在不放心，也可家人陪同。

一天后，范晓琳父母提出需要有人为其女儿安全提供担保问题。这件事情是无法办到的，邓基会只好无奈地离开大名。后来，据别人说，范晓琳的父母向省城业内人士咨询，得到的答复是，自改革开放以来，河北省没有一位艺人能与港台演艺公司签约,这块馅饼不会掉到你们大名去。范晓琳后来见到我说:“父母后悔死了,肠子都悔青了。”

这就是我与长禧先生在北京一见面,他就给我讲“资助才艺少女需要其父母同意”这句话的缘由,现在想起来,真可惜了那个女孩。

邓基会人员在大名期间还有一项任务,即受长禧先生委托,考察邓丽君筠馆、丽君小学选址问题。王海民董事长亲自驾车,我们一起到县文化体育旅游局与田淑平局长沟通,并实地考察田局长选定的一个地方。此后我还陪同他们在县城及周边查看。最后他们提出,可以考虑在老城区内或周边找块地方,独立形成院落来建设邓丽君筠馆。

上海,第三面

2008年7月25日上午11时45分,上海龙华殡仪馆芙蓉厅。

当我踏入芙蓉厅门口的一刹那,一眼就看到躺在鲜花丛中的长禧先生,面容安详。一幅写着“沉痛哀悼邓长禧先生”的横幅悬挂在正前方墙壁上。灵柩前摆放着供果祭品,烛灯长明,青烟袅袅。

在低沉的哀乐声和亲友的啜泣声中,我与大名府酒业的王海民董事长手捧鲜花,在长禧先生的灵柩前三鞠躬,然后将鲜花恭敬庄重地放在灵柩上,心里默默悼念:“长禧先生,一路走好!”缓缓地绕过遗体一周后,与长禧先生的遗孀邱惠珠女士、其三哥邓长富先生一一握手,道声“节哀顺变”。

作者(左)与邓长富

长禧先生是因为腹动脉血管瘤突然破裂造成大量失血而不幸于23日猝逝于上海的。当我们得知这一噩耗后,立即召开会长会议通报这一情况。会长会议决定,向台湾邓丽君文教基金会发唁电,并由我代表邓促会赴上海参加遗体告别仪式。于是我与大名府酒业董事长王海民董事长连夜赶往郑州,搭乘25日9时

30分飞往上海的班机。幸亏上海虹桥机场距龙华殡仪馆不算太远,我们终于在长禧先生盖棺前的那一刻,向他做了最后的道别,见了已是阴阳相隔的最后一面。

缓缓的送葬车队启动了,我与邓长富先生同车,我们进行了简短的交谈。虽然他戴着一副硕大的黑镜,但我仍看出他一脸凝重。当我提及事情太意外时,长富先生反而安慰我们说,事情太突然,以致大家都难以承受,但我们也只能接受这一现实。

长禧先生的灵柩被缓缓地推进了火化炉。长禧先生的夫人及两个七八岁的孩子——邓佳骏、邓佳扬手持香烛,在火化床前,口诵安息经。我们也在默默地祈祷:长禧先生,一路好走!

就这样,一位曾担任大名县邓丽君文教促进会名誉会长的邓丽君弟弟,一位致力于慈善公益事业的台湾知名人士,一位一直为家乡河北大名做些事情的邓长禧先生,永远地走了。

是啊,长禧先生对家乡还有许多事情还在筹划中。如在大名建设邓丽君筠馆项目,建设幼儿园或小学项目,资助残疾人公益事业,资助养老院项目,在老家邓台建设纯净水项目等等,这一切都在筹划安排中,他却走了,永远地走了,带着家乡诸事未竟的遗憾永远地走了……

长禧先生,请安息吧!

（写于2009年7月21日）

访邓丽君筠馆馆主庄奴

在大名县古城北关有一栋独具风格的楼房，坐西北面东南，与台湾邓丽君长眠之地——筠园遥相呼应。这里就是邓丽君筠馆。在邓丽君辞世18周年到来的日子里，2013年4月6日，河北大名县邓丽君文教促进会一行8人，赴重庆拜访大名邓丽君筠馆馆主庄奴先生，进行了一次亲切、倾心的访谈。实际上，这次见庄老已是第三面，不过前两次是分别在邯郸、大名，因庄老的匆匆与繁忙，再加上前簇后拥，没有长时间地单独交谈。此次专程拜访，庄老的慈眉善目、诙谐谈吐、接人待物、虚怀若谷，为我们留下了深刻的印象。

邓丽君筠馆馆主庄奴

“客人坐下，我才能坐下”

按照预约，我们一行8人准时按响了庄老寓所的门铃。给我们开门的是庄老的夫人周林老师。正寒暄间，庄老手拄拐杖也来到门口迎接我们：“欢迎，欢迎，邯郸的朋友！”

我们人多，换拖鞋需要时间，对庄老说：“您在客厅等我们就行了。”

庄老说：“不可以。客人坐下，我才能坐下。”

身为92岁高龄的庄老如此谦和，如此看重中国待客的礼仪之道，令在场的所有人顿生敬佩，感动不已。

落座后，这位年已九旬、满头银发、精神矍铄的老人第一句话是：“重庆昨天还在下雨，今天是艳阳当空。你们从邓丽君小姐的故乡河北那么远来看望我，让我感动。你们不仅给我带来温暖送来阳光，还给我带来快乐。”边说边双手合十，作揖道谢。然后，他拿出自己的名片一一送给大家说：“本来，听说你们来四五人，今天变成了八九人，我挺感动。”

“庄老，给您添乱了。”我说，“大家一听要来拜访您，都坚持要来，不来不行，这还有几个在家哭鼻子呢。”

一句话说得庄老笑了起来：“没有麻烦，只有感动。你们不远千里来看我这个糟老头子，高兴还来不及呢。”

庄老的夫人周林老师沏茶倒水，端上果盘，问候吃住，忙得不亦乐乎。庄老的话语，庄夫人的热情，让我们本来有些拘谨的心情一下子放松下来。

“夫人是我的手杖”

庄老虽然已是92岁的高龄，但他思路清晰，反应敏捷，很健谈，而且语言幽默，句句智慧。当他把夫人周林老师介绍给我们的时候，庄老说：“我很穷，一无所有，就是一个糟老头子。承蒙周林女士不嫌弃，收留了我，这是我岳母的房子，我是住在岳母家。我庄奴的名字，就是佃户的意思，宋朝晁补之有句诗，‘庄奴不入租，报我田久荒’，所以我穷了一辈子。”说到这里，庄老自嘲般笑了起来。

接着庄老向我们讲述了他在20年前和夫人周林认识的经历：“在重庆人民大礼堂散步，我突感腿部不适，经医院检查是中风先兆。我住院，唯一陪伴我、照顾我的，就是她。”边说边拉住周林老师的手，“夫人就是我的手杖，是我生命的‘手杖’。我写了《手杖》送给夫人，赞美她，歌颂她。”

讲到这里，庄老深情地望着周林老师，情不自禁地哼唱起来：

你就是我的我的手杖，
生活中不能缺少的手杖。
这辈子有了你，
才懂得竖起来脊梁，
挺起胸膛。

庄老说道："这是唯一一首我送给爱人的歌，她不嫌我老，不嫌我穷，也不嫌我脾气坏。我跟她说，如果我能活到100岁，剩下的10年就是在为她而战，她也说为我'战斗10年'，要更好地照顾我。"

此刻，在座的我们被庄老的举动感动了，被这对夫妇的爱情坚守打动了，被这对夫妇的亲情告白震撼了。我们醍醐灌顶般地明白了《诗经》中所说"执子之手，与子偕老"的真正含义。

"大海有根吗"

当李海根秘书长拿出《国际摄影杂志》让庄老阅看他上次去邯郸、大名的报道图片时，庄老异常高兴，说："祝福《国际摄影杂志》越办越好。"并亲笔书写下来，送给李海根。然后问道："你的名字叫海根好奇怪，大海有根吗？"

庄奴(左)与李海根

李海根回答庄老："大海当然有根，钓鱼岛就是大海的根，就是我们中华民族的根。"

庄老应声答道："说得真好！"并高高竖起大拇指。随即他用激昂的声音唱起了他写的歌词《保卫钓鱼岛》：

可笑真可笑，以为是小蟊贼，原来是大强盗，想占我国的钓鱼岛。
你占过我台湾，占过我东三省，为侵华引爆卢沟桥。
警告你，警告你，别妄想，别妄想钓鱼岛。
若是敢拔掉岛上一根草，我就要把你的双手砍掉。

庄老显然有些激动，不时摘下眼镜，用纸巾擦拭泪水。“我父亲是二十九军宋哲元的部队，打日本人的。我当年也弃学从戎，跟部队抗击日军侵略者，因为我的家北平被日本人占领了，使得我无家可归。没想到76年后，日本又想占领我们的钓鱼岛。我老了，不能上前线了，但我要用我这支笔，讨伐他们，为中国人打气鼓劲，摇旗助威。”

多么朴实的语言，多么质朴的情感，这就是中国人的骨气，这就是中国人的脊梁。不知不觉，大家发现，眼前这位银发苍苍、身材瘦小的老人的形象迅速在眼前高大起来，越来越不能不让我们仰视。

“我毛遂自荐做大名邓丽君筠馆馆主”

“上次去大名的时候，我毛遂自荐做大名邓丽君筠馆馆主，你不觉得唐突吧？”庄老向我提出疑问。

“哪里，我们求之不得的事情。”我说，“能请到您，是我们的荣幸。”

“老喽，不中用了，不嫌弃我就好。我记得当时口头为筠馆留下题字，今天我要补上。”说着，庄老写道：“题筠馆：丽音承传，筠韵致远。”非常认真地写下自己的名字，并书日期。

我们知道这是藏头诗，句首合起来是“丽筠”二字，可见庄老的良苦用心。

然后，庄老郑重看着我，说：“作为馆主，我就不客气了，要对筠馆建设上提点建议。”

“您说，我们记下，回去做好落实。”

“馆不一定要多大，但一定要精致。外部环境要重视，搞点花草，设个座椅，让参观的人能够在这个地方静静地与邓丽君小姐待一会儿，听听歌，感受感受。”

“邓丽君之前没有邓丽君，邓丽君之后也不会再有邓丽君了！”庄老说，“人生境界真善美，丽君已包括，未来歌坛估计再也没有人能超越邓丽君了，她是前无古人，后无来者啊。”

“回去以后，我们一定按您的意见建设好邓丽君筠馆。”我说，“让它越来越好。”

庄老听后，满意地点点头。

“邯郸是我家”

与庄老的交谈始终在愉悦的气氛中进行,他虽然是台湾词坛泰斗,却更是一位普普通通的老人,和蔼可亲,宽宏达观。如果不是他妙语连珠,张口溢词,我们感觉不到他是位大师。我们都沉浸在庄老为我们带来的欢声笑语中,沉浸在他幽默诙谐的谈吐中,沉浸在他与周林老师夫唱妇随的歌声中。

庄老显然异常兴奋,他说:“今天你们来,我很高兴,邯郸是个好地方,我也领略了那里的大好风光。邯郸人更好,尤其出了一个大歌星。我已是邯郸大名邓丽君筠馆馆主,那也算是半个邯郸人了。今天我要为邯郸写首歌,歌名呢,就叫《邯郸是我家》。”说完,庄老缓缓起身,走到书桌前,铺开稿纸,开始创作。我们都屏住呼吸,静静地看着庄老,生怕打断他的思绪。10分钟后,庄老搁笔,给我们哼唱起来:

和风亲大地,白云吻蓝天。
美丽的艳阳热情的手,抚慰着邯郸好田园。

邯郸是我家,我家好温暖。
推开了家门向外边望,一望无际的大平原。

辽阔的平原一十九个县,县和县拥抱着我家邯郸。
万众一心的共同努力,古邯郸变成那新邯郸。

辽阔的平原一十九个县,县和县拥抱着我家邯郸。
百尺竿头呀更进一步,新邯郸变成那美邯郸。

由此可见,庄老对邓丽君故乡邯郸的那份情,那份爱,那份留恋。

这次我们亲身领略到庄老作词速度之快。原来我们听说《甜蜜蜜》是他在五分钟内完成的,还不太相信,这么流行的歌曲怎么能在五分钟搞定呢,今天一看,果然不假。庄老说:“我和邓丽君小姐的缘分就始于《甜蜜蜜》,当年有一个人拿着乐谱来找我填词,我询问了一下才知道唱歌的人是邓丽君小姐。除在她小时候见过一面外,只是在电视上看见过她本人,在我的脑海里一下子浮现出那个人长得很甜歌声很美的女歌手,就和‘甜蜜蜜’这个词联系在一起。于是,仅仅5分钟就完成了

《甜蜜蜜》。”

庄奴把《邯郸是我家》手稿送给作者(右)并解释内涵

庄老还透露，邓丽君上学的时候自己曾经做过她的评审，那是他们唯一的一次见面，他也没有想到多年之后她会这么优秀。可是直到邓丽君去世，他们除了书信来往就再没见过面，尽管邓丽君唱了他创作的许多首歌。

“由于我作词的风格与她唱的风格不谋而合，成就了我写歌她唱歌，所以我概括我们的关系是‘见面无缘，心灵有缘’。”庄老说完，神情若有所思。

我们知道，庄老创作过3000多首不同风格的歌词，当我们提到他创作的众多唱红两岸的歌曲时，他说自己写歌是为表达美、传递美，“人生如梦，岁月如歌”。听完此言，我们心中豁然开朗，难怪经他创作的那些脍炙人口的好歌，诸如《小城故事》《又见炊烟》《垄上行》《冬天里的一把火》《溜溜的她》等，唱响了全世界有华人的地方。

“劝君更尽一杯酒，西出阳关有故人”

我们给庄老带的邯郸土特产中，有两瓶产自邓丽君家乡大名的丽君国曲酒。庄老拿到手中，仔细观看，称赞不已：“这个主意不错，宣传词可以借助一句唐诗，改成‘劝君更尽一杯酒，西出阳关有故人’。这个意境很好。”

这是庄老的第三次建议。一年前他在邯郸的时候，在大名的时候都专门谈及，并一再建议将该句作为该酒的宣传语。他说：“我不是在为酒做广告，是对邓丽君小姐的纪念，喝酒想故人，是中国的传统，是文学的表达情感方式。”

庄老说：“我很尊敬邓丽君小姐，只要一提到邓丽君三个字，后面我一定要带上‘小姐’二字，从不直呼其名，虽然她比我小得多。”

庄老接着说：“邓丽君小姐可以算是一个奇迹，我们国剧有梅兰芳博士，流行歌曲有邓丽君小姐，这是很难得的。歌坛上，无论是海峡两岸，还是香港、澳门，在那么多歌星里，结果还是邓丽君小姐为我们争得的荣誉最多最大，可见她最努力、最奋斗、最敬业。这是人们都喜欢她、敬爱她的原因之一。”

庄老有些动情，摘下眼镜，用纸巾拭了一下双眼，再缓缓戴上眼镜，接着讲：“邓丽君小姐去世的时候，我在重庆。我的孩子在家里录音电话中听到这个消息后，打电话到重庆。晚上10点多，我已经睡了，接电话之后也真是大吃一惊啊。我就嘱托给孩子说，邓小姐办丧事的时候，你替爸爸去上香。就这样很遗憾的，我没在台湾，真是很不幸。这一晃17年了。在成都，一个音乐学院院长跟我讲，他说老师啊，邓丽君小姐20周年的时候，他们要办个很大的追思会，让我作词，让三毛先生谱曲。我说可以啊。好啊。我就答应他了，后来听说三毛也答应他了。”

庄老停顿下来，表情有些伤感。再次缓缓摘下眼镜，拭去泪花。继而化感伤为微笑，说：“不谈了，是否有些沉重。有了丽君国曲酒，今天就把它献给丽君小姐吧，这才是最好的，最永久的纪念……”

“接收我这个糟老头子吗”

当我介绍到从事养老事业的曹莉女士时，庄老伸出了右手，高高竖起大拇指说：“好，你在行善，行大善，我要感谢你。请问，你的养老院接收我这个糟老头子吗？”

“庄老，那是我们养老院求之不得的事情，我们大家非常欢迎你。”

“好，君子一言，‘汽车’难追。”庄老接着说，“我虽是北京人，但离开70年了。我是穷人，大陆我没房屋，我是暂住岳母家，但大陆永远是我的家。”

“庄老，如果你认可，我们的养老院就是你的家。”曹莉女士高兴地说，“我相信，只要你一到家，我们那儿的老人们就都会唱歌了，他们也都长寿了。”

一句话说得庄老大笑起来：“好厉害的院长。等我再去邯郸的时候，先回我的家看看，祝福一下我家的同伴。”

“太好了，我们那儿的老人们一定会列队唱着你写的歌欢迎你。”

庄老连声谢谢，并让夫人取来纸笔，说：“我要为我的家写字。”

庄老起身走到书桌前，缓缓坐下，放下手杖，铺开纸张，拿起钢笔，拧开墨水瓶盖，沾下墨水，略一沉思，挥笔写道：“祝养老院越办越好。”完了，庄老还意犹未尽，招呼夫人周林说：“把我写的《常青树》那首歌词找来，我要把它送给曹院长，祝她的养老院像常青树一样长着，只有养老院常青了，我们这些老人才能长寿。”

随后庄老与老伴给我们唱起了《常青树》这首歌：

你是一棵常青树，我是常青树一棵。
常青树啊常青树，树儿唱起常青歌。
风霜雨雪我走过，酸甜苦辣我尝过。
答问此刻我心情，海天不如我辽阔。

大家有的击掌和拍，有的记录歌词，现场气氛热烈、和乐、欢庆，都沉浸在对老人祝福的氛围中。

曹院长紧紧握住庄老的手说："庄老，我们回去后，要教会所有的老人都唱这首歌，让他们天天快乐，时时开心，像常青树一样常青。"

"艺海无涯，勤加努力"

一同去拜访庄奴的还有青年歌手李梅。她是邯郸模仿邓丽君歌曲演唱的新秀。此前在邯郸与庄老曾同台演出，庄老对李梅歌手演唱的基本功是认可的。

此次庄老见到李梅前来请教，非常高兴，说："人是要有点谦虚态度，这样才能进步。在邯郸我们有缘同台献艺，是我的缘分。同时感谢你在邯郸帮我修整衣服。"

"庄老，那是小事情，不足挂齿。"李梅答道，"能为你做事，我很开心。"

庄老接着说："那次在邯郸演出，主办方为我订制的一件舞台装，穿在身上后，略显肥大。李梅小姐见状，自告奋勇，拿去找了一家服装公司为我做了修整，很得体，非常感谢！"

庄老的连连致谢，让李梅不好意思起来："庄老太客气了，这是小事情，换谁也会这样做，只不过，我当时在现场，才有这样一个机会。"

庄老接着说："李梅小姐基本功扎实，但需要从技法上再提高，邓丽君小姐的歌，听起来简单，真正唱起来，很难。我说过，邓丽君小姐的歌曲前无古人，后无来者。李梅小姐要走这个路子，我全力支持，但修行还要靠个人。今天我送你12个字，作为勉励。"

庄老叫夫人拿来笔纸，写道："艺海无涯，勤加努力，李梅加油。"

庄老说："我每天7点准时坐到书桌前写作品，我要与时间赛跑。晚上还要读唐诗宋词，学无止境呀！我们知道的太少了，人呀，一定要活到老学到老。李梅小姐你还很年轻，要赶紧学习，不虚度时光。"

一句话，不仅使李梅动容，在场的每个人都动容。领会到了活到老学到老的真谛，感受到了什么是只争朝夕，体会到了如何与时间赛跑，同时也悟出了“大师是怎样炼成的”。

“一事无成，两袖清风。写首好歌，快乐无穷”

当我们说到庄老常被人们称作为“词坛泰斗”“作词大师”时，庄老说：“自己很不习惯，那是虚荣，自己做人做得好是本然，作品写得好是恰巧。如果要盖棺论定的话，只要四句，那就是‘一事无成，两袖清风。写首好歌，快乐无穷’。”

我们知道庄老创作的作品已超过3000首。在谈到歌词创作时，庄老说：“歌曲是一种时间艺术，一首歌曲，要在短短的几分钟之内，就要表达一样东西，除了主题、情节，还要有辞藻、韵律与意境，才能打动人心。”

对于自己50余年的写歌经历，庄老说：“可以用打油诗来形容：半杯苦茶半杯酒，半句歌词写半天；半夜三更两点半，半睡半醒半无眠；半生写作半生空，半为金钱半为名……”诗中充满着苦中作乐的情趣以及对于人生的乐观主义情怀。

今天，老人依然透着一副不服老的精神，除了依然敏捷的思维以及反应奇快的谈吐之外，装束上也很时尚。

“祝福你和我”

当我们要告辞的时候，庄老说：“我没有什么好送给你们的，仅把我最近出版的一本书籍和音乐光盘《祝福你和我》送给你们，聊表寸心，祝福你们和我都幸福。”

我们都说：“你给我们精神食粮，这是最好的礼物。”

庄老在每一本书上为我们一一签名。边写边给我们唱：

朋友们，大家来，来唱歌，唱的白云陪着蓝天，说说笑笑不寂寞。

朋友们，大家来，来唱歌，唱的晚风伴着夕阳，慢慢下了小山坡。

提笔写给邓丽君文教促进会贵州分会会长谢春丽的是“祝贵州分会越办越好”。送给李海根的签字是：“海根，我们永远是朋友。”并郑重写下“庄奴”两字，而且给每个人的签字都不拘一格。为歌手李梅的题的是：“梅花香自苦寒来。”当听说张旭华董事长的孩子张帅还在读书时，便说:“我给小朋友一个祝福，祝福张帅同学,学业进步,身体健康。”

庄奴夫妇与谢春丽(右)

看着高龄老人为我们一一题字,乐此不疲,大家感动不已,激动不已,敬佩不已。

我们在心中都默默地祝愿这位几近百岁的老人:抖擞精神,再活他一百年,为大家留下更多的精神财富!

(2013年5月15日发表于《贵州民族报》)

“抗战二嫂”的百岁传奇

2011年农历六月初六是我的岳母王莲芝105岁寿辰，儿子、孙子、曾孙、玄孙，外孙、外孙女等，无论在哪儿，无论从事什么职业，都要从全国各地赶回来，齐聚杨桥镇前齐庄村，为韩老太太王莲芝拜寿。满面红光的老太太来了兴致，用洪钟般的声音讲起了她那百讲不厌的往事。从小脚抢戏到百岁老太，从普通村姑到“抗战二嫂”，从小媳妇到老婆婆，从寒窗偷学到相夫持家……以前，大家都觉得老人是生活在记忆中的，加上来去匆匆，总没有把她讲的话放在心上。作为女婿，我也不例外。这次忽然有了想听下去的心动，详听心记之后，才发现岳母居然拥有平凡却不普通的人生。能活百岁已是奇迹，有几段特殊经历更彰显传奇。于是便把老太太所讲连缀成文，权且当作我献给岳母的一份生日礼物。

小脚抢戏

王莲芝于1907年7月15日（农历六月初六）出生在河北省大名县西店村一个书香门第。她的爷爷是当地一带有名的秀才，在读书之余，办起了私塾，一边教书，一边继续读书考取功名。在这样一个知书达理的家庭，父母为了爱女将来能寻个好婆家，不得不按照当时的社会习俗来管束王莲芝。

6岁那年的一天早上醒来，王莲芝发现自己的双脚已被白布包得个严严实实。她眨了眨睡意惺忪的眼睛，好奇地看看守候在炕头满面愁容的母亲，奇怪地问：“娘，我的脚怎么了。”一句话，母亲的眼泪刷地流了下来，哽咽地说：“妮子，疼吗？你不要怪娘啊，娘也是为了你好啊！”小莲芝似懂非懂，一扑棱爬了起来，活动活动双脚，“不疼，不疼，一点也不疼！”说着在炕上跳来跳去给母亲看。母亲看着小莲芝没有丝毫痛苦的样子，一下子怔在那里，心里好生惊讶，像是给孩子说话，又像是自言自语：“这就怪了，这就怪了，没感觉到疼。娘是怕你叫疼不让裹脚，才趁你熟睡时给你缠上的。”

既然小莲芝裹脚不叫疼，母亲也就放心大胆了，天天为小莲芝裹脚。众所周知，所谓裹脚也叫缠足，就是用布将脚包住，使脚掌不能长大。随着年纪增长，包脚的布裹得愈来愈紧。经过几年时间，脚掌变成三角形。一般来讲，裹脚的妇女亦同时失去走路的能力。俗语说“小脚一双，眼泪一缸”，可见缠足为当时妇女带来难以想象的痛楚。然而小莲芝裹了足，不但没感觉到疼痛，而且竟然丝毫没有影响小莲芝走路跑跳、上梯爬墙。街坊邻居都啧啧称奇，别的母亲都流露出非常羡慕王莲芝母亲的神情。因为她们在给自己女儿裹脚时，孩子都不要裹，或者大哭大叫直喊疼，更不敢下地走路。

有时候，母亲给小莲芝裹脚时，她嘴里还念着唱儿，至今还能念出来：“花椒树，圪针多，俺娘叫我来裹脚，好姐姐不拉我，好老娘不劝我，咯顿咯顿气死我……”当然，这种流传颇广、反映很现实的顺口溜对小莲芝不适用，她裹脚不疼嘛。

有时小莲芝也好奇地问母亲，为什么给她裹脚，而比她还大的邻家女不用裹脚。母亲叹了一口气，没说什么，只是低声给她念了一段她从没有听过的唱儿：“小二小，割杂草，割了杂草喂骡子，娶个大脚老婆子。脚虽大，心可取，洗衣做饭甚有力，上能孝公婆，下能和妯娌，兴家立业帮助你，千万不可常生气……”小莲芝闪闪双眼，似懂非懂，母亲念唱，她也跟着念。

到王莲芝11岁时，一双漂亮的标准小脚裹就，脚掌变成三角形。手巧的母亲精心为女儿做了一双红缎子绣花鞋，穿在脚上更显足韵，是典型的三寸金莲。三寸金莲是对中国裹脚妇女所穿的呈“三角形”花鞋的美称。通常比一般的鞋更加华丽夺目，上面绣有牡丹、金鱼、福禄寿等中国民族传统图案，鞋头微微上翘。年轻女子穿的通常是鲜艳的红色的金莲，老年妇女所穿的通常是黑色或深色的。

有一年，邻村来了戏班，母亲带着王莲芝去看戏。戏台下挨着她们母女俩坐着的一位大嫂，无意间发现了王莲芝的小脚，惊讶地叫起来：“多好看的小脚啊！”惹得大伙都围过来看她的漂亮的三寸金莲，竟然连戏都不看了，闹得王莲芝非常不好意思。戏台上的演员见台下躁动，以为台词唱错了，心里直发毛，戏班掌柜也吓得要命。原本鸦雀无声的戏场，却不知为啥想乱套。从此“小脚抢戏”的故事便传开了。

寒窗偷学

教书的爷爷性格温和，仗义侠气，对家穷又想读书的娃娃，也不忍心拒之学堂外，就减掉一部分学费，甚至全免。因此在西店村一带名望很高，颇有人气。他的三个孙子，也就是王莲芝的两个哥哥和一个弟弟也都在他手下读书。自幼聪慧的王莲芝因为是个女孩却被爷爷拒之门外。颇有心计的王莲芝并没有哭闹，而是悄悄地趴在窗口偷听，冬天的时候往往冻得全身麻木。至今，虽然是百岁的高龄仍能背出《三字经》《百家姓》中的几句经典语句。

讲述人岳母王莲芝60岁照

三个弟兄中，二哥学习最好。他发现妹妹偷学事情之后，十分同情，一有时间就主动把课上学习的知识教给妹妹。闲暇时候，还为妹妹读《三国演义》《西游记》等书，所以直到现在，王莲芝老人还能为大家讲一段刘备摔孩子、孙猴子闹天宫的故事。

男人“败家”

年方二八的王莲芝，经媒妁之言、父母之命与前齐庄村的韩姓大户的韩岐山结为姻缘。王莲芝仅从媒婆那里听说韩岐山，兄弟四个，排行老二，人长得高大英俊，也不算十分黑，挺机灵的，其他就什么也不知道了。虽然时间已到了20世纪20年代，但在当时的中国农村女子面对婚姻大事，仍然只能听命于父母，自己是没有发言权、知情权的。王莲芝也不例外，她心里明白，女大当嫁，嫁鸡随鸡，嫁狗随狗，听天由命吧。

王莲芝兄妹4人，她是父母唯一的女儿，在兄妹中排行第三。父母把她视为掌上明珠，加上家庭殷实，所以王莲芝出嫁的时候，父母给她的陪嫁十分丰厚。仅大的陪嫁物品就有16件之多，足足装了好几辆马车。这在当时的中国农村是了不得的。王莲芝带着对美好生活的憧憬和对婆家不了解的忐忑，踏进了前齐庄村韩家的大门，从此成为韩岐山的家里人（媳妇）。

虽然双方婚前都相互不了解，也没有见过面，但知书达理的王莲芝与勤劳能干的韩岐山在婚后相处得美满和谐。男耕女织相亲相爱，小日子过得也算安稳。时光到了1939年的时候，突然有一天，王莲芝发现丈夫近一段时间行为有些不对劲儿。丈夫变得不守家了，总是向外跑，以致好几天也不回家，甚至连耕种农时也耽搁，而且后来竟发展到不打招呼，隔段时间就弄没了一件家什，不到一年就把她的丰厚陪嫁弄得所剩无几。为此，王莲芝与丈夫吵过架，生过气，追问丈夫物品的去处，但丈夫就是死活不吭声。等到王莲芝哭闹完了，韩岐山才赔尽小心，开口相劝，说些不要生气将来还你之类的话来，使得王莲芝真正恨不起来，只能叹气说，命不好，碰到了一个“败家”的丈夫。

1940年，王莲芝的母亲病重，弥留之际，惦念的仍然是这个唯一的女儿。她给丈夫留下两句话，一是把自己多年积攒的私房钱30块银元留给莲芝，二是送给女儿一马车粮食。见丈夫点头答应后，母亲安详地合上了双眼。直到今天，已是百岁高龄的王莲芝，说起此事还禁不住老泪纵横。

30块银元，一马车粮食，在当时那个兵荒马乱的年代，可是一大笔财产。王莲芝悉数交由丈夫支配。然而出乎王莲芝意料的是，没半年时间这笔财产却全部被韩岐山弄没了。这一次，王莲芝再也忍不住了，对丈夫大发了脾气，说以前“祸家”的事就不提了，因为当时咱家有，不怕，可如今分家了，咱们只有3间旧房1头毛驴十几亩薄田，你也不思量思量，咱已经有4个孩子了，你就是不为我想，也得为孩子们想想……这一次钱粮的事情你一定得说清楚，不然这日子就没法过了。韩岐山仍然是支支吾吾，不管吵得多凶，气生得多大，丈夫终究没有说出东西的去处。王莲芝最后得出了一个结论，肯定是丈夫赌博，全都输光了，因为韩岐山总是神出鬼没，时常半夜三更回家，也时常三更半夜出去，神神秘秘。

直到一年之后，她得知丈夫在从事革命工作后，想起此事，才明白当时的钱粮一定是丈夫作为革命资费了。后来竟然发展到韩岐山偷偷地将祖上留给他的十几亩土地也卖去了许多，仅剩三亩多养家糊口。此时的王莲芝已不再抱怨，随他折腾吧，只要不饿死我们娘儿几个就行了。

爱憎分明

王莲芝哪里知道，她的丈夫韩岐山早在1938年就参加了解蕴山领导的大名县抗日救国会，开始了革命生涯。先在大名县第四区（杨桥、万堤一带）游击大队打游击，后到大名县第四区抗日政府工作。1940年6月，到大名县抗日政府粮秣科工作（粮秣科长是罗杰臣）。1942年5月，粮秣科并入财政科，韩岐山又到了财政科工作。

当时，日本炮楼林立，伪军（皇协军）狐假虎威地横行。在党的领导下，打击日伪军的活动在紧锣密鼓地进行。作为粮秣科的工作人员，为革命政府筹集储备军粮是韩岐山的首要任务。他工作更加忙碌，常常昼伏夜出，神出鬼没。有时房外一个口哨或几声“咕、咕”鸟叫，熟睡中的韩岐山一个激灵，翻身下床就匆匆离去。此时的王莲芝虽然不知道丈夫在外整天彻夜地忙活什么，但她隐隐约约感觉到丈夫做的是正经事，不是街坊邻居说的混混。有时候，丈夫走得急，慌忙给她交代个事，或给谁谁传个话，或去哪儿哪儿取个物品，王莲芝也都一一照办。就连王莲芝本人也没有料到，自己已经成了丈夫干革命的好帮手。

王莲芝的丈夫韩岐山

当时，县区革命同志常在韩岐山家秘密开会，少则三五人，多则十几人，放哨做饭、缝衣补袜的事就落在王莲芝的肩上。每个同志的特点习惯，她都一清二楚。哪位同志爱吃什么不爱吃什么，她都了如指掌；哪位同志穿多大码的鞋，她都心中有数。譬如张岐（1949年后曾任北京市商业局局长）爱吃油炸面砣子，郝良奎喜欢喝小米饭，白晓晨爱吃炖肉，还有一位大家都唤他“闷不忒”（不爱说话）的李大磊爱吃面条……平时在家中，忙中偷闲，她纺花织布，为同志们做了不同尺码的布鞋，谁的鞋不能穿了就拿给谁一双，同志们都亲切地叫她“韩二嫂”。

往事之一，因革命损失一头驴。1944 年一天，海子村炮楼的日伪军突然袭击前齐庄，全村老百姓不顾一切地向村西跑去。王莲芝知道自己家是敌人的重点户，所以啥也不敢收拾，抱起孩子也随着人流向村西跑，躲进了青纱帐中。敌人走后，回到家中的王莲芝看到的是一幕被翻腾过的一片乱七八糟的景象，她最担心的事情还是发生了，敌人把她家用于犁田驮运的毛驴拉走了，而且听说是用她作为陪嫁的箱子装上藏在炕洞中的一石谷子用毛驴驮走了。这是她家一年的口粮啊，也是同志们好吃的小米啊。特别是那头毛驴，不仅是做农活的大帮手，它更是王莲芝无法子割舍的，因为这头毛驴与王莲芝有着诸多的感情因缘。

原来韩家兄弟四人中，韩岐山经常在外跑跑，父母认为他不正经干事，不会过日子，分家时别人分的都是马、骡等大牲口，而给他的仅仅是这头小毛驴，还是头犟驴，脾气很大很坏，又踢又咬，谁也使唤不了。尽管王莲芝心里有一百二十个不愿意，但她还是默默地接受了这一现实。说也来怪，这头谁牵踢谁咬谁的犟驴，在王莲芝手里却表现得非常温顺，非常好使唤。所以王莲芝每提起此事，常说“苍天有眼”。

一次，王莲芝回娘家，大儿子韩文彬牵着驮着母亲和妹妹的毛驴。回来时天色已晚，毛驴慌家，就是不让大儿子招边，蹬蹬蹬一个劲地向前走，大有跑起来之感。韩文彬在毛驴后边追得气喘吁吁，怕母亲有什么闪失，然而毛驴却稳稳当当地把王莲芝母女送回了家。至今王莲芝也觉得有点奇，道不出个中缘由，只是说好人是要有好报的。

作为革命者的家属，王莲芝何止损失一头驴，每次鬼子到她家常常是将物品一扫而光，更为重要的是，王莲芝和孩子常常有生命之忧。丈夫干革命东奔西走，妻儿也因之东躲西藏。但王莲芝没有丝毫的怨言，相反，更加看透了敌人的凶残与野蛮，更加坚定了她抵抗日军、伪军的决心和信心，更加无怨无悔地支持丈夫工作，逐渐由一个农村家庭妇女成长为一名不在编制的革命战士。

往事之二，为同志宰杀一头牛。由于王莲芝全力支持丈夫的革命工作，且性格随和，人缘极好，四区游击大队都把韩岐山家作为一个落脚点、交通站、接头地，甚至一些区重要的会议也在韩岐山家召开。这一年冬天，为了给同志们改善伙食，加强营养，好奋力杀敌，王莲芝把家里唯一的一头耕牛杀掉，给来她家开会、接头、送情报的同志吃，自己却舍不得吃一块肉，甚至连孩子吃肉也仅限一小块。大队长解蕴山得知后，紧紧握住王莲芝的手，动情地说：“二嫂，那可是你家种地的帮手啊，叫我说什么好呢？你是人民的功臣啊，让我们如何报答你啊！”王莲芝爽朗地说：“没什么，真正的功臣是你们啊。只要能打跑日本鬼子，舍掉什么都值。”

一句话说得解蕴山这位区大队长禁不住掉下泪来。因为解蕴山知道，这头耕牛是韩岐山为了补偿自己不能在家分担农活，专门花大价钱为妻子王莲芝买的。它是王莲芝种田拉磨不可缺少的帮手，平时王莲芝对待它比对待自己的孩子都亲啊。当地有这样的民谣：“有牛没有地，主人干生气；有地没有牛，主人干发愁。”如今，为了支持革命工作，为了激励队员的革命斗志，王莲芝毫不吝惜地给队员们吃掉了，想起来怎能不让人心痛，怎能不让人感激，这就是我们革命同志家属的品格！

往事之三，避扫荡东躲西藏。日军、伪军为了捉拿进步群众，也为了补充给养，常常到村中扫荡。当然王莲芝一家常常是扫荡的重点户，弄得王莲芝与孩子天天提心吊胆，一有风吹草动，就连忙四处躲藏。一天早上，刚做完早饭，得知敌人从杨桥据点南来，一路扫荡，王莲芝顾不上吃饭，随手抱起一床被子，带着孩子随众乡亲往村西撤退，躲藏在一片坟地中，等到午后也不敢回家，孩子饿得直哭。王莲芝紧哄慢哄，担心哭声引来鬼子。饥饿难耐的她们母子再也撑不下去了，只好偷偷地去邻村亲戚家吃些东西。有时怕敌人杀回马枪，晚上也不敢回家住，说不定是在邻家还是亲戚家躲几天。

往事之四，护同志惨遭耳光。1940 年秋的一天，县、区救国会的干部解蕴山、罗杰臣、张岐、郝良奎，还有一名女干部白晓晨等七人，在韩岐山家开会议事，王莲芝负责警卫。突然得悉敌人已把村庄包围，直奔她家而来。王莲芝急忙拴好街门，飞跑屋内报信。与会人员紧急撤离，不敢走街门，只能翻越院墙。有的力量小，王莲芝还当人梯帮他们爬上院墙。因怕万一被搜身暴露身份，他们将文件资料，还有枪支弹药留在王莲芝家中。

面对文件、枪支，王莲芝来不及细想，急忙将短枪藏入炕洞内，长枪埋在粪堆下，文件塞进猪圈棚内。正当她想把一颗手榴弹准备扔到庭院水井里时，敌人已破门进院，嘴里哇哇乱叫。机智沉着的王莲芝像没有听见敌人喊叫一样，转身进了灶房，随手把这颗手榴弹掖进锅底下草木灰里，旋即又迅速走出灶房。敌人端着带刺刀的枪，在她面前乱晃，大声恐吓："你家来过人吗？"王莲芝冷静沉着地答："没有。""你男人干什么去了？""外出做买卖了。"

敌人见从她这儿问不出事来，且见她没有丝毫慌张神色，不觉泄了气，但他们仍不死心，接下来开始搜。搜不到人，就四处乱翻。有的翻箱倒柜，有的掀被揭席，有的手持铁锨在院内乱挖一通。

当时，王莲芝最担心害怕的就是藏在灶洞里的那颗手榴弹，结果还是被翻出来了。这下可不得了啦！敌人将王莲芝拉到手榴弹前，二话没说，连着打了她十多个耳光，脸打肿了，口鼻出血了。"这是哪来的？"敌人气急败坏地问，"干什么用的？为什么要藏？"王莲芝镇定地说："是买来的，为保护家产的，怕你们给拿走了，就藏到锅底下了。"其中一个伪军从腰间抽出一条绳索在王莲芝脸前抖着说："你男人不回来，就把你绑走。"这时邻居出面解救说："她的孩子才一岁，放了她吧！"

敌人硬是不松口。

几经周旋，敌人才放过王莲芝，但把她的十多岁的大儿子韩文彬带走了，并留下话要让其父亲韩岐山去换人。后来，王莲芝通过她娘家侄儿从中周旋，以村中一个叫二狗的成年劳力去炮楼据点做劳役，才把儿子换回来。从此，敌人不时地来抓韩岐山，抓不到本人，就把王莲芝带走。

往事之五，救丈夫被关地窖。1941 年秋天，日伪军得知韩岐山回家的消息，再次出动，秘密到前齐庄抓他。幸亏地下交通员及时报信，韩岐山闻讯后，要带着王莲芝和孩子一起走。王莲芝怕自己与孩子影响丈夫尽快脱身，坚定地说："不要管我们，你先走。"一边说一边推丈夫出门。敌人扑了空，气急败坏，把王莲芝和两岁的二女儿韩淑兰抓走，与本村的、外村的许多乡亲一起，关押在到杨桥日伪炮楼的地窨子里。只有在吃饭时候才让出来，也不是什么好饭，而是日军、伪军吃剩下的大米锅巴，难以下咽。吃完饭再被押回地窨子里。晚上地窨子中央点着一盏破油灯，烟气呛得人咳嗽。根本就没有睡觉的地方，王莲芝只能抱着孩子坐在潮湿的土堆上打盹。说不定谁家的孩子嗷嗷哭上一阵子，想打个盹也不成。

为了营救王莲芝及众乡亲，前齐庄村给日军、伪军送来鸡、鸡蛋、猪等物品，鬼子仍不答应，甚至还扬言，一定要让她们的男人来换人。有知道王莲芝底细的妇女就劝王莲芝说："鬼子问啥咱就说啥，问孩子他爹干啥，咱实话实说。"二嫂坚定地摇摇头，说："只要我们坚持住，敌人咋着不了咱。"并且给她们讲道理，就是死，也不能把自己的亲人——打鬼子的亲人说出去。

第二天，王莲芝吃饭的时候发现邻村赵庄一叫章锁的人在给炮楼送饭。王莲芝大声喊道："章锁，你姑病了。"章锁明白她的意思，就没话找话，缠着站岗把门的鬼子，说些没边没沿的话，最后向鬼子提出把王莲芝放了，鬼子一听此言，急了，弄了半天，是为八路军家属求情，吃里爬外，把他毒打一顿，擀杖粗的棍子都打折了。敌人最后留下一句话："放谁也不能放王莲芝。"

敌人多次审问，但王莲芝坚强不屈，什么也没问出来。她们娘儿俩在被关闭四天后，是乡亲们托关系找保人，凑足保费，几经周折才被释放出来。

寄寓临清

1943年，抗日政府县长解蕴山在敌人的大扫荡中不幸牺牲，抗日武装受到挫折,大名抗日形势处于低潮。为保存革命实力,韩岐山和他的部分战友被组织派往冀南第一行署(驻地在今山东临清)工作。

韩岐山离开了家乡,可日军、伪军更加频繁地扫荡,实行三光政策,搅得王莲芝一家永无宁日。家中被扫荡得一干二净,仅留有三间破房,室无一物。白天不敢在家待着,晚上更不敢在家睡觉,无奈的王莲芝只好带着孩子到临清找丈夫。

接待他们的临清行署干部恰恰是张岐, 原来丈夫外出办事了得好几天才能回来。张岐忙里忙外,安顿他们吃饭,并把自己的住房让出来,让王莲芝与孩子们住,他们俩分别找地方凑合。两家的革命情谊可见一斑。

饱经战乱之苦的王莲芝暂时过上比较平静的日子。此时的她已是五个孩子的母亲,为了支持丈夫的革命工作,一方面她照顾丈夫的饮食起居,勤恳操持家务,另一方面毫无怨言地担当起抚育子女的任务来。三个大孩子先后走进革命队伍,大儿子韩文彬做银行职员,二儿子韩文周在行署当通讯员,大女儿韩淑香在鲁西北人民医院当护士,二女儿韩淑兰就读于武训小学,三女儿韩淑梅仅4周岁。

相夫持家

回忆往事,王莲芝有一句常常挂在嘴边的话,那就是“我是个苦命人”。临清行署平静的日子没过几年,就因丈夫生病而打破。

韩岐山先在临清行署财政科任会计,后又到税务局工作。因长期的四处奔波,高度紧张,过度劳累,精神上受到刺激,意识上有些错乱。不发病时与正常人没有区别,一旦发病就胡言乱语,说些不着边际的话,甚至摔盆摔碗,撕扯衣物被褥。

面对精神失常的丈夫,识大体的王莲芝为了不给组织添麻烦,毅然决定带丈夫回老家调养。为此,韩岐山的领导非常感动,拉着王莲芝的手说:“不愧是革命者的家属,对组织有什么要求尽管提出来,我们一定想办法解决。”王莲芝坚定地说:“没有要求,请组织放心。只是只能委屈我的大儿子了。”

1949年初,王莲芝带着大儿子韩文彬、两个小女儿韩淑兰、韩淑梅和三儿子韩文明回到家乡前齐庄。在银行工作的长子韩文彬本来已报名随部队南下,此时也不得不放弃,而且还要辞去工作,回乡照顾父亲。正在武训小学读书的二女儿韩淑兰也不得不中断学业。已参加革命工作的二儿子韩文周、大女儿韩淑香则留在了临清。至今我还保存着岳父韩岐山的复员证,左下角盖有长方形篆书红色印章,文字为“冀南第一行政督察专员公署”。现将内容抄录如下(原文是右起纵排繁体字):

冀南第一行政督察专员公署政民工作人员复员证

民复字第126号

韩岐山同志系大名县第一区前齐庄村人,于民国贰拾捌年陆月参加工作以来,艰苦奋斗、忠于职守。因有病要求复员,经领导批准,并发给复员粮小米××斤。到达原籍后,希努力从事生产,继续帮助地方工作。特发此证。

给同志:韩岐山　专员:刘云生　副专员:石慧轩

中华民国三十八年二月二十七日

站在自己的家院前的王莲芝,目睹满是青草的院落、墙透气顶露天的房子,回望有些疯癫的丈夫,心中不免一阵凄凉。“娘,娘,这就是咱家么?”小女儿的问话叫醒了神情恍惚的王莲芝,她猛地一激灵,意识到这些情绪不能传递给孩子们。她很快振作起来,带领孩子们收拾破败不堪的家园。

在乡亲的帮助下,房屋很快修葺好了。房子虽然破旧但能遮风雨,家虽然简陋但彰显温馨。王莲芝每天抓药煎药,耐心照料丈夫。除正常吃药外,王莲芝还搜集民间偏方验方,不厌其烦地为丈夫治病。无论丈夫摔碗砸锅,还是撕衣扯被,她都默默地承受。在王莲芝的精心呵护调养下,经过两年多时间,丈夫的病奇迹般好了。这对王莲芝来说,是莫大的欣慰。

病中的韩岐山时刻不忘革命工作,也许这是他能够顺利听从王莲芝的话按时吃药调养的原因。病好后,他就向组织提出参加工作的申请。此时中华人民共和国已经成立,很快他被安排到大名县工业局下属的杨桥镇铁木厂工作,后于1961年响应国家下放号召回村从事农业生产。20年后的1981年6月,受老战友张岐(时任北京市商业局局长)的邀请,与罗杰臣(战友,大霍庄人)一起赴北京叙旧,他们在北京游历了半个月时间,饱览了首都风采。令人始料不及的是,两个月后的农历八月十七日韩岐山因急症猝逝,享年68岁。

面对丈夫的突然离世,王莲芝默默地承受着痛苦。她把儿女们叫到跟前,告诉他们:有吃有喝的日子来了,你们的父亲走了,他革命了一辈子,到死仍是农民,他对革命只有奉献,没有要求。为了革命他倾家荡产,为了他我也早把眼泪流干……有人劝告王莲芝说，韩岐山为党做了那么多革命工作，现在人走了，向组织提些要求吧。王莲芝坚定地摇摇头说，丈夫在中华人民共和国成立前提着脑袋干革命，搭尽家财，生病后无条件回家休养，中华人民共和国成立后他全部精力投入工作，无怨无悔，一生他都在奉献，这是岐山的品格。如今他走了，更不能给组织添麻烦，我想这也是岐山所愿……

是啊，岳父前半生提着脑袋干革命，大病康复后仍不忘申请继续工作，绝对拥护和响应党和国家的号召，无怨无悔。他对党和人民的赤胆忠诚源于他骨子里坚定的信念、坚强的斗志和百折不挠的精神，这也许与他祖上那种满腹热血报国家的气骨一脉相承。据韩氏家谱记载，他的世祖是清朝的韩生瑞，被封为宣武将军。2008年在前齐庄村北发现的韩生瑞墓碑、墓地就是明证，到韩岐山这一代是十三世子孙。如今该墓碑已修亭建院保护起来。

寡居岁月

王莲芝丈夫去世那一年，她已是75岁高龄的古稀老人。长年的操劳使本来身材就不高的她，显得更加矮了，而且腰也弯得越来越厉害。原本就是小脚，走起路来似有倾倒之势，但她对身体的平衡把握得很好，依旧行走利落，精神状态极佳。

料理完丈夫的后事，都已成家的儿女们怕老太太心痛过度，就极力邀请母亲到自己家居住一阵子。一开始王莲芝还不想离开家，但最终拗不过儿女们的劝说，于是便开始在儿女家轮流居住。不管是城市的单元楼还是乡村的土坯房，不管是席梦思床还是农村土炕，她都能随遇而安，都住得惯，睡得香，在哪里她都能住上一阵子。当然，多数时间她还是住在老家前齐庄。

生活中的王莲芝不为家什物品所累，日常用品相当简单。随身携带的只有两个大件，一个是竹篮，一个是包袱，这也是她的全部家当。竹篮里盛的是她的生活必需品，共有6样物品：木梳老花镜、毛巾手电筒、茶缸话梅糖，包袱包的是她替换的衣服。

木梳。王莲芝非常爱梳头，早晨洗漱完毕后，就用梳子开始梳理头发，而且时间较长。确切地说，王莲芝的梳子有两种，一是齿大且排列较为稀疏的木质梳子，一是齿小且排列较为稠密的竹质篦子。常常用木梳梳完后，再用篦子篦。这不仅能整理头发，还能起到按摩作用。不仅早上梳，睡觉前也梳，她梳得是那样的专注，那样的仔细，那样的从容，最后择择木梳上的头发，拍拍衣服上的杂屑才算了事。这一习惯一直保持到现在。

老花镜。王莲芝是个闲不住的人，但眼花使她离不开眼镜。她的眼镜非常老式，盒子也破旧，也但王莲芝很爱惜。每次从眼睛上拿下来后，总是小心翼翼地将它放入那个外部包着条绒布且纹路已磨平的眼镜盒内。她常说："人老了，眼花了，离不开老花镜了。"不管在儿子家还是闺女家，总是主动担当起洗菜做饭、打扫房间、缝补衣物之类的事情。记得在我家（二闺女家）居住时，每次买回的豆芽菜，她都要逐个检查，把不好的挑出去，把根部烂掉的部分一一掐掉。她为孩子们做棉衣更是一丝不苟，棉花絮得厚薄均匀，针脚长短一致，穿针引线规矩。做了孩子的做孙子孙女的，做了孙子孙女的做外孙子外孙女的，做了外孙子外孙女的做重孙子孙女的，做了重孙子孙女的做重外孙子外孙女的……不心烦，不怕慢，一道工序一道工序地来。做完了这家做那家，各家都做好了，一年也到头了。王莲芝便开始收拾自己的行李物品准备回家过年了。来年春暖花开，又开始了新的轨迹，不知疲惫，没有倦怠。

毛巾。王莲芝有良好的卫生习惯，因此随身不离毛巾。她常用的是一条白羊肚手巾。晨起洗脸睡前净面，是她多年养成的习惯，雷打不动。她常说："早洗脸去慵懒，晚净面除汗尘。""年岁大了，老人味儿重，不能与你们伙用手巾。"饭后漱口也是她多年养成的习惯，特别是安装义齿后，饭后总要从口中取出，用清水认真清洗干净，再放入口中。

手电筒。用喜剧小品中的话说，这是她家中唯一的"家用电器"，一个装两节一号电池红色塑料外壳的手电筒。以前过惯了使用煤油灯的日子，即便有了电灯，也随身不离手电筒。她常说："有了手电，不怕没电，路黑照亮，起夜方便。"在有了两次半夜摔跤的经历后，她更加注意自己的行动，为的是不给儿女们添麻烦。她常说："我腿脚不出事，你们才省心，才能安心工作。"

茶缸。说王莲芝爱喝水吧，她每天却只喝五六茶缸水。说她不爱喝水吧，她身边天天得有茶缸。她喝水有个特点，不是像平常人咕咚咕咚喝一气子了事，而是不紧不慢地一口一口地呷水，像是在品茗。她的茶缸就是一个很普通的带把手儿有盖儿的白色搪瓷缸子。做活儿之前，王莲芝总要先倒上水放在身旁，忙活一阵子后就习惯性地呷上一两口水，慢慢地咽下。一晌功夫也就是两茶缸水。空闲下来，端上水缸子，与邻居拉拉家常，聊聊家里家外的事，神态从容而安详，语言简洁而条理,深得邻里好评。

话梅糖。王莲芝的零食非常单一,最爱是话梅糖,一种甜中带酸、酸中有甜的糖果,时不时放入口中一颗,慢慢品味,直到它自己在口中化完。她说:“酸能生津,不会口干。”除此之外,没有其他嗜好。在饮食上,王莲芝是有什么吃什么,从来不让儿女们为她开小灶,更不要说挑剔什么。精米白面她嚼得香,谷糠菜团她咽得下,烧鸡烤鸭不多尝,榆钱野菜不少吃。仅有一个习惯,就是饭前愿意喝一两盅白酒,也不贪多,最多两盅,大概五钱左右。当然没有酒吃饭也香,酒不是必须的。

包袱。它是一方蓝底白花的布料,包裹着浆洗得干干净净,叠得整整齐齐几件换洗衣服。衣料是农村土纺织织就的普通老粗布,保暖吸汗,虽然显得破旧,甚至还有补丁,但干净整洁。一个补丁,一处开裂,缝合得都十分精细规整。洗好了,叠齐了,细心地包裹好放在床头。

双拐老太

闲不住的王莲芝就像孔子周游列国一样游走于儿女家之间。时间指向1988年,已是83岁高龄的耄耋老人王莲芝,仍能乘坐自行车,没有感觉到硌得慌、累得慌、受不了。就是耕田用的小拖拉机,她也是随意坐在机头上,手抓紧扶手,不闲颠簸(没有减震装置),不烦嘣嘣的噪音,反而觉得很新鲜。街坊邻居都说,这老太太真有本事。

一场意外的发生使儿女们懊悔不已,反省自己太粗心了,为什么没有在意这个事情呢?那一次从我家回去,她乘坐的自行车的后托架,因螺钉脱落而后移,把她就势滑到马路上。王莲芝没有感觉到什么,拍拍身上的尘土自己就站起来了,觉得没有什么大碍。儿女们还是坚持带她去医院照相,结果是股骨有裂痕。鉴于她的高龄,医生建议保守治疗,方法就是牵引静养。

就这样,忙碌的王莲芝终于可以休息下来了。在儿女们的精心照料下,王莲芝在3个月后下床了,不过身上多了一副拐杖。她的想法是:自己要顾住自己,不麻烦孩子们。于是她就主动锻炼,一开始在儿女们搀扶下试着走,两个月后她完全可以自己拄拐独立行动了,成了“双拐老太”,再后来可以离开拐杖扶着墙壁或木凳走路。听说这件事的医生都惊叹,这真是个奇迹。众所周知,卧床3个月对于老人来说,是个大考验,照顾不好易生褥疮,一旦感染,有可能要命,生活中这样的例子太多了。王莲芝不但奇迹般地站起来了，而且自己还能慢慢地自由活动，对她本人来说是件幸事，对儿女们来说也是件幸事。

一年后，王莲芝又开始在儿女们家中穿梭，虽然腿脚受到限制，但双手的劲儿因拄拐的缘故更大了，依然是闲不住，依然是停不下，依然是做这做那。也时常自己拄拐到外面走走，记得我孙女出生后，她坚持手拄双拐步行一公里到儿子家中看望她的重外孙女。或静静地瞅着，或逗逗孩子，一待就是一晌，最后起身时说了一句话："像我外孙子。"

王莲芝的生活习惯一如往常，仍然是那样的爱干净，可以这样讲，除了拐杖外其他一切没变。直到90岁时，由于年事太高才停止走动，但手中的针线活儿仍在继续。

长寿密码

王莲芝经受过了风风雨雨，走过了坎坎坷坷，磨炼出来一个好身体，培养出来一个好心态，至今105岁，仍然头脑清醒，思维清晰，提起往事，滔滔不绝。心情乐观，生活基本能够自理。老人之所以高寿，除了上一节中提到的良好的生活习惯外，与她坚强随和，豁达大度的性格分不开。我归纳了以下几个方面：

——勤劳持家，手脚常动。她常说："人懒心懒寿也短，人勤心勤岁月长。"她活到百岁，还坚持自己动手，天天擦桌子扫地，很爱干净。特别是一人独处的时候，她就拿出木梳慢慢地梳头。恐怕这不仅是爱整洁，更重要的是起到了按摩作用。

——常聊家事，孝爱为先。她有很好的记忆力，孩子们的一些生活琐事常记不忘，见到哪个她都能讲出一堆来。给儿女常念叨的一句话就是"可别忘尊老爱幼，孝敬老人"，"要做善事，办好事，人才得好报"。

——平和知足，乐善好施。她为人处世不亢不卑，做事大度待人宽容，常说吃亏是福受苦是宝。当别人有难有愁时，总会尽心尽力去帮助。对儿女们讲宽容，即使哪个孩子犯了错儿，也不急不恼，不打不骂，仍就笑呵呵的讲道理，析事理，语重心长。

——饮食有节，起居规律。她年过80后，坚持早餐吃一个鸡蛋、一碗稀饭，午饭吃一个馒头、一碗稀饭或一碗菜汤，晚上喝一袋牛奶，不再吃饭。每天坚持晚7点睡觉，早7点起床，保持着充足合理的睡眠时间。

王莲芝之所以高寿，还有一个重要的原因，就是有着一个五世同堂的大家庭。膝下孙男娣女50多人，虽都成家立业，但都把她作为“老太君”奉养，定期探望，陪她聊天逗乐。现下常陪伴她身边的大儿媳已86岁，三儿媳66岁，照顾她的生活起居，无微不至。全家人相处和睦，老少和谐，其乐融融。

王莲芝百岁寿诞全家福(前二排右四为讲述人)

今年已是105岁高寿的王莲芝，除听力、视力受到影响外，依然身子骨硬朗，生活基本能够自理，自己端饭、吃饭，提暖瓶倒水。大脑灵活，思维清楚。对自己五世同堂的儿孙，她都弄得一清二楚。哪个曾孙顽皮，哪个曾外孙女爱静，哪个孩子学习用功……她都一一说得清道得明。与人谈话时，常常讲述自己的往事，讲述自己经受的磨难，讲述现在的好生活。更让她引以为自豪的是，四年前她就开始在民政部门领取百岁老人生活补助，常常说：“我这把年纪了，没用的人，又吃上补助，咋着想也想不到，还是托共产党八路军的福啊！”我们听后不禁啧啧称奇，没想到百余岁的农村老太居然还能说出这样有政治觉悟的话来。

一位出生于20世纪初叶的老人，历经清末、民国，走进新中国，在享受整整一个世纪的阳光之后，又接受了21世纪的阳光沐浴，仍那么豁达乐观，笑对人生。我不禁在心中默默祝愿岳母：“抖抖精神，再活它100年！”

（讲述人：邓书林。写于2011年5月）

邯郸一中，心中一个永远的结

读小学时，母亲对我讲，要好好学习，长大了去邯郸一中上学，妈妈就是在那儿读高中的。那时候的我，对邯郸是没有概念的，也不知道邯郸与大名是什么关系，在脑海中只留下“邯郸一中”这四个字眼，知道那是一所学校。

后来，母亲常常给我讲她在邯郸一中读高中的学习、生活情况，特别是她在丛台下邂逅周恩来总理，并与总理合影留念的事情。我听得入神，渐渐地有了一种莫名的愿望：像母亲一样去邯郸一中读书，还有机会与国家领导人照相哩。

初中毕业后的一天，当我怀着忐忑的心情拿着大名一中录取通知书给母亲看的时候，母亲满面笑容：“孩子，你真棒。”但我还是很委屈，因为没有实现母亲的愿望。“不，妈妈，我没有考上邯郸一中。”我略带哭腔地说。“那不怪你，孩子。”妈妈停下手中的活计，慈祥地看着我，和蔼地说：“咱们是农业户口，现在邯郸一中只招收市内学生。”这时，我心中才有些释然，但隐隐约约感觉这个世界有些不公平。没能去邯郸一中读高中，成了我人生中一个永远的遗憾，成为心中一个永远的结。

两年前的这个春季，女儿在经历中考前的时光，虽然距中考时间尚有一段时间，但女儿已先后被石家庄二中（河北省实验中学）、邯郸一中提前录取，而且在石家庄二中交了保证金。全家人都非常高兴，特别是母亲，自豪地说：“我的孙女真棒，超过了奶奶。”但我也犯难，上哪所学校呢？询问母亲，母亲平淡地说：“去问孩子。”女儿斩钉截铁般回答：“石家庄二中。”

女儿口气之所以这么坚定，是因为她心中早就有这个梦。我清楚地记得，在女儿读小学六年级时，邻居问我：“你让你家闺女去邯郸二十五中读初中吗？”我一头雾水，一脸茫然。“咦，你不知道呀？”邻居也一头雾水，一脸茫然。我疑惑地点点头，邻居有些诧异：“你家闺女告诉我，她初中去邯郸二十五中，高中去石家庄二中。你这爸爸当的够心静呀！”

邯郸二十五中，石家庄二中，孩子为何情有独钟？后来我咨询教育业内人士，他们告诉我，邯郸二十五中是邯郸市最好的初中，石家庄二中是河北省最好的高中。惊诧之余是自责。作为一个成年人，居然如此孤陋寡闻，不问世事。作为一个父亲，居然如此漠视孩子的教育规划。随即又窃喜，一个小学六年级的学生娃娃，居然能独自规划自己的学业，而且还是如此庞大、恢宏、长远，我自叹弗如。更关键的是，心事埋藏如此之深，居然没有给父母讲。我想邻居之所以知道，也一定是她无意中说漏嘴的。不过我至今还很纳闷，女儿是怎么知道邯郸二十五中和石家庄二中的？

女儿小学六年级毕业前夕，每次放学回家都告诉我，我们班有某某同学去报考邯郸二十三中了，我们班有某某同学去报考邯郸十一中了，我们班又有同学……

我知道，去邯郸上学可不是件小事情：一是我心里本没有这样的想法；二是去邯郸上学，对我这个上班族来说是一笔不小的开支（仅择校费就是1.8万元，是我一年的薪水收入）；三是一个小女孩年仅12岁，从没离开过父母，独自去邯郸上学，吃住怎么办（学校不提供食宿）；四是脱离了父母的视线，安全吗？适应吗？有自我约束能力吗……

尽管女儿每天放学后都叨唠某某同学报名考试之事，我也没往心里去，因为女儿也只是说说同学，并没有说自己也要报名，更没有大喊大叫大哭大闹着非去邯郸上学不可。时间长了，我听烦了，就抛出一句话："报名吧报名吧！"

这下女儿开心了，一口气报了邯郸的四个有名气的初中。我逗她说："只想上二十五中，干吗还报其他的学校呀？"女儿一歪头："俺就愿意考试。"从此不再磨叨此事，每天都兴高采烈的。我有些好笑，心想哄着她高兴就是了。

考试结果出来了，她报考的学校全都录取了她，并且以门槛最高著称的邯郸二十五中也因女儿成绩优异免收了择校费。我有点儿不敢相信了，因为当时邯郸市辖19个县市区的优秀考生几千人参加考试，女儿考试成绩居然是第7名（前20名免择校费）。

女儿成功了，实现了自己的第一个梦想。意想不到的事情接二连三地发生，我和我爱人都成为众多家长追逐的对象。我爱人（从事教育工作）的同事告诉她说，你成"明星妈妈"了，经常会有人问他们："你与邓坤妈妈一个学校，请介绍认识一下。"

我骄傲，我为女儿的选择骄傲，我为女儿能自主选择求学之路骄傲，我为女儿能经过自己努力达到成功而骄傲。所以，毋庸置疑，女儿这次选择就读石家庄二中是有道理的。虽然石家庄二中、邯郸一中都是全国百强学校、河北名校，但一个是省会级学校，一是个地市级学校；一个是向全省招生，一个是面向全市招生，个中差别不言自明。

说实话，我心中仍存有一个遗憾，怀着一个结。于是我偷偷去了一趟石家庄二中、邯郸一中，对这两所学校进行全面考察。从校园位置到交通出行，从学校规模到师资水平，从硬件建设到软件管理，从学生数量到高考成绩，一一做了全面了解与分析。结论是不差上下，邯郸一中差不到哪儿去。

我把这一切原原本本地告诉了女儿，并说两个学校各有利弊，你要做出选择。不过，邯郸离家近，你是没有离开过家的，只要是金子，在哪里都会发光。后两句我是轻轻地说的，自己就感觉苍白，有些言不由衷。女儿默不做声，低着头，我知道她听懂了爸爸话中的倾向。

时间仿佛凝固，一切好像静止。沉寂，沉寂，沉寂得我心里有些发虚。约一刻钟后，依然低着头的女儿，平淡地小声说："邯郸一中。"我听得出，女儿在极力控制着自己的情绪。女儿语毕骤然起身，跑回了自己的房间。我能感觉到，女儿眼中充满了泪水。

望着女儿迅速闪过的背影，我的眼泪刷地掠过面颊，也许在女儿心中也形成了一个永远的遗憾，打了一个永远的结。

有所得就有所失，这是规律。生活中的遗憾也是一种美，也是人生的一种历练。

作者（右）与女儿

在邯郸一中的第一个学期,女儿在班内的成绩处在中下游。此时我有了一些担忧:为了自己人生中的一个遗憾,心中的一个结,是否做了一个错误的选择?这种愧疚时常缠绕着我。

后来,在老师的倾心教导下,特别是在班主任老师的辛勤呵护下,女儿的进步像芝麻开花。到第二学年的下学期,前进到中上游,甚至有几次考试成绩进入了年级前100名,有时个别单科成绩还是班级第一。这个时候,我也感觉到女儿身上发生了诸多变化,譬如,每月放心回家后,第一时间打电话问候奶奶,不再抱着遥控器没完没了她看电视,用餐后主动洗碗洗筷,有时我们回家晚了还能把饭菜做好……我忽然觉得女儿长大了。

此时我心稍稍欣慰,长长地出了一口气。选择邯郸一中还是对的,正像小品中那句台词一样:“我骄傲。”

今天,我默默地为女儿祈念:“祝福你,我的乖女儿。”我想,此时女儿心中也会在想:“选择邯郸一中还是对的,我骄傲。”

(写于2013年4月28日,这是女儿为我布置的家长作业,说学校举办家长征文活动,班级有两个名额,有幸争取到一个,以“身边的学校”为主题,5月1日前向学校交稿,电话中还特别强调“必须完成”。我说“考你老爸啊”)

发展大名旅游业的思考

据世界旅游组织测算，旅游业每直接收入1元，相关行业就可增收4.3元；旅游业每直接就业1名人员，社会就可新增5个就业机会。由此可以看出，旅游业具有关联度高的特点，对其他产业有巨大的带动作用，具有“一业兴，百业旺”的乘数效应。相对于工矿业等传统产业，旅游业具有投资少、见效快、报酬率高的比较优势，限制因素最少，市场潜力最大，更具开发价值。众所周知，旅游业是以生态环境为主要资源，在本质上与环境保护有内在的一致性。只要规划和保护工作做得好，合理开发利用资源，它将是在“人与自然和谐”的时代要求中，“产业与环境互利”的双赢产业，是资源节约型和可持续性发展的产业，被誉为“无烟工业”。因此，旅游业是世界公认为朝阳产业，也是世界上综合性最强的产业，看不到这一面，就放弃了致富的契机，也放弃了发展的契机。特别是像大名这样的国家扶贫开发重点县，更应充分利用现在的旅游资源，搞活经济。

一、大名旅游资源的现状

（一）大名旅游资源的特征

1.地理环境概况。大名县位于华北平原东南端，冀、鲁、豫三省交界处，周边有六县。东与山东省莘县、冠县接壤，南与河南省南乐相连，西部和北部与本省魏县、广平、馆陶毗邻。距石家庄247公里，离济南250公里，距郑州200公里。全县总面积1052.98平方公里，总人口93万人，有“枢毂中原，襟带齐鲁”之势，世称“控扼河朔，北门锁钥”之域，被誉为“畿辅八府之首”“河北重镇”，甚至有“昔谓帝不得不帝，王不得不王，猾贼据之天下不安”的说法，可见具有“固形势以控扼天下之枢”的重要性。综观大名县域，平畴沃野，地势由西南向东北倾斜。漳河、卫河、马颊河穿境而过，形成河流冲积平原，微地貌复杂，但平原构成大名地貌的主体，占总面积的90%以上。卫西为漳河冲积扇的边缘，土质黏重。卫东是由黄河冲积物形成，土质以沙为主。漳河、卫河在境内汇合后，一并注入京杭大运河。

2.人文旅游资源。大名县因其独特的地理环境而拥有灿烂的历史文化，文化古迹不计其数，虽然因地处黄漳溢域，累遭洪泛，泥土淤积，加上历代兵火，但县境内文物古迹仍然非常丰富。目前拥有馆藏文物2920件，省、市、县级保护文物碑刻9通（其他则更多，仅石刻博物馆就藏有近百通）、古墓葬（群）20余处（旧志书辑录百余处），已查知有古遗址7处，建档古建筑4处，书院6处，革命文物4处。这些文物古迹是大名境内文明发展、历史沧桑巨变的真实记载，蕴涵着深厚的历史文化积淀。

百年皂角树

3.武术文化资源。大名自古就有尚武精神，传统武术历史久远，“其人多任侠好义，有燕赵遗风”，“唐宋时为戎马之场，人材多以武功著”。有曾任清宫廷锦衣卫武功教头的佛汉拳师贾平西、有大败狂妄日本武士的佛汉拳师李春雨。县志记载：据1987年统计，全县共有27个拳种，分布在150个村庄，比较普及的拳种是大洪拳和佛汉拳。1984年5月河北省武术比赛在大名举行，同年国家体委授予沙怀恩拳师全国优秀辅导员称号。1985年河北省武术协会派专家来大名对佛汉锤拳进行挖掘整理，并制作了拳谱和录像。近几年来，为弘扬中华武术，强健民族体魄，大名出现了以玉麒麟武术学院为代表的习武学文、有一定规模的武术学校近20个，拥有武术教练近百人，在校生人员3000余名。2001年大名县被国家体育总局命名为“河北武术之乡”，曾多次组团参加国内外武术交流活动，夺冠获奖。

4.经济优势。大名县地域广阔，属温暖半湿润大陆性季风气候，四季分明，气候温和，光照充足，雨量适中，雨热同季，无霜期长，干寒同期。即春季多风，夏热多雨，秋凉气爽，冬干少雪。年平均气温13.3摄氏度，气温最高的月份平均26.9摄氏度，最低月份平均为零下2.5摄氏度。这里水源充足，土地肥沃，适宜各种农作物生长，盛产优质小麦、花生、玉米、蔬菜等。农副产品中面粉、小磨香油、烤花生在国际、国内享有盛名。改革开放以来，大名县经济有了长足发展，工业基础日渐雄厚，初步形成了机械、化工、建材、食品等骨干行业。农业产业化进程不断加快，先后被确定为国家小麦商品粮基地县、国家瘦肉型商品猪基地县、全国治沙先进单位、全国平原绿化达标县、全国造林绿化百佳县、省农业开发先进县、省花生产业龙头型经济组织。出口贸易较为活跃，农副土特产品和工业品出口世界十多个国家和地区。基础设施建设不断加快，投资环境及基础条件优越，邯济铁路、国道106线、省道313线和215线纵横贯通。距京广高速50公里，距济馆高速20公里。电力、邮电、金融、保险事业设施先进，服务周到，通讯快捷。2001年，国家批准大名县为扶贫开发重点县，2002年党的十六大胜利召开，给大名这片古老而富饶的土地提供了千载难逢的发展机遇，带来了勃勃生机。大名县物华天宝、人杰地灵，蕴藏着经济发展的深厚潜力和广阔前景，是一颗镶嵌在漳卫河畔的璀璨明珠。

城内百年老楼

(二)大名旅游资源的评价

大名县是一个旅游资源类型十分丰富、旅游产业开发潜力巨大的地域。悠悠岁月不仅造就了新朝帝王王莽祖居贵乡城、陪都北京大名府城遗址、明清大名府城、军事上的马陵道等遗址，以及兴化寺、兴隆寺、周宫庙等千年古刹，而且留下了一部丰厚的中国军事战争史。名人、名城、战事、营寨、烽燧以及与政治、经济、文化相关的各种碑碣、文献，都是发展旅游、进行民族历史和爱国主义教育的资源。大名石刻博物馆存石刻81通，其中保存着唐宋时期制作的御制五礼记碑。曾拥有宫城、外城两重城墙的陪都北京大名府城是反映宋代历史的见证,遭一次性水毁后现今城址地表除村庄外就是田野,无其他永久建筑,极易利用开发。明清大名府城墙及四门、城内众多的牌坊、庙宇建筑群落、三庙同城(文关羽庙、武关羽庙、包拯庙)的奇观,都极具开发价值。具有百年历史的法国宠爱之母教堂风格独特,显示了哥特式建筑艺术的无穷魅力。佛教、道教、天主教、基督教、伊斯兰教等文化,也都是冀、鲁、豫边界地区具有巨大发展潜力的、亟待开发利用的旅游资源。

总之,悠久的历史,灿烂的文化形成了大名八大文化。以陪都北京大名府城遗址、明清大名府城、石刻博物馆为代表的大名府文化,以郭隆真纪念馆、直隶七师纪念馆、善乐营会议旧址为代表的革命文化,以国家级万亩高科技生态农业示范园、花生基地、李子基地、山庄荷塘、卫东林场为代表的生态农业观光文化,以豫丰馆饭菜、二五八小吃、宫廷三御品、清真羊系列为代表的饮食文化,以邓丽君筠馆为代表的丽君文化,以宠爱之母教堂、兴化寺、营镇清真寺、兴隆寺为代表的宗教文化,以民歌、沿城、抬阁、擢杆、灶火、秧歌为代表的民俗文化,以草编、风筝、剪纸为代表的民间工艺文化。此外还有西周周穆王之女的周宫庙遗址,以及乞食五鹿、龙不侍蟒等成语典故传说故事,都是绝无仅有的宝贵的旅游资源。

二、大名旅游资源的开发与利用

大名旅游应以文化农业休闲度假为主,把握保护与建设同步、开发观光农业与人文景观并重的可持续发展的指导思想。大名的旅游资源有其无可比拟的优越性,大名府文化、丽君文化独一无二,可以永续利用,发展潜力巨大。从旅游经济学的角度来看,大名的旅游资源丰富而有特色,一旦得到良好的开发和利用,必将得到相当大的经济效益和社会效益。从旅游地理学的角度来看,大名的地理位置相当有利,根据旅游资源的分布、分类、保护和开发利用以及旅游人流分布和移动规律,可以对大名的旅游路线设计以及旅游区域经济进行分析。

(一)打造品牌,突出大名旅游特色

1.打古迹牌。大名县拥有灿烂的历史文化,县境内古迹较多,蕴藏着深厚的历史文化积淀。从周穆王建周宫庙以赐嫏娌、"齐桓筑五鹿以卫诸夏"开始,历经三千多年沧桑,山河嬗变,历史更迭,在这块古老的土地上,留下了诸多名胜。以名胜古迹作为特色旅游品牌,可以满足人们了解历史的渴求。特别是开发明清大名府城、陪都北京大名府城遗址，叫响大名府文化品牌。

2.打名人牌。大名县地灵人杰，人文荟萃，在这块古老的土地上涌现了一帝四后、三大阁老（黄立极、成基命、成克巩）、三大武将（唐朝郭元振北宋开国元勋潘美、抗金名将郭永）、四大文人（束皙、柳开、刘筠、刘安世）。近代的有革命家郭隆真，当代的有走红大半个亚洲、风靡华人世界的歌后邓丽君。唐代名臣狄仁杰、宋代贤相寇准以及韩琦、文彦博、欧阳修、苏辙等人曾在大名为官。唐朝的李白、高适及明朝的王世贞等到此游历，留下许多诗篇。邓小平、周恩来都曾到过大名。利用名人效应，打造旅游品牌，特别是要利用邓丽君在东南亚、世界华人中的影响，建设邓丽君筠馆，并以此为纽带，促进两岸文化交流，发展经济。

3.打生态农业牌。大名县是农业大县，自然条件优越，农业兴旺，民风淳朴。县志就有“土厚民朴,年谷屡登，民安物阜”的记载。大名旅游可以以旅游农业为卖点，利用农村的自然风光作为旅游资源，为游客提供生活服务，从事农耕、收获、采集、垂钓、狩猎、饲养等活动，以调剂烦嚣的都市生活，使人们享受回归自然、寄予田园的乐趣。一是建设国家级万亩高科技生态农业示范园，发展农业科技旅游，引进国内外种植高技术和品种，使园区内的果木、花卉、蔬菜等植物形成多个特色种植区域，既有食用价值，又有观赏价值。二是利用果木园林发展观光旅游。利用现有优势建成诸如葡萄小镇、苹果小镇、杏树小镇、桃花小镇等。在园内设置游览线路，建设各种景点或农舍点缀其中，在不同季节推出不同的旅游项目，如踏青、赏花、采果等，做到观农家景、吃农家饭、住农家屋、做农家事，增强旅游的观赏性和参与性。利用8000亩国有林场开发成沙麓山森林公园，同时做好50万亩花生基地文章。大名花生节本身就是发展旅游产业的一个很好的招牌，要把举办花生节与搞旅游结合起来。

4.打武术牌。充分利用大名县为“河北武术之乡”这一优势，以弘扬中华功夫，强体健身为宗旨，编制多种简单易练的健身武术操，举办一定范围的武术文化旅游节，进行大型武术表演。旅游者可到此真练实学一些简单的套路，以娱乐健身。同时也让游客领略一下中华武术的博大精深，可增强民族自豪感。

5.打特色牌。一是开发利用三个皇宫御品，即唐朝武则天的御酒——滴溜酒、明朝贡品——胡家湾黄瓜、清朝顺治年间被誉为“玉瓜”的御品——王小楼甜瓜。二是叫响营镇和崔岳村的大蒜、白水潭和山庄的莲藕，特别是开发利用山庄的荷乡月色风光。三是开发二五八小吃、芝麻焦烧饼、大名府小磨香油等传统风味小

古城内的老屋

吃，“一爪鲜”、小鸡炖蘑菇、五香牛肉等现代风味食品，以及以羊系列为重点的清真风味小吃。四是开发利用草制工艺品、大名府风筝、剪纸等民间工艺品。围绕大名丰富的人文资源，充分挖掘深厚的文化内涵，制作旅游工艺品。

6.打南宫碑书法牌。20世纪初王洪钧把南宫碑体(即张裕钊书体)传入大名，30年代开始风靡全国享誉海外，京沪金石书法家和收藏家争相临习、收藏。特别是在日本、韩国和东南亚更是名声显赫，日本甚至成立了张裕钊书法研究会。该书体淬古代百家之长，吸收篆隶笔法，并集魏碑之大成，结构严整，开阔舒朗，于绢秀中见雄浑，弯折笔画内圆外方，风格独特，自成一家，深为大名人所崇尚，学习临摹者众多，形成了以“南宫碑”为主体的书法流派。2009年被列入市非物质文化遗产名录。

(二)旅游资源开发利用的指导思想

大名旅游业的发展要以文化农业休闲度假旅游为主，统筹规划，坚持“在保护中开发，在开发中保护”的原则，合理利用特色农业资源、名人资源、武术资源和开发利用文物古迹，在本质上是一种文化型、科技型的社会公益事业。

1.旅游规划的主要原则。旅游规划是涉及旅游者的旅游活动与其环境间相互关系的规划，要将旅游者的旅游活动和环境特性有机结合起来，进行旅游活动在空间环境上的合理布局。对大名县进行旅游规划时应考虑的主要因素为：一是旅游资源的状况、特性及其空间分布。二是旅游者的类别、兴趣及其需求。三是大名居民的经济、文化背景及其对旅游活动的容纳能力。四是旅游者的旅游活动以及大名居民的生产和生活活动与旅游环境的融合程度。

2.建设具有大名特色的旅游产业结构。根据大名的资源基础，依靠大名府文化、宗教文化、革命文化、农业观光文化、饮食文化、丽君文化、军事文化、民族文化、书画文化、民俗文化等，丰富旅游地的旅游种类组成。旅游者在开展旅游活动时，需要旅游地提供方便、舒适的衣、食、住、行、游、购、娱的服务。

三、投入与宣传

旅游业作为一个新兴的综合性产业，其支柱地位和龙头作用并不是自发形成的，需要在市场机制运作基础上，采取政府主导型的强有力措施进行扶植和培育。而资金投入和对外宣传是发展壮大旅游业的两个关键环节。

（一）多元化资金投入

在发展旅游业中，首先遇到的问题就是资金匮乏。是眼睛盯着上级政府要钱，还是放手向社会筹资；是靠政府投入，还是引进民间资金？显然，对于大名这个国家扶贫开发重点县来说，政府投资是有限的，也只限用于路、水、电等基础设施建设。因此，在发展旅游过程中，要及早地把握社会主义市场经济的运行规律，注意创造良好的政策环境，实行政府主导、政策引导，使全社会都能放心大胆地投资，才能在较短的时间内使大量的社会资金集中于旅游开发与经营。笔者认为应该走市场化开发经营路子，靠市场运作的方法，筹措资金开发旅游，形成多元化的投资渠道。一是政府出资，二是各种资金分块开发，三是民营独资，四是股份合作，五是引进外资。像建立邓丽君筠馆这个旅游项目，就可以引进邓丽君文教基金会的资金。

清末状元府邸

（二）全方位对外宣传

良好的宣传促销是旅游业迅速崛起的助推器。要把新闻媒体和旅行商作为宣传促销的重要对象，在周边城市邀请新闻单位和旅行社，以新闻发布会或旅游推介会形式，全面宣传大名的旅游业。

1.搞好整体旅游形象设计,形成自己的品牌。云南的旅游形象是“七彩云南”“奇山异水、民族风情”,山东是“走近孔子,扬帆青岛”,大连是“浪漫之都”。我们要在这方面进行深入研究、宣传和策划,打出能够代表自己形象的,简明扼要、富有吸引力的旗帜和品牌。

2.要研究客源市场。大名县的客源在哪里,要研究透、把握准,才能确定宣传促销的方向, 增强宣传的目标性。同时要把新闻媒体和旅行商作为主要宣传对象,利用他们宣传促销才是抓住重点。

3.利用节庆,搞好促销活动。大连的服装节、广州的广交会、潍坊的风筝节等活动,都达到了宣传促销目的。大名花生节也可以看成宣传大名的农业观光旅游的好形式。要注意研究利用节假日,特别是五一、十一、春节假期,讲究策划,注意创新,深挖内涵,研究内容,提出鲜明主题,就会收到很好的效果。此外还要利用电视、广播、报刊等媒体进行宣传,搞好网上信息发布和促销。

(2003年发表于《邯郸经济》第3期)

重视地方历史文化资源的保护和开发利用
——以大名县为例

大名，春秋时代属卫国，名五鹿，是历史上著名的“五鹿城”。战国时期属魏国，秦朝为东郡，汉朝为冀州魏郡，北周大象二年（580年）始称魏州，五代时期后汉乾祐元年（948年）改称大名府，宋仁宗庆历二年（1024年）建陪都，史称“北京”。元、明、清为路、府治所，直隶省会驻大名，为河北省会之始。中华人民共和国成立后，曾建大名市。悠久的历史，形成了独具特色的大名府文化，留下了众多的文物古迹，也为后人留下了一笔宝贵的资源和巨大的财富。

一、历史文化资源概况

大名县位于河北省东南端，冀、鲁、豫三省交界处，东与山东省莘县、冠县接壤，南与河南省南乐县相连，西部和北部与我市魏县、广平、馆陶毗邻。全县总面积1052.98平方公里，总人口93万人。唐朝著名诗人杜牧在其文章《罪言》中这样形容大名（当时称魏州）：“河南、山东之轻重，常悬在魏，明白可知也。非魏强大能致如此，地形使然也。”明确指出大名地理位置重要。《大名县志》记载，大名不仅位置优越，“环漳水而襟卫河，面太行而抵沙麓”，“界连鲁、豫，隐然有绾毂三省之势”，而且经济发达，文化繁荣，“殆类汉之洛阳，赵之邯郸，齐之临淄，盖天下都会名胜之邑乎”。

大名历史悠久，人杰地灵，文化灿烂，留下了众多文物古迹和传奇故事，形成了独特的大名文化。目前拥有馆藏文物2920件，省、市、县级碑刻9通（其他则更多，仅石刻博物馆就有近百通）、古墓葬（群）20余处（旧志书辑录百余处），已查知有古遗址7处，建档古建筑4处，书院6处，革命文物4处。这些文物古迹是大名境内文明发展、历史沧桑巨变的真实记载，蕴涵着深厚的历史文化积淀。概括起来主要有以下八个方面。

(一)遗址文化。主要有周穆王之女的周宫庙遗址、陪都北京大名府城遗址、明清大名府城遗址、直隶七师遗址、善乐营会议遗址。特别是曾拥有皇城、外城两重城墙的陪都北京大名府城遗址,是反映宋代大名陪都历史的见证,具有较大的研究开发价值。

(二)名人文化。在大名这块土地上名人辈出。既有帝王后妃,又有市井百姓;既有文臣武将,又有艺术大家;既有自然科学巨匠,又有社会科学大师……总而言之,各个领域、各个行业都有带头人、排头兵、领跑者,有的左右一个朝代,有的引领一个时代;有的改朝换代,有的革命奉献;有的千古流芳,有的万年遗臭……从古到今,不可胜数。客籍的名人更出层出不穷,诸如李白、狄仁杰、寇准、包拯等。无论本籍客籍,大多为大名的发展繁荣做出了卓著贡献,发挥了中坚作用。同时也留下很多故事佳话。此外,党和国家领导人周恩来、邓小平等都来过大名视察指导工作。

碑　廊

(三)碑刻文化。大名石刻博物馆存石刻81通,其中,保存着唐宋时期制作的御制五礼记碑。此馆在河北省乃至全国石刻中占有十分重要的地位,欲建成全国第十座碑林,成为反映唐宋时期政治、经济、文化、军事的艺术宝库。

(四)典故文化。有着2000多年历史的大名,是孙庞斗智、王莽发迹、红线盗盒、宋江三打大名府等许多历史故事的发生地,这些历史典故都是不可多得的非物质文化遗产。

(五)宗教文化。大名县历史上佛教、道教、天主教、伊斯兰教、基督教等宗教活动较为盛行,形成了丰富多彩的宗教文化。遗迹有周宫庙、兴化寺、兴隆寺、清真寺等,特别是具有百年历史的法国宠爱之母教堂风格独特,显示了哥特式建筑艺术的无穷魅力。

擢 杆

（六）饮食文化。大名县地处三省交界，不同地域的饮食在大名交汇融合，形成了独具特色的大名饮食文化。除一些独特的饮食习俗外，还形成了具有鲜明特色的地方美食，比较著名的有豫丰馆饭菜、二五八小吃、宫廷三御品、清真羊系列等。

国家级非物质文化遗产——大名草编

（七）民俗文化。主要有民歌、沿城、抬阁、擢杆、社火、秧歌等，反映了大名一代人民的风俗习惯和民间艺术。

（八）民间工艺文化。大名劳动人民心灵手巧，自古流传下来许多具有较高艺术价值的民间工艺，代表性的主要有草编工艺品、大名府风筝、剪纸等。

二、主要文物古迹保护开发现状

大名县文物古迹众多，遗存丰富，但历史上几经战乱水毁，完全保存下来的并不多见，有许多是“可说、可听、不可看”。目前这些文物尚缺乏系统的清理、规划、保护和开发利用，需要从整体上研究、规划和开发。

（一）御制五礼记碑。原为唐朝魏博节度使何进滔德政碑，刻于唐开成五年（840年）。宋大观二年（1108年）宋徽宗将此碑改刻为“五礼记碑”。原立于北宋大名府宫城外观礼台上（今双台村），明初时倒塌，断成三块，赑屃头被砸坏。明嘉靖二十八年（1548年），知府顾玉柱掘出。1987年迁至距县城两公里处。目前大碑已修好，树立，高12.34米，宽3.04米，厚1.08米。1982年被河北省政府公布为省级重点文物保护单位。以之为中心，现已建成碑林公园，收进唐宋时期碑刻，此外最著名的是朱熹写经碑。还存有大陨石、明铁钟等，建有月牙湖、拱桥等。

（二）陪都北京大名府城。始建于北周建德七年（578年）。唐僖宗中和年间，节度使乐彦桢扩建周40公里大城。宋仁宗庆历二年（1042年）钦定北京，投资百万委宰相吕夷简增修郭城，置百官、建宫殿，“其势略如都城”，为城池发展的鼎盛时期。明建文三年（1401年）毁于水，淤埋地下。遗址在今大名县城东北3—6公里一带，以大街、御营、双台三村为中心，以东门口、南门口、铁窗口、北门口四村为四门的遗址。目前城墙保存较好的有铁窗口和营庄两处，长度约350米，最宽处15米，最高处9米，其他部位基址明显。遗址上曾出土碗、盘、罐、玩偶等陶瓷生活器具和绿琉璃瓦、大板瓦、筒瓦等建筑饰件，以及直径0.92米的直立木柱（木已朽，厚1.5厘米漆皮完好）、旗杆座等。

（三）明清大名府城。明建文三年（1401年）陪都北京大名府城毁于漳卫洪水后，在原城西南3公里处重建大名府城。城池呈正方形，周4.5公里，十字大街。城外修有瓮城，城河环护，连通漳河、引河，四季长流，四门外有四座石桥，东南城墙上有一座文峰塔。城墙系特制长方砖修建，在国内可与西安、平遥古城相媲美。1945年我军赶走了统治8年的日军，此时古城保存完好。为了适应当时革命斗争形势的需要，分别于1945年6月、1946年1月、1947年2月组织群众进行三次大规模的拆城。目前四门、部分城垣尚存，北城门上于1985年建城楼。

（四）宠爱之母教堂。该教堂位于大名县城内东大街路南，始建于1918年，竣工于1921年。由法籍教士郝司铎监督施工，法籍刘主教“祝圣”启用命名。教堂呈平面十字形，占地1220余平方米，容纳千余人跪堂。钟楼高47米，大钟三面看点，报时报刻，声传数里之遥（现已停止）。钟下龛内有圣母玛丽亚怀抱耶稣坐像，旁有对联，“欲识其宠请看怀中所抱，要知厥能试观掌上何持”，弧形横批“宠爱之母保障大名”。内部设施齐全，目前每个礼拜（即周日）都做弥撒，有千余人参加，场面宏大。

（五）狄仁杰祠堂碑。位于大名县城东孔庄村北。狄仁杰（630—700年）并州太原（今山西太原）人，武则天时期官至宰相。武则天万岁登封元年（696年），契丹进攻中原，魏州（今大名）面临一场兵火之灾。狄仁杰临危受命，出任魏州刺史，用疑兵巧退敌军，魏州人民感其恩德，于神功二年（698年）为狄公修建生祠，树立了功德碑。死后生祠被毁，后重立祠碑。碑通高4.46米，宽1.46米，厚0.46米。碑文为楷书，27行，每行60字，冯宿撰文，胡澄书丹。碑文记述了狄仁杰一生政绩和伟业。碑体高大，字体秀丽飘逸，颇有唐风。目前祠堂已无，仅存功德碑，且碑座掩埋地下。1982年省政府公布为省级重点文物保护单位。1995年修亭建桥加以保护。

韩国风格的兴化寺大殿

（六）佛教临济宗兴化寺。该寺位于大名县城北2公里处，铁窗口村南，是临济宗祖庭，与正定临济寺齐名。多次毁于兵火水灾，多次重修。清朝康熙皇帝赐寺名“护国临济寺”，庄亲王赐匾额，乾隆皇帝恩赐御校藏经12部。20世纪30年代尚有寺塔和残垣断壁遗留。1994年市人民政府公布为市级文物保护单位。近年常有韩国人到此朝拜。2003年韩国人投资重修兴化寺，现已建成五间大殿，内座佛像。

卧龙槐

（七）陈娘娘家族墓道石雕群。该石雕群位于大街镇陈坟村南。明朝孝洁皇后为大名人，其父陈万言死后，按皇戚规格建墓地，先后共有墓葬70余座，墓前皆有碑，墓道旁有石像生。目前墓葬几乎全部被毁，地面陈列石像生10件，谕祭碑4

通，香炉1件，均为汉白玉质，做工考究，皇家风范。石像生自南而北依次为墓表、石虎、石羊、石马、翁仲各1对，北端是4块谕祭诰命碑，均埋过半。

（八）卧龙槐。该树位于县城内西大街中段路北，直径在1.5米以上。古槐历经几百年风雨沧桑，现枝叶茂盛，尤为独特之处是东端平伸一枝，酷似龙形，头部两枝角上伸，嘴眼明显，栩栩如生，故名卧龙槐。1983年大名县人民政府公布为县级重点保护单位。民间相传，卧龙槐有灵气，到此祈福求平安者众。

（九）直南革命的策源地——直隶省立第七师范学校。该校旧址位于大名北关，即邯郸师院大名分院所在地。直隶省立第七师范学校始建于1923年，第一任校长为省参议员谢台臣。他贯彻五四运动精神，一方面与地方封建势力、土豪劣绅展开激烈的斗争，一方面在学校大力提倡民主、科学，致力于教学革新，聘请进步教师，选用进步教材，实行"以做为学"和"师生打成一片"的教育主张。开展社会政治运动，声援工人罢工，抵制日货等。成立党团组织，创办校刊《曙光》，传播革命思想，培养了大批革命有志青年，把传播五四新文化思想的教育场所变成了学习和宣传马克思主义的革命阵地。1929年以七师党员为骨干，成立中共大名县委，党组织先后向直南20余个县的农村和学校发展，形成星星之火的燎原之势，唤起广大民众展开各种革命斗争，是冀、鲁、豫一带革命的策源地。目前校内有谢台臣塑像、碑刻、纪念馆。

（十）善乐营会议旧址。该旧址位于大名县营镇乡西营村，距县城20公里，106国道旁。1939年抗日战争进入相持阶段，日军对国民党政府改为"以政治诱降为主，军事打击为辅"的政策。国民党五届六中全会又确定"以军事限共"的反动方针，掀起第一次反共高潮。在这种严重局势下，共产党冀南军区于1939年11月15日在冀南大名县善乐营清真寺院内召开了地方党政军领导干部大会。邓小平做重要讲话，决定发起卫东战役，扩大巩固了冀南抗日根据地。目前清真寺保存完好。

直隶省立第七师范学校校门

（十一）郭隆真纪念馆。该馆位于县城大名府西段路北。1986年建立郭隆真纪念馆，占地2000平方米，有康克清题字的纪念碑。郭隆真，大名县人，是中国共产党早期女革命活动家，妇女运动、工人运动、学生运动的杰出领导人，河北省第一位女共产党员，回族女英雄。她与李大钊、周恩来、刘少奇、邓颖超、刘清扬、李富春、蔡畅、张若名等人并肩战斗。1931年4月5日英勇就义，时年37岁。河北电视台曾播出了电视剧《郭隆真》。

（十二）邓丽君筠馆。该馆位于大名县城北关。华人歌后邓丽君的故乡是大名县，1995年5月病逝于泰国。家乡人感其淡泊名利、乐善好施、故乡情深的品质，在大名县邓丽君文教促进会的倡议下，于1996年5月在邓台村捐建了邓丽君展室。后又经县邓丽君文教促进会多方努力，推动该展室与台湾邓丽君文教基金会、台湾邓丽君文物馆合作，于县城北关建立邓丽君筠馆。目前该馆展厅面积2000平方米，展线1200米，馆藏物品1000余件，图文实物、音响视频俱全，内容丰富详实，能满足歌迷对其传奇一生的全面了解。

三、进一步研究开发地方历史文化资源的几点思考

历史是根，文化是魂。各地在发展过程中积淀的历史文化资源是一笔宝贵的无形资产，是一座尚待开发的巨大宝库。在推进县域经济发展过程中，不仅要注重经济方面资源的开发，同时也要注重文化资源的挖掘、开发和利用,使其在推进文化强市、促进经济社会展中发挥更加重要的作用。

（一）确立文化力就是经济力的观念。深厚的历史文化积淀、独特的人文自然景观是一笔珍贵的无形资产，是祖先为我们留下的宝贵财富，一旦经过科学开发利用，就会形成现实生产力，就会带动旅游、交通餐饮等相关服务业的发展，产生巨大的经济效益和社会效益。历史文化“用之不竭”的资源性、“独树一帜”的垄断性

作者（左）陪同省人大领导调研邓丽君筠馆

和“生生不息”的长期性，是资源型经济及其他类型经济要素所不可比拟的。因此，各级领导一定要高度重视文化，充分认识文化的重要作用，牢固树立文化资源是宝贵财富的观念，真正把文化当作一种高效益的产业来经营，以文化力提升经济力，增强县域经济的整体实力。

（二）做好历史文化资源的保护开发规划。要将各地的历史文化资源真正变成财富，必须首先摸清底数，盘点“家底”，才能科学规划、有效利用。就大名县来说，就是要弄清境内有多少古代遗址，有多少名人与大名有关，有多少民俗文化、饮食文化、民间工艺等可以开发利用等等。因此，必须组成专门班子，组织专门人员，必要时可以邀请国内外有关专家学者参与，对境内历史文化资源普查、建档、建立数据库。在此基础上进行深入研究，统一规划，有序开发。具体工作中应注意以下三点：一是普查要尽量全面。普查过程中应注意历史资料和现场调研结合、官方和民间两条线索并进，既要注意搜集、整理通过正式渠道掌握的历史文化资源，又要注意挖掘、寻找散落民间的具有地方特色的民居、古建筑，甚至地方传统文化、民俗民风、轶事传说、戏剧曲艺、民间工艺等等。二是要注意从众多繁杂的历史文化资源中提炼主题。在全面掌握历史文化资源的基础上，要通过详细的研究和论证，找出一条主线，提炼出一个主题，并围绕这个主题，整合各类历史文化资源，突出大名文化特色，培育大名文化品牌。三是要注重整体和统筹规划。要通过科学规划统筹历史文化资源的保护、开发和利用工作，围绕主题，深化内涵，坚持在保护中开发，在挖潜中发展，在经营中升华，争取树立起既有深厚文化底蕴，又有鲜明地方特色和浓郁时代气息的大名新形象。

（三）大力发展地方文化产业。文化产业是在全球迅速崛起的产业门类，也是生命力极强的新兴产业。文化产业中的旅游产业、媒体产业、艺术产业、休闲产业等，都需历史文化资源作为原料和支撑。要深入挖掘历史文化内涵，积极探索文化资源向文化产业转化的有效途径。结合大名县实际，就是要对现有的文化资源，包括遗址文化等，在突出文化主题的基础上，进行挖掘、溶化、实化和包装，把看不到的文化变成可看的产品，向生产力优势转化，真正把文化产业培育成为经济发展的重要支撑，成为县域经济发展的重要力量。

（四）积极发展特色旅游产业。文化是旅游的魂，旅游是文化的形，两者相得益彰。文化旅游的两大要素中，大名具备了无形的文化，而缺乏有形的实体，而无形的文化正是体现旅游价值的关键所在。没有“三顾频烦天下计，两朝开济老臣

作者(左二)在市政府来大名调研地方文化座谈会上发言

心”,武侯祠不过是几堆砖瓦;没有“茅屋为秋风所破歌”,杜甫草堂不过是一间草房。大名在“神”的方面已经具备,下一步要在“形”的方面下功夫。要依托县内以及周边文化资源,邀请国内外知名专家对发展文化旅游业进行科学论证和认真规划,建设一批具有浓厚文化内涵和较高游览欣赏价值的旅游项目,把境内的历史文化遗迹与旅游景点巧妙组合,形成比较完整的大名文化旅游线路,打造一批旅游精品,进一步提升旅游业的竞争力和吸引力,尽快使旅游业成为推进县域经济发展的有力支撑。

(五)提升县域发展核心竞争力。历史文化资源是大名一座亟待得到开发和利用的“金矿”。开发这座“金矿”需要创新机制,统筹各方要素,通过市场化的运作方式,实现投资多元化,走出一条在政府引导下,主要通过市场机制开发历史文化资源的路子。历史文化资源的开发、保护以及旅游景点的配套附属设施建设,均可吸引民间资本投入。同时,对各种具有鲜明历史文化特色的产品进行整体包装、提升和推广,积极招商引资,借力发展,合力打造“大名府”文化品牌,带动大名县各种有形资产的增值,从而提高综合竞争力,促进县域经济持续、快速、协调、健康发展。

(此文经邯郸市政府办公厅朱鸿文处长修订把关,于2005年11月4日在邯郸市政府内部刊物《信息摘报》第75期上发表,得到市长王三堂签批。此后邯郸市政府办公厅专门就这篇文章赴大名县进行调研。2005年《河北文化》第6期、2006年《邯郸文化》第11期转载)

县域文化:挖掘资源与打造产业

自秦朝实行郡县制以来,"县"作为一级行政区划一直保留到今天。在两千多年的社会发展过程中,其地域上形成的深厚文化积淀,诸如发生的重大历史事件、留下的史迹遗址、流传的神话故事、形成的民风民俗等,可以概括地称为县域文化。科学地讲,县域文化是一种具有鲜明地域性特色,经过长期的历史积淀而形成的特殊文化现象,它构成了这个地域的形象和灵魂。历史是根,文化是魂。县域在发展过程中积淀的历史文化资源是一笔宝贵的无形资产,是一座尚待开发的巨大宝库,具有较高的研究、开发和利用价值。在推进县域经济发展过程中,不仅要注重经济方面资源的开发,同时也要注重文化资源的挖掘、开发和利用,形成文化产业,使其在推进文化强县、促进县域经济社会发展中发挥更加重要的作用。笔者试以大名县为例加以分析。

一、大名县域文化资源脉系

大名历史源于春秋,建县于汉,置府于唐,兴盛于宋,城湮于明,复兴于清,衰于近代。曾为府、路、道、州、郡、县等治所,做过直隶省会,建过大名市,素有"河朔重镇""北门锁钥"之称。悠久的发展历史,深厚的人文积淀,丰富的文化资源,形成大名独具特色、脉络清晰的十二大文化脉系。

(一)以永济渠为代表的大运河文化脉系

大运河肇始于春秋时期,形成于隋代,发展于唐宋,兴盛于元明清,由永济渠、通济渠、邗沟、江南河四部分组成,成为纵贯南北的水上交通要道,大名就处在其中永济渠的一个节点上。据专家考证,当时大运河从河南内黄旧县城进入邯郸市后,横穿魏县、大名、馆陶三县,经过洹水(今魏县洹桥村)、魏城(今魏县县城)、魏州(今大名县大街镇)、馆陶(今馆陶县城),进入永济(今山东冠县北馆陶)

入山东。后来由于漳河南徙、河水改道等原因,其中一段逐步形成横贯邯郸市东部的卫河。

大运河大名段

在千余年的历史进程中,大运河大名段留下了丰富的历史文化遗存,孕育了一座座名城古镇,积淀了深厚悠久的文化底蕴。大运河大名段沿岸的文化遗存有3座呈L型分布的古城及龙王庙镇、金滩镇、娘娘庙村、营镇等古渡村镇。民间有许多与大运河有关的传说故事,史籍中辑录了众多相关诗词、重大历史事件等,为大名县留下了一笔丰厚的文化遗产。

(二)以陪都北京大名府遗址、御制五礼记碑为代表的都府文化

大名地处中原,沃野平川,历史上曾两次为都城。第一次是五代时期后唐开国皇帝李存勖于公元923年建都大名,都名"东京"。第二次是宋仁宗升大名府为开封陪都,史称"北京大名府"。加上"河朔重镇""北门锁钥"的军事战略要地,且常常是府、路、道同城,于是"大名府"闻名于世。大名府城遗址有两个,除北宋陪都北京大名府城遗址外,还有一处是明清大名府城遗址。

(三)以郭隆真纪念馆、直隶七师旧址、善乐营会议旧址为代表的革命文化

在近代历史中,大名是冀、鲁、豫一带革命策源地,特别是卫东一带曾是革命老区,建有兵工厂、后方医院、印刷厂等机构,革命活动开展得轰轰烈烈,素有"小太行"之称。还有郭隆真故居、大名起义指挥部旧址,中华人民共和国成立后周总理视察下榻处旧址、前桑圈村座谈会旧址等。此外,缘于对毛泽东同志的敬

古城街道

仰和缅怀，西店村自发建设了毛泽东纪念室，是冀南农村自建毛主席纪念室中规格最高的一个。该纪念室始建于1990年，后逐年进行完善。2003年第17期《河北内参》刊发了一篇题为《冀南农村自建毛主席纪念室采访纪闻》的文章，较详细地介绍了这一纪念室。

大名古城鸟瞰（中部高大建筑是宠爱之母教堂）

(四)以万亩高科技生态农业示范园、卫东林场、山庄荷塘为代表的生态农业观光文化脉系

大名县是农业大县,气候温和,自然条件优越,农业发达。县志有“土厚民朴,年谷屡登,民安物阜”的记载。置身于优美的农村自然风光之中,从事农耕饲养、种植采集、垂钓狩猎等活动,观农家景、吃农家饭、住农家屋、做农家事,可调剂烦嚣的都市生活,享受回归田园的乐趣。一是位于金滩镇东部的万亩高科技生态农业示范园区,2002 年开始建设,是国家级万亩高科技生态农业示范园区。引进国内外种植高技术和品种,现已建成果木、花卉、蔬菜等多个特色种植区域和鱼虾等多个特色养殖区域,既有食用价值,又有观赏价值。二是位于沙麓山遗址侧的黄河故道上的卫东林场。原属一片飞沙不毛之地。建于 1958 年,国家投资 8 万元,总面积 1.9 万亩。因在卫河以东,故名国营卫东林场。1963 年特大洪水后,重新勘测确定为 7875 亩。现树木成行,茂密成荫,林趣盎然,可开发成沙麓山森林公园。三是位于万堤镇东部的山庄荷塘。李山庄、徐山庄、廉山庄三村有种植莲藕的传统,成方连片。夏秋季节,莲花盛开,香气袭人;荷叶摇摆,风姿绰约;田蛙戏水,呼应对鸣;蜻蜓吻莲,蝴蝶起舞。一派荷乡田园景象,令人流连忘返。月色荷塘,更加迷人。此外,花生基地、李子基地、葡萄园、桃梨园等都具有观赏、采摘的功能。

(五)以豫丰馆饭菜、二五八小吃、清真羊系列为代表的饮食文化脉系

大名县是著名的中国花生之乡、中国小磨香油之乡,也是民族大县、宗教大县。这里历来都是平川沃野,物阜民丰。两千年的发展传承,积淀了丰厚的饮食文化。一是豫丰馆饭菜。豫丰馆是清末冀南一带颇负盛名的餐馆。始创于 1878 年,为刘军庄的刘尧在县城北街路东开门营业。除擅长华北平原一带的饭菜外,还有自己独创的一套拿手饭菜,最著名的是满汉席、燕茸席等。高中低三个档次的饭菜达七八百种,既面向大众,又兼顾上层。凭借饭菜独具一格的风味,精湛的技艺而享誉冀南。二是二五八小吃。即二毛烧鸡、五百居香肠、郭八火烧,创始于 19 世纪,成为当时官府佐餐和宴会上不可或缺的上等食品,行销省府、道衙中。在近 200 年的历史中经久不衰,是百年老字号地方小吃,风味独特,为邯郸八大地方风味美食之一。1966 年,周总理视察大名时品尝后赞不绝口。三是以羊肉系列为主的清真风味小吃。羊汤、羊馓、羊蝎子、羊白等,已成为清真风味小吃中的上品。制作精细,工艺考究,味道独特。此外,还有三个皇宫御品,即滴溜酒、胡家湾黄瓜、

豫丰馆旧址

王小楼甜瓜。以及芝麻焦烧饼、小磨香油等传统风味小吃，“一爪鲜”、小鸡炖蘑菇、五香牛肉等现代风味食品。

（六）以狄仁杰、包拯、邓丽君为代表的名人文化脉系

大名县这块古老的土地，用地灵人杰一词来形容，一点也不为过。早在一千多年前，杜甫就在诗中称这一带的青年为“淇上健儿”（大名位于淇水下游）。再往前一千年，追溯到《诗经》，其中《卫风》中这样描述：“有匪君子，如切如磋，如琢如磨。瑟兮僩兮，赫兮咺兮。”说卫地的青年（大名县当时属卫国）不仅仪容端庄，而且品德高尚，忠贞纯厚，文采飞扬。李白游历大名后赞颂大名女子：“美女夸芙蓉，万室喧歌钟。”说的是大名女子不仅貌美，且多才多艺。正是由于自古以来形成的文化特质，滋润了一代又一代人，使得大名自古及今涌现了许多名人，有皇帝皇后，有文臣武将，有宰相阁老，有革命家艺术家等。还有在大名为官的客籍名人，以及游历大名的诗人名家。这些名人都是大名宝贵的文化财富。现已修建了狄仁杰祠堂、郭隆真纪念馆、邓丽君筠馆。

邓丽君筠馆

已封笔多年的八旬老人冯济泉题写的馆名

（七）以宠爱之母教堂、兴化寺、清真寺为代表的宗教文化脉系

区位的特殊性，文化的包容性，造就了佛教、道教、天主教、伊斯兰教、基督教俱全的独特的大名宗教文化。位于大名城南关东大街上的清真寺，存有“万岁牌”，为清朝康熙皇帝亲赐，上有“圣旨”诏示。1963年当选中国伊斯兰教会副主任的沙梦弼曾在这里担任阿訇。此外，道教祠观有吕祖祠，基督教有福音会、宣圣会等，至今宣圣会医院建筑遗址保存完好。

（八）以玉麒麟武术院、少林弟子武校为代表的武术文化脉系

大名县传统武术历史悠久，自古就有尚武精神。有曾任清宫廷锦衣卫武功教头的贾平西、有大败狂妄日本武士的李春雨。据1987年统计，全县共有27个拳种，分布在150个村庄，比较普及的拳种是大洪拳和佛汉拳。近三十年来，大名又出现了以玉麒麟武术学院、少林弟子武校、韩式内家功学院为代表的习武学文、有一定规模的武术学校近 20 个，拥有武术教练近百人，在校生人员 3000 余名。2001年大名县被国家体育总局命名为“河北武术之乡”，多次组团参加国内外武术交流活动，夺冠获奖。

（九）以马陵之战、惬山会战、北门锁钥为代表的军事文化脉系

《大名县志》载：“齐桓筑五鹿，以卫诸夏……地便用武，自春秋战国已然。”素有“枢毂中原，襟带齐鲁”之势，世称“控扼河朔，北门锁钥”之域，被誉为“畿辅八府之首”“河北重镇”，甚至有“昔谓帝不得不帝，王不得不王，猾贼据之天下不安”的说法，具有“固形势以控扼天下之枢”的重要性。因此，在这片土地上，留有许多战事、营寨、烽燧等，还有狄仁杰用疑兵巧退契丹、迷魂阵、救驾庙等，形成了丰厚

的军事文化。

(十)以应龙书院、天雄书院等为代表的书院文化脉系

大名的书院始建于北宋末年,明朝嘉靖年间开始兴盛。书院入学须经考试,参加考试者,年龄不限,统称童生,故名童子试。考中者成为生员,俗称秀才,具备了科举的基本资格。书院的学习内容主要是儒家经典、宋理学著述、应付科考的时文等。学院生员可住院也可不住院,全凭自学修业。到学院的任务主要是应课,参加岁试和科试,以便进一步取得参加科举的资格。著名的有应龙书院、广晋书院、元城书院、贵乡书院、天雄书院、大名书院、思诚书院、洹阳书院等8处,形成了"人文蔚起"的良好局面。其中应龙书院位于旧大名县城南堤下,明知县朱湘始建。明清两代曾多次增修,其中明右侍郎李景元于万历四十年(1612年)重修后,在书院外侧西建一坊,上题"应龙书院",大门内建一坊,上题"兴映青藜";讲堂3间,上题"题经深处";东北房4间,上题"元晏斋";南房3间,上题"稽古居";东号房10间,上题"考德";西号房10间,上题"向业";心远亭1座,上题"山河览秀"。天雄书院位于元城书院旧基之东,清康熙十年(1672年)大名府知府周邦彬重修,改称天雄书院。建讲堂及东西号舍若干区,树"人文蔚起"坊以表其盛,中树"丽泽亭"。《大名县志》载:时郡邑诸生,捐襄其间,数十年旧基一朝而复之,可谓盛世。

(十一)以乞食五鹿、龙不侍蟒等为代表的成语典故文化脉系

成语是熟语的一种,习用的固定词组,在汉语中多数由四个字组成,组织多样,来源不一,有些可从字面理解。典故是典制和掌故,是指诗文中引用的古代故事和有来历出处的词语。《后汉书·东平宪王苍传》:"亲屈至尊,降礼下臣,每赐宴见,辄兴席改容,中宫亲拜,事过典故。"《宋史·宋敏求传》:"熟于朝廷典故。"《邯郸辞典》收录涉及大名的成语典故近50条。大名是孙庞斗智、红线盗盒、王莽发迹、宋江三打大名府等历史故事的发生地,此外还有金牛碑、黄姑坟、红石桥等美丽的民间传说,这些都是不可多得的非物质文化遗产。

(十二)以沿城、抬阁、擢杆、秧歌为代表的民俗文化脉系

千百年来,大名产生和流传下来了许许多多民俗,生动地反映了大名人民的生活、劳动和斗争,寄托了人们的美好愿望,而且颇具独特性。一是沿城。大名城墙与大名人民的生活习惯休戚相关,几百年来形成了"沿城"的民俗。每年农历正月十六,在结束春节的最后一项程序"烤百病"后,男女老少身着盛装到城墙上走一圈,名之曰"沿城"。可防灾避邪,寓含在新的一年里吉祥如意。二是抬阁。抬阁

起始于公元1870年，原属祭祀类花会活动，后用于喜庆节日。它是在一个严遮彩布的平台上面扎起数米的架子上，绑缚一个或多个保持固定姿势，身着彩服装扮成的戏曲人物，在纤杆之巅作险状，或“金鸡独立”，或“水中捞月”，或“夜叉探海”等，由众人抬行。有时还有锣鼓民乐伴奏，100人参加。三是擢杆。擢杆起始于公元1910年，表现欢庆娱乐。在架子车上置一活动纤杆，绑缚一手持折扇的古装戏曲丑角形象，在纤杆被擢起时，做各种各样的令人捧腹之滑稽动作。由锣鼓民乐伴奏，40人参加。此外还有花船、秧歌、社火、高跷等活动。

民俗表演

这十二大文化脉系脉络清晰，特色鲜明。此外还有草编、风筝、剪纸、泥塑、糖人等民间工艺文化，西周周穆王之女的周宫庙遗址，陈娘娘家族墓道石雕群等，都是绝无仅有的宝贵的文化资源。另外，大名书法、绘画、篆刻源远流长，出现了王洪钧、周抡园、白寿章、卢辅臣、田辛甫等一批书画名家，特别是南宫碑体，大名县求学临摹者甚多，形成了书法流派。目前大名县有中国书协会员7人，省书协会员25人，先后在中国书协等主办的全国展、单项展、商业展中入展人数累计达数十人次，多人获得河北省文艺振兴奖，获得省级书法展奖项的有近百人次。对外交往交流甚广，以书画会友形成风尚。

二、打造文化产业的措施和对策

(一)提高认识，进一步树立县域文化是生产力的观念

加强文化建设，发展文化事业，壮大文化产业，既是摆在我们面前的一个重大的战略问题，又是一项重大的战略任务。党的十六大和十六届五中全会对加强文化建设做出了一系列重大的理论阐述和决策部署，为我们加强文化建设，发展文化事业、文化产业奠定了思想理论基础，指明了前进方向。由于我国70%以上的人口居住在县以下的农村和城镇，县域文化建设在整个国家文化建设中占有很

大的比重。同时,深厚的历史文化积淀、独特的人文自然景观是一笔珍贵的无形资产,因此,各级领导特别是县级领导一定要高度重视县域文化,牢固树立县域文化资源是宝贵财富的观念,真正把县域文化当作一种高效益的产业来经营,在突出文化主题的基础上,进行挖掘、溶化、实化和包装,把看不到的文化变成可看的产品,向生产力优势转化,真正把文化产业培育成为经济发展的重要支撑,以文化力提升经济力,增强县域经济的整体实力。

(二)全面普查,做好县域文化资源的保护开发规划

要将县域文化资源真正变成财富,必须首先摸清底数,盘点"家底",才能科学规划、有效利用。

一是成立专门班子。要组织专门人员,组成专门班子,必要时可以邀请国内外有关专家学者参与,对县域内历史文化资源进行普查、建档、建立数据库。就是说要弄清境内有多少古代遗址,有多少名人与本县有关,有多少民俗文化、饮食文化、民间工艺等可以开发利用等等。然后分门别类地加以深入研究,分清哪些是物质文化遗产,哪些是非物质文化遗产;哪些尚在保护阶段,哪些已具备开发利用条件等等,都要一清二楚。

二是普查力求全面。普查过程中应注意历史资料和现场调研结合、官方和民间两条线索并进,既要注意搜集、整理通过正式渠道掌握的历史文化资源,又要注意挖掘、寻找散落民间的具有地方特色的民居、古建筑,甚至地方传统文化、民俗民风、轶事传说、戏剧曲艺、民间工艺等等。在全面普查的基础上,归纳总结出文化脉系。

三是制定发展规划。在盘清"家底"的基础上,根据县域经济社会发展的要求,结合县域文化发展的实际,坚持"在保护中开发,在开发中保护"的原则,制定县域文化和文化产业发展规划,明确县域文化产业发展的总体要求、主要目标、战略重点,制定加快县域文化产业发展的政策措施等等。该保护的保护,该开发的开发,形成文化产业化,使县域文化成为县域经济的助推器,使县域文化产业成为县域经济的新增长点。

(三)提炼主题,打造县域文化品牌

一个省份、一个城市在经营历史文化上都有自己的品牌,像山东省打出"一山一水一圣人"牌子,云南省打出"七彩云南"牌子,青岛的品牌是"浪漫之都",成都的品牌是"东方伊甸园",曲阜的品牌是"孔子故里"。那么,作为一个县也要有

自己的文化品牌。

一是提炼文化主题。在全面掌握历史文化资源的基础上,要通过详细的研究和论证,要从众多繁杂的历史文化资源中找出一条主线,提炼出一个主题,并围绕这个主题,整合各类历史文化资源,突出县域文化特色,培育县域文化品牌。就大名县来说,有十二大文化,哪种文化最能代表大名的文化特色呢,哪种文化最易形成文化产业呢,哪种文化最能生成经济力呢?是陪都文化,是大名府文化,是方兴未艾的邓丽君文化现象,还是其他,这些问题值得研究。

二是加强研究发掘。没有研究就谈不上发掘,没有发掘就谈不上开发利用。人们往往只把历史文化当成了宣扬的资本,骄傲的本钱,而没有潜心研究,开发利用。要围绕提炼出的文化主题,对历史文化进行系统的研究发掘。必要时要成立相关的历史文化研究组织,定期举办文化学术研讨活动,扩大县域历史文化的影响力。在对历史文化的研究挖掘中,既要挖掘历史文化的闪光点,又要随着时空的流动赋予历史新的内容,一定要从历史文化的信息中找出与现代文化的结合点,这样才有开发利用的价值。

三是注重整体形象。要通过科学的规划,统筹历史文化资源的保护、开发和利用工作,围绕主题,深化内涵,坚持在保护中开发,在挖潜中发展,在经营中升华,争取树立起既有深厚文化底蕴,又有鲜明地方特色和浓郁时代气息的县域新形象。要打造出一个具有彰显县域特色的文化品牌,使人们一提到这些文化品牌就能想到大名县;一提起大名县,就能想到这些文化品牌。同时要做好申报文化遗产方面的工作,以提升县域文化品位。

(四)依托资源,积极发展县域特色旅游产业

县域历史文化资源可谓丰富多样,但往往是可听的多,可看的少;毁掉的多,现存的少;可说的多,可观的少。如何让丰富的历史文化资源转变成经济力?发展文化产业是行之有效的办法。发展文化产业,光靠喊,喊不出效果。必须通过经营历史文化这个手段形成文化产业,而打造文化产业最直接最有效的方式就是发展文化旅游。

一是打造文化旅游专区。文化旅游业的发展要靠项目来推动,因此,要充分利用文化资源的优势,挖掘文化内涵,扩大文化外延,建设一批文化旅游专区。就大名县来说,诸如建设陪都文化专区、大名府文化专区、丽君文化专区、武术文化专区、革命文化专区、生态文化专区等,开展历史文化知识游、武术文化健身游、

丽君文化寻根游、红色之旅教育游、农业观光生态游等。

二是做到神形兼备。文化是旅游的魂，旅游是文化的形，两者相得益彰。文化旅游的两大要素是无形的文化和有形的实体，而无形的文化正是体现旅游价值的关键所在。一般来说，县域文化往往在“神”的方面具备，在“形”的方面欠缺。这就需要依托县内以及周边文化资源，邀请国内外知名专家，对发展文化旅游业进行科学论证和认真规划，建设一批具有浓厚县域文化内涵和较高游览欣赏价值的旅游项目，把县域内的历史文化遗迹与旅游景点巧妙组合，形成比较完整的文化旅游线路，打造一批旅游精品，进一步提升旅游业的竞争力和吸引力，尽快使旅游业成为推进县域经济发展的有力支撑。

三是研究客源市场。要把公众能够理解接受的大众化资源作为重点，即使是古代的文化，也要从中挖掘出与现代有关的东西，体现出现代的气息和大众化的特点，因为旅游不是面向少数高层次人员，而是面向当今包括外国人在内的社会大众。只有这样才能吸引人，才有助于文化的继承和发扬，才能把文化经营成文化产业。

（五）创新机制，实现文化产业投资的多元化

县域文化资源是一个县一座亟待开发和利用的“金矿”。开发这座“金矿”需要创新机制，统筹各方要素，通过市场化的运作方式，实现投资多元化，走出一条在政府引导下，主要通过市场机制发展县域文化产业的路子。

一是建立新型文化投资融资体制。历史文化是人们共有的资源，无论谁是投资经营主体，都能起到宣扬县域历史文明的作用，从而大大推进文化产业的发展和繁荣。政府要走出“办文化”的误区，实现向“管文化”转变。要打破政府投入的单一渠道，坚持“谁投资谁受益”的原则，引进民间资本，鼓励社会民间资本对文化产业进行投资经营。鼓励社会法人和各界人士捐资兴建各类公

大名縣東二十里水經注之沙邱臺遺蹟

旧县志照片

益性文化项目。对于历史文化资源的开发、保护以及旅游景点的配套附属设施建设,均可吸引民间资本投入。

二是整合文化品牌招商引资。对各种具有鲜明历史文化特色的产品进行整体包装、提升和推广,积极招商引资,借力发展,合力打造县域文化品牌,带动各种有形资产的增值,从而提高文化产业的综合竞争力,促进县域文化产业持续快速健康发展。

挖掘县域文化资源,打造文化产业新经济,一定要以培植县域文化产业新的经济增长点为目标,发扬改革创新精神与包容协作精神,深入研究挖掘县域丰厚独特的历史文化资源,融合新的市场经济理念,精心培育县域文化品牌,实现文化产业新经济的大发展。

(发表于《河北经济与发展》2006年第4期。
获邯郸市第十次社科优秀成果三等奖)

发挥比较优势　打造“宋府明城”

按照省委、省政府提出的“三年大变样”的部署，大名县提出“打造宋府明城，加快大名发展”的思路。就如何打造宋府明城（指宋朝大名府城和明清大名府城），笔者作为大名县政府考察团的一员考察了聊城市东昌府古城、永年县广府古城，了解这两座古城的保护与开发利用情况，引发了对大名府古城建设的一些思考。

古城西门

一、三座古城概况

1.东昌府古城。该古城归聊城市东昌府区（市仅设此一区）管辖，东昌府始称于明代，由土城建为砖城。因京杭大运河漕运的发达而兴盛繁荣，被誉为“江北一都会”，成为沿河九大商埠之一。以古城正中的光岳楼为中心，向四面辐射，形成东西南北四条干道，其他大街小巷也都是经纬分明，垂直交叉，呈棋盘方格网状骨架，四周总面积4.2平方公里的东昌湖环抱，存有光岳楼、山陕会馆、铁塔等古迹，系国家历史文化名城，有“凤凰城”之称，“江北水城”之誉。现修复4个角楼1个城门楼，以《水浒》《聊斋》等名著中许多情节为背景的景点正在开发中。2007年接待游客360万人次，旅游综合收入8.7亿元。

2.广府古城。广府又称广平府。广府古城于明朝嘉靖年间修砌为砖城，高12米，宽8米，长4.5公里，并修筑了四个瓮城。该古城原系广府镇管辖，距永年县25公里，位于20多平方公里的永年洼淀中央，四面环水，荷花飘香，芦苇丛生，有“北国小江南”之誉，被命名为中国历史文化名镇、中国文化旅游名镇、中国最佳休闲旅游县、中国太极拳之乡，纳入邯郸市“1+8”大城市群，并专门设立了广府生态文化园区。2004年以来实施了“四门桥”、环城路、太极文化广场、护城河硬护坡、弘济桥铺桥和铺路等工程，铺砌了绕城鹅卵石观光道，并建成8个小广场及部分钓鱼台，完成古城墙保护性修缮和9座城门楼复建工程，修复了杨露禅故居、武禹襄故居、藏兵洞等文物景点，维修了傅公纪念祠、赵斌太极园等重要人文场所，开发了芦苇荡、千亩森林公园、万亩生态垂钓中心等旅游景点，启动了城东北200亩洼地的挖湖筑岛工程，2008年接待各地游客30万人次。

3.大名府古城。大名古城共有3座，其中北宋陪都北京大名府城、大名县城仅留遗迹，明清大名府城四门仍在，城垣尚存。大名春秋时代属卫国，名“五鹿”，是历史上著名的“五鹿城”。大名历代分别为郡、县、州、道、府、军、路等治所，甚至是陪都、国都。直隶省会驻大名，为河北省会之始。素有“河朔重镇”“北门锁钥”之称。中华人民共和国成立后，曾设立大名市。悠久的历史筑就了独具特色的大名府文化，也留下了众多的文物古迹。现在大名县是河北省扩权县，被命名为中国面粉之都、中国武术之乡、中国小磨香油之乡、中国花生之乡等。历史底蕴深厚，人文荟萃灿烂，古城亟待保护开发利用。

大名城内明朝尚书刘遵宪老宅旧址

修复前的大名古城西门

二、对策建议

东昌府、广府与大名府，虽然历史上都是“府”，但在置府时间、管辖范围、社会名气上，前二者都不可与大名府同日而语。大名做过正统王朝的国都，做过五朝陪都，特别是做北宋陪都时间长达70余年。遗憾的是，如今大名这片土地上的宋城、明城和县城均已湮灭、毁坏、消亡，而东昌府古建（光岳楼、山陕会馆、铁塔）、广府古城墙却得到了很好的保护。因此，借鉴两地保护与改造经验，结合对大名古城历史及现状的调查研究，笔者提出如下保护、开发利用建议：

1.加强领导。成立大名府古城文化旅游管理委员会，具体负责拆迁、改造、景点建设管理等事宜。这里所说的古城是指三个古城，即北宋陪都北京大名府城、明清大名府城、旧大名县城（今旧治村），三城在20平方公里范围内呈三角形布局。这是大名古城一大特色。

2.做好规划。请全国著名设计公司做好古城（三座古城）保护与开发规划，反复论证，确定蓝图，特别是当前做好明清大名府城的发展规划。而且一定要高起点设计，高站位规划，最彰显特色。划定规划控制区域，确定发展定位，对一时还不具备改造条件的地方一定要做好保护工作，划出保护范围，坚持只拆不建、只修不建、拆房退墙（城墙）、拆房退河（护城河）的原则，为今后改造打基础。宁可留有改造空白,也不搞低层次建设。

3.多元融资。组建大名府投资公司,作为古城开发与建设的融资平台,负责投资引资、融资贷款,先借财政资金启动,后以房地产业的收益偿还财政、建设景点、保护古建筑等。同时编制基础设施建设项目,争取国债资金。此外注意调动社会团体、企业单位的积极性,发挥他们的主动性,利用民间、社会资金。

4.建设模式。古城保护与开发需要大投入。东昌府城的整城开发依靠的是聊城市强大的财力与市级融资平台。广府古城开发也列入了邯郸市委市政府的建设日程,并争取了一部分国家资金。大名古城既不像聊城那样是国家历史文化名城,也不像广府那样是历史文化名镇,既不像东昌府古城位于地级市聊城市内,也不像广府古城那样远离县城,而是处在县城(或近郊),特别是没有列入市级重点支持开发的盘子。目前这种条件,决定了大名古城只能按自身特点,实行"一次规划,分期实施"。要创新建设模式,可以采取"旅游+房地产"模式,坚持先点后面,以点带面,边开发边发展旅游的原则,利用现有具备基础条件的几个地方,尽快形成几个可观能看的景点。比如:石刻馆、狄仁杰祠堂、四城楼、天主教堂、古槐(包括尚书故居、祠堂、花园)、兴华寺、直隶第五女师、老银行楼及金库、部分民居、郭隆真纪念馆、邓丽君筠馆、北关小吃一条街(即京府大街)、南关清真风味小吃街(以十字街为中心)、城内北街南街步行商业街(包括恢复几个大型牌坊)、南关清真寺、迷魂阵等。

中国银行银库楼旧址

5.创造条件做好软件工作。申报省市甚至国家级历史文化名城(名镇)、借助国家大运河申遗工程叫响"大运河古都"、把县都府文化暨大运河文化研究会申请为中国古都学会集体会员单位等项工作,将会为古城开发在政策、资金层面上赢得支持。同时,要编印大名府文化暨大运河文化系列丛书。大名是府城、是古都、是陪都、是大运河古都,文化底蕴深厚,成语典故、传说故事、名人轶事、战事战场、五教俱全等,特别是许多水浒故事发生在大名,素材相当丰富,俯首皆是。有限的系列文化丛书将起到无限的宣传作用。

6.确定建设定位。东昌府古城定位为江北水城、运河古都，广府古城定位为古城、水城、太极城。笔者认为大名古城定位为“县城、府城、都城、小吃城”。在狭小的地域空间内分布着三座城池遗址，这是大名古城最大的特色，恐怕全国也非常罕见。小吃是大名的一大特色。回族有牛羊肉系列、羊馓、云吞、二发兵烧鸡、饸饹等，汉族有二毛烧鸡、五百居香肠、郭八火烧、芝麻烧饼、起布袋、煎饼、馃子等，外来的小吃有过桥米线、陕西凉皮、天津大麻花、肉夹馍、北京冰糖葫芦、兰州拉面、新疆烤串、四川麻辣烫、山西刀削面等。在小吃上，大名品种之全、种类之多、花样之新，是周边县比不了的。同时定位为小吃城也与大名为中国花生之乡、面粉之都、小磨香油之乡名实相符。此外再吸收、引进一些外省市的小吃风味，例如引入包括邓丽君饼、邓丽君小菜等在内的台湾省小吃。汇集中国乃至世界小吃于大名，打造“中国大名小吃城”。以此为亮点，联手打造平原古城文化之旅，形成“东昌府的水、广平府的拳、大名府的小吃最齐全”的主题大格局，使游者戏水东昌府、练拳广平府、品天下小吃在大名府。

大名县县标“鼎鼎大名”

结　论

大名县位于冀鲁豫三省交界，处在华东、华北、华中三大行政区交接处，地处东部经济发达地带和中部经济欠发达地带结合部。特殊的地理区位，深厚的文化积淀，适宜的时代大潮，多元的融资模式，发展文化旅游事业，潜力巨大，前景广阔。

（2009年发表于《河北经济》第12期）

丽君文化，大名旅游发展的新业态

刚才听了各位领导、文化前辈的发言，颇受启发。受邓丽君文教促进会的委托，下面向各位领导汇报一下关于发挥名人效应发展文化产业的相关情况。

一、邓丽君文化现象的现实效应

大名县历史悠久，文化积淀深厚。在众多文化资源中，邓丽君文化现象不可小觑，因为邓丽君已是世界文化名片。昆明信息港于2013年4月12日以《邓丽君每年仍创造千万价值》为题报道：在中国明星里，邓丽君堪称一座"金山"。除了唱片和纪念演出，邓丽君的歌曲被广为翻唱，各种版税收入在华语乐坛无人能及，保守估计每年在邓丽君身上能产生的总产值在千万元人民币以上。如果凡涉及邓丽君的一切商业活动都计算在内，每年在邓丽君身上能产生的总产值在亿元人民币以上。

任何历史文化，一旦成为品牌与形象也就成了财富。可以讲，整个世界都在抢着分享邓丽君这个世界名片的蛋糕。北京、上海、桂林、杭州、福建、重庆、香港、台湾都有邓丽君的纪念场所，或是纪念馆，或衣冠冢，或蜡像馆，或雕像，或音乐花园。甚至一座城市不止一处，像上海已有三处，正在筹建一处，北京有两处，江苏昆山正在建设邓丽君音乐大世界，全国许多大中小城市，包括一些县城，都举办邓丽君纪念演出活动、邓丽君文化论坛。许多省份或城市都有邓丽君歌友会民间组织，歌迷队伍庞大。世博会台湾省馆、世界花卉博览会也拿邓丽君来造势宣传。甚至泰国清迈的湄宾酒店都成为了旅游景点。一般来说，人去世的房间，是旁人忌讳去的地方，可是这恰恰是卖点。酒店做出"住一晚邓丽君房间"的体验项目，入住者火爆，可见邓丽君的魅力。

前两天，北京电视台播出纪念邓丽君特别节目，邓丽君的三哥邓长富作为嘉宾出席。陕西的华商报报道《邓丽君家的陕西往事》,并举办"西安的邓丽君"选拔活动。山东东平县发表文章,称邓丽君是半个东平人。泰安去年搞了一个公益演出,说泰安是邓丽君家乡,要创办邓丽君学校。无论外界如何折腾,"河北大名是邓丽君家乡"这个文化名片是全国,乃至世界独有的。很值得我们去发挥优势,助推经济发展。

作者(左三)陪同市政协常委调研邓丽君筠馆

二、大名邓丽君文旅产业的发展现状

旅游的发展关键在于有游客,而能够接受邓丽君的人群范围太广泛了。下至小孩上至老人,都可以因听歌儿认识邓丽君,对她产生兴趣,想了解她的谜样传奇人生。用邓丽君的歌曲集名来说有十亿人——《十亿个掌声》嘛。邓丽君这个名人文化与其他名人文化的不同在于,其能形成文化产业,而产业一旦形成,就带动了经济发展。这就是世界各地都在做邓丽君文化的原因所在。那么,邓丽君文化产业能否在河北、在邯郸、在大名做起来呢?答案显然是肯定的。邓丽君的兄长邓长安、邓长富一踏入大名的土地,就是一口流利的大名话。正是浓郁的乡情,使他们都愿意为家乡做些事情。台湾邓丽君文教基金会、邓丽君文物馆对大名邓丽君文

作者(左一)与邓长富(左二)在大名县丽君小学项目洽谈签约仪式上

化产业非常支持。

先说邓长富。北京洽谈会上，邓长富表示，在台北市举行的世界花卉博览会结束后（2011年4月）将邓丽君馆中展示的邓丽君物品移送大名邓丽君筠馆，并帮助大名做大丽君文化产业。2012年7月邓长富回到故乡河北大名县，考察合作项目——邓丽君筠馆，同时考察小学教育，助推家乡文教事业。在邓丽君筠馆，邓长富提出增设“原乡情浓厅”，并向筠馆提供了邓丽君公仔系列、光盘等陈列品。2013年7月，大名县文教部门通过县邓丽君文教促进会的牵线搭桥，与邓长富在北京会面，就合作成立小学事宜进行洽谈。最终确定学校名称为“大名县丽君小学”，邓长富担任该校顾问，并捐建一座音乐演练大厅。邓长富接受台湾中天电视台采访时说，大陆邓丽君馆的建设主要考虑地缘因素，一是海西，即台湾海峡西岸的福建，二是河北，因为这里是家乡。可见邓家人的家乡情结是多么浓郁。

作者（右一）陪同邓长安（左三）考察邓丽君筠馆

再说邓长安。2010年邓长安来大名考察邓丽君筠馆后，对选址和建设予以肯定，在软硬件方面予以支持。2010年12月，邓长安在北京与在京的大名籍乡贤及我县有关人士会面时说，在家乡大名搞邓丽君文化是其他地方不能替代的，要帮助大名建设邓丽君筠馆，在大名做的是文化，其他地方商业意味可能要多一些。2011年3月，以政府常务副县长孟凡雄为团长的大名县文化交流代表团赴台湾省进行为期7天的丽君文化交流活动，邓长安先生向大名邓丽君筠馆移交了一套量体定制的展览设计，提供了数十张邓丽君经典大幅照片、部分展品及文化创意产品，并表示分批次向筠馆提供制作好的展示品。

此前，邓丽君文教基金会就与家乡大名一些企业、民间团体还先后合作了一些项目推动了一些公益事情。邓丽君弟弟邓长禧担任基金会董事长时候,最初是为大名县引荐大蒜保健品项目,后来成立河北丽君酒业,在大名举办选拔赛寻找资助对象。还计划做邓丽君筠馆项目、纯净水项目和资助幼儿教育、残疾人事业、老人院等。这些项目在逐个落实中,邓长禧先生辞世了。此后担任邓丽君文教基金会的邓长富继续推进,于是合作建设了邓丽君筠馆。目前该馆已在全国甚至世界上产生一定影响,有一定知名度。以该馆为中心,制作的专题片《寻找邓丽君之根——中国·大名》(英文版)登陆被称为"世界十字路口"的美国纽约时报广场。同时在新华社跨国新闻电视台的重要栏目"新华视点"播出,用中、英、法、俄、西班牙、阿拉伯、葡萄牙和日本8种语言文字进行报道。据不完全统计,筠馆年接待中外游客1万余人次,国家发改委国际合作中心文化产业研究所研究员吴东炬、著名文化学者舒乙、中华文化促进会秘书长张敏杰、香港孙中山基金会主席何威廉、央视鉴宝专家邱小君等人先后莅临。每年都有较大数量的北京、山东、四川、福建、广东、台湾、香港等全国各地歌迷来访,甚至还有美国、加拿大、澳大利亚、印度、日本、法国、意大利、新加坡等国的歌迷来参观。逢临邓丽君重要纪念日,歌迷自发来大名参加纪念活动搞纪念演出,而且人数一年比一年多,且呈组织化发展趋势。像海政歌舞团的"一辈子只唱一首歌"的卞小贞、全球巡演《爱上邓丽君》音乐剧的主角的王静、被评为"中国公主"代言人的张迎丹、河北歌手耿利萍等人都义务来过大名献唱。

去年,北京保利演出公司(邯郸大剧院经营者)联合中国旅游创业家协会、远方旅游网、高铁旅游O2O等机构,专程来大名考察"邓丽君文化之旅"。按照他们的规划,在北京组织游客乘坐高铁到邯郸大剧院观看邓丽君经典歌曲演唱会(他们常年做邓丽君演唱会全国巡演),再到大名参观邓丽君筠馆、栽植纪念树,形成持续客流。

邓丽君文教促进会协助新华社、中央国际广播电台、中国民俗摄影协会、国际摄影报、河北电视台、河北音像出版社、北京庄奴工作室以及北京其他文化传媒公司、邯郸市政协办公厅、邯郸日报社、邯郸晚报社、市电视台、市旅游局,以及我县的一些单位,做了有关丽君文化方面的工作与项目。同时通过邓丽君歌友会为大名县丽君小学联络捐助,先后有国际华语金曲联盟、中国邓丽君歌友会、南京邓丽君歌友会、邯郸超越集团等资助小学教育。并且与国内外百余家邓丽君歌友会团体保持日常联系。当然我们也经常受邀参加一些活动。目前已先后设立贵州分会、山西分会、广州分会、云南分会，在香港设立中国邓丽君国际歌友会，此外还下设小村之恋分会、甜蜜蜜分会等非地域性质分会。2014年在大名搞了公益音乐会、演唱会，为丽君小学捐助书包、图书等学习用品。2015年1月27日又在邯郸搞了慈善音乐会，通过拍卖书画作品、现场捐款的形式，为我县王村乡一位年轻尿毒症患者捐款近万元。

4月18日，省政协副主席边发吉一行10人来大名调研旅游业发展工作。在座谈会上，边发吉副主席提出，大名文化旅游的“引爆点”是丽君文化，建设邓丽君文化艺术体验馆，打造节日经济，把“邓丽君”这张名牌作为大名旅游的新业态。

三、规划与建议

2015年5月8日是邓丽君辞世20周年，今年或者说今后一个时期，为了让身为邓丽君故乡的大名县在“总产值亿元人民币”中分得一杯羹，有如下规划：

1.叫响“大名是邓丽君故里”品牌。在国台办的支持下，由台湾《联合报》、邓丽君纪念文物馆联合策划制作了《追梦——邓丽君特展》，在北京、江苏、湖北等地巡展，展览以邓丽君一生没有实现的读书、结婚和来大陆演出这三个梦想为主线，展示邓丽君使用过的生活用品、所获得的奖状奖杯等160余件实物。展览采用3D浮空投影技术，逼真再现邓丽君演唱的风采，每到一地都引起轰动。建议我县利用邓丽君故里这个优势，赴台湾省进行招商引资、经贸文化交流活动，商谈在大名举办《追梦——邓丽君特展》。

2.将邓丽君筠馆按A级景点打造。该馆坐落在大名府古城北关，是一栋建于20世纪20年代的四层美国风格建筑，又称“十角大楼”，是与台湾邓丽君文教基金会、台湾邓丽君文物馆的合作项目。馆主是重庆市荣誉市民、台湾词坛泰斗、九旬老人庄奴。馆名由已经封笔的八旬老人冯济泉先生题写。目前邓丽君许多物品在香港专门租赁恒温库保存，邓家兄弟曾表示，如果大名邓丽君筠馆条件许可，可以提供过来一部分，因为邓家兄弟考察后对现址非常认可。该馆坐西北面东南，与台湾邓丽君墓地——筠园遥相呼应。美国风格建筑，异域文化氛围浓。地处北城门楼附近，与大名宾馆为邻，地理位置好，举办活动方便。将筠馆打造成独立景点，这也是邓家兄弟考察时提出的建议。

3.将邓台村申报为历史文化名村。邓丽君故里邓台村历史悠久，承载着厚重的历史文化。公元129年这里就有了兴隆寺，而且与曹操父子关系密切。还有与元朝皇家有关的愿力寺、敕建胡僧昙秀禅师的支提塔、波及方圆数村的四月初八的大庙会、火神祭典的独特习俗、盛大的年俗文化、流传久远的烤百病习俗、建筑格局独特的邓家祖居（前店后坊中居住，宅基老院东南缺），以及邓家酒坊的醇香、邓氏家史的沧桑等，无不散发着诱人魅力。特别是火神祭典、邓家祖碑分别是县级非物质文化遗产、文物保护单位。早在2008年，作为县政协委员的我就曾提出把邓台村打造成邓丽君故里文化村的建议。

此外，还有二月二龙抬头囤囤摊煎饼、清明节添坟扫墓、端午节门插艾枝、六月初一饺子祭天神、七巧节丝瓜架下听情话、七月十五祭先祖、中秋节月饼祭月、九九重阳节敬老、冬至"安耳朵"，以及盛大的年俗等民俗文化，内容丰富。下一步，邓丽君文教促进会将致力于把邓台村打造成集民俗体验、休闲度假、农耕文化于一体的旅游村庄，创建特色旅游村。目前邓家祖居复原图已做好，丽君文化广场的效果图也已制作好，计划打造出邓家老宅、王家拐、田家巷、张家胡同。

作者（左）与邓长安（中）在台湾洽谈丽君小镇项目

作者（中）陪同邓长富（右二）考察大名县聋哑学校

邓台村的地理位置非常优越，距县城10公里，距邯大高速出口3公里，在全国重点文物保护单位陪都北京大名府城遗址的北关外，西接翠屏山（土山名，今无），背靠漳河古堤，前临漳南排水渠（漳河故道），有高堤有小河，还有大土坑（蓄水后即是湖）。这些完全符合《小村之恋》的意境：青青的山冈，弯弯的小河，依偎着小村庄。蓝蓝的天空，阵阵的花香，怎不令我向往。建议结合我县已启动名村名镇申报工作，将邓台村纳入申报计划。同时结合新农村建设、农村面貌提升等工作，整合资源，把邓台村打造成旅游名村。甚至可以取一个时髦的名字——音乐小镇，或者叫原乡小镇（源自邓丽君的歌词《原乡情浓》）。要按照《小村之恋》的意境打造，形成特色，独树一帜，力避同质化，千镇一面，也要与新农村建设区别开来，否则吸引不了游客。

4.将5月1至8日定为“中国大名通俗音乐节”。加强对邓丽君文化现象的研究与解读，为大名旅游发展造势壮威。上海、广州、台北等城市都举办“邓丽君文化高峰论坛”，包括于丹等名人也都出席。还可考虑将5月1至8日定为“中国大名通俗音乐节”。众所周知，一些地方的梨花节、辣椒节、牡丹节、太极拳节等成为招商引资、商贸物流、旅游经济的平台。中央音乐学院赵世民教授表示：自己研究音乐与养生多年，发现听邓丽君唱歌对养生有三大奇效。一是合乎功能养生。其歌没有极快极慢的节奏，气息舒缓，恰好符合人的心跳。吐字清晰，意境清新，浮现优美画面，慰藉心境。二是适合调整情绪。人们处在悲伤、惊恐等负面情绪或亢奋状态，如果听听其歌曲，情绪会抚慰下来，气息得到调理。三是能够平衡激素。人们在冲动、发怒时候肾上腺素会上升，其歌曲恰好具有让肾上腺素降下来的功效，使其正常分泌。赵教授进一步解释说，邓丽君的唱法非常中庸，人听了非常贴切。而中庸是老祖宗文化中一种做人的高级状态，是中国古代文化哲学中最高的境界。赵教授的结论是，邓丽君的歌声可以起到平心理气、平衡激素、按摩肺腑的功效。可以说，邓丽君的歌声是一张养生保健的艺术处方。

5.申报国家“海峡两岸交流基地”项目。截至目前全国已有37个县市申报成功，服务当地经济，其中2014年批准9个，河北省还是空白。叫响“大名是邓丽君故乡”旅游品牌，吸引我国港澳台地区和东南亚以及全球歌迷来大名寻访，把大名打造成世界亿万邓丽君歌迷的“朝圣地”。2010年12月我县在国家文化部、国台办办理赴台文化交流手续时，这些部门共同的声音是，你们大名早该亮

作者（右）与邓丽君的同事、国际华语音乐联盟主席向雪怀

出邓丽君这张世界文化名片了，所以都打破常规，提供“绿色通道”。

6.大名县与新北市（或云林县）结为友好市县。新北市是邓丽君常年生活地、安葬地，云林县是邓丽君出生地，而大名县是邓丽君的祖籍地。借助台湾邓丽君文教基金会平台，缔结为友好市县，可推动我县招台商、引台资工作。据了解，邓丽君文教基金会为北京大兴、上海等地牵线搭桥促成了一批台商项目落户。据新闻报道，云林县及辖区与大陆许多省份市县镇结为友好，如江西东乡县与云林县斗六市结为姊妹县市，甘肃西宁市毛胜寺社区与云林县堀头里结为友好社区，福建省云霄县下河乡与云林县褒忠乡缔结友好乡镇，有意思的是，他们宣传的口号不约而同地说，“与邓丽君故乡结为友好县、乡、社区”。

作者（左一）与同行们在台湾推介河北文化旅游

7.开发有邓丽君元素的文化创意产品。在台湾，有许多邓丽君的文化创意旅游产品，控制整个邓丽君歌迷市场。除了光盘外，大到价格不菲的钻石手表，小到手机吊坠名片夹，从服装到食品，从文化用品到日用百货，应有尽有，琳琅满目。将大名深厚文化积淀与邓丽君元素结合，借助名人效应，开发制作有邓丽君元素文化的创意产品，扩大旅游产品销量，同时向世界行销大名、展示大名。比如我县酒厂出品的“丽君国曲酒”，就是一个很好的例子。

8.规划建设“邓丽君筠林”。为充分发挥邓丽君庞大歌友的优势，建议在大名县植物园中规划出一区域，命名为“邓丽君筠林”，让进行“邓丽君文化之旅”的歌友，包括各界名人、传承歌手、普通歌迷等在此栽植（或认植）纪念树，可为植树人

作者(右)与邓长富(中)

(特别是名人)设碑牌介绍,形成名人林、歌手林、歌迷林。林中点缀名人书法碑刻,以名人引名人,形成名人聚集效应,进而提升植物园的知名度。在植物园中设置"邓丽君筠林",与植物园具有一致性,且可以丰富植物园的内涵,拓展植物园的功能,同时可以增加"邓丽君文化之旅"歌友的看点、互动点。此项目简单易行,很好操作,只要在植物园中划出一片土地即可,不需要额外投入。

9.拍摄邓丽君微电影网络宣传大名形象。据了解,微电影正以其短小精悍、传播性强的优势,在互联网视频领域异军突起,占据重要地位。目前,微电影已经成为产品植入广告的有效载体,它先天就具有电影与广告的双重基因,用拍电影的方法讲述品牌的故事,并实现品牌的商业诉求,已经成为共识。台湾省已有一部有关邓丽君的微电影叫《初登场》,日本也拍摄了邓丽君的电影《一代歌后》。据了解,中国邓丽君歌友会多次联络我县邓丽君文教促进会,计划拍摄邓丽君微电影《大名之恋》,影片长15分钟。该片以大名府古城为背景,以一段清新浪漫故事为线索,展示古城美景、地方美食、特色文化等城市名片,并大量展现草编、武术、小磨香油等非物质文化遗产项目元素。剧情(暂定):同是邓丽君歌迷的他和她,在赴河北寻访邓丽君祖籍的时候,邂逅在大名,通过系列喜剧性误会与冲突,双方发现竟是网友,最终成为恋人,谱写了一曲名副其实的"大名之恋"。该片由

作者与香港邓丽君TNT公司董事长尹华芳(左)

中国邓丽君歌友会会长于加林策划，知名制片人刘宸写担纲监制。邀请著名填词人庄奴（我县邓丽君筠馆馆主）和著名作曲家左宏元为本片创作主题曲，为丽君故里大名留下美丽音符。拟邀请著名邓丽君模仿者担任主角。计划以新浪微博、土豆网、优酷网等媒介为传播平台，并交给一些电视栏目播出。这部微电影预算35万元，中国邓丽君歌友会已筹集一部分资金，欲联合我县共同完成。由于花费不多，建议联合拍摄。

作者(左后)在河北旅游台湾推介会上

10.实施“实景演出工程”。著名剧作家沙叶新创作的话剧《邓丽君》，已在广州演出。著名导演李盾执导的音乐剧《爱上邓丽君》，已全球巡演好几年。立足大名是邓丽君家乡，可打造一部《梦回大名府，情系邓台村》音乐歌舞剧，进行实景演出。这种做法是当今许多旅游城市的普遍做法。像西安的《梦回大唐》、桂林的《印象漓江》、都江堰的《道解都江堰》等。

当然，以上规划的实现，仅靠邓丽君文教促进会是难以实现的，需要县委、县政府的大力支持。事实已经证明，我们做丽君文化产业，做了一些有益的工作，都是县委、县政府大力支持的结果。大名邓丽君文教促进会由时任县委书记贾红军同志主导成立，由县政协作为业务主管单位，民政局注册，主要目的是对接台湾邓丽君基金会，联系香港邓丽君协进会，实现三会互动，助推大名经济。后来王晓华书记确定了邓丽君筠馆的馆址，经过邓丽君文教促进会的努力，在全国以及世界歌友组织的帮助下，在台湾邓丽君文教基

作者与邓丽君的管家张金美(中)、邓丽君歌友会会长于佳林(左)

作者(右一)在台湾接受邓长安(右二)向邓丽君筠馆移送物品清单

作者(左)陪同学者舒乙调研筠馆

金会和台湾邓丽君文物馆,以及邓丽君的亲属支持下,发展为今天的现状。

以上发言就是大名县邓丽君文教促进会注册成立以来所做的工作、取得的成效,以及未来的规则设计、努力方向。我们坚信,在县委县政府的领导下,在县政协的指导下,在民政部门的监管下,加上社会各界的大力支持,邓丽君文教促进会一定能推进丽君文化的发展和丽君文旅产业的发展,使丽君文化成为大名旅游发展的新业态。

(2015年5月6日在大名县邓丽君文化座谈会上发言)

明清大名府古城保护与开发

——从东昌府古城、广府古城的打造谈起

今天受邀参加这个座谈会,感到很荣幸。班门弄斧,与大家商榷、交流,不当之处,还请谅解指正。

我县获得省级历史文化名城,是件可喜可贺的事情,下一步要考虑如何充分发挥这一优势问题。因此我今天发言的思路是,立足明清大名府城的现状,以能带动旅游经济发展的视角,采用比较分析法,就运用好"省级历史文化名城"这块金字招牌,兼顾保护、开发利用两方面利益,谈谈明清大名府古城文化资源的保护与开发的问题。

2009年,大名确定修复古城墙,县政府组成赴东昌府、广府古城考察团。我有幸参与,了解到两地古城保护与开发的一些情况。之后我也多次到过这两个古城,看到了新的变化。同时由于这两座古城与大名古城(明清大名府城)皆为同一时期建成的砖城,都处于平原地带,又同为府城,都在做保护与开发的文章,具备比较分析的条件。目前在获得称号上的区别是:东昌府古城为国家历史文化名城,广府古城为中国历史文化名镇,大名古城为省级历史文化名城。

作者(左二)随团赴聊城考察东昌府古城

一、两地做法

1.成立组织。在古城保护与开发的主体上,两

地可谓皆是地市级政府。东昌府古城开发是聊城市委、市政府“十大工程”中的一号工程，东昌府区也成立了古城保护与改造指挥部，副区级领导任主任。目前正在筹建古城区管理委员会(区级机构)。广府古城开发列入了邯郸市委、市政府的盘子，广府文化旅游管委会是副县级领导担任主任，每年的太极拳大会由市一级政府主导。

2.高规格设计。两地都是请同济大学进行整体规划，此外东昌府区同时还请了另外几家知名设计公司进行设计，后综合而成。东昌府古城位于东昌湖风景区内，被面积6.3平方公里的东昌湖环绕。旅游发展的大格局已形成，古城开发只是升级改造而已。广府规划面积30.5平方公里，规划控制面积42平方公里，发展定位是“拳、水、城、居”。以古城为根，水系为脉，太极为魂，内改外拆，复堤筑岛，引水造林，塑造亮点，打造最具竞争力的江北水城，集文化体验、观光旅游、生态休闲、太极拳文化交流的旅游胜地。

3.搭建融资平台。东昌府区成立了挂靠在聊城市财政局的润元古城保护与改造有限责任公司，负责投资引资、融资贷款，先借财政资金启动，后以房地产业的收益偿还财政、建设景点、保护古建筑等。广府投资公司与管委会为一套人马两块牌子，不仅争取财政资金，而且还收纳了民间资金参与古城建设。财政投入大多是争取中央资金，同时该县的硅谷公司与政府按2:1的比例投入古城开发，企业不要收益，该公司董事长为管委会副主任。

4.保护与开发模式。东昌府古城开发定位为“江北水城、运河古都”，整城开发。由于东昌府古城处在聊城市内，故采用“旅游+房地产”模式开发，财政不仅不投一分钱，还有收益。房地产分三个档次，即沿湖是仿古别墅、内部是仿古四合院、中心区域是三层仿古住宅楼。广府古城定位为“古城、水城、太极城”，一次规划，分期实施。因广府古城处于永年洼淀中，远离城市，发展空间、开发潜力巨大。

二、思考与建议

历史上大名府做过正统王朝的国都，做过五朝陪都，特别是做北宋陪都长达70余年。遗憾的是大名却被湮灭了一座都城(宋城)，毁坏了一座府城(明城)，水毁了一座县城。今天，大名古城墙已经修建，省级历史文化名城也已获得，下一步文章究竟该如何做，如何既做到保护又做到利用，既投入了资金又能为财政做贡献，既避免以后被摘牌又有较大社会效益。这是一个很值得探讨的事情。个人认为，东昌府模式、广府模式都不适合大名，但有些方面是可以借鉴的。结合个人对我县古城历史及现状的了解，提出如下几个方面的题目，与大家交流与商榷。

1.关于古城的认知问题。一般谈及大名古城，只是单指明清大名府城。笔者认为，这样理解有点狭隘，有失偏颇。应该认知为三个古城，即都城（北宋陪都北京大名府城）、府城（明清大名府城）、县城（旧大名县城）。三城在150平方公里范围内布局，这是大名古城最大的特色，非常罕见。都城、县城因为距离开发很遥远，暂且不说，现在只已府城为例，因为仅有府城得到较好保存，且已恢复了城墙。个人认为，城内基本街道尚存，肌理尚在，一些古树、古民居、古店铺、古建筑群尚有，这为保护与开发利用留下了空间。当然明显不和谐的地方也很多。比如说，站在北城楼处，向城外望是仿古一条街，向城内看却成了现代建筑，这是一件很遗憾的事情。再比如，宠爱之母教堂旁边有一个烟囱和一个信号塔，与教堂的氛围格格不入，特别是当游客站在满洲街向南远眺，烟囱、信号塔与天主堂的三个塔尖是基本重叠的，严重影响了视觉效果。拍张照片都不美观。再有，城内四条主街道的维修，修一次抬高一次，致使四个城门失去了高大、震撼、雄壮的气势。还好，因为基本格局没有太大变化，这样就为下一步保护、开发利用古城创造了良好条件。

2.关于保护与开发的思路问题。首先做好规划，请著名设计公司做好古城（三座古城）的保护与开发规划，反复论证，确定蓝图，特别是当前做好府城的发展规划。而且一定要高起点设计、高站位规划、最彰显特色。宁可留有改造空白，也不搞低层次建设。否则将来有可能使古城开发陷入进退维谷境地。据我了解，重庆大学为我们做了一个规划，里面要修复很多历史亮点，气魄很大，手笔很大，但却忽略了一个现实，即财政收入仅有4亿元的现实，大名县是国家级扶贫开发重点县的现实，所以目前实施起来有难度。古城保护与开发需要大投入。东昌府城的"整城开发"依靠的是聊城市强大的财力与市级融资平台，广府古城开发也列入了邯郸市委市政府的建设日程，能够争取市级以上资金。从位置关系上说，大名古城既不像东昌府古城位于地级市聊城市内而拥有众多外来人口支撑，也不像广府古城那样远离县城而拥有广阔的拓展空间，而是处在县级政府所在地，既无外来人口优势，又无外围空间优势，特别是没有列入市级重点支持开发的盘子，没有市一级强有力的融资平台。目前这种条件，决定了大名古城只能按自身特点，走做好基础、逐步开发之路。

朱熹书《易经》碑刻

3.关于保护与开发的模式问题。东昌府古城与广府古城都是先面后点，即先造就大方面的环境，再融资建设景点。东昌府古城靠的是6.3平方公里的环城水域，广府古城靠的是完整的城池体系及永年洼淀。而大名府古城的现实条件决定只能先点后面，以点带面，即先建设景点，以点带面，逐步全面改造。利用现有具备基础条件的几个地方，尽快形成几个可观能看的景点。比如城内千年古槐（包括刘遵宪故居、祠堂、花园）、百年皂角树、直隶第五女师、原中国银行楼及金库、成基命祠堂、武举人故居等，城外周边的石刻馆、狄仁杰祠堂、兴化寺、周恩来总理视察大名时的驻地、郭隆真纪念馆、邓丽君筠馆、清真寺、迷魂阵、牧师洋楼等，这些遗迹稍加整理即为景点。先把这些现存的、还有部分建筑的遗迹丰富起来，形成看点。有些看点虽然遗迹不在了，像刘遵宪故居、郭增光故居、王天祥故居、杨坤故居、部分民居等，仅需找一个院子或一座建筑，稍加包装即成，因为这些都属于文化景点，不需要大，不需要气派，要的是内涵，要的是历史风貌。

在开发过程中，一定要避免大拆大建，清空城内居民，要保护现存的肌理结构、传统布局、小街窄巷，保护原居民的生态环境、生活习惯、淳朴民风。古朴苍劲的传统风景，淳朴的民风民俗，这些是古城的根，古城的魂，是古城的魅力所在。

直隶省立第五女子师范学校校门

当前，需要整治城墙周边环境，先做第一步，就是拆房透城墙。现在有人这样形容城墙，说是城墙修得很气派，亮化搞得很靓丽，但很害羞，躲在楼房后，藏在楼群中。楼房整治后，要开挖护城河，营造护城河带状公园。护城河要遵循能宽则宽原则，不要拘泥于古代护城河的规格。原因有二，一是水面越大水体质量越好，视野越开阔。二是古代护城河的功能是军事屏障，而现在则是亲水观赏。在绿化上，要种植草坪、低矮绿植，否则又遮挡了城墙的雄姿。

4.关于创新投入模式的问题。无论是保护，还是开发利用，都需要投入。个人认为，应建立多元融资模式。一是财政投入部分基础设施。二是利用省级历史文化名城争取专项资金。三是注意调动社会团体、企业单位的积极性，发挥他们的主动性，利用民间、社会资金。广府开发吸纳硅谷公司参与的做法很值得借鉴。一句话，在景点（区）建设上，要整合资源，创新建设模式，采取多种模式。实际上我县已具有多种模式建设景点的雏形，但还不够完善。比如说大名博物馆、石刻馆这是典型的财政投资模式，兴化寺则是招商引资模式，直隶七师纪念馆是事业单位争取资金建设模式，邓丽君筠馆则可视为社会团体投资模式，或者说是民间投资模式。这样说来，像牧师楼能否考虑让教会去做，成家祠堂能否考虑让成家后人去做，狄仁杰祠堂能否采取拍卖其经营权，让有实力的公司或个人去建设。比如尝试让滴溜酒厂去做，滴溜一词不是缘于“留下狄仁杰”嘛，也是对酒文化的延伸,是文化旅游、企业效益双赢。女五师可让教育部门去做，办成大名教育博物馆。中国银行旧址可让银行部门去做,办成钱币博物馆。

邓丽君三哥邓长富(右)在邓丽君筠馆

那么政府是不是就撒手不管了呢?不是,政府要做的是引导、扶持、支持。在规划设计上引导、在政策层面上扶持、在资金层面上支持,坚持“谁投资、谁管理、谁受益”原则。旅游发展带来了人流,有了外来人口,就有了资金流,是花小钱大收益。以邓丽君筠馆为例,这是个典型的启动民间资金建设的例子。政府的支持是什么呢,是拿出了一个地方,一个闲置多年的地下室,经过邓丽君文教促进会的打造,这个景点就有了。就这么简单,政府目前的受益是,借助邓丽君的名人效应,提升了大名的知名度,得到了邓丽君兄长们的认可,得到了台湾邓丽君文教基金会、台湾邓丽君文物馆在软件上的支持,成为冀台合作项目。

作者(右)陪同县政府领导在邓丽君筠馆调研

所以,如果民间有人做,政府就不要再当这个老板了，放手让民间去做,并大力支持,“不求所有,但求所在”就行了。而民间没人做的,政府再来做。比如说,大名博物馆、石刻馆，民间做不了,只能由政府来做,但这类场馆，从旅游经济的角度说,往往吸引不了游客的眼球，况且国家要求免费开放。

旅游景点的建设，与企业项目建设一样，只不过是文化项目而已。2015年4月省政府下发了《关于进一步促进旅游改革的意见》，其中就提到这一点，“要创新景区管理体制”，即使是国有的景区，也要下放经营权，让企业去做，实现景区运营的市场化。发挥民间资金作用，让民间力量参加建设景点，也是许多旅游发达地区的成熟做法，普遍做法。从整合资源上说，两个历史文化街区、迷魂阵等可否考虑与新农村建设相结合，郭隆真故居、邓丽君祖居等可否考虑与农村危房修缮改造相结合。从建设主体上说，教堂景区可否考虑让教会按规划去经营，政府可以给政策。邓丽君文化景点交给县邓丽君文教促进会去打造、管理，政府予以必要基础条件层面的扶持。古槐景区（包括刘遵宪故居、花园、祠堂）可否考虑拍卖其经营权，让有实力的公司去建设。再比如，中华人民共和国成立前著名的饭店——豫丰馆，其后人已把院落、大门修缮好，政府可以扶持一下，让他们开门营业。还有个巷子叫红军巷，立个标志牌、简介牌，就是一个看点。总之，可以一景（点）一策，政府少投资或不投资建设旅游景点。

5.关于创造条件做好软件工作的问题。在做好硬件建设的同时，也要做好软件工作。比如编印大名府文化系列丛书。大名是陪都、是古都、是大运河古都，文化底蕴深厚，不仅成语典故、传说故事、名人轶事、战事战场等丰富众多，特别是许多水浒故事发生在大名，素材相当丰富，俯拾皆是。有限的系列文化丛书将起到无限的宣传作用。广府文化旅游开发管委会出版了《广府神话故事》《太极传奇》《广府新民歌》《荆园小语》《广府儿歌》等广府文化系列丛书，拍摄电视剧《广府传奇》，广泛传播了广府的不老故事。我们也应该搞，但要多出一些普及性的，让各个阶层的人都感兴趣，都读得懂，都愿意看。

作者与香港邓丽君文教协进会会长吕建成（左）

6. 关于确定大名古城建设定位的问题。要摆布好东昌府古城、广府古城与大名府古城之间的关系及发展侧重点的问题。同为府城，但要各有特色，不能同样划一，特别是东昌府古城、广府古城已走在前面，我们不能亦步亦趋，要有我们的特色，否则失去看点、亮点、闪光点。东昌府定位为江北水城、运河古都，广平府定位为古城水城太极城。东昌府古城的亮点是护城河（即东昌湖），广府古城的亮点是太极拳，大名府古城的亮点是什么呢？大名古城的看点在哪里，或者说，到大名古城看什么？一般来讲，山水容易吸引人，打动人。东昌府、广府也都没有山，但他们有水。而大名府既没有山又没有水，我们就是做水文章，也做不过这两座古城，因为我们的古城外围没有了拓展空间。

那么，我们就没有特点了吗？不是，我们的特点在于文化。无论是东昌府还是广府，在文化上他们是比不了的。个人认为大名古城应定位为"都城府城县城，小吃城文化城"。在狭小的地域空间内分布着三座城池遗址，这是大名古城最大的特色。我们是不是可以叫响"宋都明府清总督，名人小吃文化城"，这样大气，也更切合大名实际。而在大名文化资源中，最能吸引游客的是"三名"，即名人、名小吃、名古建筑。以文化为根，以回汉小吃文化为主线，以名人文化为脉络，以名古建筑为点缀，建设成一个处处彰显文化的古城。

首先说名人文化。我们有皇帝皇后，有将相名宦，有文学大家，有科技巨匠，有哲学圣贤，有革命先驱，有艺术大家。不仅有本土的，还有客籍的。我们可以选择一个名人作为切入点，先带动起来。半个月前，我应邯郸一位朋友之力邀，与鸡泽县常委副县长王银明有一次关于毛遂文化的对话。鸡泽是怎么借助毛遂的名人效应呢？他们主动与毛泽东主席故乡牵手，结果是韶山的毛氏宗亲每年都要到鸡泽拜祖，鸡泽的五粮酒冠以"韶山红"牌子卖到了湖南，鸡泽的辣椒食品也贴上了主席家乡名品的标签销往湖南。可以说，名人文化做到了极致。

中国新闻社记者在邓丽君筠馆采访歌友

同样，大名也有姓氏发源地，比如束姓，但没有去做。名人文化中，值得一说的应该是邓丽君，因为在当今，她能为我县带来源源不断的游客，而且潜在的客源群体很大，从年龄上讲不分老幼，从地域上讲

作者(左一)在第七届两岸青年联欢节
暨第三届冀台心两岸情青少年交流活动联谊会上发言

不分国籍。邓丽君已是世界文化名片,更重要的是能形成文化产业。2015年5月9日新华社又制作了《探访河北邓丽君筠馆》视频,在新华网络电视的“中国时间”栏目,以8种语言播出,再次吸引了世界的目光。同时,在《新华每日电讯》以《纪念邓丽君:20年后的“小村之恋”》为标题进行报道(该版面同时刊登探访台湾邓丽君文物馆的文章《伊人何处,无法告别》,以示冀台两馆的互动)。中国新闻社对筠馆进行多次报道。对来自世界各地的歌友齐聚筠馆探访进行了跟踪报道,5月8日报道标题《粉丝赴邓丽君祖籍地缅怀偶像,问故乡别来是否无恙》。

此外,中国国际广播电台等国家级媒体、省市级媒体多次莅临报道、做节目,有的还是跟踪采访。《贵州民族报》上刊登了《大名邓丽君筠馆简介》。河北省第三届“冀台心两岸情”青年交流会上的60余名台湾学子到访,会议安排我以《邓丽君,两岸文化交流的使者》为题发言。邯郸电视台在此拍摄了《小城乡情》上下集,并在邯郸电视台播出。《香港摄影报》也多次以头条整版的篇幅,对筠馆进行图文并茂的报道。1月16日的报道标题是《纪念邓丽君诞辰62周年君歌演唱会在河北大名举行》,5月16日的报道标题是《与“君”相知,廿年守望——全国各地歌友相聚邓丽君故里,纪念华语歌后离别歌友20周年》。

邓丽君筠馆凝聚了邯郸市委市政府、大名县委县政府几任领导的心血。当时的郭大建书记、武卫东副市长、侯华梅副市长、王社群秘书长、魏吉平秘书长、贾永清部长,以及大名连续4任县委书记及其他县领导的心血。前段时间,省政协副主席边发吉同志到大名专门就邓丽君文化进行调研,点名必看筠馆。在座谈会上,边副主席提了一个观点:大名旅游的引爆点是邓丽君,大名旅游的新业态仍是邓丽君。叫响“大名是邓丽君故乡”旅游品牌,吸引全球邓丽君歌迷来大名寻访，把大名县打造成世界亿万邓丽君歌迷的“朝圣地”，应该成为我县发展旅游的共识。

作者（左一）陪同省市领导调研邓丽君筠馆

以上名人都是围绕古城区域内讲的，如果就全县范围讲，作为更大。岳庄村可以恢复王延世祠堂，束馆镇可以恢复束皙学馆与祠堂，陈坟村恢复孝洁皇后故居，委粟里村恢复王莽故居（包括孝元皇后），马陵村恢复孙膑庞涓斗智的古战场、金滩镇恢复郭隆真故居，邓台村恢复邓丽君祖居，营镇村建设邓小平善乐营会议纪念馆，前桑圈村建设周恩来视察纪念馆等等。

大家知道，成安有一个毛主席视察棉田纪念馆，每年都有官方的活动。其实我县也有毛主席纪念馆，在西店村，前几年我去过。纪念馆的仿古大门很气派，中心大厅也有特色，院落也不算小，就是缺乏整理与管理。是

作者（左）与《太行山上》作者张森林

民间搞的，如果政府略一引导与扶持，就是景点。前几年，好像有关部门还举办过纪念活动。

再说一下名小吃文化。餐饮是每位游客的必须，特别是地方小吃更受欢迎，因为它代表着当地的特色。小吃是大名的一大优势。少数民族食品有牛羊肉系列、羊馓、云吞、烤全羊、二发兵烧鸡、饸饹、各式点心等。汉族食品有二五八系列、烧饼系列等，许多小吃已是非物质文化遗产。外来的小吃有过桥米线、陕西凉皮、天津大麻花、煎饼果子、肉夹馍、北京冰糖葫芦、兰州拉面、新疆烤串、四川麻辣烫、山西刀削面等。在小吃上，大名品种之全、种类之多、花样之新，是周边县比不了的，而且周边县的人常常专门来大名品尝。同时定位为“小吃城”也与大名是中国花生之乡、面粉之都、小磨香油之乡名实相符。此外再吸收、引进一些外省市的小吃风味，甚至引入一些包括邓丽君饼、邓丽君小菜等在内的台湾省小吃。汇集中国乃至世界小吃于大名，打造“中国大名小吃城”。将来可以考虑与东昌府、广府两地联手打造平原古城文化之旅，形成“东昌府的水、广府的拳、大名府的小吃最齐全”的格局，使旅游者戏水东昌府、练拳广府、品天下小吃在大名府。

下面说说第三个“名”——名古建筑。宠爱之母教堂可以叫响东方的巴黎圣母院，宣圣会医院旧址可以叫响美国的十角大楼，南关清真寺可以叫响阿拉伯风格的清真古寺、兴化寺可以叫响韩国风格的佛寺。此外，我们还有世界文化遗产——隋唐大运河，还有据我们所知世界最大的碑刻——御制五礼记碑、世界最大的墓志铭——何弘敬墓志铭、世界最古老的石狮子（目前在北京中山公园），以及中原地区少见的西夏文墓志等等。

在大名县出土的西夏文墓志

总之，大名是个世界大都会，有世界名人，有世界名古建筑，有世界文化遗产，有世界之最大的文物，打出“唯一牌”，打出“世界牌”，打出“世界名牌”。大名就是大名鼎鼎，鼎鼎大名，就要从“名”这个字上做文章，就要从“大名”这两个字上做文章。我相信，只要立足“大名”二字，做足“大名”文章，一定能吸引游客来大名观光、休闲度假。

7.关于保护古城现状的问题。府城首先要做好保护工作，坚持只拆不建、只修不建、先批后修、先批后建的原则，为今后改造打基础。东昌府古城之所以现在能够实现整城开发，一个重要的原因是早在20世纪50年代制定第一个城市规划时，就确定了“保护古城、开辟新区”的原则，创下50年只修不建保护古城的“奇迹”，特别是利用修筑京九铁路机遇，扩大东昌湖面积，为今天的发展创造了良好条件。广府古城由于地处永年洼水泊之中，加上没有做永年县政府驻地的原因，得以基本保存完好，为今天改造与开发创造了得天独厚的条件。

先做好保护，这也是历史文化名城的要求。怎么保护？要坚持只修慎建、先批后修、先批后建的原则，老房子不要随意拆，新建筑不要随意建，尤其不能建设两层的楼，街道也不要随意拓宽与抬高。对与古城不和谐的东西要逐步改造。在这里我斗胆说一个想法，也许是最省钱又有效果的做法。古城内房屋如何改造？我们可以想象一下，如果把城内房屋高度控制在二层以下，屋顶改造成坡顶灰瓦，蓝涂料刷墙，站在城墙上任何一个位置，三个城楼尽收眼底，相映成趣，灰瓦蓝转，鳞次栉比，错落有致，将是一幅令人震撼的景象。

8.关于组建机构的问题。特殊的地理区位，深厚的文化积淀，适宜的时代大潮，特别是省级历史文化名城的招牌，大名发展文化旅游事业，潜力巨大，前景广阔。但要想守住这块牌子，要想把大名的古城旅游搞起来，为财政做贡献，就必须成立专门的组织机构，这是东昌府古城、广府古城的通用做法。

实际上我们大名已有这种模式，就是对工业园区的管理，不也是成立了一个工业城管委会么，而且是副县级干部任主任。要保护开发大名古城也必须成立类似的专门机构，成立大名府古城管理委员会之类的机构，专职负责历史文化名城的管理，全面负责城内规划、拆迁、改造、景点建设与管理诸事宜。正如工业城管委会一样，要由副县级领导挂帅。

以府城为例，古城墙（包括护城河）以内，更明确地说，大名府路以南，东西府城路以内，南面还没有正式路，在这个矩形范围内的一切行政权限，全部归这个组织管辖。包括规划建设、资金使用、古迹修复与保护、景点打造，甚至以后的游客吸纳、对外宣传、门票管理等都归这个组织管理。之所以造成我开头说的不和谐问题，就是因为没有一个组织机构去统管。同时，还得成立一个经济组织，否则无法运作资金，也很难争取相关资金。

省级历史文化名城这块牌子，不仅要守住，而且还要让它发挥作用。期盼我

明代大铁钟

县再接再厉，拿下国家级历史文化名城，为大名发展助力。

9.关于大遗址保护的问题。我这里说的大遗址保护，是指都城、府城、县城三座古城的大遗址。这就涉及大名县的发展定位与县城规划，需要重新审视。早在2006年，我在邯郸日报上发表过一篇文章，题目是《构筑北京大名府都城的绿色城墙》，主要观点是，如果现在经济条件不允许挖掘恢复，就按照城墙轮廓栽植绿色植物，种出一座城（当然要避开实际遗址）。我们可以想象一下，都城、府城、县城三个墙城绿化带，从空中鸟瞰，应该是一幅很壮观、很震撼的景色。这不仅是保护古城的大手笔，也是发展大名旅游的大手笔。

需要一提的是，府城东的工业园区不要再发展了，府城南的工业园区也不要再发展了，要淡化它的工业区职能，因为这两个带型区域恰巧把府城与都城、县城割裂开了，致使三城各自独立，太不协调了。工业园区有两个发展方向，一是向铺上工业区转移（万堤工业区从长远考虑不宜大发展，因为那里是滞洪区）。二是到卫河以东寻求新的发展空间。卫东不在泛区内，有邯大高速出口，临106国道，交通便利。如果是这样，我们可以想象一下，都城的东门就在卫河西畔，即东门口村的位置。一条卫河，把古城与工业区很自然地分开了。卫河以西是行政区、生活区、人文旅游区，卫河以东是工业区，是新区。

同时，我们今后的招商、投资方向要向文化旅游项目倾斜。大名距邯郸、聊城、濮阳等中等城市皆在80公里左右，虽是偏远，但相对污染小，原生态，民风淳，适合休闲度假。在今天严治污染、转变发展方式的背景下，利用大名独特的地理位置，建设文化旅游项目是很合时宜的。2015年4月份河北省政府下发了《关于促进旅游业改革发展的实施意见》，明确提出“打造一批特色旅游休闲城镇，实施乡村旅游富民工程”。这对于我县来说是大好机遇。我也调研过馆陶县的粮画小镇、教育小镇，之所以取得成功，个人认为，有四大条件：一是村庄有独一无二的特色，二是有一个公司或团体从事某一特色产业，三是有一个强有力的两委班子，四是政府扶持，四者缺一不可。需要注意的是，在小镇建设过程中，一定要走出"考察—学习—模仿"的模式，要深挖特色，彰显个性，力避同质化、千镇一面，否则就是失败，在小镇的后期管理和运营中会成为"鸡肋"。

10.关于"宋府明城"的提法问题。大名正在开发北宋陪都大名府城，建设明清大名府城，口号是打造"宋府明城"。我感觉定位为"宋都明府"更符合实际，更有气势。据专家考证，大名有3000年建城史、2000年置县史、1000年置府史、120年陪都史、4年国都史。这期间名称多次变化，但最能体现大名文化底蕴深、历史积淀厚、社会名气大、影响波及远的是大名府，是做陪都。先说为啥称"宋都"。五代时期李存勖建立的后唐政权定都大名，当时称魏州，虽然不到一年时间即迁都，但毕竟是正统朝代开国之都城，随后又称"北都""邺都"，之前李白称大名为"魏都"（这也是我建议将新建公园命名为魏都公园的原因），大名叫响"都"理所当然。历史上名气最大、影响最久、底蕴最厚、文化最灿烂的，当属做北宋陪都北京。陪都也是都啊，大名叫响"宋都"不但不为过，反而名副其实，名正言顺。再说为啥称"明府"。"大名府"一词始于唐末魏博节度使田悦僭改魏州为大名府，但唐政权不予认可。直到五代时期的后汉，始正式定名为大名府。在北宋时期，大名府无奈地埋名于"陪都北京"下。在金辽元时期，大名府或因朝代短暂或因统治不力，影响力相对较弱。而明朝的大名府管辖范围广、持续时间长、统治力量强，且现存城池始建于明朝，故称"明府"更加切合历史事实。另外，从词组形式上看，"宋"对"明"没有问题，都是朝代名称。"都"对"府"更好，都属于行政区划范畴。所以"宋都明府"真正做到了对仗工整，更符合词组规范。因此叫响"宋都明府"，似更加能代表大名文化的巅峰辉煌，更加切合历史实际，更加符合时代要求，更加彰显大气、豪气、霸气。

作者（左一）陪同市委领导在邓丽君篝馆调研

最后，我想用经典歌曲《小城故事》的歌词结束发言。我们大名这座小城真可谓“小城故事多，充满喜和乐”，文化丰富灿烂，而且会为游客带来惊喜、欢乐。这里还包括了“人生境界真善美”，这正是我们保护古城、建设古城、开发古城的价值所在，意义所在。《小城故事》的意境是很美的，展现的是一幅和谐画面，很配大名古城，很符合时代潮流。歌曲是邓丽君演唱的，歌词出自我县邓丽君筠馆馆主庄奴之手，我想，这首歌将来应该成为大名古城的宣传语。

以上发言，仅仅是我的管窥之见，目的在于抛砖引玉。不当之处，敬请领导、文化前辈批评指正。

（2015年8月16日在大名县历史文化资源保护与开发座谈会上发言）

后 记

大名县拥有独特的地理环境和灿烂的历史文化，人文古迹不计其数，虽然地处黄漳溢域，累遭洪泛，泥土淤积，加上历代兵火，但县境内文物古迹仍然非常丰富。据大名县文物部门的资料显示，全县有文物遗存184处，其中国家级重点文保单位4处，省级9处，市级5处。非物质文化遗产100项，其中国家级1项、省级4项、市级26项。悠久的发展历史，深厚的人文积淀，丰富的文化资源，形成大名独具特色、脉络清晰的文化脉系。而每个文物古迹、每项非物质文化遗产和每条文化脉系背后，都蕴藏着一个甚至多个鲜为人知的故事，等待发现、挖掘、整理。

通过对中国通史、地方志书及其他文史书籍的阅读与研究，我们发现中国历史上诸多政权更迭、战争战事、文化名人等，与大名这块古老的土地有着千丝万缕的联系。但史籍志书对这些记载大多很简略，来龙去脉、详细历程鲜少，大多没有记载，即使有也是零零星星、支离破碎。于是我们沿着史志记载这条主线，以现存或出土的实物、发生的事件为索引，采取按图索骥、顺藤摸瓜的方法，查阅史书，翻读典籍，走进档案馆，深入乡镇村，拜访高龄老人，综合运用互联网现代化手段，广泛搜集资料，然后缜密研究，实物佐证，去伪存真，竭力还原当时历史场景，揭开历史尘封，解析文化密码。这样一路下来，居然积累了一些文章，先后在《燕赵文化》《河北文化》《河北经济》《河北经济与发展》《河北教育》《河北教育报》《贵州民族报》《法制日报》《邯郸日报》《邯郸晚报》《邯郸经济》《邯郸文化》《邯郸人文》《邯郸电视报》《赵文化》《大名时报》《国际摄影》《世界人文》《香港摄影报》等报刊发表，部分文章在大名县广播电台进行连续播出，部分作品被收入《邯郸古都文化学术研讨会暨中国古都学会2008年年会论文集》《运河研究》《斋游录》《邯郸名胜》《邯郸文化年鉴》《大名文史资料》《大名风范》等书籍。在此结集出版之际，又对原文做了进一步充实修校。

受所获史料典籍及作者水平的局限，书中全面挖掘和探访研究仍不够深入，疏漏之处，抑或错言之语，难以避免，垂请方家批评指正。但若能起到抛砖引玉、投砾引珠之效，心亦慰也。能为大名文化事业贡献一份心力，足矣。书中部分图片来自大名县博物馆、邓丽君�馆、石刻博物馆、直隶省立第七师范纪念馆和《大名县志》《大名文史资料》《郭氏家谱》等，还有的来自相关人物的后人提供及网络。由于量大面宽，不再一一标注。

在此，对参阅的诸多文献资料、拜访请教过的耄耋老人一并致谢，对支持该书编写、出版的各界人士表示感谢！

邓子涛　刘峰

2018年2月10日